Anforderungsbereich III (Reflexion und Problemlösung)
Er umfasst den selbstständigen und kritischen Umgang mit neuen und umfassenden Sachverhalten – Ziele sind eigenständige Wertungen, Deutungen und Begründungen.

beurteilen **urteilen**	Hypothesen oder Behauptungen im Zusammenhang → *prüfen* und eine Aussage über deren Richtigkeit, Angemessenheit usw. machen, wobei die Kriterien selber gefunden werden müssen
bewerten **Stellung nehmen**	wie → *beurteilen*, aber zusätzlich mit Offenlegen und → *Begründen* eigener Wertmaßstäbe, die Pluralität einschließen und zu einem Werturteil führen, das auf den Wertvorstellungen unserer freiheitlich-demokratischen Grundordnung basiert
entwickeln	Analyseergebnisse und eigenes Fachwissen heranziehen, um zu einer eigenen Deutung zu gelangen
sich auseinandersetzen **diskutieren**	zu einer historischen Problemstellung oder These eine Argumentation → *entwickeln*, die zu einer → *begründeten* Bewertung (→ *bewerten*) führt
prüfen **überprüfen**	Aussagen (Hypothesen, Behauptungen, Urteile) auf ihre Angemessenheit hin → *untersuchen*
vergleichen	auf der Grundlage von Kriterien historische Sachverhalte problembezogen → *gegenüberstellen*, um Gemeinsamkeiten, Unterschiede, Ähnlichkeiten, Abweichungen oder Gegensätze zu → *beurteilen*

Übergeordnete „Operatoren", die Leistungen in allen drei Anforderungsbereichen verlangen

interpretieren	Sinnzusammenhänge aus Materialien erschließen und eine → *begründete* Stellungnahme abgeben, die auf einer Analyse (→ *analysieren*), Erläuterung (→ *erläutern*) und Bewertung (→ *bewerten*) beruht
erörtern	eine These oder Problemstellung durch eine Kette von Für-und-wider- bzw. Sowohl-als-auch-Argumenten auf ihren Wert und ihre Stichhaltigkeit hin abwägend → *prüfen* und auf dieser Grundlage eine eigene Stellungnahme dazu → *entwickeln*; die Erörterung einer historischen Darstellung setzt deren Analyse (→ *analysieren*) voraus
darstellen	historische Entwicklungszusammenhänge und Zustände mithilfe von Quellenkenntnissen und Deutungen → *beschreiben*, → *erklären* und → *beurteilen*

Zusammengestellt nach www.kmk.org/doc/beschl/196-13_EPA-Geschichte-Endversion-formatiert.pdf und Renate El Darwich/Hans-Jürgen Pandel, Wer, was, wo, warum? Oder nenne, beschreibe, zähle, begründe. Arbeitsfragen für die Quellenerschließung, in: Geschichte lernen H. 46 (1995), S. 33-37

Mit Buchners Kolleg Geschichte lernen und arbeiten

Buchners Kolleg Geschichte ist Lern- und Arbeitsbuch zugleich. Es enthält einerseits die Materialbasis für den Unterricht und ist andererseits für die selbstständige Wiederholung des Unterrichtsstoffs und für eine systematische Vorbereitung auf das Abitur geeignet.

Die **Einführungsseiten** zu Beginn der Halbjahresbereiche greifen in Text und Bild die problemorientierten Leitfragen der folgenden Kapitel auf.

Orientierungsseiten leiten unter dem Titel **Auf einen Blick** in jedes der Themenkapitel ein. Sie knüpfen an das Grundwissen an und schaffen die Voraussetzungen für ein strukturgeschichtliches Arbeiten. Die Chronologie stellt zentrale Daten mit prägnanten Erläuterungen zusammen. Der problemorientierte Überblickstext ordnet diese in den historischen Kontext ein. Übergreifende und methodisch schulende Arbeitsaufträge bieten Anregungen für die selbstständige Wiederholung und Vertiefung des Grundwissens.

Jedes Kapitel enthält **Darstellungen**, an deren Beginn jeweils kurze, in zeitgenössischer Perspektive erzählte Einstiegsbeispiele zu einem ausgewählten Problem des Kapitels stehen. Die Darstellungstexte vermitteln ein Verständnis für die historischen Zusammenhänge und Strukturen. Sie sind in überschaubare Themeneinheiten gegliedert, sodass sie auch als Nachschlagewerk genutzt werden können.
Grundwissensbegriffe der Jahrgangsstufen 6 bis 10 werden bei der Erstnennung optisch hervorgehoben. Über das Grundwissen hinausgehende **wichtige historische Begriffe und Personen** werden in der Randspalte neben dem Text kurz erklärt.

Aristoteles (384-322 v. Chr.): griechischer Philosoph und Wissenschaftler. Er war Schüler Platons.

Die **Materialien** decken alle wichtigen Quellengattungen ab. Sie veranschaulichen und vertiefen einzelne Aspekte, stellen kontroverse Sichtweisen dar und thematisieren weiterführende Fragen. Darstellung und Materialien sind durch Verweise vernetzt.
Die **Arbeitsaufträge** helfen bei der Erschließung der Texte, Statistiken, Diagramme, Karten, Grafiken und Bilder und regen zur Team- und Projektarbeit an.

▸ M1

Die **Methodenkompetenz** wird auf zwei Ebenen gefördert:

- Durch Arbeitsaufträge zu den Materialien wird die Methodenkompetenz am konkreten Beispiel trainiert.
- Thematisch integrierte Methoden-Bausteine führen auf optisch hervorgehobenen Sonderseiten zentrale historische Arbeitstechniken für die eigenständige Erarbeitung und Wiederholung an einem konkreten Beispiel vor.

Ergänzt wird dies durch eine Übersicht der zentralen fachspezifischen **Methoden wissenschaftlichen Arbeitens** (siehe hinten im Buch).

Historienbilder als „Geschichtsbilder

Auf unserer Homepage (*www.ccbuchner.de*) bieten wir Filmausschnitte zu Ereignissen, die in diesem Buch behandelt werden (**„Geschichte in Clips“**). Dazu ist der im Buch genannte Code in das Suchfeld unserer Internetseite einzugeben.

▸ **Geschichte In Clips:** Zum Börsencrash siehe Clip-Code 32009-01

Auf den **Zusammenfassungs- und Vertiefungsseiten** der Rubrik **Perspektive Abitur** befinden sich zum Abschluss jeder Halbjahreseinheit themen- und fächerübergreifende Arbeitsaufträge. **Literaturtipps** regen zur vertiefenden Nacharbeit an und unterstützen bei der Prüfungsvorbereitung.

Inhaltsverzeichnis

Historische Komponenten europäischer Kultur und Gesellschaft

Wurzeln europäischer Denkhaltungen und Grundlagen moderner politischer Ordnungsformen in Antike, Mittelalter und Früher Neuzeit

„Volk“ und „Nation“ als Identifikationsmuster

Konfliktregionen und Akteure internationaler Politik in historischer Perspektive

Der Nahe Osten: historische Wurzeln eines weltpolitischen Konflikts

Die USA – von den rebellischen Kolonien zur globalen Supermacht

Anfang des 21. Jahrhunderts leben wir zwar in der „Europäischen Union", doch nach wie vor sehen wir uns vorrangig als Deutsche, vielleicht noch als Einwohner eines Bundeslandes, einer Region oder Stadt. Außerhalb unseres Kontinents gelten wir jedoch in erster Linie als „Europäer". Gerade weil immer mehr Staaten der „Europäischen Union" beitreten, wird zunehmend diskutiert, was uns als Europäer eigentlich prägt und die unterschiedlichen Nationen verbindet. Hinter diesen Fragen steht die Debatte um die Möglichkeit einer europäischen Integration und die Suche nach einer gemeinsamen europäischen Geschichte und Identität.
Antworten bietet der Blick in die Vergangenheit unseres Kontinents. Er zeigt, dass unsere Lebenswelt nicht nur durch die jüngere Geschichte, sondern grundlegend auch von den Entwicklungen der Antike, des Mittelalters, der Frühen Neuzeit und des 19. Jahrhunderts geprägt ist. Obwohl Europa nie eine Einheit bildete, seine Grenzen fließend waren und im Laufe der Geschichte stets neu bestimmt wurden, gibt es doch kulturelle Gemeinsamkeiten, die über alle nationalen Unterschiede und historischen Brüche hinweg eine europäische Identität ausmachen. In der Kultur und dem Denken der griechischen Antike werden die geistigen Wurzeln Europas gesehen. Der römischen Antike verdankt Europa seine Rechts- und Staatstradition, der Spätantike die Prägekraft des Christentums und die Bewahrung des antiken Wissens, dem Mittelalter und der Frühen Neuzeit die Grundlegung unserer modernen politischen Ordnungsformen und unserer europäischen Bildungslandschaft und schließlich der Aufklärung die Entwicklung einer grenzübergreifenden Kultur und eines neuen Wertesystems, das Maßstäbe für unser modernes Gesellschafts- und Staatssystem setzte.

- Auf welchen Entwicklungen des vormodernen Europa beruhen die Grundlagen unserer Kultur und Gesellschaft, unserer politischen Ordnungsvorstellungen und Denkformen? Warum können diese als Bausteine eines europäischen Selbstverständnisses gelten?
- Inwieweit haben diese europäischen Entwicklungen die gegenwärtige Welt mitgeprägt?
- Inwiefern haben die Ideen und Vorstellungen von „Volk" und „Nation" Europa gestaltet und seine Geschichte im Positiven wie im Negativen beeinflusst?

Historische Komponenten europäischer Kultur und Gesellschaft

Wurzeln europäischer Denkhaltungen und Grundlagen moderner politischer Ordnungsformen in Antike, Mittelalter und Früher Neuzeit

◄◄ **„Blick in Griechenlands Blüte."**
Ausschnitt aus einem Gemälde von Karl Friedrich Schinkel, 1825 (Kopie von Wilhelm Ahlborn, 1836).

◄ **Reichskrone.**
Im 10. Jahrhundert angefertigt, wurden die meisten deutschen Könige mit der Reichskrone zu Kaisern des (Heiligen) Römischen Reiches gekrönt.

Antike Grundlagen europäischen Denkens	585 v. Chr.	Thales von Milet berechnet als Erster eine totale Sonnenfinsternis; mit ihm wird der Prozess der rationalen Welterklärung fassbar.
	um 525 v. Chr.	Pythagoras entwickelt Lehrsätze der Geometrie, Astronomie und Musiktheorie.
	um 500 v. Chr.	Der römische Adel gründet eine (aristokratische) Republik.
	5. Jh. v. Chr.	Die Demokratie setzt sich in Athen durch.
	um 450 v. Chr.	In Rom wird das „Zwölf-Tafel-Gesetz" veröffentlicht.
	384-322 v. Chr.	Platons Schüler Aristoteles erforscht und systematisiert alle Wissensgebiete seiner Zeit.
	391/392	Das Christentum wird Staatsreligion im Römischen Reich.
Bewahrung des antiken Wissens in der Spätantike	seit dem 5. Jh.	Klosterschulen werden zu den wichtigsten Bildungsstätten des frühen Mittelalters.
	528-533	Unter dem oströmischen Kaiser Justinian entsteht eine Gesetzessammlung; seit dem 16. Jahrhundert heißt sie „Corpus Iuris Civilis".
Einheit von weltlicher und geistlicher Macht	751	Mit der kirchlichen Salbung Pippins I. legitimieren die Karolinger ihr Königtum im Frankenreich.
	800	Karl der Große wird vom Papst zum Kaiser gekrönt.
Trennung von weltlicher und geistlicher Gewalt	1046	Heinrich III. bestimmt über die Einsetzung mehrerer Päpste.
	1077	Gang Heinrichs IV. nach Canossa: Höhepunkt des Investiturstreits.
	1122	Das Wormser Konkordat beendet den Investiturstreit.
Anfänge von Gewaltenteilung, Föderalismus und ständischem Parlamentarismus	1356	Die „Goldene Bulle" regelt die Königswahl im Reich.
	1495	Der Reichstag wird Institution der Reichsverfassung.
	1648	Der Westfälische Frieden regelt die Stellung von Reichsständen und Kaiser im Reich.
	1663-1806	Der „Immerwährende Reichstag" tagt als ständiger Gesandtenkongress in Regensburg.
Aufklärung und Zeitalter der Revolutionen	17./18. Jh.	Rationalismus und Aufklärung prägen Europa.
	1748	Charles de Montesquieu entwickelt das Prinzip der Gewaltenteilung.
	1762	Jean-Jacques Rousseau fordert die Volkssouveränität.
	1787/91 und 1791	Die amerikanische und die französische Verfassung verankern mit den Menschenrechten und der Gewaltenteilung aufklärerische Prinzipien.

■ Die Wurzeln der europäischen Kultur liegen in **Antike** und **Mittelalter**. Für uns Europäer haben fast alle Wissenschaften ihren Ursprung im antiken Griechenland. Die griechischen Philosophen versuchten durch systematisches Denken und methodisch strenges Vorgehen zu ergründen, was hinter den sichtbaren Dingen und dem scheinbar Feststehenden lag. Sokrates, sein Schüler Platon sowie dessen Schüler Aristoteles gelten als die Begründer der abendländischen Philosophie. Für viele gilt Thales von Milet als erster Naturwissenschaftler. Ihm gelang es als Erstem, eine totale Sonnenfinsternis vorauszuberechnen und ein bis dahin den Göttern zugeschriebenes Naturereignis rational zu erklären.
An den mittelalterlichen Universitäten wurde die Rationalität zum Maßstab im Denken des mittelalterlichen Europa erhoben. Besonders die Künstler und Gelehrten der **Renaissance** und des **Humanismus** ließen sich von der Antike beeinflussen. Wie schon die griechischen Philosophen 2000 Jahre zuvor sahen sie im Menschen den Mittelpunkt der Welt. In Architektur, Bildhauerei und Literatur wirken die antiken Vorbilder bis heute fort.
Der zweite Eckpfeiler des Altertums, der unsere heutige Welt beeinflusst hat, ist das Römertum. Von besonders nachhaltiger Wirkung für die weitere Entwicklung Europas war das Römische Recht. Den Anfang bildete das um 450 v. Chr. veröffentlichte „Zwölf-Tafel-Gesetz". Erst im 6. Jahrhundert n. Chr. erschien das nächste große Gesetzeswerk: das Corpus Iuris Civilis. Es bildete die Grundlage für fast alle europäischen Rechtsordnungen. Regeln und Bestimmungen des Römischen Rechts lassen sich noch im Bürgerlichen Gesetzbuch (BGB) von 1900 nachweisen.
Zum römischen Erbe gehört auch das **Christentum**. Über kirchliche und klösterliche Handschriften sowie durch Latein als europäische Wissenschaftssprache wurde das antike Wissen im Mittelalter und bis heute bewahrt.
Wesentliche Prinzipien, die heute unsere europäisch-westliche Vorstellung von politischer Ordnung und „Gewaltausübung" bestimmen, reichen weit ins Mittelalter und die Frühe Neuzeit zurück. So ist die Trennung von weltlicher und geistlicher Gewalt als Wurzel des weltlichen, also kirchenunabhängigen Staates das Ergebnis einer jahrhundertelangen Entwicklung. Sie begann im 11. und 12. Jahrhundert mit dem **Investiturstreit**, in dem der **König** und **Kaiser** seine sakrale Würde und Herrschaftslegitimation verlor, die ihn seit dem frühen Mittelalter ausgezeichnet hatte. Erstmals wurde damit eine Trennung der Herrschaft in einen weltlichen und geistlich-religiösen Bereich vorgenommen.
Erst seit dem 18. Jahrhundert setzte sich mit der **Aufklärung** und der Idee der **Volkssouveränität** die Vorstellung durch, die allein das Volk zum souveränen Träger der Staatsgewalt bestimmte und nicht religiöse Instanzen, sondern die **Verfassung** zur Grundlage des politisch-gesellschaftlichen Zusammenlebens erklärte.
Auch **Gewaltenteilung** und **Parlamente** sind das Ergebnis vormoderner Entwicklungen. Sie wurzeln im Prinzip der Herrschaftsbeteiligung der Fürsten und später der Stände. Wichtige Entscheidungen musste der König auf Hof- oder **Reichstagen** mit Zustimmung der Großen aus allen Teilen des Landes treffen. Im späten Mittelalter wurden die Reichsfürsten in ihren Territorien selbstständiger und mächtiger. Die Machtverteilung zwischen ihnen und dem König wurde in der **„Goldenen Bulle"** von 1356 und im **Westfälischen Frieden** von 1648 niedergelegt.
Während der Aufklärung wurden in England und Frankreich neue Staatslehren entwickelt. Sie richteten sich gegen die absolutistische Herrschaft (**Absolutismus**) und forderten die Kontrolle und Teilung der Staatsgewalt sowie die Volkssouveränität. Die amerikanische und französische Verfassung von 1787/91 und 1791 verankerten schließlich grundlegende **Menschenrechte** und die Teilung der staatlichen Gewalt in eine gesetzgebende, ausführende und richterliche. Sie verwirklichten die Bindung allen staatlichen Handelns an Recht und Verfassung. Das gilt für demokratische Verfassungen bis heute.

■ Stellen Sie die Wurzeln der europäischen Kultur zusammen und ergänzen Sie sie um weitere.
■ Tragen Sie die wesentlichen Prinzipien politischer Ordnungen in eine Tabelle ein und ordnen Sie deren historische Grundlagen (Daten, Ereignisse, Grundbegriffe, Erläuterungen) mithilfe des Grundwissens zu.

Antike Grundlagen europäischen Denkens im Überblick

15 Jahre ist es her, seit der Ingenieur Thales in seine Heimatstadt Milet an der kleinasiatischen Küste zurückgekehrt ist. Im Frühling des Jahres 595 v. Chr. war er zu einer langen Reise nach Ägypten und in den Mittleren Orient aufgebrochen. Dort hat er alles gelernt, was man über Astronomie, Mathematik und Navigationskunst wissen kann.

Thales ist ein typischer Philosoph: zerstreut, ein wenig ungepflegt, immer in Gedanken bei seinen geometrischen Lehrsätzen oder Himmelsbildern, zu denen er in jeder klaren Nacht hinaufstarrt. Für die Milesier ist er ein seltsamer Kauz. Ein netter, überaus kluger Mann – aber so eigenbrötlerisch und ohne jeglichen Sinn für das Praktische! Was nützt dem Menschen all seine Bildung, wenn er damit keine einzige Drachme verdient, spotten sie.

Auch seine Magd macht sich gerne über ihn lustig. Als er kürzlich wieder einmal die Sterne betrachtete, fiel er in einen Brunnen. „Oh Thales, immerzu bist du mit den Dingen im Himmel beschäftigt, aber was direkt vor deinen Füßen liegt, das siehst du nicht!" Nun ist Thales des Spottes endgültig überdrüssig: „Euch werde ich es zeigen!", ruft er aus. Durch seine Wetterbeobachtungen sieht er eine reiche Olivenernte voraus. Unter dem großen Staunen seiner Nachbarn mietet er alle verfügbaren Ölpressen weit und breit an. Als die Ernte tatsächlich gut ausfällt, vermietet er die Ölpressen zu Höchstpreisen weiter. Hat er jetzt nicht allen bewiesen, dass auch ein Philosoph reich werden kann, wenn er nur will?

▲ **Thales von Milet.**
Mosaik, Anfang des 3. Jahrhunderts n. Chr.

Thales von Milet (ca. 624-546 v. Chr.): griechischer Kaufmann, Astronom, Naturphilosoph und erster Mathematiker, der Beweise für seine Sätze gab. In der Antike zählte er zu den Sieben Weisen und gilt als Begründer von Philosophie und Wissenschaft.

Demokrit (460/459-ca. 400/380 v. Chr.): griechischer Philosoph. Er vertrat das atomistische Prinzip, nach dem die gesamte Natur und auch die Seele aus Atomen bestehe.

Vom Mythos zum Logos ■ Wer hat die Welt erschaffen? Warum wechseln die Jahreszeiten? Woher kommen Tag und Nacht? In frühen Zeiten haben die Menschen für solche Naturerscheinungen, wie für alles, was sich dem menschlichen Verstand entzog, Götter verantwortlich gemacht. Mündlich überlieferte Erzählungen oder Sagen (griech. mythos) über die Götter (Polytheismus) wurden von Generation zu Generation weitergegeben. In den Epen Homers, der **„Ilias"** über den Trojanischen Krieg und der **„Odyssee"** über die Irrfahrten des Helden Odysseus, lebt die antike griechische Mythologie mit ihren Geschichten der Götter und Helden bis heute fort.

Im 6. Jahrhundert v. Chr. begannen in den Poleis an der kleinasiatischen Küste Männer wie **Thales von Milet** über den Ursprung der Welt nachzudenken, ohne dabei auf göttliche Mächte oder Mythen zurückzugreifen. Sie beobachteten die Vorgänge in der Natur, die Sterne, die Sonne und zogen daraus ihre Schlüsse. An die Stelle des Mythos setzten sie Beobachtung, Erfahrung, nachvollziehbare und überprüfbare Schlussfolgerungen und Vernunft (griech. logos). Thales berechnete, gestützt auf Erkenntnisse der Babylonier, die Sonnenfinsternis des Jahres 585 v. Chr. im Voraus. Er suchte z. B. auch nach dem Urstoff des Universums. Für ihn war dies das Wasser, denn: Ohne Wasser kein Leben. Im 5. Jahrhundert v. Chr. fasste **Demokrit** ältere Überlegungen zusammen und lehrte, dass alle Materie sich aus kleinsten, nicht mehr teilbaren Bausteinen zusammensetzt, die er Atome nannte (griech. atomos, „das Unzerschneidbare").

Da diese Denker und Forscher das Streben nach Erkenntnis und Wahrheit, die „Liebe zur Weisheit" (griech. philosophia), antrieb, nannte man sie Philosophen. Sie erforschten zwar bereits die Natur, aber sie führten noch keine systematischen Experimente durch wie rund zweitausend Jahre später die Astronomen, Physiker, Mathematiker und Naturwissenschaftler der Frühen Neuzeit.

▸ **Karte nach Hekataios von Milet, um 500 v. Chr.**
Rekonstruktionsversuch von Jörg-Peter Röhl, 2000 (vereinfacht). Die Karte entstand nach Angaben aus dem überlieferten Werk von Hekataios. Er zeigt die Erde als eine von einem Ozean umflossene Scheibe und teilt die bewohnte, durch Küstenumrisse gekennzeichnete Landmasse in einen nördlichen und einen südlichen Teil.

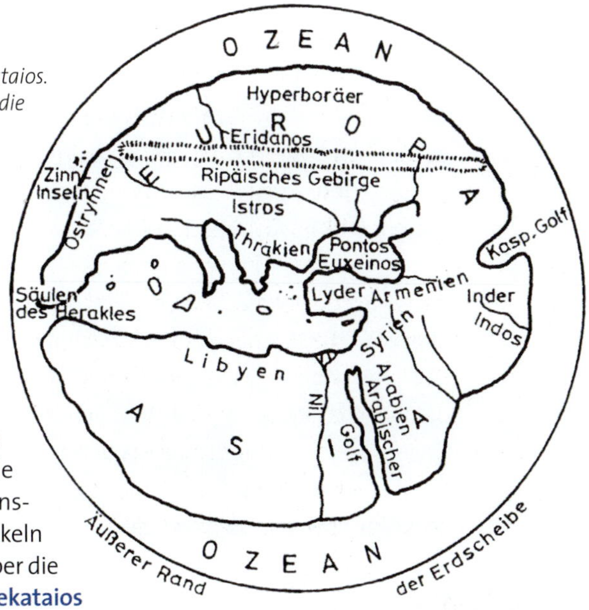

Vermessung der Welt Mathematik und Geometrie wurden zu selbstständigen Wissenschaften, in denen es allgemeine und beweisbare Lehrsätze gab, wie etwa den „Satz des Thales" oder den „Satz des Pythagoras".

Die Erkenntnisse in den Naturwissenschaften, vor allem in der Geometrie, förderten auch das Interesse der Menschen an ihrer nahen und fernen Umgebung. Dies äußerte sich im Streben nach immer exakterer Vermessung der Erde und Erkenntnissen über fremde Länder, Menschen und Lebensweisen. Durch astronomisch basierte Berechnung von Erdwinkeln ließen sich Erdradius und Erdumfang schätzen. Das Wissen über die Erde bereicherte auch die Erfahrungsberichte Reisender. **Hekataios von Milet** und andere Forschungsreisende dieser Zeit verfassten mehr oder weniger exakte Reisebeschreibungen, auf deren Grundlage Karten angelegt werden konnten. Schrittweise wurden damit Aussagen zum Verhältnis von Land- und Wassermasse sowie zur Verteilung von Kontinenten und Ländern präziser. Der Geograf **Klaudios Ptolemaios** entwarf im 2. Jahrhundert n. Chr. eine erste realistische Weltkarte, die bereits auf einem Koordinatensystem von Längen- und Breitengraden basierte und noch im Mittelalter genutzt wurde.

Fragen kann gefährlich sein Dem Athener **Sokrates** wird der selbstironische Satz zugeschrieben: „Ich weiß, dass ich nichts weiß." Er beschäftigte sich nicht mehr überwiegend mit naturwissenschaftlichen Fragen, sondern er wollte wissen: Wie kann der Mensch die Wahrheit erkennen? Gibt es ein Leben nach dem Tod? Was ist gut oder böse? Dazu stellte er in Gesprächen mit seinen Schülern und Mitbürgern unablässig bohrende und unbequeme Fragen und gab sich nicht mit einfachen Antworten oder Denkgewohnheiten zufrieden. Durch dieses systematische Denken in Form von Nachfragen wurde er zum wohl bedeutsamsten Anreger der europäischen Philosophie.

Da Sokrates und andere Philosophen des 5. und 4. Jahrhunderts v. Chr. gewohnte Sitten und religiöse Bräuche infrage stellten und damit auch den Mächtigen und Einflussreichen unbequem wurden, kam es zu Auseinandersetzungen zwischen den Anhängern des alten Glaubens und den Befürwortern der „logischen" Sichtweise. Sokrates wurde wegen „Gottlosigkeit" und „Verführung der Jugend" zum Tode verurteilt. Er nahm das Urteil an und lehnte es ab zu fliehen.

Orientierung an der Erfahrung, genaue Beobachtung (Empirie), Überprüfung aller Traditionen durch die Vernunft (Rationalität) und schonungslose Diskussion und Abwägung verschiedener Auffassungen (Diskurs) haben die gesamte abendländische Geistesgeschichte geprägt und bilden daher die frühen Grundlagen europäischen Denkens.

Hekataios von Milet (ca. 560 - etwa 485/475 v. Chr.): Geschichtsschreiber und Geograf. Er verfasste eine Reisebeschreibung der ihm bekannten Erde. Mit seinem Werk Genealogiai, dem ältesten erhaltenen griechischen Geschichtsbuch, steht er am Beginn der Geschichtsschreibung.

Klaudios Ptolemaios, lat. Claudius Ptolemaeus (um 100 bis 178 n. Chr.): griechischer Mathematiker, Geograf, Astronom, Astrologe und Philosoph. Mit seiner Erdkarte legte er den Grundstein der Kartografie. Er fasste das geozentrische Weltbild seiner Zeit zusammen und gilt damit als bedeutendster Astronom des Altertums.

Sokrates (427 - 399 v. Chr.): griechischer Philosoph aus Athen. Er philosophierte im Gespräch (Dialog) und hinterließ keine Schriften. Seinem Schüler Platon sind die Informationen über seine Lehre zu verdanken. Sokrates wurde wegen seines radikalen philosophischen Fragens von vielen Athenern abgelehnt.

▲ **„Logik und Dialektik" (Aristoteles und Platon).**
Relief von Luca della Robbia im Campanile, dem freistehenden Glockenturm des Doms in Florenz, 1437.
Die antiken Philosophen Platon und Aristoteles machten die Logik und Dialektik, die Lehre vom richtigen Diskutieren, zur Grundlage der methodischen Wahrheitsfindung.

Gedanken über Politik und Gesellschaft Sokrates' Schüler **Platon** überlieferte dessen Gedanken und die Methode und gab sie auch an seinen Schüler **Aristoteles** weiter, der als einer der bedeutendsten Denker aller Zeiten gilt (▸ M1). Mit seinen Schülern widmete er sich allen damals bekannten Wissensgebieten von der Physik, über Biologie, Ethik und Politik bis hin zur Literatur. So erforschte er etwa die Entwicklung einzelner Tier- und Pflanzenarten, Klima und Niederschläge, beschrieb geologische Phänomene (z.B. Erdbeben, Erosion, Gezeiten oder Vulkanismus) und versuchte, Zusammenhänge zwischen physikalischen Vorgängen auf der Erde und in der Atmosphäre zu erkennen.

Die Denker und Philosophen machten sich auch Gedanken zu Politik und Gesellschaft: Wie sollen wir leben? Was wiegt schwerer: Das Glück und die Entfaltung des Einzelnen oder das Wohl und die Gesetze der Gemeinschaft? Welches ist überhaupt die beste Staatsform? Sie fanden darauf unterschiedliche Antworten. Sokrates forderte, der Mensch habe sich als Teil der Gemeinschaft zwar nach deren Zielvorgaben zu richten, solle aber auch zu seinen eigenen Überzeugungen stehen. Zwei Generationen später beschrieb Aristoteles den Menschen als „zoon politikon", als ein soziales Lebewesen, das nur in der Gemeinschaft überleben und sich seinem Wesen gemäß entfalten könne. Seine individuelle Glückseligkeit müsse es in Übereinstimmung mit den Normen und Werten der eigenen Polis suchen. Recht und Moral sollten dabei in größtmöglicher Übereinstimmung stehen.

Platon skizzierte in seinem Werk „Politeia" („Der Staat") eine ideale Gesellschaft. In ihr sollte jeder Bürger durch besondere Leistung seinen Platz erhalten. Das Ergebnis war eine hierarchische Ständeordnung von Wächtern (philosophisch gebildete Staatsführung), Kriegern (Garantie von Sicherheit) und Erwerbstätigen (Ernährung).

Aristoteles verglich Verfassungen miteinander und entwickelte daraus eine Staatsformenlehre. In ihr werden den drei „guten" Verfassungen, die alle auf das Wohl der Allgemeinheit bzw. des Staates ausgerichtet sind (Monarchie, Aristokratie und Politie, der Herrschaft der Vernünftigen), die drei „entarteten" Verfassungen gegenübergestellt, die nur dem Eigennutz der herrschenden Einzelnen oder Gruppen dienen (Tyrannis, Oligarchie und Demokratie).

Der Athener **Solon** hatte um 600 v. Chr. mit seinen politischen, sozialen und rechtlichen Reformen die Grundlagen für eine zur Demokratie führende Entwicklung gelegt. Er machte zwar die politischen Rechte der Bürger vom Einkommen abhängig, übergab jedoch einen Teil der Rechtsprechung an Volksgerichte, in die Bürger unabhängig von der Herkunft und dem Vermögen berufen werden konnten (▸ M2).

Recht und Gesetze im antiken Rom Rom und seine Kultur gelten vielfach als Erben und Fortsetzer griechischer Vorbilder. Die vielleicht wichtigste, in jedem Fall aber am deutlichsten spürbare und eigenständigste Hinterlassenschaft der Römer ist das Römische Recht. Das erste schriftlich festgehaltene Recht der Römer war das „Zwölf-Tafel-Gesetz". Es war revolutionär, da die Rechtssätze öffentlich aufgestellt wurden, sodass sich auch einfache Bürger darauf berufen konnten. Das „Zwölf-Tafel-Gesetz" blieb über Jahrhunderte die Grundlage des Rechts aller römischen Bürger, doch wurde es ständig durch die Praxis der Rechtsprechung ergänzt. Dabei erklärten die Römer ihre alten Gesetze oder Bestimmungen nie für ungültig.

Platon (428/27-348/47 v. Chr.): griechischer Philosoph. Er gründete um 385 v. Chr. in Athen eine bedeutende Lehranstalt: die Akademie. Er und sein Schüler Aristoteles gelten als Begründer der europäischen Philosophie.

Aristoteles (384-322 v. Chr.): griechischer Philosoph und Wissenschaftler. Er war Schüler Platons.

Solon (um 640-561 v. Chr.): athenischer Gesetzgeber und Dichter aus adliger Familie. Obwohl seine Reformen durch eine ungesetzliche Alleinherrschaft (Tyrannis) beseitigt wurden, galt er später als Begründer der athenischen Demokratie.

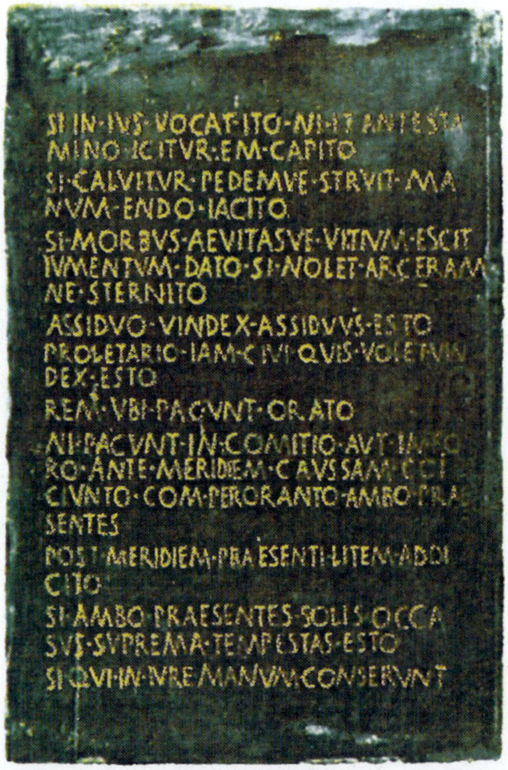

▸ Nachbildung einer Tafel mit Vorschriften aus dem „Zwölf-Tafel-Gesetz".
Die um 450 v. Chr. auf dem Forum Romanum aufgestellten Tafeln wurden im 4. Jahrhundert v. Chr. vernichtet. Aus Abschriften konnten sie rekonstruiert werden. Die hier abgebildete Tafel enthält unter anderem folgende Anweisungen zum Prozessrecht: „Wenn ein Kläger einen Beklagten vor Gericht ruft, muss der Beklagte vor Gericht erscheinen. Wenn er nicht kommt, soll ein Zeuge hinzugezogen werden. Dann soll der Kläger den Beklagten ergreifen. Wenn der Beklagte Ausflüchte macht oder fliehen will, soll der Kläger ihn festnehmen."
▪ *Vergleichen Sie: Wer ist heute zuständig für die Ergreifung eines Angeklagten?*

Schon seit dem 1. Jahrhundert v. Chr. galt die Überzeugung, dass jedem das ihm Gebührende (lat. suum cuique) zukommen müsse. Zudem sollte der Rechtsweg möglichst nur als letzter Ausweg beschritten werden: „Das äußerste Recht ist das äußerste Unrecht" (lat. „summum ius summa iniuria"), so der bekannte Hinweis, den juristischen Bogen nicht zu überspannen.

Die Kaiser konsultierten Beratergremien aus professionellen Juristen. Sie kannten die Auslegung der Gesetze und erteilten Rechtssuchenden Rat. Seither waren Prozesse mit Anklage, Verteidigung und einem abschließenden Urteil durch einen staatlichen Richter üblich.

Rechtsgleichheit im modernen Sinne gab es allerdings lange nicht; erst im Jahre 212/13 stellte eine kaiserliche Verordnung, die Constitutio Antoniniana, alle freien Einwohner des Reiches rechtlich gleich, indem sie ihnen das römische Bürgerrecht verlieh.

Römisches Recht in der Spätantike: das „Corpus Iuris Civilis" ▪ Kaiser **Justinian** gab den Auftrag, die inzwischen unübersehbare Zahl an Rechtsquellen aus tausend Jahren römischer Rechtsentwicklung zusammenzustellen, zu ordnen und zu vereinheitlichen. „Der beste Schutz des Staates beruht auf zwei Grundlagen, den Waffen und Gesetzen" – so lautete seine Erklärung. Die Sammlung wurde 533 n. Chr. veröffentlicht und für verbindlich erklärt. Seit dem 16. Jahrhundert wird sie Corpus Iuris Civilis genannt. Sie bestand aus drei Teilen: einer Sammlung des Kaiserrechts, einer Sammlung des Juristenrechts, den Digesten, sowie einem juristischen Lehrbuch für Anfänger. Später kamen noch die Novellen hinzu, eine Sammlung kaiserlicher Gesetze (▸ M3).

Justinian (482-564): oströmischer Kaiser. Er versuchte in seiner langen Regierungszeit (527-564) das geteilte und durch Völkerwanderung geschwächte Weltreich der Römer wiederherzustellen. Die von ihm veranlasste Sammlung des gesamten römischen Rechts, das Corpus Iuris Civilis, gilt als eine Grundlage der europäischen Rechtsentwicklung.

Die Wirkung des Römischen Rechts in Mittelalter und Neuzeit ▪ Das umfangreiche römische Rechtswerk beeinflusste die europäische Rechtslehre maßgeblich. Während der Völkerwanderungszeit vermischten sich viele römische Rechtssätze mit germanischem Stammesrecht. Trotzdem wurden auch die Handschriften des Corpus Iuris Civilis über Jahrhunderte überliefert und für die Nachwelt bewahrt.

Während des Mittelalters dienten sie seit dem 11. Jahrhundert der Ausbildung von Juristen. Die römisch-deutschen Kaiser des aus zahlreichen Herrschaftsgebieten bestehenden Reiches verstanden das Römische Recht als Kaiserrecht, in dessen Tradition sie ihre Herrschaft stellten, nachdem ihnen im Kampf um die Investitur hoher Geistlicher ihr sakraler Charakter abgesprochen worden war.* An den aufblühenden Universitäten wurden Studenten im Römischen Recht unterrichtet. Als 1495 das Reichskammergericht neu organisiert wurde**, mussten die Richter sich verpflichten, nach dem allgemeinen

* Vgl. dazu S. 20 ff.
** Vgl. zum Reichskammergericht S. 33.

Römischen Recht zu urteilen. Im Gegensatz zu den Rechten der einzelnen Städte und Territorien sollte es im ganzen Reich gelten. Die überlieferten einheimischen Volksrechte wurden durch diese juristische Praxis sowohl im Reich als auch in den Territorien immer mehr verdrängt.

Ende des 16. Jahrhunderts wurde das Gesetzeswerk Justinians erstmals vollständig unter dem Titel „Corpus Iuris Civilis" (dt. Bürgerliches Gesetzbuch) gedruckt. Seit dem 18. Jahrhundert ließen aufgeklärte Herrscher wie Kurfürst Max III. Joseph von Bayern oder der preußische König Friedrich II., aber auch Diktatoren wie Napoleon mit dem „Code Napoléon" neue Gesetzessammlungen erarbeiten, die sich an das Römische Recht anlehnten. Für das 1871 gegründete Deutsche Reich wurde über fast 30 Jahre ein Bürgerliches Gesetzbuch (BGB) erarbeitet. Es trat zum 1. Januar 1900 in Kraft und ist in methodischer Hinsicht noch stark vom Römischen Recht geprägt.

Viele heutige Rechtsvorstellungen in ganz Europa, aber auch in den von hier aus beeinflussten außereuropäischen Gebieten – z.B. Südamerika, Ägypten und Japan – gehen auf das Corpus Iuris Civilis zurück. In keinem anderen Bereich hat das römische Denken so nachhaltig fortgewirkt wie im Recht.

▲ **Boëthius unterrichtet seine Schüler.**
Titelblatt aus Boëthius' berühmtem Werk „Trost der Philosophie", italienische Handschrift von 1385. Die Schrift, ein Gespräch zwischen ihm selbst und der personifizierten Philosophie, verfasste Boëthius 522 bis 524 während seiner Kerkerhaft, die er wegen angeblichen Hochverrats verbüßte. In seinem Werk verband er platonisches Gedankengut mit christlichen Ideen.

Bewahrung des antiken Wissens Dass antikes Wissen und Römisches Recht den Untergang des Römischen Reiches überlebten, ist zu einem ganz erheblichen Teil dem Christentum und der christlichen Kirche der Spätantike und des Mittelalters zu verdanken. Das mag zunächst aus zwei Gründen verwundern: Die Christen grenzten sich in Lebenswelt und religiösen Vorstellungen von ihrer heidnischen Umwelt ab. Daher standen sie dem Wissen der griechischen und römischen Philosophen skeptisch und ablehnend gegenüber, da diese in ihren Augen ungläubige „Heiden" waren.

Aber das Verhältnis der christlichen Kirchenlehrer und Autoren war zwiespältig. Sie hatten die Denkweise der Philosophen und das antike Wissen studiert und setzten sich kritisch damit auseinander (▸ M4). Was ihnen davon „brauchbar" erschien, übernahmen sie in ihren Schriften und für die Ausbildung der künftigen Geistlichen. **Augustinus** meinte in seinem Werk „Über die christliche Bildung" (lat. „De doctrina christiana"), einem Leitfaden zur sinnvollen Nutzung der klassischen Kultur, der Polytheismus – der Glaube an viele Götter – sei zwar eine Gefahr für die Seele und daher strikt abzulehnen. Das dialektische Prinzip sowie die Suche nach dem Lebenssinn böten jedoch grundlegende Erkenntnisse und seien mit den christlichen Idealen vereinbar. Besonders nachhaltig setzte sich der christliche Philosoph **Boëthius** für die Weitergabe der antiken Philosophie ein. Er wollte die platonisch-aristotelische Philosophie mit dem christlichen Denken verbinden und den Völkern, die das römische Imperium abgelöst hatten, in lateinischer Sprache näher bringen.

Große Teile der Werke antiker Autoren blieben auf diese Weise erhalten und konnten in das Mittelalter „hinübergerettet" werden. Sie wurden aufbewahrt, kommentiert und immer wieder von neuen Generationen von Geistlichen abgeschrieben. Missionare, die seit dem frühen Mittelalter ganz Europa bereisten, die „Heiden" zum Christentum bekehrten und neue Klöster und Bistümer gründeten, brachten auch ihre Handschriften mit. In Klöstern und an Bischofssitzen entstanden die für lange Zeit einzigen Schulen. An den seit dem 12. Jahrhundert entstandenen Universitäten bildeten die Fächer Grammatik, Rhetorik, Logik, Arithmetik, Geometrie und Musik das Grundstudium. Ihr Lehrstoff stammte hauptsächlich aus den Werken antiker Autoren.

Augustinus (354-430): Rhetoriklehrer, christlicher Philosoph und Kirchenlehrer. Zunächst Anhänger des spätrömischen Götterglaubens, ließ er sich 387 taufen. Ab 395 war er Bischof von Hippo Regius (heutiges Algerien). Er gilt als der Schöpfer der Theologie und Philosophie des christlichen Abendlandes und wird in den Westkirchen als Heiliger verehrt.

Anicius Manlius Severinus Boëthius (um 480-524): römischer Staatsmann und christlicher Philosoph. Er gehörte zu den Ratgebern des Ostgotenkönigs Theoderich. Wegen des Eintretens für einen des Hochverrats angeklagten Freund geriet er in Kerkerhaft und wurde hingerichtet. Boëthius' Übersetzungen der Schriften des Aristoteles gehören zu den Hauptquellen für die mittelalterliche Kenntnis der griechischen Philosophie.

▸ **Klösterliche Schreibwerkstatt.**
Initialen einer Bibel, die um 1255 in Hamburg entstanden sein dürfte. Bis ins späte Mittelalter waren Klöster die wichtigsten Bildungs- und Schreibstätten, in denen viele Bücher in mühevoller Arbeit kopiert und, wie hier dargestellt, verziert wurden. Oft schmücken kleine Bilder die Anfangsbuchstaben (Initialen) neuer Abschnitte in den Handschriften. Weil dafür viel Mennige (lat. minium), eine rote Farbe, verwendet wurde, nannte man diese Bilder Miniaturen.

Gleichzeitig verbreitete sich die lateinische Sprache in Europa: Latein war und blieb die Sprache der Bibel und des Gottesdienstes. Und da die allermeisten Gelehrten Geistliche waren, wurde Latein auch die Sprache der mittelalterlichen Wissenschaften, die man überall in Europa unter Gebildeten verstand und in der auch weltliche Herrscher ihre Urkunden und andere Rechtstexte verfassen ließen.

Manches antike Wissen geriet allerdings auch in Vergessenheit, wurde im Lauf der Zeit nicht mehr verstanden oder abgelehnt. Vieles überlebte aber in den Bibliotheken der Klöster und Bischofssitze – schon alleine deshalb, weil die Pergamenthandschriften zu wertvoll waren, um einfach weggeworfen zu werden. Sie wurden am Übergang vom Mittelalter zur Neuzeit von den sogenannten Humanisten wiederentdeckt, die sich bewusst der Antike zuwandten und in den antiken Autoren ihre Vorbilder sahen.

Die Weitergabe von Wissen und Denkmethoden der Antike verlief in nachantiker Zeit auch über die Araber, die über das muslimische Spanien bis in das hohe Mittelalter einen großen Einfluss auf die geistige Entwicklung des Abendlandes ausübten. Die Araber hatten – oft mit jüdischer Unterstützung – begonnen, altgriechische, indische und persische Texte in ihre Sprache zu übersetzen. So bewahrten sie viele antike Werke für die Nachwelt. Seit dem ausgehenden 10. Jahrhundert zogen wiederum christliche Gelehrte ins muslimische Spanien, um naturwissenschaftliche, mathematische, medizinische und philosophische Studien zu betreiben und arabische Werke ins Lateinische zu übersetzen. Arabische und jüdische Gelehrte brachten ihrerseits erhaltene Schriften in westliche Universitäten, wo sie der Philosophie, Geometrie, Astronomie und Medizin neuen Boden bereiteten. Besonders die Gedankenwelt von Aristoteles setzte sich auf diesem Wege durch, obwohl die Kirche die Vorstellungen des Philosophen zur Entstehung des Universums nicht guthieß und immer wieder verbot. Aristoteles vertrat die Auffassung, dass sich göttliches Wirken und naturwissenschaftliche Erklärung nicht automatisch ausschließen müssen. Vor allem an der Universität Paris fand das aristotelische Werk eine große Anhängerschaft.

Überhaupt waren die Universitäten seit dem 12. Jahrhundert Heimstätten eines Denkens, das der Autorität des religiösen Weltbildes die Instanz der Vernunft an die Seite stellte. Die so geprägte Philosophie wird zuweilen sogar als „Aufklärung des Mittelalters" bezeichnet. Das ebnete den Weg für humanistisches und frühaufklärerisches Gedankengut der Neuzeit.

◂ **Aristoteles.**
29 cm hohe Marmorbüste, um 320 v. Chr.
Mit 17 Jahren kommt Aristoteles an Platons „Akademie" nach Athen, später wird er Erzieher Alexanders des Großen in Makedonien. Zurück in Athen gründet er eine Schule. Mit einem seiner wichtigsten Werke, der „Politik", werden im Mittelalter die Vor- und Nachteile der Monarchie erörtert.

M1 Über das Staunen

a) Nach Aristoteles beginnt das Philosophieren mit dem Staunen. In einer Schrift heißt es:

Denn weil sie staunen, beginnen die Menschen jetzt und begannen sie anfänglich zu philosophieren, wobei sie zu Beginn über die nahe liegenden Merkwürdigkeiten staunten, dann allmählich so voranschritten und bei den bedeutenderen Dingen Schwierigkeiten sahen, z.B. bei dem, was dem Mond widerfährt und was mit der Sonne geschieht und den Sternen und hinsichtlich der Entstehung des Alls. Wer aber in einer Schwierigkeit steckt und sich wundert, der ist der Meinung, dass er unwissend ist.
Daher ist auch der Liebhaber der Mythen in gewissem Sinne philosophisch: denn der Mythos besteht aus Wunderlichkeiten. Damit ist also klar, dass – wenn sie Philosophie betrieben, um der Unwissenheit zu entgehen – sie das Verstehen um des Wissens willen verfolgten und nicht wegen eines Nutzens.
Das bezeugt auch das, was wirklich eintrat: Als so ziemlich alles Notwendige und zur Erleichterung des Lebens und zur Gestaltung der Freizeit Dienende vorhanden war, begann man, diese Art von Einsicht zu suchen. Es ist also klar, dass wir sie nicht um irgendeines anderen Nutzens willen suchen, sondern wie wir sagen, dass ein Mensch frei ist, der um seiner selbst, nicht eines anderen willen lebt, so sagen wir auch, dass diese die einzige freie unter den Wissenschaften ist; denn allein diese besteht um ihrer selbst willen.

Aristoteles, Metaphysik 982b12-28; zitiert nach: Hans-Joachim Gehrke und Helmuth Schneider (Hrsg.), Geschichte der Antike. Quellenband, Stuttgart 2007, S. 141 (übersetzt von Thomas A. Szlezak)

b) Der Philosoph Karl Jaspers geht in einem Radiovortrag von 1949 auf Aristoteles ein:

Erstens: [...] Sich wundern drängt zur Erkenntnis. Im Wundern werde ich mir des Nichtwissens bewusst. Ich suche das Wissen, aber um des Wissens selber willen, nicht zu irgendeinem gemeinen Bedarf. Das Philosophieren ist wie ein Erwachen aus der Gebundenheit an die Lebensnotdurft. Das Erwachen vollzieht sich im zweckfreien Blick auf die Dinge, den Himmel und die Welt, in den Fragen: was das alles und woher das alles sei – Fragen, deren Antwort keinem Nutzen dienen soll, sondern an sich Befriedigung gewährt.
Zweitens: Habe ich Befriedigung meines Staunens und Bewunderns in der Erkenntnis des Seienden gefunden, so meldet sich bald der Zweifel. Zwar häufen sich die Erkenntnisse, aber bei kritischer Prüfung ist nichts gewiss. Die Sinneswahrnehmungen sind durch unsere Sinnesorgane bedingt und täuschend, jedenfalls nicht übereinstimmend mit dem, was außer mir unabhängig vom Wahrgenommenen an sich ist. Unsere Denkformen sind die unseres menschlichen Verstandes. Sie verwickeln sich in unlösbare Widersprüche. Überall stehen Behauptungen gegen Behauptungen. Philosophierend ergreife ich den Zweifel, versuche ihn radikal durchzuführen, nun aber entweder mit der Lust an der Verneinung durch den Zweifel, der nichts mehr gelten lässt, aber auch seinerseits keinen Schritt voran tun kann – oder mit der Frage: wo denn Gewissheit sei, die allem Zweifel sich entziehe und bei Redlichkeit jeder Kritik standhalte. [...]
Der Zweifel wird als methodischer Zweifel die Quelle kritischer Prüfung jeder Erkenntnis. Daher: ohne radikalen Zweifel kein wahrhaftiges Philosophieren. Aber entscheidend ist, wie und wo durch den Zweifel selbst der Boden der Gewissheit gewonnen wird.
Und nun drittens: Hingegeben an die Erkenntnis der Gegenstände in der Welt, im Vollzug des Zweifels als des Weges zur Gewissheit bin ich bei den Sachen, denke ich nicht an mich, nicht an meine Zwecke, mein Glück, mein Heil. Vielmehr bin ich selbstvergessen befriedigt im Vollzug jener Erkenntnisse.

Karl Jaspers, Grundfragen der Philosophie. Einführung in die Philosophie, in: ders., Was ist Philosophie? Ein Lesebuch, München 1980, S. 39 f.

1. *Beschreiben Sie mit eigenen Worten, was Philosophie ist.*
2. *Erläutern Sie, wie Aristoteles den Mythos beurteilt.*

M2 Die Ratio bei den Griechen

Der Historiker Christian Meier beschreibt 2005 die Rolle der Ratio bei den Griechen:

Max Weber[1] hat in seiner Religionssoziologie darauf hingewiesen, daß Ratio und Rationalisierungsprozesse in allen Zivilisationen vorkommen. Ratio gehört zum Menschen und pflegt sich irgendwie zu entwickeln. Aber die Rationalisierungsprozesse gehen in verschiedene Richtungen, haben verschiedene Ansatzpunkte und Reichweiten [...] und sind unterschiedlich radikal.

Bei den Griechen betreffen sie früh, schon in archaischer Zeit, die gesamte Ordnung und die Grundlagen der Ordnung des Gemeinwesens, und zusätzlich dazu der Welt. Allem griechischen Denken ist die Polis, die – freie, männliche – Bürgerschaft und das Privateigentum, in aller Regel auch am Land, vorgegeben. Alles andere aber ist disponibel[2]. Da auch die Eine rechte Ordnung Solons nur über Veränderungen zu erreichen war, waren alle Vorgaben von vornherein infrage gestellt und zwar coram publico[3], also in besonders hohem Maße der Ratio anheimgegeben. Da die Bürger für diese Ordnung gewonnen werden mußten, mußte sie ihnen rational vermittelt werden – fern allen geheimen Wissens und allen Spezialistenwissens (welches in gewissen Zirkeln natürlich trotzdem grassierte). „Wenn man mit Verstand (xyn noi) reden will, muß man sich stark machen mit dem allen Gemeinsamen (xynoi) wie eine Stadt mit dem Gesetz und noch viel stärker", hat Heraklit festgestellt.

Das griechische Begreifen von Ordnung wird kaum behindert durch Internalisierung von Adelsüberlegenheit, kaum durch religiöse Vorgaben. Im Gegenteil: Ein wesentlicher Teil der Religion wird Sache rationaler Durchdringung. In die – ihrerseits eher irrationale – Götterwelt wird der Glaube installiert, daß der Wettergott Zeus für die Gerechtigkeit zuständig ist – und was Gerechtigkeit ist, wird zur Frage politischer Theologie und politischer Philosophie in einem: also Sache rationaler Durchdringung. [...]

Wie in Polis und Kosmos werden objektive Maße auch in der Architektur gesucht: die einzelnen Bauglieder sollen sich in bestimmten Maßen zueinander verhalten. Das sollte künftig den Tempelbau bestimmen – nicht Gesichtspunkte wie die von Kolossalität und Pracht, wie sie für die Tyrannen zeitweilig leitend gewesen waren.

Maße, Gesetze und Gesetzmäßigkeiten – dies alles bildete gleichsam das Korrelat der Freiheit. Objektiv gegebene Verhältnisse – darauf konnte man am ehesten die freien Griechen einschwören, welche die subjektive Macht so schlecht ertragen konnten. Später erwuchs daraus der Glaube an die Möglichkeit der Herrschaft der Gesetze.

Freilich war es trotzdem zumindest an verschiedenen besonders bewegten Plätzen schwierig, die freien Adligen zu domestizieren. Allzu leicht übten sie gegen die Angehörigen der Mittel- und Unterschichten Macht und Willkür aus, zum Teil wurden diese auch von ihren Faktionskämpfen[4], von Rache und Widerrache in Mitleidenschaft gezogen. Dagegen gab es nur ein Mittel: Die Angehörigen der breiteren Schichten mußten gestärkt werden. Das aber setzte voraus, daß sie ihrerseits in der Öffentlichkeit – möglichst in der Volksversammlung oder in Ausschüssen, neu zu schaffenden Ratskollegien – sich zur Geltung bringen konnten, und zwar regelmäßig. Man lernte, daß die Notleidenden sich nicht einfach unterdrücken ließen. Das wäre allenfalls durch eine stärkere Formierung von Herrschaft möglich gewesen, was man gerade nicht wollte. Andererseits ging es auch nicht an, es von Gelegenheit zu Gelegenheit neu mit ihren heftigen Klagen und Empörungen aufzunehmen. Also mußte man versuchen, ihnen institutionelle Möglichkeiten zu geben, sich Gehör zu verschaffen.

Das Funktionieren solcher Institutionen aber setzte die Entstehung eines Bewußtseins bürgerlicher Verantwortung voraus. Seit Solon sehen wir die politischen Denker Verantwortung anmahnen. Daß wirklich die Bereitschaft entstand, sie zu üben, wurde dadurch erleichtert, daß die städtische Öffentlichkeit als Domäne des Adels etwas sehr Anziehendes hatte. Da legte es sich nahe, eine gewisse Abkömmlichkeit vorausgesetzt, die eigene Wirtschaft etwas zu vernachlässigen, um dafür in der Öffentlichkeit etwas zu sein.

So kam es zu den Vorformen der Demokratie, zur bürgerlichen Verantwortung, zur bürgerlichen Gleichheit, einer politischen Gleichheit, und damit zur Entdeckung des Bürgers. Damit sind die Griechen endgültig über Israel und die Phönizier weit hinausgelangt.

Christian Meier, Die griechisch-römische Tradition, in: Hans Joas und Klaus Wiegandt (Hrsg.), Die kulturellen Werte Europas, Frankfurt am Main [2]2005, S. 93-116, hier S. 104-107

1. *Erläutern Sie die Rolle der Ratio bei den Griechen, wie sie Meier beschreibt.*

2. *Analysieren Sie den Zusammenhang von Ratio und Demokratie.*

[1] Max Weber (1864-1920): bedeutender deutscher Soziologe, Jurist und Nationalökonom
[2] disponibel: verfügbar
[3] coram publico: in aller Öffentlichkeit

[4] Faktion: von lat. factum „Tat", „Handlung"; eine besonders aktive oder radikale Gruppe innerhalb einer Partei (nicht zu verwechseln mit Fraktion), deren Auffassungen und Ziele nicht mit denen der Partei übereinstimmen

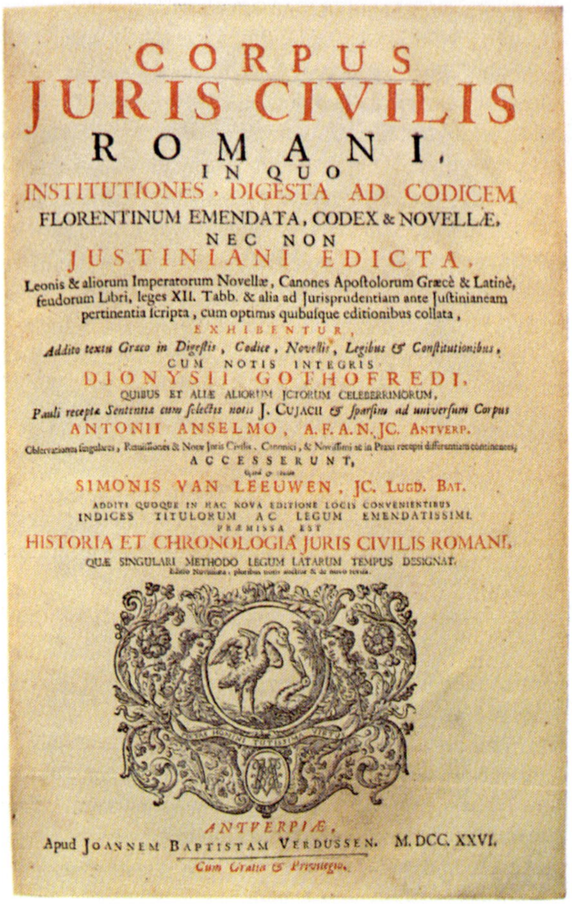

CORPUS
JURIS CIVILIS
ROMANI,
IN QUO
INSTITUTIONES, DIGESTA AD CODICEM
FLORENTINUM EMENDATA, CODEX & NOVELLÆ,
NEC NON
JUSTINIANI EDICTA,
Leonis & aliorum Imperatorum Novellæ, Canones Apoſtolorum Græcè & Latinè, feudorum Libri, leges XII. Tabb. & alia ad Jurisprudentiam ante Juſtinianeam pertinentia ſcripta, cum optimis quibuſque editionibus collata,
EXHIBENTUR,
Addito textu Græco in Digeſtis, Codice, Novellis, Legibus & Conſtitutionibus,
CUM NOTIS INTEGRIS
DIONYSII GOTHOFREDI,
QUIBUS ET ALIÆ ALIORUM JCTORUM CELEBERRIMORUM,
Pauli receptæ Sententiæ cum ſelectis notis J. CUJACII & ſparſim ad univerſum Corpus
ANTONII ANSELMO, A.F.A.N. JC. ANTVERP.
ACCESSERUNT,
SIMONIS VAN LEEUWEN, JC. LUGD. BAT.
ADDITI QUOQUE IN HAC NOVA EDITIONE LOCIS CONVENIENTIBUS
INDICES TITULORUM AC LEGUM EMENDATISSIMI.
PRÆMISSA EST
HISTORIA ET CHRONOLOGIA JURIS CIVILIS ROMANI,
QUÆ SINGULARI METHODO LEGUM LATARUM TEMPUS DESIGNAT.
ANTVERPIÆ,
Apud JOANNEM BAPTISTAM VERDUSSEN. M.DCC.XXVI.
Cum Gratia & Privilegio.

◄ **Corpus Iuris Civilis.**
Deckblatt einer Ausgabe aus dem Privatbesitz von Johann Wolfgang von Goethe, 1726.
Die Sammlung spätantiker Rechtskodices wurde 1587 erstmals unter ihrem heute bekannten Sammelnamen herausgegeben.
- *Überlegen Sie, warum es in der Spätantike noch keine solche Sammelbezeichnung gab.*

M3 Römische Rechtsgrundsätze

a) In den „Digesten" finden sich diese Sätze römischer Rechtsgelehrter:

- Der Kaiser ist nicht an das Gesetz gebunden.
- Was der Kaiser befiehlt, hat Gesetzeskraft, denn das Volk hat ihm seine gesamte Herrschaft und Amtsgewalt übertragen und damit zugleich das daraus fließende Recht der Gesetzgebung.
- Der Praetor[1] bestimmt: Was unter psychischem Zwang zustande gekommen ist, werde ich nicht für gültig erklären.
- In Zweifelsfällen ist immer die wohlwollendere Auslegung vorzuziehen.
- Nicht alles, was das Recht erlaubt, ist auch moralisch einwandfrei.
- Jemanden zu verurteilen, ohne ihn gehört zu haben, verbietet die Rücksicht auf die Billigkeit.
- Wegen bloßer Gedanken wird niemand bestraft.
- Eine Strafe wird nicht verhängt, außer wenn sie im Gesetz oder in irgendeiner Rechtsvorschrift für diese Straftat besonders angedroht ist.
- Auf bloße Verdachtsmomente hin jemanden zu verurteilen, geht nicht an [...]: Es sei besser, wenn einmal die Tat eines Schuldigen ungesühnt bleibt, als wenn man einen Unschuldigen verurteilt.
- Die Strafe wird verhängt zwecks Besserung der Menschen.

Zitiert nach: Jürgen Brand und Hans Hattenhauer (Hrsg.), Der europäische Rechtsstaat. 200 Zeugnisse seiner Geschichte, Heidelberg 1994, S. 12 f.; Hagen Schulze und Ina Ulrike Paul (Hrsg.), Europäische Geschichte. Quellen und Materialien, München 1994, S. 444-447

b) Heutige Rechtsgrundsätze:

1. Wer zur Abgabe einer Willenserklärung durch Drohung gezwungen worden ist, kann die Erklärung anfechten.
Bürgerliches Gesetzbuch, § 123

2. Eine Tat kann nur bestraft werden, wenn die Strafbarkeit gesetzlich bestimmt ist, bevor die Tat begangen worden ist.
Grundgesetz, Artikel 103.2

3. Niemand darf wegen seines Geschlechtes, seiner Abstammung, seiner Rasse, seiner Sprache, seiner Heimat und Herkunft, seines Glaubens, seiner religiösen oder politischen Anschauungen benachteiligt oder bevorzugt werden.
Grundgesetz, Artikel 3.3

4. Der Versuch eines Verbrechens ist stets strafbar.
Strafgesetzbuch, § 23,1

5. Sind trotz Anhaltspunkten keine bestimmten Feststellungen möglich, so ist von der dem Angeklagten günstigsten Tatsachengestaltung auszugehen.
Entscheidungssammlung des Bundesgerichtshofes in Strafsachen, Bd. 19, 1964, S. 33

1. *Vergleichen Sie die Bestimmungen aus dem „Corpus Iuris Civilis" mit den Rechtsgrundsätzen der Gegenwart und ordnen Sie die Bestimmungen mit gleicher oder gegensätzlicher Aussage einander zu.*

2. *Finden Sie ein Beispiel, in dem ein Rechtsgrundsatz zu Ungerechtigkeiten führt.*

[1] Praetor: Richter; die Prätoren waren für die Gerichte zuständig.

M4 Christentum und Philosophie

a) Der griechische Theologe Clemens von Alexandria vertritt um 200 n. Chr. die christliche Position zur heidnischen Bildung:

Es war vor der Ankunft des Herrn die Philosophie den Griechen zur Rechtschaffenheit notwendig; jetzt aber wird sie nützlich für die Gottesverehrung, indem sie eine Art Vorbildung für die ist, die den Glauben durch Beweise gewinnen wollen [...]. Urheber alles Guten nämlich ist Gott, sowohl des Guten, das unmittelbar gut ist, wie das Alte oder Neue Testament, als auch des Guten, das nur durch Beziehung auf etwas anderes gut ist, wie die Philosophie. Vielleicht wurde die Philosophie den Griechen aber auch als etwas unmittelbar Gutes gegeben zu jener Zeit, als der Herr die Griechen noch nicht berufen hatte; auch sie erzog nämlich das Griechenvolk auf Christus wie das Gesetz die Hebräer. Demnach bereitet die Philosophie denjenigen, der von Christus vollendet werden soll, vor, indem sie ihm den Weg bereitet. [...] Wie aber die allgemeinen Wissenschaften zusammenarbeiten für ihre Herrin, die Philosophie, so wirkt die Philosophie selbst zum Erwerb der Weisheit.

Zitiert nach: Ernst Staehelin, Die Verkündigung des Reiches Gottes in der Kirche Jesu Christi, Bd. 1, Basel 1951, S. 174 und Weisheit der Väter. Ein Kirchenväterbrevier, aus dem Griech. und Lat. von Heinrich Kraft, Hamburg 1957, S. 176

▲ **Der Heilige Augustinus überreicht Gott sein Buch.**
Illustration aus der französischen Übersetzung von Augustinus' Werk „De Civitate Dei" („Vom Gottesstaat") von Raoul de Presles, 14. Jahrhundert.

b) Augustinus, der sich in mehreren Werken zu seiner frühen Vorliebe für Platons Lehren bekennt, hinterfragt im 5. Jahrhundert die Logik heidnischer Philosophie vor dem Hintergrund christlicher Erkenntnislehre:

Wenn also Plato sagte, weise sei, wer diesen Gott nachahme, erkenne und liebe, und glückselig, wer an ihm teilhabe, wozu dann noch die übrigen durchmustern? Keine anderen sind uns so nahe gekommen wie er und seine Schule. [...] Also nicht nur der gesamte Inhalt der beiden Theologien, der fabulierenden und staatlichen, möge den platonischen Philosophen das Feld räumen, die den wahren Gott, den Urheber aller Dinge, den Offenbarer der Wahrheit, den Spender der Glückseligkeit lehrten, sondern auch die anderen Philosophen, die, irdisch gesinnt, körperliche Urgründe der Natur mutmaßten, wie Thales die Feuchtigkeit, Anaximenes[1] die Luft, [...] Epikur die Atome, das sind kleinste Körperchen, die man nicht teilen und wahrnehmen kann, desgleichen alle anderen [...], mögen sie nun einfache oder zusammengesetzte, leblose oder lebende Körper, jedenfalls aber Körper als Ursache und Urgrund der Dinge bezeichnen [...]. Mögen also, wie gesagt, auch diese Philosophen den Platonikern das Feld räumen, desgleichen diejenigen, die sich zwar schämten, Gott als körperlich zu denken, aber meinten, unsere Seelen seien gleichen Wesens wie er, ohne sich durch ihre große Wandelbarkeit abschrecken zu lassen, die man doch dem göttlichen Wesen unter keinen Umständen zuschreiben darf. Doch man sagt: Die Wandlungen der Seele sind körperlich bedingt, an sich ist sie unwandelbar. Nun, so könnten sie auch sagen: Die Verwundung des Fleisches ist körperlich bedingt, an sich ist es unverwundbar. Nein, was unwandelbar ist, kann durch nichts umgewandelt werden [...].

Augustinus, Über den Gottesstaat (De civitate Dei), Buch 11 bis 22, aus dem Lateinischen übertragen von Wilhelm Thimme, München 1978, S. 378 und 380 f.

[1] Anaximenes (um 585-528/24 v. Chr.) war ein griechischer Naturphilosoph aus Milet. Er nahm die Luft als Grundbaustein der Welt an.

1. *Erläutern und vergleichen Sie die Standpunkte von Clemens von Alexandria und Augustinus zur griechischen Philosophie. Wie argumentieren beide jeweils?*

2. *Ermitteln Sie, wie sie die antiken Lehren wiedergeben. Welche Ziele verfolgen sie mit ihren Überlegungen?*

Rex et sacerdos? Weltliche und geistliche Macht trennen sich

Unter dem Schutz von mehr als tausend Rittern zieht Wipo am 26. März 1027 mit seinem Herrn, König Konrad II., in die Stadt Rom ein. Als sie die altehrwürdige Basilika der Peterskirche betreten, ist er, der als königlicher Hofkaplan feierliche Zeremonien gewöhnt ist, überwältigt von all der Pracht und dem herrlichen Gesang des Knabenchors. Zwischen den Säulenarkaden unter der vergoldeten Balkendecke des Raumes drängt sich das Gefolge des Königs, mehr als 70 hochrangige Geistliche, die Senatoren der Stadt Rom, Mitglieder des Adels sowie die Vorsteher der Zünfte.

Konrad schreitet an der Seite seiner Frau Gisela durch die Kirche. Er spricht das Glaubensbekenntnis und geht dann mit Papst Johannes XIX. und den Erzbischöfen in die Sakristei, wo er zunächst zum Geistlichen geweiht und dann in die kaiserlichen Gewänder gekleidet wird: ein kunstvoll mit silbernen Ranken, Greifen, Löwen und Pfauen besticktes Obergewand, darüber ein ärmelloser Mantel, der noch prächtiger mit goldenen Stickereien verziert ist als die Gewänder der Bischöfe. Auf seinem Haupt trägt er die Mitra, die Kopfbedeckung der Bischöfe.

Königin Gisela sind im Nebenraum die kaiserlichen Krönungsgewänder angelegt worden. Gemeinsam empfängt das neue Kaiserpaar vom Papst die Salbung am rechten Arm und im Nacken. Nun setzt das Glockengeläut ein; der Chor hebt zu einem gewaltigen Choral an, die Basilika erstrahlt im Schein der mehr als tausend Kerzen. Wie im Traum erscheint es Wipo, als der Papst seinem Herrn den Ring an den Finger steckt, ihn mit dem Schwert umgürtet und ihm schließlich unter Huldigungsrufen und Gloriagesängen die Krone aufsetzt. Als Subdiakon feiert Kaiser Konrad nun neben dem Papst am Hochaltar die heilige Messe.

Konrad II. (990-1039): ab 1024 König des Ostfrankenreiches, ab 1026 König von Italien, 1027 in Rom Krönung zum römisch-deutschen Kaiser. Als gewählter Nachfolger des kinderlosen Ottonen Heinrich II. begründete er die Herrscherdynastie der Salier. Er baute die Stellung des Reiches weiter aus und fasste das ostfränkisch-deutsche, das italische und burgundische Königreich unter der Regierung des deutschen Königs und römischen Kaisers zusammen.

Der König – mehr als nur ein Herrscher **Konrad II.** war als deutscher König und römischer Kaiser nicht nur Herrscher über die Fürsten und Untertanen seines Reiches. Nach gängiger Meinung stand er wie ein Priester oder Bischof zwischen Gott und den Gläubigen. Die Mitwirkung von Bischöfen und Papst bei der Krönung, vor allem aber die Salbung, die seit dem 8. Jahrhundert zum Krönungsritual gehörte, machte den König im mittelalterlichen Reich der Franken und später im Heiligen Römischen Reich zu einer geweihten Person und verlieh seiner Herrschaft die erforderliche Legitimation. Sie zeigte, dass er „von Gottes Gnaden" und in seinem Auftrag herrschte. Weite Teile des feierlichen Krönungsgottesdienstes glichen einer Priester- oder Bischofsweihe. Sie erhob den König zum „Stellvertreter Christi" auf Erden und damit weit über andere weltliche Herren hinaus (▸ M1).

Weltliche und geistliche Gewalt Im Jahre 800 hatte der Papst den Frankenkönig Karl den Großen zum Kaiser gekrönt und damit zum Nachfolger der römischen Imperatoren erhoben. Seither galt die Kaiserkrönung als Recht des Papstes. Sie verhalf seinem Anspruch auf herausgehobene Stellung unter den Bischöfen, den der Papst aus der Nachfolge des Petrusamtes ableitete, auch real zur Geltung. Als Gegenleistung verpflichtete sich der Herrscher, römische Kirche und Papst gegen ihre Feinde zu beschützen. Umgekehrt setzten die Kaiser als Schutzherren der Kirche immer wieder in ihren Augen unwürdige Päpste ab und griffen in Papstwahlen ein.

▸ Die Zeichen des Bischofs: Stab und Ring.
Stab des Erzbischofs Anno von Köln und Ring des Erzbischofs Aribo von Mainz, 11. Jahrhundert. Seine Herrschaftszeichen erhielt der Bischof vom König bei der Investitur, der Einsetzung in sein Amt.

Aus ihrer sakralen Stellung heraus bezogen die Herrscher auch das Recht, die Kirche ganz selbstverständlich in die politische Ordnung einzubeziehen. Die Könige bestimmten, wer Bischof oder Abt wurde, und setzten ihn in sein Amt ein (**Investitur**) (▸ M2). Geeignete Kandidaten wurden häufig in ihrer Umgebung ausgebildet und mussten sich erst im Königsdienst bewähren. Bistümer und Klöster erhielten reiche Schenkungen, Grund und Boden mit den dazugehörigen Leibeigenen als Lehen und die Erlaubnis, königliche Rechte auszuüben. Dafür hatten sie dem König bei der Verwaltung des Reiches zu helfen, mussten ihn und sein Gefolge beherbergen, wenn er durch das Reich zog, Bewaffnete für das königliche Heer zur Verfügung stellen und für das Seelenheil des Herrschers beten.

Königtum und Kirche, Kaisertum und Papsttum waren also eng und vielfältig miteinander verflochten. Dieses sogenannte „Reichskirchensystem" konnte vom König allerdings nur so lange erfolgreich praktiziert werden, als sein Recht, kirchliche Würdenträger selbst zu ernennen, nicht infrage gestellt war.

Investitur (von lat. investire: bekleiden): die Einsetzung in ein Amt durch symbolische Einkleidung oder Übergabe von Gegenständen, etwa bei der Bischofsinvestitur durch die Übergabe von Ring und Stab

Aus Kritik wird ein Konflikt Schon seit dem 10. Jahrhundert hatten aber vor allem Mönche Bischöfen und Äbten vorgeworfen, sich zu sehr weltlichen Aufgaben zu widmen und ihren eigentlichen Auftrag der Seelsorge zu vernachlässigen. Sie forderten eine Rückkehr der Kirche zur Armut nach dem Vorbild der Urkirche sowie ein Verbot, kirchliche Ämter und Sakramente gegen Geld, also gegen materielle Leistungen, zu vergeben.

Ab der Mitte des 11. Jahrhunderts richtete sich die Kritik schließlich auch gegen den römisch-deutschen König: Dieser sei kein Geistlicher, sondern ein Laie und habe daher nicht das Recht, Päpste, Bischöfe und Äbte einzusetzen. Damit wurde das bisherige Verhältnis von weltlicher und geistlicher Gewalt infrage gestellt. Wenn die Reformer sich durchsetzten, verlor der König seine sakrale Stellung und die Kontrolle über Bischöfe und Äbte, also seine zuverlässigsten Helfer, sowie über die ihnen übertragenen Rechte und Besitzungen. Damit verlor er einen wichtigen Teil seiner Herrschaftslegitimation und einen erheblichen Teil seiner Macht. Es ging in diesem sogenannten Investiturstreit also nicht nur um das Recht der Einsetzung hoher Geistlicher, sondern vielmehr um die Macht.

Daher führten Papst **Gregor VII.** und König **Heinrich IV.**, der Enkel Konrads II., die Auseinandersetzung mit unerbittlicher Härte. Gregor VII., ein ehemalige Mönch, wollte nicht nur die Kirche vor Eingriffen weltlicher Herrscher schützen, sondern die päpstliche Autorität steigern. Dazu musste die geistliche Macht der weltlichen, der Papst dem König oder Kaiser übergeordnet sein (▸ M3, M4).

Auf dem Höhepunkt des Konfliktes forderte Heinrich IV. – unterstützt von zahlreichen deutschen Bischöfen, die sich schon wiederholt gegen die wachsende Macht des Papstes gewehrt hatten – Gregor VII. 1076 zum Rücktritt auf (▸ M5). Gregor VII. antwortete wenig später: Er schloss den gekrönten und gesalbten Herrscher aus der Gemeinschaft der Gläubigen aus, sprach ihm die Herrschaft über das Reich ab und verbot allen Christen, ihm als König zu dienen – ein unerhörter Vorgang, der die bisherigen Verhältnisse geradezu auf den Kopf stellte.

Gregor VII., eigentlich Hildebrand von Soana (um 1020 - 1085): Mönch oder Kanoniker, ab 1073 Papst. Er setzte sich für eine Reform der Kirche ein, die vom Papst allein geleitet werden sollte. Deshalb geriet er in Streit mit König Heinrich IV. (Investiturstreit).

Heinrich IV. (1050 - 1106): seit 1056 deutscher König und seit 1084 römischer Kaiser. Mit ihm und Papst Gregor VII. erreichte der Investiturstreit seinen Höhepunkt. 1105 musste er auf Druck seines Sohnes Heinrich V. abdanken.

◂ **Heinrich IV. vor dem Burgtor zu Canossa.**
Gemälde von Eduard Schwoiser, 1860.

- *Analysieren Sie das Gemälde. Welche Haltung des Malers gegenüber Heinrich IV. und den historischen Ereignissen lässt sich erschließen?*
- *Heutige Historiker bescheinigen dem Gemälde, es liege im Trend der damaligen Zeit vor den Einigungskriegen, die „reich an heroischen Gesten" gewesen sei. Überlegen Sie, inwiefern Themenwahl und Darstellung aus einer nationalen Haltung heraus erklärbar sind. Erläutern Sie, welche Rolle dem Papst und Heinrich IV. hierbei zukommt.*

Canossa und die Folgen Die Reichsbischöfe mussten sich zwischen Papst und Kaiser entscheiden. Viele blieben unschlüssig, was den Machtverlust des Kaisers deutlich machte. Einige einflussreiche deutsche Fürsten sahen die Gelegenheit, um ihre eigene Macht gegenüber dem Königtum zu stärken: Sie forderten von Heinrich, sich bis zum Februar 1077 vom Kirchenbann zu lösen. Andernfalls wollten sie einen neuen König wählen.

Im Winter 1077 zog Heinrich IV. daher über die Alpen, zeigte sich barfüßig im Büßergewand vor der Burg Canossa, in die der Papst sich zurückgezogen hatte, und erzwang durch die damit gezeigte Reue die Lösung vom Bann. Der „Gang nach Canossa" war zwar ein taktischer und politischer Erfolg Heinrichs IV., beschädigte aber die sakrale Legitimation des Königtums, d.h. seinen Anspruch, direkt von Gott als Herrscher eingesetzt zu sein, und löste die Frage nach dem Investiturrecht des Königs nicht.

Ein Kompromiss kam erst unter seinem Sohn **Heinrich V.** mit dem sogenannten Wormser Konkordat, einem Vertrag zwischen König und Papst, im Jahr 1122 zustande (▸ M6). Der König verzichtete auf die Investitur der Bischöfe und Äbte mit Ring und Stab, also mit den Symbolen des geistlichen Amtes. Er durfte jedoch den durch Geistliche Gewählten in dessen weltlichen Herrschafts- und Aufgabenbereich einsetzen, indem er ihm ein Zepter überreichte.

Diese Lösung band die geistlichen Würdenträger mit einem Treueid, wie ihn auch die weltlichen Fürsten leisteten, an den König. Aber der König konnte die Person des Bischofs oder Abtes nicht mehr wie früher eigenmächtig bestimmen. Dies bedeutete auf die Dauer, dass aus Vertrauten des Königs und geistlichen Reichsverwaltern eigenständige geistliche Fürsten werden konnten, deren vorrangiges Interesse wie bei den weltlichen Fürsten dem eigenen Territorium galt.

Heinrich V. (1081/86 - 1125): Sohn Kaiser Heinrichs IV. und letzter Herrscher der Salier-Dynastie. Er war seit 1099 Mitkönig, ab 1106 König; 1111 wurde er zum Kaiser gekrönt. Um die Abdankung seines Vaters zu erzwingen, nahm er diesen 1105 gefangen. 1122 schloss er mit Papst Calixt II. im Wormser Konkordat einen Kompromiss im Investiturstreit.

▲ **Der Kaiserdom zu Speyer.**
Foto, um 2000.
Konrad II. gründete den Dom im Jahr seiner Königskrönung 1024. Er sollte die größte Kirche des Abendlandes werden. Im Jahr 1180, kaum 20 Jahre nach der Vollendung, ließ ihn sein Enkel Heinrich IV. zur Hälfte einreißen, um ihn größer wieder aufzubauen. Der prachtvolle Umbau war als „Kaiserkirche" geplant und sollte die aus Heinrichs Sicht nach Canossa wiedergewonnene Stellung zur Schau zu stellen. Die Kirche, die Grablege der Salier ist, war zu diese Zeit die größte der ganzen Christenheit und Vorbild für weitere Bauten der Epoche. Sie ist heute die größte erhaltene romanische Kirche der Welt.

Historische Weichenstellung: die Ermöglichung des weltlichen Staates Bei der Beurteilung des Investiturstreits unterscheiden Historiker rückblickend länger- und mittelfristige Auswirkungen. Schnell zeigte sich, dass die Könige ihre über die Priesterschaft hinausgehobene Sonderstellung verloren hatten. Dies bedeutete jedoch noch keine „Entsakralisierung" des Königtums. Wie alle europäischen Herrscher beriefen sich auch die deutschen Könige und Kaiser bis weit in die Neuzeit auf ihre durch Gott legitimierte weltliche Herrschaft. So betonten die staufischen Herrscher im 12. Jahrhundert die „Heiligkeit" des Reiches. Zu dieser Zeit kam die Bezeichnung „Heiliges Römisches Reich" auf, die im 15. Jahrhundert um den Zusatz „Deutscher Nation" erweitert wurde. Das Reich sollte die Sakralität erhalten, die der König als Person verloren hatte.

Die römisch-deutschen Kaiser fanden auch neue Wege, um ihre weltliche Macht zu begründen, indem sie auf das antike römische Kaiserrecht zurückgriffen: Nach Römischem Recht stand es dem Kaiser zu, eine durch Gesetze abgesicherte Ordnung zu schaffen.

Langfristig aber wurden geistliche und weltliche Sphäre immer mehr als getrennte und jeweils eigenständige Bereiche betrachtet. Dies ermöglichte die Herausbildung eines säkularen, rein aus innerweltlichen Zwecken begründeten Staatsverständnisses: Staaten haben demnach hauptsächlich die Aufgabe, ein friedliches Zusammenleben der Menschen zu sichern. Aber erst im Zeitalter der Aufklärung konnte dies mit der Entsakralisierung der monarchischen Gewalt und dem Ende der absolutistischen Herrschaft allmählich umgesetzt werden. Für diese lange Entwicklung schuf der „Investiturstreit" im Hochmittelalter die Grundlagen (▸ M7).

◄ **Krönungsbild Heinrichs II.**
Buchmalerei (29,7 x 24 cm), um 1002.
Kaiser Heinrich II. wurde 1002 in Mainz zum König und 1014 in Rom zum Kaiser gekrönt.

- *Auch ohne Übersetzung der Inschriften gibt das Bild Auskunft über das Selbstverständnis des Königtums. Erläutern Sie es.*

M1 Der Ritus der Königskrönung

Der geschilderte Ritus wird erstmals bei der Krönung Ottos II. im Jahre 961 angewendet, mit der ihn sein Vater Otto der Große im Alter von sechs Jahren zum Mitkönig erhebt. Er wird zum Vorbild für spätere Krönungen:

1. Einholung des Königs. [...]
2. Prozession. Danach übernehmen ihn zwei Bischöfe zur Rechten und zur Linken, ehrenvoll ausgestattet mit Heiligenreliquien am Halse [...].
6. Geleit zum Altar – Prokynese[1] vor dem Altar – Litanei[2].
Dort aber vor dem Chor legt der designierte[3] Herrscher den Mantel und die Waffen ab und schreitet, von den Bischöfen an der Hand geführt, in den Chor bis zu den Stufen des Altars. Dort, wo das ganze Pflaster mit Teppichen und Tüchern bedeckt ist, liegt er demütig ausgestreckt zusammen mit den ebenfalls ausgestreckt liegenden Bischöfen und Priestern, während die Übrigen im Chor die Litanei – das heißt die zwölf Apostel und ebenso viele Märtyrer, Bekenner und Jungfrauen – kurz psalmodieren [...].
12. Salbung. Dann endlich werden ihm von dem Bischof jener Diözese mit geheiligtem Öl Haupt, Brust und Schultern nebst beiden Achseln gesalbt, und es wird folgendes Gebet gesprochen: [...]
13. Gebet.
14. Übergabe des Schwertes.
Danach empfängt er von den Bischöfen das Schwert – und mit dem Schwert ist ihm, wie er wisse, das ganze Königreich [...] zur getreuen Herrschaft übergeben – unter den Worten des Metropolitans[4]: „Empfange das Schwert, das dir durch die wenngleich unwürdigen, so doch anstelle und durch die Autorität der heiligen Apostel geweihten Hände der Bischöfe königlich angetan und kraft unserer Weihe von Gott zur Verteidigung von Gottes heiliger Kirche zugeordnet ist, und gedenke [...], dass du es mit der Kraft der Rechtfertigung führest, die Gewalt der Ungerechtigkeit mächtig zerstörest und Gottes heilige Kirche und ihre Getreuen als Vorkämpfer schirmest und schützest, Falschgläubige wie Feinde des christlichen Namens verfluchest und vernichtest [...] auf dass du mit dem Heiland der Welt, den du im Namen und im Amt verkörperst, ohne Ende zu herrschen verdienst [...].“
15. Übergabe von Spangen, Mantel und Ring.
Mit dem Schwert gegürtet empfängt er gleichermaßen von ihnen Armspangen, Mantel und Ring unter den Worten des Metropolitans: „Empfange den Ring der königlichen Würde und erkenne in ihm das Zeichen des rechten Glaubens, auf

[1] Prokynese: Kniefall
[2] Litanei: griech. = Bitte, Flehen; Gemeinschaftsgebet, bei dem die Gemeinde der Anrufung des Vorbeters mit gleichbleibenden Rufen antwortet
[3] designiert: im Voraus zum Amt bestimmt
[4] Metropolitan: Oberbischof, der einem Verbund von Bistümern vorstand und seinen Sitz in einer Provinzhauptstadt (Metropole) hatte

dass du […] Bürge und Bewahrer der Christenheit und des christlichen Glaubens bleibest […].“

16. Übergabe von Zepter und Stab. […]

17. Krönung.

Danach setzt der Metropolitan ehrerbietig die Krone auf das Haupt des Königs und spricht: „Empfange die Krone des Königreiches […] und erkenne sie als Zeichen der heiligen Glorie und der Ehre und des Werkes der Kraft und wisse dich durch sie als Teilhaber unseres Dienstes, sodass du dich immerdar – wie wir uns als Lenker und Hirten der Seele im Inneren verstehen – im Äußeren als ein wahrer Pfleger Gottes und ein eifriger Verteidiger gegen alle Widersacher der Kirche Christi und für das dir von Gott gegebene und durch Vollzug unserer Weihe anstelle der Apostel und aller Heiligen deiner Herrschaft übertragene Reich als ein Nutzen bringender Vollstrecker und erfolgreicher Lenker zeigest […].“

19. Gang zum Thron und Thronsetzung.

Dann wird der ehrenvoll Gekrönte von den Bischöfen durch den Chor vom Altar bis zum Thron geführt, indes der Metropolit zu ihm spricht: „Stehe fest und behaupte nunmehr den Platz, den du bislang aus väterlicher Erbfolge innehattest und der dir in erblichem Recht durch die Machtvollkommenheit des allermächtigsten Gottes und unserer, nämlich aller Bischöfe und übrigen Knechte Gottes gegenwärtige Übergabe übertragen ist […] auf dass der Mittler zwischen Gott und den Menschen dich als Mittler zwischen Klerus und Volk auf diesem Throne des Königreiches bestärke und im ewigen Reich mit sich herrschen lasse […].“

20. Friedenskuss – Tedeum[5] – Messe. […]

Wolfgang Lautemann (Bearb.), Mittelalter. Reich und Kirche. Geschichte in Quellen, München ²1978, S. 147-149

1. *Erläutern Sie den Krönungsvorgang und die Rolle der Kirchenvertreter.*

2. *Arbeiten Sie heraus, welche Aufgaben dem König mit seiner Krönung übertragen werden. Welche Stellung kommt ihm damit zu? Welche haben die Bischöfe?*

3. *Beurteilen Sie, welche Instanz höher steht. Zeigen Sie, worin dies deutlich wird.*

[5] Tedeum: feierlicher lateinischer Lob-, Dank- und Bittgesang der christlichen Kirche, dessen Name sich von den ersten Worten „Te Deum (laudamus)“ ableitet.

M2 Ein Bischof wird eingesetzt

Eine Chronik aus dem 12. Jahrhundert berichtet über die Vergabe des Bistums Paderborn durch König Heinrich II. 1009:

Damals als der König in Goslar weilte, schickte die (Paderborner) Kirche sogleich ihre Gesandten zu ihm, die den Tod des Bischofs meldeten und von seiner Milde den Trost eines geeigneten Nachfolgers demütig erbaten. Nachdem der König die traurige Botschaft gehört und den so bedeutenden und so großen Mann mit angemessener Trauer beweint hatte, empfahl er dessen Seele in angemessenem Gedenken durch Messen und Almosen der göttlichen Gnade. Danach rief er Bischöfe und Fürsten, die anwesend waren, zu sich und beriet sich über einen für diesen Ort und für die Zeit geeigneten Nachfolger, und nachdem lange Zeit viele erwogen und geprüft worden waren, präsentierte er Meinwerk als sowohl durch die große Vornehmheit seiner adligen Herkunft wie auch durch die Fülle seiner Besitzungen und zeitlichen Möglichkeiten geeignet. Nachdem alle zugestimmt und Glück gewünscht hatten, rief er Meinwerk herbei, lächelte ihn in gewohntem Wohlwollen an und sagte, einen Handschuh hochhaltend: „Nimm ihn.“ Als dieser fragte, was er da empfangen werde, sagte der König: „Das Bistum der paderbornischen Kirche.“ Als jener aber fragte, was ihm jenes Bistum solle, der er von seinen eigenen Gütern ein ansehnlicheres Bistum gründen könnte, antwortete der König: „Weil ich das in Wahrheit bedacht habe, deshalb hoffe ich, dass du dem Mangel jenes barmherzig zu Hilfe kommst, damit du im Himmel der Erbe dessen zu werden verdienst, dessen gnädige Mutter du auf Erden zu deiner Erbin machst.“ Darauf jener heiter: „Ich, sage ich, nehme in dieser Hoffnung und unter dieser Bedingung das Bistum an“, womit er sichtbar machte, dass er nicht aus Verachtung der Armut oder wegen des Wunsches nach einem ansehnlichen Bischofssitz oder einer höheren Würde widersprochen habe, sondern einfach mit Rücksicht auf den größeren Nutzen (für das Reich). Also wurde er dort in Goslar am nächsten Sonntag vom mainzischen Erzbischof Willigis und den übrigen anwesenden Bischöfen geweiht.

Hartmut Boockmann, Das Mittelalter, München 1988, S. 30

1. *Skizzieren Sie die in der Quelle genannten theologischen und seelsorgerischen Fähigkeiten des neuen Bischofs. Begründen Sie, welche Motive der Verfasser mit dieser Darstellung verfolgt haben könnte.*

2. *Überlegen Sie, welche Motive Heinrich bei seiner Entscheidung für Meinwerk bewogen haben können. Was wird er sich davon versprochen haben?*

◂ **Papst Gregor VII., neben einem Schreiber sitzend.**
Buchmalerei aus dem 11. Jahrhundert.
Gregor VII. nannte sich nach Papst Gregor I., der im 6. Jahrhundert lebte. Seine Lehren hatten großen Einfluss auf die Kirche. Wie sein berühmter Vorgänger wollte Papst Gregor VII. die Kirche vor falschen Lehren schützen.

M3 „Dictatus papae"

Im Jahre 1075 stellt Papst Gregor VII. seine kirchenrechtlichen Grundsätze zusammen:

1. Einzig und allein von Gott ist die römische Kirche gegründet.
2. Nur der römische Papst trägt zu Recht den Titel des universalen Papstes.
3. Er ganz allein kann Bischöfe absetzen und auch wieder einsetzen.
4. Sein Legat, auch wenn er einen geringeren Grad bekleidet, führt auf jedem Konzil den Vorsitz vor den Bischöfen; er kann diese absetzen. [...]
6. Von anderer Gemeinschaft ganz abgesehen, darf man mit Exkommunizierten sich nicht einmal in demselben Hause aufhalten.
7. Nur er darf, wenn es die zeitliche Notwendigkeit verlangt, neue Gesetze erlassen, neue Gemeinden gründen, aus einer Kanonie eine Abtei machen und umgekehrt, ein reiches Bistum teilen und arme zu einem einzigen zusammenlegen.
8. Nur er verfügt über die kaiserlichen Insignien.
9. Alle Fürsten haben die Füße einzig und allein des Papstes zu küssen.
10. Nur sein Name darf in der Kirche genannt werden.
11. In der ganzen Welt gilt nur dieser Papsttitel.
12. Der Papst kann Kaiser absetzen. [...]
14. Er kann in der ganzen Kirche, wie er will, Kleriker ordinieren. [...]
16. Keine Synode darf ohne seine Weisung eine allgemeine genannt werden.
17. Gegen seine Autorität kann kein Kapitel und kein Buch als kanonisch gelten.
18. Sein Entscheid kann von niemandem aufgehoben werden, er selbst aber kann Urteile aller anderen Instanzen aufheben.
19. Über ihn besitzt niemand richterliche Gewalt. [...]
21. Wichtigere Rechtsfälle aller Kirchen müssen vor ihn gebracht werden.
22. Die römische Kirche hat nie geirrt und wird nach dem Zeugnis der Heiligen Schrift auch in Ewigkeit nicht irren.
23. Wenn der römische Papst in kanonischer Wahl erhoben ist, dann wird er ohne Zweifel [...] heilig durch die Verdienste des heiligen Petrus, wie auch viele Kirchenväter bestätigen. [...]

[...]

25. Auch ohne Beschluss einer Synode kann er Bischöfe ein- und absetzen.
26. Wer nicht mit der römischen Kirche übereinstimmt, kann nicht als katholisch [rechtgläubig] gelten.
27. Er kann Untertanen vom Treueid gegen unbillige [Herrscher] entbinden.

Wolfgang Lautemann, a.a.O., S. 291 f.

1. *Erläutern Sie, welche Sätze des Diktats in erster Linie den Klerus betreffen und welche Punkte sich gegen die weltliche Gewalt richten.*

2. *Arbeiten Sie den Grundgedanken heraus, der hinter der Niederschrift des Papstes steht.*

3. *Stellen Sie dar, welche Mittel das Oberhaupt der Kirche zur Verfügung haben muss, um seine Überzeugungen in der Praxis durchsetzen zu können.*

M4 Brief Gregors VII. an Heinrich IV.

Nachdem König Heinrich IV. im Jahr 1071 den erzbischöflichen Stuhl in Mailand mit einem vom Papst exkommunizierten Kandidaten besetzt hat und entgegen Zusicherungen 1075 erneut einen eigenen Kandidaten aus der königlichen Hofkapelle für den Mailänder Erzstuhl ernennt, sendet ihm Papst Gregor VII. im Dezember 1075 folgendes Schreiben:

Bischof Gregor, Knecht der Knechte Gottes, [entbietet] König Heinrich Gruß und apostolischen Segen, jedoch nur, wenn er dem apostolischen Stuhl gehorcht, wie es sich für einen christlichen König geziemt. Wenn wir überlegen und sorgfältig bedenken, dass wir dem strengen Richter Rechenschaft ablegen müssen über die Verwaltung des Dienstes, den uns der heilige Petrus, der Apostelfürst, übertragen hat, senden wir Dir nur unter Zweifel den apostolischen Segen, da Du nach dem Urteil des apostolischen Stuhles und einer synodalen Untersuchung als jemand bezeichnet wirst, der wissentlich Gemeinschaft mit Exkommunizierten[1] hält. Wenn dies wahr ist, kannst Du – wie Du selber weißt – weder die Gnade göttlichen noch apostolischen Segens empfangen, es sei denn, Du würdest zuerst die Exkommunizierten von Dir trennen und zur Buße zwingen und bezüglich Deiner Verfehlung durch angemessene Reue und Wiedergutmachung Absolution[2] und Nachlass erlangen. Daher geben wir Deiner Erhabenheit den Rat, dass Du Dich, falls Du Dich in dieser Sache schuldig fühlst, durch baldiges Schuldbekenntnis um Rat an einen kirchlich gesonnenen Bischof wendest, der Dir mit unserer Erlaubnis eine angemessene Buße für diese Schuld auferlegt, Dich losspricht und uns mit Deiner Zustimmung das Maß Deiner Buße wahrheitsgemäß in einem Brief mitteilen mag.
Im Übrigen scheint es uns höchst sonderbar, dass Du uns so zahlreiche Briefe voll Ergebenheit und durch die Gesandten Deiner Erhabenheit Worte voll solcher Demut übermitteln lässt, Dich einen Sohn der heiligen Mutter Kirche und unseren nennst, in Treue untergeben, in der Liebe einzigartig und vorzüglich in der Ergebenheit, und Du Dich schließlich mit Worten der Liebe und Ehrerbietung empfiehlst, in der Sache selbst aber und im Handeln als trotzig, den kanonischen und apostolischen Verfügungen in dem, was die kirchliche Religiosität am meisten fordert, als widerspenstig zeigst. Denn, vom Übrigen ganz zu schweigen, wie Du das geachtet, was Du uns in der Mailänder Angelegenheit durch Deine Mutter und durch unsere bischöflichen Mitbrüder, die wir zu Dir entsandt haben, versprochen hattest, und in welcher Gesinnung Du das versprochen hast, das zeigt die Sache selbst. Und nun fürwahr, um Wunde auf Wunde zuzufügen, hast Du gegen die Vorschriften des apostolischen Stuhls die Kirchen von Fermo und Spoleto, wenn überhaupt von einem Menschen eine Kirche geschenkt oder vergeben werden kann, an Personen übertragen, die uns noch unbekannt sind und denen die Hand vorschriftsgemäß aufzulegen nicht erlaubt ist, wenn sie nicht bewährt und vorher wohl bekannt sind.

Johannes Laudage und Matthias Schrör (Hrsg.), Der Investiturstreit. Quellen und Materialien (Lateinisch – Deutsch), Köln ²2006, S. 104-113, Nr. 29

[1] Der Papst spielt auf königliche Ratgeber an, die bereits unter Gregors Vorgänger Alexander II. exkommuniziert worden waren.
[2] Absolution: Freispruch, Lossprechung von einer Sünde

1. *Arbeiten Sie heraus, wogegen sich Papst Gregor VII. in dem Schreiben wendet. Welche Argumente führt er gegen Heinrich IV. an?*
2. *Charakterisieren Sie Gregors Wortwahl.*
3. *Beurteilen Sie sein Vorgehen.*

M5 „Steige herab!“

König Heinrich IV. antwortet Papst Gregor VII. mit einem Brief vom 27. März 1076:

Heinrich nicht durch widerrechtliche Aneignung, sondern durch Gottes rechtmäßige Anordnung König, an Hildebrand, nicht mehr Papst, sondern den falschen Mönch.
[...] Du schrecktest nicht nur nicht davor zurück, die Lenker der Kirche, nämlich Erzbischöfe, Bischöfe und Priester, gleichsam Gesalbte des Herrn, anzutasten, nein, wie Knechte, die nicht wissen, was ihr Herr treibt, zertratest Du sie unter Deinen Füßen. Durch diese Misshandlung gewannst Du den Beifall aus dem Mund des Pöbels. Sie alle hältst Du für unwissend, aber nur Dich allein für allwissend, doch dieses bemühtest Du Dich nicht zum Aufbau, sondern zur Zerstörung zu gebrauchen; deshalb glauben wir mit Recht, der heilige Gregor, dessen Namen Du Dir angemaßt hast, habe dies über Dich prophezeit, als er sagte: „Durch den Überfluss der Untergebenen wird der Geist der Vorgesetzten häufig hochfahrend und meint, er wisse mehr als alle, wenn er sieht, dass er mehr als alle kann.“ Und wir haben dies alles erduldet, während wir uns bemühten, die Ehre des apostolischen Stuhls zu bewahren. Aber Du hast unsere Demut als Furcht ausgelegt und Dich nicht gescheut, Dich sogar gegen die uns von Gott vergebene königliche Herrschaft zu erheben, Du hast anzudrohen gewagt, Du würdest uns sie wegnehmen, als ob wir das Königtum von Dir empfangen hätten, als ob in Deiner und nicht in Gottes Hand sowohl König- als auch Kaisertum seien. Dieser unser Herr Jesus Christus hat uns zum Königtum, Dich aber nicht zur geistlichen Herrschaft berufen. [...]

◂ **Die „Zweischwerterlehre".**
Darstellung aus dem Dresdner Sachsenspiegel um 1350, Ausschnitt eines Faksimiles von 1902.
Christus verleiht Kaiser und Papst gleichberechtigt die Schwerter der geistlichen und weltlichen Macht. Diese ursprüngliche Vorstellung der sogenannten „Zweischwerterlehre" erfuhr später eine kirchliche Umdeutung. Nach dieser hatte der Papst sowohl das weltliche als auch das geistliche Schwert erhalten. Das weltliche wurde dann an den Kaiser bei dessen Krönung weitergereicht, wodurch dieser sich der päpstlichen Gewalt unterstellte – eine Interpretation, die kein Kaiser dulden wollte.

Auch mich, der ich, wenn auch unwürdig unter Gesalbten, zum Königtum gesalbt worden bin, hast Du angetastet, mich, über den die Überlieferung der heiligen Väter gelehrt hat, dass ich allein von Gott gerichtet werden darf, und versichert, dass ich wegen keines Verbrechens abgesetzt werden darf, es sei denn, ich falle vom Glauben ab, wovon ich weit entfernt bin […]. Auch der wahre Papst selbst, der heilige Petrus, ruft laut: „Fürchtet Gott, ehret den König." Du aber entehrst mich, weil Du Gott, der mich eingesetzt hat, nicht fürchtest. Deshalb nahm der heilige Paulus, der den Engel vom Himmel, wenn dieser etwas anderes verkündete, nicht verschonte, in dieser Sache auch Dich nicht aus, der auf Erden etwas anderes lehrt. Er sagt nämlich: „Wenn jemand, ob ich oder ein Engel vom Himmel, euch ein anderes Evangelium verkündete, als wir verkündigt haben, so sei er verflucht." Daher steige Du, der Du durch diesen Fluch und das Urteil aller unserer Bischöfe und unser eigenes verdammt bist, herab, räume den von Dir angemaßten heiligen Stuhl; ein anderer steige auf den Thron des heiligen Petrus, einer, der keine Gewalttat mit Frömmigkeit überdeckt, sondern die Heil bringende Lehre des heiligen Petrus lehrt. Ich Heinrich, König von Gottes Gnaden, sage Dir mit allen unseren Bischöfen: Steige herab, steige herab, Du auf ewig Verdammter!

Johannes Laudage und Matthias Schrör (Hrsg.), a.a.O., S. 122-125, Nr. 24

1. *Erklären Sie die Anrede Gregors als „falscher Mönch".*
2. *Erläutern Sie Heinrichs IV. Auffassung vom Königtum. Vergleichen Sie mit dem Dictatus papae (▸ M3).*
3. *Begründen Sie, warum der König sich dem Anspruch des Papstes entgegenstellen musste.*

M6 Ein Lösungsvorschlag

In dem anonymen Traktat „De investitura episcoporum" von 1109, einer gelehrten Abhandlung eines unbekannten Mönches oder Domgeistlichen, heißt es zum Investiturproblem:

Es kommt nämlich nicht darauf an, ob der König und Kaiser mittels eines Wortes oder eines Befehls, eines Stabes oder irgendeiner anderen Sache, die er in der Hand halten mag, den Bischof investiert oder inthronisiert, da dieser ja am Tag der Weihe kommt, Ring und Stab auf den Altar legt und sie als Zeichen des Hirtenamtes von der Stola und der Autorität des seligen Petrus empfängt; passender ist allerdings die Einweisung mit dem Stab, der bekanntlich eine zweifache Bedeutung hat, d.h. ein weltliches und geistliches Symbol ist. Der Arbeiter nämlich ist im Hinblick auf die geistlichen Güter, die ausgesät werden müssen, seines Lohnes wert, wenn er weltliche Güter (Temporalien) zu empfangen hat, dann geschieht dies gemäß dem, was Paulus sagt: „Wenn wir die geistlichen Güter bei Euch aussäen, dann ist es keine große Sache, wenn wir Fleischliches" – d.h. die Temporalien – „von Euch ernten". Die vorausgehende Investitur durch den König mit dem Grundbesitz und dem Vermögen der Kirche verschafft Ruhe und Frieden gegenüber Tyrannen und Räubern; dann aber folgt die Weihe, damit der bischöfliche Bann sich im Verein mit dem Königsbann zum gemeinsamen Heil auswirkt; und wenn die Bischöfe wegen der Regalien den Königen Mannschaft und Treueid leisten müssen, dann geschieht dies besser vor der Weihe […].

Johannes Laudage und Matthias Schrör (Hrsg.), a.a.O., S. 200 f., Nr. 58

1. *Erklären Sie, wie der Verfasser die Einweisung mit dem Stab beschreibt und welche Rolle er der Verleihung von Temporalien beimisst.*
2. *Vergleichen Sie den Text mit dem in der Darstellung skizzierten Wormser Konkordat. Inwiefern zeigt der Traktat mögliche Lösungswege aus dem Investiturstreit?*

M7 Weltliche und geistliche Herrschaft in Europa

Der Theologe und ehemalige evangelische Bischof Wolfgang Huber erläutert, warum in dem mittelalterlichen Verhältnis von Staat und Kirche in Europa die Wurzeln des heutigen Verfassungsstaates liegen:

Von einer Entstehung Europas kann man eigentlich erst vom vierten Jahrhundert an sprechen. Sie ist durch eine Doppelbewegung geprägt: Auf der einen Seite wurde das Christentum als Staatsreligion des römischen Reiches anerkannt; auf der anderen Seite löste sich das römische Reich selbst auf. In dem geschichtlichen Augenblick, in dem sich ein christliches Europa bildete, differenzierte es sich sogleich in das spannungsvolle Gegeneinander zwischen Byzanz und Rom, zwischen Morgenland und Abendland, zwischen Orient und Okzident. Die östliche Christenheit, ihrerseits bis in Kernfragen des christlichen Bekenntnisses von tiefen Spannungen durchzogen, entwickelte ein Verhältnis zur Welt, welches man als Symphonie, als Zusammenklang von Himmel und Erde wie von geistlicher und weltlicher Herrschaft deuten kann. Der Caesaropapismus[1] gilt deshalb als die charakteristisch byzantinische Gestaltungsform des Verhältnisses von Staat und Kirche. [...]

Im Westen nahm das Verhältnis von Glaube und Welt, von Kirche und Staat eine andere Gestalt an. Früh schon entwickelte sich ein Bewusstsein für die Differenz beider Größen. In der Lehre von den zwei Schwertern[2] fand sie einen sinnenfälligen Ausdruck. Weltliche und geistliche Herrschaft traten sich in einer grundsätzlichen Eigenständigkeit gegenüber, die den Stoff für große Konflikte in sich trug. Zugleich enthielt dieses Denkmodell eine frühe Vorbedingung für den modernen Verfassungsstaat in sich. Er beruht bis zum heutigen Tag auf der Unterscheidung zwischen weltlicher und geistlicher Herrschaft. [...]

Als die „Protestanten" auf dem Reichstag in Speyer sich einem Mehrheitsbeschluss der Reichsstände in Fragen des Glaubens widersetzten, fügten sie zur abendländischen Unterscheidung zwischen weltlicher und geistlicher Gewalt einen weiteren Baustein für die Entstehung des modernen Verfassungsstaats hinzu. Sie verlangten die Anerkennung von Gewissensfreiheit und die Selbstbeschränkung der politischen Autorität in Fragen der Religion. Sie ebneten damit den Weg zur Aufklärung ebenso wie zur Anerkennung von religiöser Pluralität. [...]

Wer immer heute von Europa als Wertegemeinschaft spricht, wird gerade deshalb dieses Prinzip zu den Werten zählen, hinter die Europa nicht wieder zurückgehen kann. So wie durch die Reformation die Gewissensfreiheit zu einem europäischen Grundwert wurde, so durch die Französische Revolution die staatsbürgerliche Gleichheit. Es gibt jedenfalls in meinen Augen keinen Zugang zum Wertekonsens Europas an diesen beiden Weichenstellungen vorbei.

Die Kirchen haben die Unabhängigkeit des Staatsbürgerrechts von der Religionszugehörigkeit nicht selbst durchgesetzt. Auch deshalb hat dieser epochale Wandel sich in einem Säkularisierungsschub Ausdruck verschafft, der zwei Jahrhunderte – das 19. wie das 20. Jahrhundert – prägte. Nicht nur in überwiegend protestantischen Gegenden – mit ihrer traditionell geringeren Kirchenbindung –, sondern auch in katholischen Regionen löste sich das Deutungsmonopol der Kirchen ebenso auf wie ihr direkter Zugriff auf die Lebensorientierung der einzelnen. [...]

Inzwischen überlagern sich Säkularisierung und religiöse Pluralität. Die Wanderungsbewegungen in der zweiten Hälfte des 20. Jahrhunderts führten zu einer verstärkten Präsenz nichtchristlicher Religionen in Europa, allen voran des Islam. Dass Religionsfreiheit auch die Freiheit der Andersglaubenden ist, wird – vor allem angesichts der Anwesenheit von 10 Millionen Muslimen in Europa – zu einer täglichen Erfahrung.

Doch alle Ambivalenzen, die mit dem Säkularisierungsprozess verbunden sind, ändern nichts an der epochalen Bedeutung des Übergangs zu gleichen Bürgerrechten, die von der Religionszugehörigkeit unabhängig sind. Einem Staat, der diesen Grundsatz leugnete, würden wir heute vorhalten, dass er gegen die europäische Werteordnung verstößt. Europa als Wertegemeinschaft ist durch eine Vorstellung vom Verfassungsstaat geprägt, der die gleiche Würde jedes Menschen und ebenso die Gleichheit vor dem Gesetz unabhängig von der Religionszugehörigkeit respektiert. Denn das gehört zur Unbedingtheit der Menschenwürde. So sehr diese sich einem christlichen Impuls verdankt, so sehr kann sie rechtlich nur in einem säkularen Verfassungsstaat gesichert werden.

Wolfgang Huber, Europa als Wertegemeinschaft – Seine christlichen Grundlagen Gestern, Heute, Morgen, Vortrag vom 28. März 2001 in der Bayerischen Landesvertretung in Berlin, www.ekd.de/vortraege/huber/1662.html [26.03.2013]

[1] Caesaropapismus: Von lat. caesar: „Kaiser", und papa: „Papst"; der Begriff bezeichnet eine Gesellschaftsform, in welcher der weltliche Herrscher zugleich Oberhaupt der Kirche ist oder in welcher die Kirche dem Staat untergeordnet ist.

[2] Zur „Zweischwerterlehre" vgl. die Abbildung auf S. 28.

1. *Erläutern Sie den Unterschied zwischen westlicher und östlicher Christenheit in Bezug auf das Verhältnis von geistlicher und weltlicher Herrschaft.*
2. *Analysieren Sie, inwiefern nach Huber die mittelalterliche Vorstellung von Kirche und Staat, die im 11. Jahrhundert in den Investiturstreit mündete, eine frühe Vorbedingung für den modernen Verfassungsstaat darstellt.*

Wurzeln des modernen Föderalismus im Heiligen Römischen Reich

Von März bis August des Jahres 1495 bietet die Reichsstadt Worms ein einzigartiges Schauspiel. König Maximilian I. hat zu einem Hof- und Reichstag geladen! Die Würdenträger des Reiches und ihr Gefolge umringen die Bühne, ein mit wertvollen Tüchern behängtes Gerüst mit einem Baldachin, auf dem sich der König in seinem Ornat im Kreise der Kurfürsten präsentiert. Seit Monaten werden Vorbereitungen getroffen. Nicht nur der Hof, auch die Reichsstadt Worms ist in Aufruhr.

Als nach langen Beratungsmonaten ab dem 14. Juli an mehreren Tagen öffentlich die feierliche Erneuerung der Reichslehen stattfindet, ist vieles zwischen Maximilian und den Fürsten ausgehandelt: Ein „Ewiger Landfriede" ist ausgerufen worden, um das Fehderecht zu bekämpfen. Als oberste gerichtliche Instanz ist nun das neu geschaffene Reichskammergericht zuständig, dessen Beisitzer die Stände bestimmen dürfen. Wenig erfolgreich ist Maximilian jedoch bei dem Versuch gewesen, dauerhafte Geldquellen zu erschließen. Dass die beschlossene Reichssteuer, der „Gemeine Pfennig", nicht sehr ertragreich sein wird, kann sich Maximilian ausrechnen. Schließlich besitzt er kein reichsweites Beamtentum, um die Abgaben zu erheben und einzuziehen. Aber zu einer leichter zu handhabenden, allgemeinen Reichssteuer ließen sich die Reichsstände nicht bewegen.

Kaiser und Reich Der Wormser Hof- und Reichstag von 1495 zeigt eines deutlich: Der Herrscher übte seine Gewalt nicht alleine und unkontrolliert, sondern eingeschränkt durch Mitsprache aus, hier durch die der Fürsten des Reiches. Im Mittelalter äußerte sich diese Mitsprache noch nicht in festen, institutionalisierten Formen eines Parlaments, sondern durch Zustimmung, die auf Mitsprache und Beratung beruhte („konsensuale Herrschaft"). „Rat und Hilfe" wurden beispielsweise bei Hof- und Reichstagen des Königs ausgeübt. Dort traf sich ein wechselnder Personenkreis, für den vor allem die persönliche oder politische Nähe zum Herrscher bestimmend war, zu Beratungen mit dem König auf dessen Zügen durch das Reich.

Seit dem 14. und 15. Jahrhundert beanspruchte ein sich verfestigender Kreis von Herrschaftsträgern ein korporatives Mitspracherecht durch seine führenden Vertreter. Grund dafür war, dass sich etwa seit dem frühen 13. bis zum Beginn des 15. Jahrhunderts das Herrschaftsgefüge gewandelt hatte. An die Stelle der persönlichen Beziehungen zwischen Herrscher und Vasall im mittelalterlichen „Personenverbandsstaat" war das Ständewesen getreten. Auf Reichsebene traten dem König oder Kaiser die **Reichsstände** gegenüber. Eine hierarchische Ebene darunter bildeten sich die „Landstände" – Adel, Geistlichkeit, Städte, manchmal auch die Bauernschaft –, die den Landesherren als Vertreter des „Landes" entgegentraten. Wie im Ständewesen üblich, erreichten sie ihren Status durch „Einung", einen Zusammenschluss, der durch einen Eid bekräftigt wurde. Die korporative Mitsprache innerhalb des Ständewesens in Mittelalter und Früher Neuzeit bildete eine Grundlage der modernen parlamentarischen Mitsprache und damit eine frühe Form der Gewaltenteilung. Vom modernen Parlamentarismus heute unterscheidet sie aber, dass die Mitwirkungsrechte innerhalb der Gesellschaft ungleich waren.

Reichsstände: im Heiligen Römischen Reich zählten dazu alle Fürsten, Grafen, Freiherren und Reichsstädte (nicht jedoch die Reichsritter), die zusammen mit dem Kaiser das Reich vertraten. Die Reichsstände hatten Sitz und Stimme im Reichstag. Sie mussten die vom Reichstag bewilligten Steuern aufbringen und im Kriegsfall das Reichsheer stellen.

Der Wormser Hof- und Reichstag von 1495 markiert den Übergang von den Hoftagen des Mittelalters zu den Reichstagen der Frühen Neuzeit. Die Versammlungen wurden nun zunehmend als Reichstage bezeichnet. Auf dem Reichstag von 1495 einigten sich die

Reichsstände und Kaiser **Maximilian I.** auf eine neue innere Ordnung des Reiches. Der Reichstag wurde zur obersten rechtlichen und politischen Institution, auf dem für das ganze Reich Entscheidungen getroffen werden mussten.

Das Heilige Römische Reich Deutscher Nation bestand aus über 300 reichsunmittelbaren Gebieten, die keinen anderen Herren als den Kaiser über sich hatten. Die Bandbreite umfasste ein unbedeutendes Reichsdorf wie Gochsheim bei Schweinfurt, kleine und größere geistliche und weltliche Herrschaften, schwächere oder auch mächtigere Reichsstädte, beachtliche Territorien wie Bayern oder Sachsen, sowie Österreich und Brandenburg-Preußen, die als aufsteigende Großmächte immer wieder eine aktive Rolle in der europäischen Politik spielen konnten.

Im Reichstag vertreten waren allerdings nur solche Reichsunmittelbaren, deren Recht seit alters her verbrieft war oder die durch finanzielle Beiträge an das Reich, etwa für ein Reichsheer, ihr Teilnahmerecht durchgesetzt hatten. Sie hatten sich als Reichsstände zu drei Kollegien (Kurien) zusammengeschlossen: erstens die sieben, später acht bzw. neun geistlichen und weltlichen Kurfürsten, die seit der „Goldenen Bulle" von 1356 das Privileg genossen, den König zu wählen; zweitens geistliche und weltliche Fürsten, also Fürsten, Prälaten, Grafen und Freiherren; sowie drittens die Reichsstädte. Die Reichsritter waren zwar reichsunmittelbar, aber keine Reichsstände.

Die Kurfürsten galten als „Säulen des Reiches". Sie waren von zentraler politischer Bedeutung, vor allem dann, wenn sich der Kaiser selbst wenig um das Reich kümmerte oder etwa im Krieg die Reichsorgane versagten.

Die zweite Kurie der Fürsten, Prälaten, Grafen und Freiherren umfasste eine große Gruppe von Mitgliedern ganz verschiedenen Ranges und politischen Gewichts. Nur den geistlichen und weltlichen Fürsten als ranghöchster adliger Gruppe stand das Recht zu persönlichem Erscheinen und Stimmabgabe auf den Reichstagen zu. Die Prälaten, Grafen und Herren waren von niedrigerem Rang. Sie besaßen kein einzelnes Sitz- und Stimmrecht, sondern übten dies kollektiv für ihre Gruppe aus. Ihre meist kleinen Herrschaftsgebiete prägten das einem Flickenteppich ähnelnde Kartenbild des Reiches.

Maximilian I. (1459-1519): seit 1486 deutscher König, seit 1493 Erzherzog von Österreich und seit 1508 Kaiser des Heiligen Römischen Reiches aus der Dynastie der Habsburger. 1495 initiierte er auf dem Reichstag zu Worms eine umfassende Reichsreform.

▼ Die ständische Hierarchie des Heiligen Römischen Reiches Deutscher Nation.
Kolorierter Holzschnitt aus der Weltchronik Hartmann Schedels, 1493.
Die im Reichstag vertretenen Stände sind jeweils durch Vierergruppen dargestellt. In der obersten Reihe thront der Kaiser zwischen den drei geistlichen (einzige Abweichung von dem Vierersystem) und den vier weltlichen Kurfürsten mit den Attributen ihrer Hofämter in den Händen. Darunter sind die Herzöge, Mark-, Land-, Burggrafen, Bannerherren, Freiherren und Ritter als Wappenträger abgebildet. Die Städte folgen auf der nächsten Seite der Weltchronik.

▶ **Die sieben Kurfürsten bei der Königswahl Graf Heinrichs von Luxemburg.**
Illustration aus dem Codex Balduini Trevirensis, um 1340. Von links nach rechts: die Erzbischöfe von Köln, Mainz, Trier, in der Mitte der Pfalzgraf bei Rhein, dann der Herzog von Sachsen, der Markgraf von Brandenburg sowie der König von Böhmen.

Die Reichsstädte galten als Teil des Königsbesitzes und waren entweder schon im Mittelalter vom König gegründet oder gefördert worden oder hatten sich von der Herrschaft eines anderen Stadtherrn (oft eines Bischofs) unabhängig gemacht.

Sie alle waren keine Untertanen, sondern traten dem König und Kaiser selbstbewusst als Inhaber eigener, autonomer Herrschaftsrechte gegenüber. Weder sie noch der Kaiser waren aber für sich souverän. Erst in der Gemeinschaft von „Kaiser und Reich" bildeten und repräsentierten sie das Heilige Römische Reich Deutscher Nation (▶ M1). Damit war das Reich ein „ausgeprägt dezentrales, föderatives Gebilde" (A. Gotthard), die „Einheit und Vielfalt" im Reich eine Vorstufe des **Föderalismus**.

Föderalismus (von lat. foedus, foedera: „Bund", „Bündnis", „Vertrag"): bezeichnet die Selbstständigkeit einzelner Glieder, die zu einer Gesamtheit zusammengeschlossen sind, etwa Länder, Bundesstaaten oder Kantone innerhalb eines Staates bzw. Reiches. Als ein erster föderalistischer Versuch kann das Neben- und Miteinander der Reichsstände im Heiligen Römischen Reich Deutscher Nation verstanden werden.

Einrichtungen des Reiches Das Reich hatte keine zentrale Regierung mit Behörden und Ämtern, keine regelmäßigen Steuereinnahmen und kein stehendes Heer. Dennoch gelang es ihm, innen- und außenpolitische Probleme zu lösen und ein Zusammengehörigkeitsgefühl der Bewohner zu entwickeln. Dies war der Verdienst von wenigen Einrichtungen:

Der Reichstag, die Vertretung der Reichsstände und das zentrale Verfassungsorgan des Reiches, musste zu allen wichtigen, das Reich betreffenden Angelegenheiten befragt werden und konnte dazu Beschlüsse fassen. So regelte er das Münzrecht und Probleme der inneren Sicherheit, beschäftigte sich mit außenpolitischen Fragen, entschied über Steuern, Krieg und Frieden und vermittelte seit der Reformation in konfessionellen Auseinandersetzungen. Seine wichtigste Aufgabe bestand in der Sicherung des Reiches. Die Reichsstände nutzten ihn aber auch, um den Zuwachs der kaiserlichen Macht zu verhindern. Jedoch konnte der Reichstag nichts über den Kopf des Kaisers hinweg entscheiden. Verbindliche Beschlüsse, sogenannte Reichsabschiede, setzten beiderseitiges Einvernehmen voraus.

Von Bedeutung waren auch die beiden höchsten Gerichte des Reiches: Das auf dem Wormser Reichstag 1495 eingerichtete Reichskammergericht (ab 1527 fest in Speyer, ab 1690 in Wetzlar) sollte eine friedliche Lösung von Konflikten und damit den **Ewigen Landfrieden** innerhalb des Reiches garantieren. Dieses Gericht wurde von den Reichsständen bestimmt und war von der persönlichen Rechtsprechung des Kaisers, dem bislang höchsten Richter des Reiches, unabhängig. Um sich in Rechtsangelegenheiten gegenüber den Ständen zu behaupten, gründete Maximilian I. 1497 den Reichshofrat. Er wurde vom Kaiser eingesetzt und hatte seinen Sitz seit dem 16. Jahrhundert in Wien. Bei den obersten Reichsgerichten konnte Berufung gegen Entscheidungen der landesherrlichen oder reichsstädtischen Gerichte eingelegt werden. Die Gerichte arbeiteten schwerfällig. Trotzdem trugen sie langfristig zu einer vergleichbaren Rechtsprechung im Reich bei.

Zur Durchsetzung des Ewigen Landfriedens wurde das Reich 1512 in zehn Reichskreise eingeteilt. Zu ihren Aufgaben gehörte es, den Frieden zu sichern, Münz- und Geldwesen zu regeln, Urteile des Reichskammergerichtes zu vollstrecken und Truppen für das Reichsheer zu stellen. Nach neueren Forschungen war die Arbeit der Reichskreise sehr effizient.

Ewiger Landfrieden: auf dem Wormser Reichstag 1495 getroffener Beschluss zur Friedenswahrung, der definitiv und unbefristet das Verbot der Fehde, der gewaltsamen Selbsthilfe und des „Raubrittertums", aussprach. Er machte den Rechtsschutz zur Sache der öffentlichen Hand, an die Stelle der Selbsthilfe trat der Rechtsweg. Trotzdem wurden bis weit in das 16. Jahrhundert noch Fehden geführt.

Das Reich nach dem Westfälischen Frieden Die Reichsordnung, die sich zwischen Kaiser und Ständen eingespielt hatte, schrieb der Westfälische Frieden nach dem Dreißigjährigen Krieg fest (▸ M2). Er galt – wie die „Goldene Bulle" – bis zum Ende des Alten Reiches 1806 als „Fundamentalgesetz". Als solches bestätigte er den Herren der das Reich bildenden Territorien die uneingeschränkte Landeshoheit in ihren Gebieten, also die Freiheit und Kompetenz, alle den eigenen Herrschaftsbereich betreffenden Angelegenheiten selbst zu regeln. Das Reich war nur für jene Fragen oder Bereiche zuständig, die das einzelne Territorium nicht mehr lösen konnte oder wo man gütlich und einvernehmlich Regelungen auf den Reichstagen traf.

Trotzdem darf man die Rolle des Kaisers bzw. der Reichsorgane nicht gering einschätzen. Reichskammergericht und Reichshofrat bewirkten ein beachtliches Maß an Rechtssicherheit. Vor allem kleinere Herren konnten diese Gerichte anrufen, wenn sie sich in ihren Rechten durch mächtigere Nachbarn eingeschränkt oder gar gefährdet sahen. Diese Konstruktion gab dem Kaiser immer wieder die Möglichkeit, sich aktiv in die Reichspolitik einzuschalten, sicherte die Existenz kleinerer Herrschaften und machte sie so zu einem wichtigen Verbündeten des Kaisers gegen die mächtigen Reichsstände.

Ähnlich ausbalanciert waren die Bestimmungen, die den Reichsständen Bündnisfreiheit gewährten, ihnen aber Bündnisse gegen den Kaiser und das Reich untersagten. Umgekehrt konnte der Kaiser allein nicht über Krieg und Frieden entscheiden, sondern war an die Zustimmung des Reichstages gebunden.

Das komplizierte Zusammenspiel von Kaiser und Ständen hatte das Ziel, nach dem zerstörerischen, dreißig Jahre wütenden Krieg Frieden zu schaffen und dauerhaft zu erhalten. Das Ergebnis war eine ausgewogene Machtbalance zwischen dem Kaiser und den Ständen. Sie verhinderte, dass der Kaiser absolutistisch regierte. Vor seiner Krönung musste er die Rechte der Stände regelmäßig in einer sogenannten Wahlkapitulation bestätigen. Sie band die Reichsstände aber nach wie vor als Lehnsnehmer an den Kaiser. Die Existenz des Kaisers und der Reichsgerichte verhinderte auch, dass sich in den Territorien ein ungezügelter Absolutismus durchsetzen konnte. Die Fürsten durften zudem nicht gegen das Sicherheitsinteresse des Reiches oder einzelne seiner Mitglieder verstoßen. Auf diese Weise wurde die föderative Struktur des Reiches gestärkt und eine effiziente Form vertikaler Gewaltenteilung geschaffen.

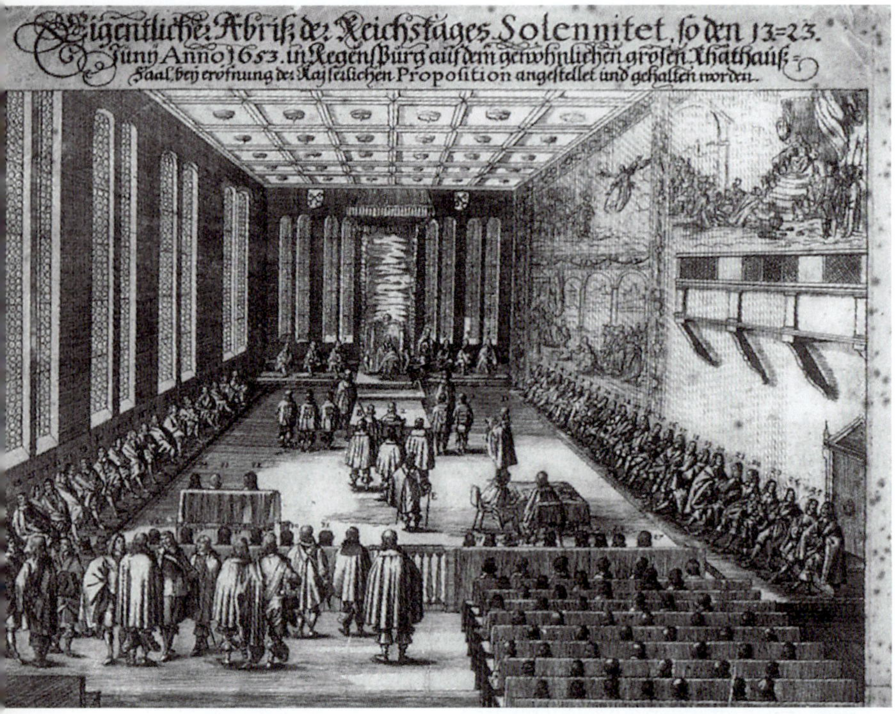

▲ **Eröffnung des Regensburger Reichstages von 1653.**
Flugblatt aus Nürnberg von 1653 (Ausschnitt).
An der Stirnseite des Saales, unter dem Baldachin, thront der Kaiser. Auf der langen Bank an der Wandseite sitzen die weltlichen, ihnen gegenüber die geistlichen Reichsfürsten. Dem Thron gegenüber, an der Rückseite des Saales, befinden sich die Bänke der Vertreter der Reichsstädte.

- *Nennen Sie den Reichsstand, der links und rechts vom Kaiser sitzt.*

Der „Immerwährende Reichstag“ in Regensburg ■ Der Reichstag fand zunächst an wechselnden Tagungsorten statt, so in Speyer, Worms, Nürnberg und Augsburg, bis er 1663 als ständiger Gesandtenkongress nach Regensburg verlegt wurde. Der Reichstag in Regensburg 1663 sollte Verfassungsfragen abarbeiten, die der Westfälische Frieden offengelassen hatte. Tatsächlich aber haben die Beratungen dieses Reichstages nie mehr ein Ende gefunden; er tagte als „Immerwährender Reichstag“ bis zum Ende des Alten Reiches 1806, wurde also zu einer Dauereinrichtung, einer zentralen Delegiertenversammlung des Reiches, die nicht erst fallweise einberufen werden musste.

Die Reichsstände ließen sich durch Gesandte vertreten, die in Regensburg ständige Residenz nahmen. Sie waren keine gewählten Abgeordneten oder Volksvertreter. Es handelte sich vielmehr um Fachleute und Diplomaten, die die Verhandlungen im Auftrag des Landesherrn professionell führen konnten. Aufgrund der permanenten Tätigkeit bildeten sich Geschäftsordnungen und Beratungsformen aus, die auch im Vergleich mit der Gegenwart bestehen können. Die Verstetigung des Reichstages war eine Vorstufe zu den modernen Legislaturperioden. Mit dem „Immerwährenden Reichstag“ wurde aber auch die breite regionale Teilhabe der Reichsstände an den Reichsangelegenheiten üblich. Nun standen Instrumentarien zur Verfügung, mit denen die Balance zwischen Kaiser und Reich gewahrt werden konnte. Dieses Zusammenwirken und die wechselseitige Begrenzung haben die Zeitgenossen im In- und Ausland als „teutsche Libertät“ (deutsche Freiheitsrechte) im Gegensatz zu absolutistischen Tendenzen in vielen Staaten hoch geschätzt.

Unter diesem Aspekt erscheint der Reichstag aus heutiger Sicht weniger als ein Parlament oder eine Volksvertretung, sondern eher wie ein „Staatenhaus“, das die Interessen der unterhalb der Reichsebene angesiedelten Einzelstaaten zu vertreten hatte (▸ M3). Im Vergleich zu Frankreich verhinderte diese Konstruktion zwar einerseits die Bildung eines zentralistischen Machtstaates. Andererseits schuf sie über lange Zeiträume vergleichsweise stabile und friedliche Verhältnisse und war auch die Ursache für die reiche kulturelle Vielfalt auf dem Gebiet des Deutschen Reiches, das nicht nur eine Hauptstadt hatte, sondern viele Residenzorte, die durch Konfession und regionale Traditionen geprägt waren (▸ M4).

Andererseits konnte das System des Reiches nur solange funktionieren, wie seine Grundlage, die Anerkennung eines Rechtssystems, nicht infrage gestellt wurde. In Gefahr geriet es durch die neue Politik der „großen Mächte“ und der zwischen ihnen geltenden Spielregeln. So sprengte Preußen schon im 18. Jahrhundert durch seine Machtpolitik das ausbalancierte System des Reiches, etwa durch seinen Überfall auf das habsburgische Schlesien.

M1 Ritual und Verfassungswirklichkeit

Die Historikerin Barbara Stollberg-Rilinger untersucht die Verfassungswirklichkeit im Alten Reich:

Das Reich des ausgehenden Mittelalters und der beginnenden Neuzeit gehorchte der Logik einer Präsenzkultur, d.h. es wurde dadurch zu einem Ganzen integriert, dass sich die Akteure von Zeit zu Zeit persönlich an demselben Ort versammelten. Seine Ordnung wurde [...] immer wieder aufs Neue erzeugt, indem sie pars pro toto öffentlich aufgeführt wurde. Das geschah in symbolisch-rituellen, feierlichen und förmlichen, mit dem zeitgenössischen Wort: *solennen* Akten, die durch vielerlei symbolische Markierungen aus dem alltäglichen Handlungsfluss herausgehoben waren: vor allem Krönungen, Lehnsinvestituren, Reichstagseröffnungen und -abschiede. Die äußeren Formen waren wesentlich. Denn die Ordnung, die diese Rituale erzeugten, war konkret, nicht abstrakt.

Man musste sie sehen können: [...] Kaiser, Römischer König und Kurfürst, Reichsfürst, Reichsgraf, Reichsstadt und so fort – was das war und wer es war, zeigte und erwies sich in rituellen Akten. [...] Die Repräsentation des Reiches beruhte auf Identität, nicht auf Stellvertretung. Die Versammlung von Kaiser, Kurfürsten und Fürsten war das Reich, und zwar in einem doppelten Sinne. In den solennen Akten wurde die Majestät des Reiches nicht nur zur Anschauung gebracht und sinnlich erfahrbar dargestellt, sondern auch im rechtstechnischen Sinne hergestellt, d.h. was von ihnen in bestimmten Formen beschlossen oder vollzogen wurde, galt verbindlich als vom ganzen Reich als politischem Körper pars pro toto beschlossen oder vollzogen. [...]

Da die symbolisch-rituellen Details des Gehens, Stehens, Sitzens, Anredens und so fort gemäß der Logik der Präsenzkultur den Status der Einzelnen definierten und die Ordnung des Ganzen manifestierten, glaubte niemand, sie preisgeben zu können, ohne den eigenen Status zu gefährden. Mit jedem Verstoß gegen das geringste Detail wurde stets die grundsätzliche *quaestio Status* aufgeworfen, immer schien die Ordnung des Ganzen auf dem Spiel zu stehen. Der Westfälische Frieden verstärkte diese Eigentümlichkeit der Reichsordnung, indem er ausdrücklich *alle* bestehenden Rechte, Freiheiten und Privilegien aller Reichsglieder gegen Veränderung schützte. [...] Die Diskrepanz zwischen Veränderungsbedürftigkeit und Veränderungsfähigkeit der Reichsverfassung wurde immer größer, [...] der Umgang mit den Problemen immer komplizierter. Kaum jemand konnte das alles noch überschauen; das Reichsrecht wurde zur „Geheimwissenschaft“ von Spezialisten. [...]

Zugleich entwickelten sich aber auch neue Maßstäbe der Aufrichtigkeit und Authentizität, der Eindeutigkeit und Einfachheit. Sie speisten sich aus ganz verschiedenen, alten und neuen Quellen: aus pietistischer[1] Frömmigkeit und Verachtung aller weltlichen Äußerlichkeiten, aus rationalistischem Kosten-Nutzen-Kalkül, aus strengem vernunftrechtlichen Systemgeist und aus einem neuen Pathos der Natürlichkeit. All das mündete in die Entzauberung der Reichssolennitäten: Die alten Kleider erschienen als lächerliche Verkleidung, die Erzämter als Lappalien, die ganze Krönung als Komödie, die Reichsversammlung als Manege eitler kleiner Männer und die Thronbelehnung als *leeres Schattenwerk eitler Ceremonien.*

Barbara Stollberg-Rilinger, Des Kaisers alte Kleider. Verfassungsgeschichte und Symbolsprache des Alten Reiches, München 2008, S. 299-314

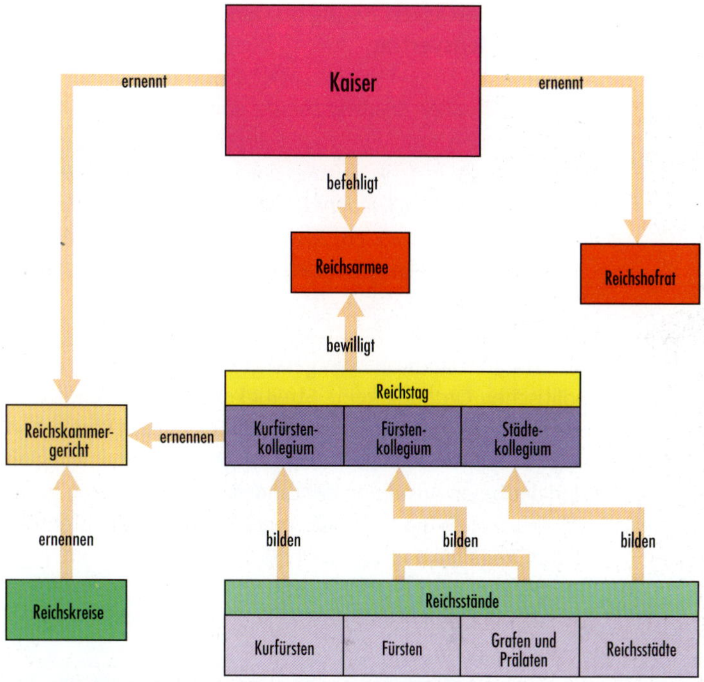

▲ **Die Einrichtungen des Heiligen Römischen Reiches Deutscher Nation.**

1. *Analysieren Sie Funktion und Bedeutung von Ritualen für die Menschen im Alten Reich, wie sie Barbara Stollberg-Rilinger darstellt.*
2. *Arbeiten Sie die Gründe für ihre Bewertung der Reichsverfassung heraus.*
3. *„Nähe und Distanz als Machtmittel“: Diskutieren Sie diese These.*

[1] Pietismus (von lat. pietas: „Pflichtgefühl“, „Frömmigkeit“): Der Pietismus war eine nach 1650 aufkommende protestantische Reformbewegung und steht auch für schwärmerische Frömmigkeit.

M2 Die Reichsverfassung im Osnabrücker Friedensvertrag

Die Westfälischen Friedensschlüsse von Münster und Osnabrück beenden nach jahrelangen Verhandlungen den Dreißigjährigen Krieg. In Artikel VIII des am 25. Oktober 1648 verkündeten Osnabrücker Friedensvertrages zwischen dem Kaiser (und seinen Verbündeten) sowie der Königin Christina von Schweden (und ihren Verbündeten) sind verfassungsrechtliche Bestimmungen des Reiches festgelegt:

Art. VIII § 1. Damit aber vorgesorgt sei, dass künftig in der politischen Ordnung keine Streitigkeiten entstehen, sollen alle und jede Kurfürsten, Fürsten und Stände des Römischen Reiches in ihren alten Rechten, Vorzügen, Freiheit, Privilegien und der freien Ausübung der Landeshoheit sowohl in geistlichen als auch in weltlichen Angelegenheiten, in ihren Gebieten, Regalien und deren aller Besitz kraft dieses Vertrages so befestigt und bestätigt sein, dass sie von niemandem jemals unter irgendeinem Vorwand tätlich gestört werden können oder dürfen.

§ 2. Ohne Widerspruch sollen sie das Stimmrecht in allen Beratungen über Reichsgeschäfte haben, vornehmlich wenn Gesetze zu erlassen oder auszulegen, Kriege zu beschließen, Steuern auszuschreiben, Werbungen oder Einquartierungen von Soldaten vorzunehmen, neue Befestigungen innerhalb des Herrschaftsgebiets der Stände im Namen des Reichs zu errichten oder alte mit Besatzungen zu versehen, und auch wo Frieden und Bündnisse zu schließen oder andere derartige Geschäfte zu erledigen sind; nichts dergleichen soll künftig jemals ohne die auf dem Reichstag abgegebene freie Zustimmung und Einwilligung aller Reichsstände geschehen oder zugelassen werden.

Vor allem aber soll das Recht, unter sich und mit dem Ausland Bündnisse für ihre Erhaltung und Sicherheit abzuschließen, den einzelnen Ständen immerdar freistehen, jedoch unter der Bedingung, dass dergleichen Bündnisse nicht gegen Kaiser und Reich und dessen Landfrieden oder besonders gegen diesen Vertrag gerichtet, sondern so beschaffen seien, dass der Eid, durch den ein jedem dem Kaiser und Reich verpflichtet ist, in allen Stücken unverletzt bleibt.

§ 3. Es soll aber binnen sechs Monaten nach der Ratifikation des Friedens ein Reichstag abgehalten werden; nachher jedoch, sooft es der gemein Nutzen oder Notwendigkeit erfordern wird. Auf dem nächsten Reichstag aber sollen vornehmlich die Mängel der früheren Versammlungen verbessert werden [...].

Bernd Roeck (Hrsg.), Deutsche Geschichte in Quellen und Darstellung, Bd. 4: Gegenreformation und Dreißigjähriger Krieg 1555-1648, Stuttgart 1996, S. 410 f.

1. *Arbeiten Sie die verfassungsrechtlichen Bestimmungen heraus. Erläutern Sie die Rechte und Befugnisse der Stände.*
2. *Bestimmen Sie die Bedeutung des Westfälischen Friedens für das Verhältnis der Stände zum Reich. Wie lässt sich das Reich auf dieser Grundlage charakterisieren?*

M3 „Ein einem Monstrum ähnlicher Körper"

Der Völkerrechtler Samuel von Pufendorf schreibt 1677:

Es bleibt also nichts anderes übrig, als das Deutsche Reich [...] einen unregelmäßigen und einem Monstrum ähnlichen Körper zu nennen, der sich im Laufe der Zeit durch den fahrlässigen Leichtsinn der Kaiser, durch den Ehrgeiz der Fürsten und die Machenschaften der Geistlichen aus einem normalen Königreich in eine unstimmige Staatsform entwickelt hat. Das Deutsche Reich ist weder eine beschränkte Monarchie [...], noch eine Föderation mehrerer, durch ein Bündnis verknüpfter Staaten, sondern eher ein Mittelding zwischen beiden. Dieser Zustand ist die dauernde Quelle für die tödliche Krankheit und die inneren Umwälzungen des Reiches, da einerseits der Kaiser danach trachtet, die Herrschaft wieder an sich zu reißen, andererseits die Stände nach völliger Freiheit streben. [...]
Die Größe und Stärke des Deutschen Reiches könnte, wenn es eine monarchische Verfassung hätte, für ganz Europa bedrohlich sein, aber es ist durch innere Krankheiten und Umwälzungen so geschwächt, dass es kaum sich selber verteidigen kann. [...] Eine noch so große Menge von Menschen ist nicht stärker als ein einzelner Mensch, solange jeder seinen eigenen Weg geht; alle Macht entsteht aus der Vereinigung.

Helmut Neuhaus (Hrsg.), Deutsche Geschichte in Quellen und Darstellung, Bd. 5: Zeitalter des Absolutismus 1648-1789, Stuttgart 1997, S. 28 ff. (vereinfacht mithilfe der Übersetzung in E. Büssem und Michael Neher (Hrsg.), Arbeitsbuch Geschichte, Neuzeit 1, Quellen, bearb. von Leopold Auer, München 1977, S. 283)

1. *Erläutern Sie Pufendorfs Bewertung der Reichsverfassung.*
2. *Pufendorf weist auf ein zentrales Problem hin. Für welche Lösung plädiert er?*
3. *Nehmen Sie Stellung zu seiner Sichtweise. Beurteilen Sie diese im historischen Kontext. Vergleichen Sie etwa mit den Verhältnissen in Frankreich.*
4. *Im Text fallen die Begriffe „Föderation" und „Föderalismus". Auch die Bundesrepublik Deutschland ist föderalistisch aufgebaut. Klären Sie die Begriffe, ihre Entwicklung und Ausprägungen. Erstellen Sie zum Thema ein Referat.*

M4 Die Reichsverfassung in neuer Perspektive

Der Historiker Johannes Burkhardt beurteilt die Verfassung des Reiches zwischen 1648 und 1803:

Die am meisten verkannte Leistung des Westfälischen Friedens ist seine verfassungsgeschichtliche. Generationen von preußisch-nationalen Historikern haben Schülern, Studierenden und der deutschen Öffentlichkeit eingeredet, dass der Westfälische Friede der Anfang vom Ende des Heiligen Römischen Reiches Deutscher Nation gewesen sei. [...] Entgegen der Mär von einem Reich auf Abruf war die deutsche Verfassung zwischen 1648 und 1803 verglichen mit allen nachfolgenden Verfassungen und politischen Systemen die bislang dauerhafteste der deutschen Geschichte überhaupt.

Wenn hier von einer Verfassung die Rede ist, ist das ganz wörtlich und im modernen Sinne zu nehmen. Das Reich bekam eine in aller Form beschlossene und geschriebene Verfassung: den Westfälischen Frieden selbst. Bereits die Friedensverhandlungen waren nicht nur ein europäischer Gesandtenkongress, sondern wurden praktisch zugleich zur Reichsversammlung. Denn nachdem die Kurfürsten, Fürsten und Reichsstädte lange genug vergeblich um ihre Zulassung als Verhandlungspartner gestritten hatten, versammelten sie oder ihre Gesandten sich einfach selbst in Osnabrück, in Münster und in Lengerich auf halbem Wege zwischen den Tagungsstätten, berieten in reichstagsähnlichen Geschäftsformen über den Inhalt des Vertragswerks mit und fanden damit bei Kaiser und vertragsschließenden Parteien auch Akzeptanz. Im Osnabrücker Vertrag wurde denn auch dem nächsten Reichstag auferlegt, die Verhandlungsergebnisse als „perpetua lex et imperii sanctio“ zu bestätigen. Das tat er auch, rückte den Westfälischen Frieden Wort für Wort in den Reichsabschied[1] von 1654 ein und verlieh ihm damit mit ersten Ergänzungen und Ausführungsbestimmungen Gesetzescharakter. Aus der lateinischen Klausel des Friedensvertrags wurde nun im deutschen Reichsstil „ein gegebenes Fundamental-Gesetz des Heiligen Reiches“.

Das nahm schon fast wörtlich unseren Verfassungsbegriff „Grundgesetz“ vorweg [...]. Mit dem Westfälischen Frieden bekamen und gaben sich die Deutschen früher als alle anderen in Europa ihre erste geschriebene Verfassung. Das gilt nicht nur formal, sondern auch inhaltlich. Der mit Schweden geschlossene Vertrag betrifft zum ganz überwiegenden Teil intern deutsche Verhältnisse. Der berühmte Artikel VIII[2] ist der zentrale Verfassungsartikel, der grundsätzliche Aussagen zu den Rechten der Gewalten im Reich – hier der Fürsten als Landesherren und als Reichsstände – und zur Organisation der Reichsinstitutionen – Reichstag, Reichskreise und Reichsgerichtsbarkeit – macht. Das sind typische Verfassungsfragen bis heute. [...]

Im Reich muss seit 1648 ein paralleler Staatsausbau auf zwei Verfassungsebenen in Rechnung gestellt werden: auf der territorialen wie der gesamtstaatlichen Ebene. Es ist eine irrige Vorstellung, dass der Ausbau des Fürstenstaates gleichsam nur auf Kosten des Reiches möglich gewesen wäre oder umgekehrt. Es ging nicht um Machtverteilung, sondern um Arbeitsteilung und Kooperation zur Bewältigung der zunehmenden staatlichen Aufgaben. Auf der regionalen Ebene nahmen die Territorien oder ergänzend die Reichskreise selbstständig wichtige Rechts- und Verwaltungsaufgaben wahr und bauten ihre administrativen Systeme aus. Zugleich wurde auf der übergreifenden Ebene die Vertretung der Gesamtbelange nach innen und außen durch Reichsoberhaupt, Reichstag, Reichsgerichtsbarkeit und durch die Reichskreise mit ihrer Scharnier- und Exekutivfunktion nun voll institutionalisiert und durchorganisiert. Es besteht kein Anlass, wegen dieser Dualität der Verfassungsebenen an der Staatlichkeit des Reiches zu zweifeln. Nirgendwo steht geschrieben, dass sich das Gewaltmonopol des Staates auf eine Ebene konzentrieren, zentralstaatlich oder gar absolutistisch organisieren müsse. Wer in der Bundesrepublik Deutschland lebt, dem wird dieses politische System bei allen Gewichtsverschiebungen zwischen Bund und Ländern nicht ganz unbekannt vorkommen. Der Westfälische Friede kodifizierte bis heute wirksame föderalistische Traditionen der deutschen Verfassungsgeschichte.

Johannes Burkhardt, Das größte Friedenswerk der Neuzeit. Der Westfälische Friede in neuer Perspektive, in: Geschichte in Wissenschaft und Unterricht 10/1998, S. 592-612, hier S. 597-602

1. *Erläutern Sie, wie Burkhardt die Verfassung des Reiches bewertet und was er hervorhebt.*

2. *Arbeiten Sie die Elemente der Reichsorganisation heraus. Erklären Sie die Funktionsweise der Verfassung.*

3. *Vergleichen Sie den Standpunkt Burkhardts mit dem von Stollberg-Rilinger in M1. Wodurch lassen sich die unterschiedlichen Bewertungen erklären?*

4. *Erörtern Sie, warum es unter Historikern zu unterschiedlichen Urteilen über denselben Sachverhalt kommen kann.*

5. *Erklären Sie Burkhardts Vergleich der Strukturen des Alten Reiches und der Bundesrepublik Deutschland. Ziehen Sie Ihre Ergebnisse aus M3 hinzu.*

[1] Reichsabschied: Schlussdokument eines Reichstages
[2] Vgl. M2 auf S. 36.

Wandel des Denkens durch die Aufklärung

Paris im Sommer 1752: 35 Jahre liegt der Tod des Sonnenkönigs Ludwig XIV. inzwischen zurück, mehr als 25 Jahre regiert sein Enkel und Nachfolger als Ludwig XV. das Land. Die Welt hat sich verändert. Wiederholt hat der König erleben müssen, wie die ständischen Gerichtshöfe Einspruch gegen seine Verfügungen erheben und sie sabotieren.

Misstrauisch beäugen seine Zensurbeamten die Veröffentlichung der Encyclopédie, die der Philosoph und Publizist Denis Diderot seit 1751 herausgibt. In diesem Werk will er das Wissen seiner Zeit in Text und Bild zusammenfassen. Betreibt er damit nicht unter dem Deckmantel der Wissenschaft die subtile Unterhöhlung der bestehenden Ordnung? Wie soll man darauf reagieren, wenn darin die Fähigkeit der Könige zu Wunderheilungen bezweifelt wird? Überall in Europa greifen die Gelehrten begierig zu diesem Werk. Es zu verbieten, scheint nicht ratsam. Weit hat man sich entfernt von den Zeiten, als in den Salons der Madame de Pompadour Konversation über schöne Literatur und Kunst gepflegt wurde. Heute treffen sich in den Salons der adligen und wohlhabenden bürgerlichen Damen nun regelmäßig die Vertreter des kritischen Geistes: Montesquieu bei Madame Geoffrin und Madame de Tencin Fontenelle, d'Alembert, Condorcet, Turgot und andere Autoren der Encyclopédie bei Madmoiselle de Lespinasse. Jeden Tag von fünf bis neun finden sich dort Lese- und Diskussionsrunden ohne Ansehen des Standes zusammen – ja sogar Männer aus Kirche, Hof, Armee sind darunter. Wohin soll dies noch führen?

Aufgeklärte Reformdiskussion zwischen Innovation und Tradition ■ Die Französische Revolution und die anschließende Umgestaltung der europäischen Verhältnisse durch Napoleon bedeuteten in jeder Hinsicht einen revolutionären Bruch. Dieser konnte später den Eindruck erwecken, als seien das Denken der Aufklärung und die politischen Ordnungen des 19. und 20. Jahrhunderts voraussetzungslos und ohne Verwurzelung im Ancien Régime, in der alten Herrschafts- und Gesellschaftsordnung vor der Revolution entstanden. Dass dies nicht zutrifft, zeigen die gesellschaftlichen „Orte", an denen sich das aufgeklärte Denken äußerte und sich zunehmend freier artikulierte: In den Salons der gebildeten adligen und bürgerlichen Damen, in „Lesegesellschaften", wo man sich zur Lektüre neuester Schriften und Zeitungen traf, hatte das neue Denken seinen Platz, und somit in den etablierten gesellschaftlichen Gruppen der europäischen Metropolen, in Paris genauso wie in der Kaiserstadt Wien oder dem Handelszentrum Hamburg.

Rationalismus (von lat. ratio: Vernunft): Auffassung, nach der die Welt nach logischen Gesetzen aufgebaut ist und die Vernunft als Hauptquelle der Erkenntnis ansieht.

Empirismus (von griech. empeiria: Erfahrung): der Erfahrung folgend; als empirisch gelten Wissenschaften, die ihre Erkenntnisse in erster Linie aus Wahrnehmung, Messung und Experimenten gewinnen.

Rationalismus ■ Nach den Religions- und Bürgerkriegen des 16. und 17. Jahrhunderts suchten gelehrte Köpfe mehr denn je die Antwort auf die Frage nach dem besten Staat und nach Wegen des friedlichen Zusammenlebens aller Menschen. All diese Gelehrten setzten, wie schon die antiken Philosophen, auf die Vernunft. Sie waren fest davon überzeugt, schrittweise alle Gesetze der Natur und des Zusammenlebens ergründen zu können. Diese Überzeugung gab der Bewegung den Namen: **Rationalismus**. Was nicht in der Natur oder im wissenschaftlichen Experiment beobachtet werden konnte (**Empirismus**), sollte nach verstandesgeleiteten Prinzipien um- oder neu gestaltet werden. Der Rationalismus war zwar später, im 18. Jahrhundert, ein wesentlicher Teil der Aufklärung. Er konnte jedoch genauso zur Begründung einer starken Monarchie dienen, die als Garant gegen die im Menschen schlummernden Triebe scheinbar notwendig war.

▲ **Der Salon von Madame Geoffrin.**
Gemälde von Gabriel Lemonnier, nach 1804.
Im Pariser Salon von Marie-Thérèse Geoffrin (rechts im grauen Kleid mit schwarzer Haube) trafen sich Adlige und Bürgerliche, Christen und Juden, Gelehrte, Schriftsteller und Kaufleute aus dem In- und Ausland, um über Kunst, Literatur, Philosophie, Religion, Politik und Ökonomie zu diskutieren. An der hinteren Wand des Salons ist die Büste des Philosophen und Dichters Voltaire aufgestellt, der als der bedeutendste französische Aufklärer gilt.

Die Idee des Gesellschaftsvertrages Die Begründer der modernen Staatslehre gingen von der Annahme aus, dass alle Menschen ein Recht auf persönliche Freiheit, Unversehrtheit von Leib und Leben und auf Eigentum besitzen. Solche Gedanken sind bereits bei mittelalterlichen Theologen zu finden, die als Quelle dieser Rechte Gott ansahen. Die rationalistischen und aufklärerischen Denker lösten sich jedoch zunehmend von der theologischen Herleitung und erklärten diese Rechte als naturgegeben. Um sich und diese natürlichen Rechte zu sichern, bilden die Menschen Gemeinschaften. Dazu schließen sie einen (gedachten) „Vertrag“ ab, einen sogenannten Gesellschaftsvertrag. Dieses Vertragsdenken wurzelt in alten Traditionen, denn auch die Wahlkapitulationen waren Herrschaftsverträge, in denen die Rechte der Beherrschten gesichert wurden. Aber der Gedanke des Gesellschaftsvertrages geht weiter: In ihm ist festgelegt, wer „staatliche“ Herrschaft ausübt, das heißt, wer in der Gemeinschaft die erforderlichen Gesetze zum Schutz von Leben und Eigentum erlässt und wer über die Einhaltung dieser Gesetze wacht.

Eine der Hauptströmungen des Rationalismus vertrat die Vorstellung, dass politische Gemeinwesen als freiwilliger Zusammenschluss von Individuen entstehen. In dieser Vorstellung erkannte sich das Bürgertum wieder, dem die relativ starre Sozialstruktur der ständischen Gesellschaft wenig Raum für gesellschaftlichen Aufstieg und politische Einflussnahme ließ. Freier Erwerb und Sicherung von Eigentum bei Entfaltung aller seiner Fähigkeiten – so stellte sich das bürgerliche Denken den Zweck des Gesellschaftsvertrages vor.

Aufklärung Dies traf sich mit dem politischen Denken der Aufklärung. Diese setzte seit dem späten 17. Jahrhundert zunächst in England und in den Niederlanden ein und breitete sich über Frankreich und Deutschland bis zum Ende des 18. Jahrhunderts in ganz Europa aus. Zunächst erfasste die Bewegung nur eine sehr dünne gebildete Schicht. Im Laufe der Zeit beeinflusste sie die Naturwissenschaften, die Medizin und die Mathematik, die Theologie, Philosophie und Literatur sowie die Rechtswissenschaft und die Staatslehre (▸ M1).

Die Vertreter der Aufklärung formulierten fortschrittliche, kritische Argumente gegen den Absolutismus und die Ständegesellschaft. Gesetze und Regierungen sollten ihr zufolge in erster Linie dem Schutz von Freiheit, Leben und Besitz des Einzelnen dienen. Absolute Macht in der Hand eines Einzigen werde hingegen zwangsläufig Willkür und Tyrannei hervorbringen. Dieses Denken richtete sich gegen den absolutistischen Anspruch der Fürsten auf die uneingeschränkte Souveränität und das Gesetzgebungsmonopol, insbesondere bei der Besteuerung. Infrage gestellt wurde auch die ideelle Begründung der monarchischen Gewalt aus dem Gottesgnadentum.

John Locke (1632-1704): englischer Wissenschaftler und Staatsmann. Er lehrte in Oxford und verfasste naturwissenschaftliche, medizinische, philosophische und politische Schriften.

John Locke – Gesellschaftsvertrag und Widerstandsrecht Der Engländer **John Locke** veröffentlichte 1690 anonym sein Werk „Two Treatises of Government" (▸ M2). In der tagespolitischen Diskussion in England sollte es den Standpunkt der göttlich legitimierten absoluten Monarchie widerlegen und die Position des Parlaments stärken.

Nach Locke formiert sich das Gemeinwesen zum Schutz von Leben und Eigentum durch den Gesellschaftsvertrag. Neben der ausführenden (exekutiven) Gewalt ist die gesetzgebende (legislative) Gewalt oberste Gewalt im Staat. Diesen Gewalten sind durch das natürliche Recht jedes Menschen auf Freiheit seiner Person und Unversehrtheit seines Eigentums Schranken gesetzt. Ausdrücklicher Grundsatz des Zusammenlebens in Staat und Gesellschaft ist das Mehrheitsprinzip, dem sich jeder fügen muss. Werden diese Schranken durch exekutive oder legislative Gewalt durchbrochen, hat die Gemeinschaft das Recht, die Gewalten abzusetzen. Locke formulierte also eine Art Menschen- oder Grundrechtegarantie und leitete aus ihr ein Widerstandsrecht ab.

Charles(-Louis Baron de Secondat) de Montesquieu (1689-1755): französischer Rechtsgelehrter und Schriftsteller. Sein Werk „Vom Geist der Gesetze" zählt zu den wichtigsten staatstheoretischen Schriften der Aufklärung und prägt bis heute die Vorstellung von der Gewaltenteilung.

Montesquieu – die Teilung der Staatsgewalt Der Franzose **Charles de Montesquieu** informierte sich eingehend über die englische Regierungspraxis. Seine Erfahrungen legte er seinem 1748 erschienenen Werk „De l'esprit des loix" zugrunde (▸ M3). Unter dem „Geist" der Gesetze verstand Montesquieu die gemeinschaftliche Mentalität eines Volkes oder einer Nation, welche von Umweltfaktoren wie Landesnatur, Klima und sozialen Faktoren wie Sitten, Religion, Stellung der Frau etc. geprägt ist und auf die Gesetze einwirkt. Die Gesetze eines Landes müssen also der Mentalität eines Volkes angepasst sein. Übergreifendes Ideal der Gesetzgebung ist die politische Freiheit. Mit Blick auf England, wo Freiheit als Verfassungszweck galt, und in freier Weiterführung von Locke entwickelte Montesquieu das Postulat der Gewaltenteilung: Die drei im Staat bestehenden fundamentalen Gewalten Legislative, Exekutive und Judikative sind auf drei unabhängig voneinander handelnde Träger zu verteilen. Nur diese Trennung verhindere missbräuchliche Machtausübung.

Als Angehöriger des französischen Hochadels blieb Montesquieu den Fähigkeiten und Möglichkeiten des Volkes gegenüber misstrauisch. Eine Beteiligung des Volkes an der Legislative hielt er für richtig, jedoch nur in Form eines Repräsentativsystems praktikabel, das heißt durch Abgeordnete. Gemeinsam mit Locke formulierte Montesquieu damit die Grundsätze des modernen Verfassungsstaates.

▶ **„Jean-Jacques Rousseau ou l'Homme de la Nature."**
Kupferstich von Augustin Legrand, um 1790.
In seinem 1762 veröffentlichten Roman „Emile" entwirft Rousseau einen Erziehungsplan, der die gesellschaftliche Fehlentwicklung des Menschen im Sinne einer wiederzugewinnenden Natürlichkeit korrigieren soll. Der Kupferstich von Legrand illustriert Rousseaus Forderungen, dass Mütter ihre Kinder wieder selbst stillen und nicht – wie im 18. Jahrhundert üblich – Ammen überlassen sollten. Damit werde sich die Sittlichkeit der Gesellschaft heben, behauptete Rousseau.

Rousseau – direkte Demokratie und politische Tugend Der aus Genf stammende **Jean-Jacques Rousseau** ging noch weiter. Auch er legte den vorgeschichtlichen Naturzustand des Menschen zugrunde. Sobald der Mensch in ihm nicht länger verharren kann, muss eine Gesellschaftsform gefunden werden, die den Einzelnen schützt, durch die jedoch jeder „frei bleibt wie zuvor" (▶ M4). Durch einen Gesellschaftsvertrag entsteht der Staat, dessen Zweck die Wahrung des Gemeinwohls ist. Mit Abschluss des Vertrages verlieren die Menschen zwar ihre natürlichen Freiheiten, doch sie gewinnen dafür die Freiheit von Staatsbürgern und behalten ihre Souveränität. Diese ist nicht übertragbar und auch nicht teilbar. Daher kennt der Staat nach Rousseau keine Gewaltenteilung und keine parlamentarische Repräsentation. Er forderte nach dem Vorbild der antiken demokratischen Polis, dass alle staatliche Gewalt uneingeschränkt und direkt beim Volk liegen müsse. Gemäß seinem Grundsatz der Volkssouveränität sei Herrschaft nur mit Zustimmung der Bürger rechtmäßig. Dieser Übergang des Menschen aus dem vorbürgerlichen in den bürgerlichen Zustand bedeutet für ihn eine sittliche Erhöhung. Vernunft und Gesetz treten an die Stelle von Instinkt und Begierde. Der Mensch kann auf höherer Stufe zur Tugend und in den Idealzustand des vorgeschichtlichen Naturzustandes zurückkehren.

Rousseau hat die Frage seiner Zeit nach der Legitimierung von Herrschaft mit letzter Konsequenz beantwortet und die antimonarchischen und antiständischen Denkmodelle zwingend zu Ende gedacht. Die Wirkung seiner Staatstheorie war revolutionär und entfaltete erstmals in der Französischen Revolution ihre ganze Sprengkraft. Hier offenbarte sich allerdings auch die Schattenseite seiner Theorie: Radikale Revolutionäre wie **Georges Jacques Danton** und **Maximilian de Robespierre** behaupteten, alleine das Gemeinwohl zu vertreten. Unter Berufung auf Rousseau lehnten sie jede Gewaltenteilung und jede Opposition ab. Sie errichteten eine radikale Diktatur mit dem Ziel, die Utopie der „Wohlfahrt" aller notfalls durch „den Schrecken" (terreur)* zu verwirklichen. Trotzdem beeinflussten Rousseaus Theorien zusammen mit jenen von Locke und Montesquieu die politische Entwicklung in Europa und Nordamerika. Sie trugen wesentlich zur Entstehung von Verfassungen und Menschenrechtserklärungen seit dem 18. Jahrhundert bei (▶ M5, M6).

Ein neues Menschenbild Dem Denken der Aufklärung lag also ein neues positives und optimistisches Menschenbild zugrunde. Jeder Mensch galt von Geburt an als gleich und frei. Zudem galt er als von Natur aus fähig und willens, gut zu handeln, mit seiner ihm angeborenen Vernunft selbstständig richtige Entscheidungen zu fällen und zum Fortschritt der Menschheit beizutragen, sofern man ihm die richtige Bildung und eine freie Entfaltung ermögliche. Auf die Frage, ob für das menschliche Zusammenleben Freiheit oder Vorschriften wichtiger seien, antworteten die Aufklärer übereinstimmend: Es müsse oder dürfe nur gerade so viele Vorschriften geben, dass die Freiheit des Einzelnen gesichert sei.

* Vgl. dazu S. 68.

Jean-Jacques Rousseau (1712-1778): Schriftsteller, Philosoph und Pädagoge aus Genf, der in Paris lebte und arbeitete. In seinen politischen Schriften berief er sich auf die Demokratie der griechischen Polis und das Naturrecht. Er ging von dem Grundsatz der Volkssouveränität aus und machte die „volonté générale", den allgemeinen Willen, zur Richtschnur des politischen Handelns.

Georges Jacques Danton (1759-1793; hingerichtet): Rechtsanwalt, radikaler Politiker und einer der Wortführer des Nationalkonvents. Während der Französischen Revolution hatte er mehrere Ämter inne. Weil er in der radikalen Phase der Revolution, der sogenannten Schreckensherrschaft (terreur; vgl. S. 66) für eine gemäßigtere Politik eintrat, wurde er verurteilt und hingerichtet.

Maximilian de Robespierre (1758-1794; hingerichtet): Rechtsanwalt und wie Danton einer der zentralen Akteure der Französischen Revolution. Als führendes Mitglied der Jakobiner war er mitverantwortlich für die radikale Phase der Revolution, die Schreckensherrschaft (terreur); 1794 wurde er selbst Opfer des Terrors.

▲ Vorführung der „Magdeburger Halbkugeln" auf dem Reichstag zu Regensburg 1654.
Nachträglich kolorierter Kupferstich aus Otto von Guerickes „Experimenta nova Magdeburgica de vacuo spatio", Amsterdam 1672.
Seit der Antike beschäftigten sich Naturforscher und Philosophen mit der Frage, ob ein Vakuum existiert. Unter anderem ging der Magdeburger Bürgermeister, Naturforscher und Techniker Otto von Guericke (1602-1686) dem Problem von Luftdruck und Vakuum auf den Grund. Auf dem Regensburger Reichstag 1654 startete er in Anwesenheit des Kaisers vor einer staunenden Öffentlichkeit einen spektakulären Schauversuch: Er legte zwei Halbkugeln an einem Dichtungsring aneinander und pumpte die Luft aus dem Hohlraum. Zwei Pferdegespanne versuchten anschließend die Halbkugeln auseinanderzureißen, was nicht gelang. Erst als die Kugeln durch ein Ventil wieder mit Luft gefüllt wurden, fielen sie auseinander. Zwei Jahre später wiederholte er das Experiment in Magdeburg, 1657 führte er die sogenannten „Magdeburger Halbkugeln" dem preußischen Kurfürsten vor.
- *Überlegen Sie, warum Otto von Guericke seine Experimente in der Öffentlichkeit durchführte.*

Durch Aufklärung zur Wissenschaft Seit dem 16. Jahrhundert führte das neue Denken auch in allen wissenschaftlichen Gebieten zu einer systematischen Ausweitung des methodischen Denkens und zu einer revolutionären Beschleunigung des Fortschritts (▸ M7). Beobachtungen, Berechnungen und Versuche führten **Nikolaus Kopernikus**, **Galileo Galilei** und **Johannes Kepler** zu der Erkenntnis, dass sich die Planeten um die Sonne bewegen (heliozentrisches Weltbild) und die Erde sich um die eigene Achse dreht.

Immer mehr erhoben die Gelehrten die Vernunft zum Maßstab. Sie vertrauten darauf, dass die systematische Beobachtung von Vorgängen in der Natur, das Sammeln und Vergleichen von wahrgenommenen Tatsachen zur Erkenntnis naturwissenschaftlicher Gesetzmäßigkeiten führen könne. Gegenüber diesen auf Sinneserfahrung beruhenden Erkenntnissen (Empirismus) betonte der Franzose **René Descartes** die Überlegenheit einer Beweisführung rein nach mathematischen Gesetzen und dem denkenden Verstand, der „ratio". Damit begründete er den Rationalismus, nach dem mittels der Vernunft schrittweise alle Gesetze ergründet werden könnten, nach denen die Natur und der gesamte Kosmos „funktionierten". Die Suche nach neuem Wissen und vorurteilsfreien Erklärungen ist bis heute das Kernziel der Wissenschaft geblieben.

Nikolaus Kopernikus (1473-1543): Kirchenmann und Astronom

Galileo Galilei (1564-1642): italienischer Mathematiker, Physiker und Philosoph

Johannes Kepler (1571-1630): deutscher Astronom

René Descartes (1556-1650): französischer Philosoph, Mathematiker und Naturwissenschaftler. Von ihm stammt der berühmte Grundsatz „Ich denke, also bin ich".

M1 Was ist Aufklärung?

In seinem 1784 erschienenen Aufsatz zur Frage „Was ist Aufklärung?" gibt der Philosoph Immanuel Kant eine wegweisende Antwort:

Aufklärung ist der Ausgang des Menschen aus seiner selbst verschuldeten Unmündigkeit. Unmündigkeit ist das Unvermögen, sich seines Verstandes ohne Leitung eines anderen zu bedienen. Selbstverschuldet ist diese Unmündigkeit, wenn die Ursache derselben nicht am Mangel des Verstandes, sondern der Entschließung und des Mutes liegt, sich seiner ohne Leitung eines anderen zu bedienen. Sapere aude! Habe Mut, dich deines eigenen Verstandes zu bedienen! ist also der Wahlspruch der Aufklärung.
Faulheit und Feigheit sind die Ursachen, warum ein so großer Teil der Menschen, nachdem sie die Natur längst von fremder Leitung freigesprochen (naturaliter majorennes), dennoch gerne zeitlebens unmündig bleiben; und warum es anderen so leicht wird, sich zu deren Vormündern aufzuwerfen. Es ist so bequem, unmündig zu sein. Habe ich ein Buch, das für mich Verstand hat, einen Seelsorger, der für mich Gewissen hat, einen Arzt, der für mich die Diät beurteilt u.s.w., so brauche ich mich ja nicht selbst zu bemühen.
Ich habe nicht nötig zu denken, wenn ich nur bezahlen kann; andere werden das verdrießliche Geschäft schon für mich übernehmen. Dass der bei Weitem größte Teil der Menschen (darunter das ganze schöne Geschlecht) den Schritt zur Mündigkeit, außer dem, dass er beschwerlich ist, auch für sehr gefährlich halte: dafür sorgen schon jene Vormünder, die die Oberaufsicht über sie gütigst auf sich genommen haben. Nachdem sie ihr Hausvieh zuerst dumm gemacht haben und sorgfältig verhüteten, dass diese ruhigen Geschöpfe ja keinen Schritt außer dem Gängelwagen, darin sie sie einsperreten, wagen durften, so zeigen sie ihnen nachher die Gefahr, die ihnen drohet, wenn sie es versuchen, allein zu gehen. Nun ist diese Gefahr zwar eben so groß nicht, denn sie würden durch einige Mal Fallen wohl endlich gehen lernen; allein ein Beispiel von der Art macht doch schüchtern und schreckt gemeiniglich von allen ferneren Versuchen ab.

Norbert Hinske (Hrsg.), Was ist Aufklärung? Beiträge aus der Berlinischen Monatsschrift, Darmstadt [4]1990, S. 452 f.

1. *Erläutern Sie, welche Ursachen Kant für die Unmündigkeit des Menschen verantwortlich macht.*

2. *Diskutieren Sie, welcher Auftrag für Individuum und Gesellschaft sich aus Kants Feststellungen ableiten lässt.*

▲ **Immanuel Kant.**
Porträt von 1768.
Immanuel Kant (1724-1804) war der wohl bedeutendste Philosoph der Aufklärung. Sein Werk markiert den Übergang zur idealistischen Philosophie des 19. Jahrhunderts.

M2 Über die Regierung

Der 1632 geborene John Locke erlebt als Jugendlicher den englischen Bürgerkrieg, später die Republik und schließlich die Restauration der Monarchie. Als Anhänger des Parlaments flieht er 1683 nach Amsterdam. Nach der „Glorious Revolution" kehrt er 1689 nach England zurück. Ein Jahr später veröffentlicht er seine Schrift „Two Treatises of Government", die einen großen Einfluss auf die späteren Staatstheorien haben sollte:

Das große Ziel, mit welchem die Menschen in eine Gesellschaft eintreten, ist der Genuss ihres Eigentums in Frieden und Sicherheit, und das große Werkzeug und Mittel dazu sind die Gesetze, die in dieser Gesellschaft erlassen worden sind. Das erste und grundlegende positive Gesetz aller Staaten ist daher die Begründung der legislativen Gewalt – so wie das erste und grundlegende natürliche Gesetz, welches selbst über der legislativen Gewalt gelten muss, die Erhaltung der Gesellschaft und (soweit es vereinbar ist mit dem öffentlichen Wohl) jeder einzelnen Person in ihr ist. Diese legislative Gewalt ist nicht nur die höchste Gewalt des Staates, sondern sie liegt auch geheiligt und unabänderlich in jenen Händen, in die die Gemeinschaft sie einmal gelegt hat. [...]
Bei der Schwäche der menschlichen Natur, die stets bereit ist, nach der Macht zu greifen, dürfte es jedoch eine zu große Versuchung darstellen, wenn dieselben Personen, die die Macht haben, Gesetze zu geben, auch die Macht in den Händen hätten, sie zu vollstrecken, wobei sie sich selbst von dem

Gehorsam gegen die Gesetze, die sie erlassen, ausschließen und das Gesetz in seiner Gestaltung wie auch in der Vollstreckung auf ihren eigenen persönlichen Vorteil ausrichten könnten und damit schließlich von den übrigen Gliedern der Gemeinschaft gesonderte Interessen verfolgten, die dem Ziel von Gesellschaft und Regierung zuwiderlaufen. In wohlgeordneten Staatswesen, in denen nach Gebühr das Wohl des Ganzen berücksichtigt wird, wird deshalb die legislative Gewalt in die Hände mehrerer Personen gelegt, welche nach ordnungsgemäßer Versammlung selbst oder mit anderen gemeinsam die Macht haben, Gesetze zu geben, sobald dies aber geschehen ist, wieder auseinandergehen und selbst jenen Gesetzen unterworfen sind, die sie geschaffen haben. [...]

Wann immer deshalb die Gesetzgeber danach trachten, dem Volk sein Eigentum zu nehmen oder zu zerstören oder es als Sklaven in ihre willkürliche Gewalt zu bringen, versetzen sie sich dem Volk gegenüber in den Kriegszustand. Dadurch ist es jeden weiteren Gehorsams entbunden und der gemeinsamen Zuflucht überlassen, die Gott für alle Menschen gegen Macht und Gewalt vorgesehen hat. Wann immer daher die Legislative dieses grundlegende Gesetz der Gesellschaft überschreiten und aus Ehrsucht, Furcht, Torheit oder Verderbtheit den Versuch unternehmen sollte, entweder selbst absolute Gewalt über Leben, Freiheit und Besitz des Volkes an sich zu reißen oder sie in die Hände eines anderen zu legen, verwirkt sie durch einen solchen Vertrauensbruch jene Macht, die das Volk mit weit anderen Zielen in ihre Hände gegeben hatte, und die Macht fällt zurück an das Volk, das dann ein Recht hat, zu seiner ursprünglichen Freiheit zurückzukehren und durch die Errichtung einer neuen Legislative (wie sie ihm selbst am geeignetsten erscheint) für seine eigene Sicherheit und seinen Schutz zu sorgen – denn zu diesem Ziel befinden sie sich in der Gesellschaft.

Was ich hier über die Legislative im Allgemeinen gesagt habe, gilt auch von dem höchsten Träger der Exekutive. Da man in ihn ein zweifaches Vertrauen gesetzt hat, einmal als Teil der Legislative und zum anderen durch die höchste Vollziehung der Gesetze, handelt er beidem zuwider, wenn er sich unterfängt, den eigenen Willen nach Belieben zum Gesetz der Gesellschaft zu erheben.

John Locke, Über die Regierung, herausgegeben von Cornelius Mayer Tasch, Stuttgart 1983, S. 101 ff., 111 und 167 (übersetzt von Dorothee Tidow)

1. *Skizzieren Sie, wie Locke die Gewaltenfrage im Staat löst. Erläutern Sie seine Ansicht.*

2. *Zeigen Sie, welche Grenzen Locke den staatlichen Gewalten setzt. Erarbeiten Sie, wie das Recht des Volkes auf politische Neuordnung im Einzelnen begründet wird.*

M3 Vom Geist der Gesetze

Der Jurist und Schriftsteller Charles-Louis Baron de Secondat de Montesquieu unternimmt von 1729 bis 1731 eine Reise nach England, informiert sich über die dortige Politik und liest John Locke (M2). Das Ergebnis seiner Studien fasst er 1748 in seiner Schrift „De l'esprit des loix" zusammen. Sie erscheint anonym in Genf und wird drei Jahre später in Frankreich verboten:

Es gibt in jedem Staat drei Arten von Vollmacht: die legislative Befugnis, die exekutive Befugnis in Sachen, die vom Völkerrecht abhängen, und die exekutive Befugnis in Sachen, die vom Zivilrecht abhängen. Aufgrund der Ersteren schafft der Herrscher oder Magistrat Gesetze auf Zeit oder für die Dauer, ändert geltende Gesetze oder schafft sie ab. Aufgrund der zweiten stiftet er Frieden oder Krieg, sendet oder empfängt Botschaften, stellt die Sicherheit her, sorgt gegen Einfälle vor. Aufgrund der dritten bestraft er Verbrechen oder sitzt zu Gericht über die Streitfälle der Einzelpersonen. Diese letzte soll richterliche Befugnis heißen, und die andere schlechtweg exekutive Befugnis des Staates. [...]

Sobald in ein und derselben Person oder derselben Beamtenschaft die legislative Befugnis mit der exekutiven verbunden ist, gibt es keine Freiheit. Es wäre nämlich zu befürchten, dass derselbe Monarch oder derselbe Senat tyrannische Gesetze erließe und dann tyrannisch durchführte. Freiheit gibt es auch nicht, wenn die richterliche Befugnis nicht von der legislativen oder der exekutiven Befugnis geschieden wird. Die Macht über Leben und Freiheit der Bürger würde unumschränkt sein, wenn jene mit der legislativen Befugnis gekoppelt wäre, denn der Richter wäre Gesetzgeber. Der Richter hätte die Zwangsgewalt eines Unterdrückers, wenn jene mit der exekutiven Gewalt gekoppelt wäre.

Alles wäre verloren, wenn ein und derselbe Mann beziehungsweise die gleiche Körperschaft entweder der Mächtigsten oder der Adligen oder des Volkes folgende drei Machtvollkommenheiten ausübte: Gesetze erlassen, öffentliche Beschlüsse in die Tat umsetzen, Verbrechen und private Streitfälle aburteilen. [...]

In einem freien Staat soll jeder Mensch, dem man eine freie Seele zugesteht, durch sich selbst regiert werden: Daher müsste das Volk als Gesamtkörper die legislative Befugnis innehaben. Da dies in den großen Staaten unmöglich ist und in den kleinen Staaten vielen Nachteilen unterliegt, ist das Volk genötigt, all das, was es selbst nicht machen kann, durch seine Repräsentanten machen zu lassen. [...]

Die exekutive Befugnis muss in den Händen eines Monarchen liegen, weil in diesem Zweig der Regierung fast durchweg unverzügliches Handeln vonnöten ist, das besser von einem als von mehreren besorgt wird. Was hingegen von der

legislativen Befugnis abhängt, wird oft besser von mehreren angeordnet als von einem.
Es gäbe keine Freiheit mehr, wenn es keinen Monarchen gäbe und die exekutive Befugnis einer bestimmten, aus der legislativen Körperschaft ausgesuchten Personenzahl anvertraut wäre, denn die beiden Befugnisse wären somit vereint. Dieselben Personen hätten an der einen und der anderen manchmal teil – und somit könnten sie immer daran teilhaben. Es gäbe keine Freiheit mehr, wenn die legislative Körperschaft eine beachtliche Zeitspanne nicht zusammenberufen worden wäre.

Montesquieu, Vom Geiste der Gesetze, Stuttgart 1984, S. 212 ff., 215 f. und 218 f. (übersetzt von Kurt Weigand)

1. *Zeigen Sie, worin nach Montesquieu das Ziel der Staatsverfassung liegen sollte.*
2. *Beschreiben Sie, welchen Weg er vorschlägt, um dieses Ziel zu erreichen.*
3. *Erörtern Sie, ob man Montesquieu als den „Retter" oder den „Totengräber" der Monarchie bezeichnen kann.*
4. *Lesen Sie im Grundgesetz die Artikel 20 (2) und 38 (1). Prüfen Sie, ob sie Ideen Montesquieus enthalten.*

M4 Herrschaft und allgemeiner Wille

Einer der einflussreichsten Schriftsteller der Aufklärung ist Jean-Jacques Rousseau. Er veröffentlicht 1762 in Amsterdam sein politisches Hauptwerk „Du contrat social ou principes du droit politique" („Vom Gesellschaftsvertrag oder Prinzipien des Staatsrechtes"). Diese Schrift über die vertragstheoretische Grundlegung der Gesellschaft beginnt mit der Feststellung: „Der Mensch ist frei geboren, und überall liegt er in Ketten." Um ihn daraus zu befreien, schlägt Rousseau vor:

„Finde eine Form des Zusammenschlusses, die mit ihrer ganzen gemeinsamen Kraft die Person und das Vermögen jedes einzelnen Mitglieds verteidigt und schützt und durch die doch jeder, indem er sich mit allen vereinigt, nur sich selbst gehorcht und genauso frei bleibt wie zuvor."
Das ist das grundlegende Problem, dessen Lösung der Gesellschaftsvertrag darstellt. [...]
Wenn man also beim Gesellschaftsvertrag von allem absieht, was nicht zu seinem Wesen gehört, wird man finden, dass er sich auf Folgendes beschränkt: Gemeinsam stellen wir alle, jeder von uns, seine Person und seine ganz Kraft unter die oberste Richtschnur des Gemeinwillens; und wir nehmen, als Körper, jedes Glied als untrennbaren Teil des Ganzen auf.
Dieser Akt des Zusammenschlusses schafft augenblicklich anstelle der Einzelperson jedes Vertragspartners eine sittliche Gesamtkörperschaft, die aus ebenso vielen Gliedern besteht, wie die Versammlung Stimmen hat, und die durch ebendiesen Akt ihre Einheit, ihr gemeinschaftliches Ich, ihr Leben und ihren Willen erhält. Diese öffentliche Person, die so aus dem Zusammenschluss aller zustande kommt, trug früher den Namen Polis, heute trägt sie den der Republik oder der staatlichen Körperschaft, die von ihren Gliedern Staat genannt wird, wenn sie passiv, Souverän, wenn sie aktiv ist, und Macht im Vergleich mit ihresgleichen. Was die Mitglieder betrifft, so tragen sie als Gesamtheit den Namen Volk, als Einzelne nennen sie sich Bürger, sofern sie Teilhaber der Souveränität, und Untertanen, sofern sie den Gesetzen des Staates unterworfen sind. [...] Damit nun aber der Gesellschaftsvertrag keine Leerformel sei, schließt er stillschweigend jene Übereinkunft ein, die allein die anderen ermächtigt, dass, wer immer sich weigert, dem Gemeinwillen zu folgen, von der gesamten Körperschaft dazu gezwungen wird, was nichts anderes heißt, als dass man ihn zwingt, frei zu sein [...].
Aus dem Vorhergehenden folgt, dass der Gemeinwille immer auf [...] das öffentliche Wohl abzielt: woraus allerdings nicht folgt, dass die Beschlüsse des Volkes immer gleiche Richtigkeit haben. Zwar will man immer sein Bestes, aber man sieht es nicht immer. Verdorben wird das Volk niemals, aber oft wird es irregeführt, und nur dann scheint es das Schlechte zu wollen.
Es gibt oft einen beträchtlichen Unterschied zwischen dem Gesamtwillen und dem Gemeinwillen; dieser sieht nur auf das Gemeininteresse, jener auf das Privatinteresse und ist nichts anderes als eine Summe von Sonderwillen: Aber nimm von ebendiesen das Mehr und das Weniger weg, das sich gegenseitig aufhebt, so bleibt als Summe der Unterschiede der Gemeinwille. [...] Um wirklich die Aussage des Gemeinwillens zu bekommen, ist es deshalb wichtig, dass es im Staat keine Teilgesellschaften gibt und dass jeder Bürger nur seine eigene Meinung vertritt.

Jean-Jacques Rousseau, Vom Gesellschaftsvertrag, neu übersetzt und herausgegeben von Hans Brockard, Stuttgart 1977, S. 10, 21 und 30 ff.

1. *Prüfen Sie, welchen Nutzen der Gesellschaftsvertrag dem Einzelnen wie der Gesamtheit aller Bürger bringen soll.*
2. *Arbeiten Sie Rousseaus Menschenbild heraus.*
3. *Analysieren Sie, wie Rousseau „Souveränität" bestimmt und welche Konsequenzen sich aus dieser Definition für die Verfassung ergeben.*
4. *Rousseau ist für eine direkte Demokratie. Diskutieren Sie, ob und mit welchen Mitteln diese Position in einem bevölkerungsreichen Staat durchsetzbar ist.*
5. *Arbeiten Sie Gemeinsamkeiten und Unterschiede der Theorien Lockes, Montesquieus und Rousseaus heraus.*

▲ **Erklärung der Menschen- und Bürgerrechte.**
Ölgemälde (67 x 56 cm) von 1789/90.
Die beiden Frauengestalten symbolisieren „Frankreich" und das „Gesetz". Dazwischen steht das „Auge der Vernunft", das auf den Text der Menschenrechte sieht. Die beiden Schrifttafeln erinnern an die Darstellung der mosaischen Gesetzestafeln mit den Zehn Geboten. Die rote Mütze ist eine Anspielung auf die Kopfbedeckung der freigelassenen römischen Sklaven. Die Pike steht für die Wehrhaftigkeit des Volkes und das Rutenbündel ist ein Symbol der Römischen Republik.

- *Interpretieren Sie die Bildelemente im Zusammenhang mit den Menschen- und Bürgerrechten.*

M5 Die französische Menschenrechtserklärung

Am 26. August 1789 verkündet die französische Nationalversammlung die „Erklärung der Menschen- und Bürgerrechte", die der Verfassung von 1791 vorangestellt wird:

Präambel

Da die Vertreter des französischen Volkes, als Nationalversammlung eingesetzt, erwogen haben, dass die Unkenntnis, das Vergessen oder die Verachtung der Menschenrechte die einzigen Ursachen des öffentlichen Unglücks und der Verderbtheit der Regierungen sind, haben sie beschlossen, die natürlichen und unveräußerlichen und heiligen Rechte der Menschen in einer feierlichen Erklärung darzulegen, damit diese Erklärung allen Mitgliedern der Gesellschaft beständig vor Augen ist und sie unablässig an ihre Rechte und Pflichten erinnert; damit die Handlungen der Gesetzgebenden wie der Ausübenden Gewalt in jedem Augenblick mit dem Endzweck jeder politischen Einrichtung verglichen werden können und dadurch mehr geachtet werden; damit die Ansprüche der Bürger, fortan auf einfache und unbestreitbare Grundsätze begründet, sich immer auf die Erhaltung der Verfassung und das Allgemeinwohl richten mögen. Infolgedessen erkennt und erklärt die Nationalversammlung in Gegenwart und unter dem Schutze des Allerhöchsten folgende Menschen- und Bürgerrechte:

Artikel 1: Die Menschen sind und bleiben von Geburt frei und gleich an Rechten. Soziale Unterschiede dürfen nur im gemeinen Nutzen begründet sein.

Artikel 2: Das Ziel jeder politischen Vereinigung ist die Erhaltung der natürlichen und unveräußerlichen Menschenrechte. Diese Rechte sind Freiheit, Eigentum, Sicherheit und Widerstand gegen Unterdrückung. [...]

Artikel 4: Die Freiheit besteht darin, alles tun zu können, was einem anderen nicht schadet. So hat die Ausübung der natürlichen Rechte eines jeden Menschen nur die Grenzen, die den anderen Gliedern der Gesellschaft den Genuss der gleichen Rechte sichern. Diese Grenzen können allein durch Gesetz festgelegt werden.

Artikel 5: Nur das Gesetz hat das Recht, Handlungen, die der Gesellschaft schädlich sind, zu verbieten. Alles, was nicht durch Gesetz verboten ist, kann nicht verhindert werden, und niemand kann gezwungen werden zu tun, was es nicht befiehlt.

Artikel 6: Das Gesetz ist der Ausdruck des allgemeinen Willens. Alle Bürger haben das Recht, persönlich oder durch ihre Vertreter an seiner Formung mitzuwirken. Es soll für alle gleich sein, mag es beschützen, mag es bestrafen. Da alle Bürger in seinen Augen gleich sind, sind sie gleicherweise zu allen Würden, Stellungen und Beamtungen nach ihrer Fähigkeit zugelassen ohne einen anderen Unterschied als den ihrer Tugenden und ihrer Talente.

Artikel 7: Jeder Mensch kann nur in den durch das Gesetz bestimmten Fällen und in den Formen, die es vorschreibt, angeklagt, verhaftet und gefangen gehalten werden.

Artikel 8: Das Gesetz soll nur solche Strafen festsetzen, die offenbar unbedingt notwendig sind. Und niemand kann aufgrund eines Gesetzes bestraft werden, das nicht vor Begehung der Tat erlassen, verkündet und gesetzlich angewandt worden ist. [...]

Artikel 10: Niemand soll wegen seiner Meinung, selbst religiöser Art, beunruhigt werden, solange ihre Äußerungen nicht die durch das Gesetz festgelegte öffentliche Ordnung stören.

Artikel 11: Die freie Mitteilung der Gedanken und Meinungen ist eines der kostbarsten Menschenrechte. Jeder Bürger kann also frei schreiben, reden, drucken unter Vorbehalt der Verantwortlichkeit für den Missbrauch dieser Freiheit in den durch Gesetz bestimmten Fällen. [...]
Artikel 13: Für den Unterhalt der Streitmacht und für die Kosten der Verwaltung ist eine allgemeine Abgabe unumgänglich. Sie muss gleichermaßen auf alle Bürger unter Berücksichtigung ihrer Vermögensumstände verteilt werden.
Artikel 14: Alle Bürger haben das Recht, selbst oder durch ihre Abgeordneten die Notwendigkeit der öffentlichen Abgabe festzustellen, sie frei zu bewilligen, ihre Verwendung zu überprüfen und ihre Höhe, ihre Veranlagung, ihre Eintreibung und Dauer zu bestimmen. [...]
Artikel 16: Eine Gesellschaft, in der die Verbürgung der Rechte nicht gesichert und die Gewaltenteilung nicht festgelegt ist, hat keine Verfassung.
Artikel 17: Da das Eigentum ein unverletzliches und heiliges Recht ist, kann es niemandem genommen werden, wenn es nicht die gesetzlich festgelegte, öffentliche Notwendigkeit augenscheinlich erfordert und unter der Bedingung einer gerechten und vorherigen Entschädigung.

Ute Gerhard, Menschenrechte – Frauenrechte 1789, in: Viktoria Schmidt-Linsenhof (Hrsg.), Sklavin oder Bürgerin? Französische Revolution und Neue Weiblichkeit, Frankfurt am Main 1989, S. 68-72

1. *Bestimmen Sie die Funktion der Einleitung (Präambel) der „Erklärung der Menschen- und Bürgerrechte".*
2. *Arbeiten Sie aus der Erklärung die bestehenden Missstände heraus. Erläutern Sie, wie diese überwunden werden sollen.*

M6 Über die Zulassung der Frauen zum Bürgerrecht

Der aus einer alten Adelsfamilie stammende Mathematiker und Philosoph Jean Antoine de Condorcet verfasst zahlreiche Artikel für die „Encyclopédie", ein Hauptwerk der französischen Aufklärung, das zwischen 1751 und 1772 in 28 Bänden erscheint. 1789 solidarisiert er sich mit den Forderungen des Dritten Standes und beteiligt sich an der Diskussion um die Bürger- und Menschenrechte (M5). 1789 schreibt er im „Journal de la Société":

Die Menschen können sich an die Verletzung ihrer naturgegebenen Rechte so gewöhnen, dass unter denen, die sie verloren haben, keiner daran denkt, sie zurückzufordern, und nicht glaubt, ein Unrecht erlitten zu haben.
Einige dieser Verletzungen sind sogar den Philosophen und Gesetzgebern entgangen, als sie sich mit dem größten Eifer damit befassten, die Grundrechte der einzelnen Glieder des Menschengeschlechts zu etablieren, die sie zur alleinigen Grundlage ihrer politischen Institutionen machten. Haben sie z.B. nicht alle das Gleichheitsprinzip der Rechte verletzt, indem sie ganz einfach die Hälfte des Menschengeschlechts des Rechts beraubten, an der Gesetzgebung teilzunehmen, indem sie die Frauen vom Bürgerrecht ausschlossen?
Gibt es einen stärkeren Beweis für die Macht der Gewohnheit selbst über aufgeklärte Menschen, als denjenigen, dass man sich auf das Gleichheitsprinzip der Rechte da beruft, wo drei oder vierhundert Männer durch ein absurdes Vorurteil dessen beraubt werden, dort jedoch schweigt, wo es sich um zwölf Millionen Frauen handelt? Um zu widerlegen, dass dieser Ausschluss ein Akt der Tyrannei ist, müsste man entweder beweisen, dass die natürlichen Rechte der Frauen nicht unbedingt die gleichen sind wie die der Männer, oder dass sie nicht fähig sind, sie auszuüben. [...]
Da nun die Frauen die gleichen Fähigkeiten aufweisen, haben sie notwendigerweise auch die gleichen Rechte. Entweder hat kein Glied des Menschengeschlechts wirkliche Rechte, oder sie haben alle die gleichen, und derjenige, der gegen das Recht eines anderen stimmt, mag er auch einer anderen Religion, einer anderen Hautfarbe oder dem anderen Geschlecht angehören, hat damit seine Rechte verwirkt. Es dürfte schwer sein zu beweisen, dass Frauen unfähig sind, das Bürgerrecht auszuüben. Warum sollte eine Gruppe von Menschen, weil sie schwanger werden können und sich vorübergehend unwohl fühlen, nicht Rechte ausüben, die man denjenigen niemals vorenthalten würde, die jeden Winter unter Gicht leiden und sich leicht erkälten?
Über die Gleichheit der Rechte aller Männer in unserer neuen Verfassung hat es erhabene Reden und unendlich viele Witzeleien gegeben; aber bis heute hat noch niemand einen einzigen Grund dagegen vorbringen können. Und das liegt sicher weder an mangelndem Talent noch an mangelndem Eifer. Ich möchte glauben, dass es mit der Gleichheit der Rechte zwischen den beiden Geschlechtern genauso sein wird. Es ist einzigartig genug, dass man in vielen Ländern Frauen für unfähig gehalten hat, ein öffentliches Amt zu bekleiden, nicht aber, den Königsthron zu besteigen; dass in Frankreich eine Frau Regentin, aber bis 1776 in Paris nicht Modehändlerin sein konnte.

Hannelore Schröder (Hrsg.), Die Frau ist frei geboren. Texte zur Frauenemanzipation, Bd. 1: 1789-1879, München 1979, S. 55 f. und 62 f.

1. *Analysieren Sie die Ausführungen Condorcets.*
2. *Erarbeiten Sie politische Forderungen aus seinen Überlegungen.*
3. *Beurteilen Sie Condorcets Ausführungen aus der Sicht von Frauen.*

▲ **Isaac Newton: Beobachtung einer Mondfinsternis Anfang des 18. Jahrhunderts.**
Sammelbildchen der Compagnie Liebigs Fleisch-Extrakt, 1900. Isaac Newton gilt als Vater der klassischen Mechanik und, zugleich mit dem Wissenschaftler Gottfried Wilhelm Leibniz (1646 - 1716), als Begründer der Infinitesimalrechnung. Aufgrund seiner Erkenntnisse in Mathematik und Physik sowie seiner Naturphilosophie zählt er zu den größten Wissenschaftlern aller Zeiten.

M7 Warum kam es zu einer wissenschaftlichen Revolution?

Der Wissenschaftshistoriker Alistair C. Crombie über die Gründe für die Revolution des naturwissenschaftlichen Denkens im 16. und 17. Jahrhundert:

Wie es im 16. und 17. Jahrhundert zu einer Revolution der Wissenschaft kam, ist leichter zu verstehen als die Gründe, warum sie überhaupt stattfinden musste. Sie kam dadurch zustande, dass Fragen gestellt wurden, deren Antworten im experimentellen Bereich lagen, dass diese Fragen sich auf physikalische, nicht metaphysische Probleme richteten, dass das Interesse sich auf genaue Beobachtung der Dinge innerhalb der natürlichen Welt konzentrierte und sich mehr auf das Zusammenspiel ihrer Verhaltensweisen als auf ihre innerste Natur bezog, mehr auf nahe liegende Ursachen als auf Wesensformen und ganz besonders auf alle die Aspekte der physikalischen Welt, die sich mathematisch ausdrücken lassen. Charakteristische Eigenschaften, die sich wiegen und messen ließen, konnten verglichen werden; sie konnten als Länge oder Zahl ausgedrückt und darum in einem vorhandenen System der Geometrie, Arithmetik oder Algebra dargestellt werden. Daraus ließen sich Folgerungen ableiten; diese wieder enthüllten neue Beziehungen zwischen den Ereignissen, die durch Beobachtungen bestätigt werden konnten. Die übrigen Aspekte der Materie wurden übersehen.
Das Tempo des wissenschaftlichen Fortschrittes wurde gewaltig beschleunigt durch systematische Anwendung der experimentellen Methode. Man erforschte die Phänomene nun unter vereinfachten und kontrollierten Bedingungen. Die mathematische Abstraktion machte neue Klassifizierungen der Erfahrung und die Entdeckung neuer Kausalgesetze möglich. [...] Warum es zu einer solchen Umwälzung der Denkmethoden kam, ist nicht ersichtlich. Es war nicht einfach die Fortsetzung des seit dem 13. Jahrhundert wachsenden Interesses für Beobachtung, für experimentelle und mathematische Methoden; denn die Veränderung fand mit einer völlig neuen Schnelligkeit statt und besaß eine Durchschlagskraft, die sie das gesamte abendländische Denken beherrschen ließ. Es ist auch keine hinreichende Erklärung, wenn gesagt wird, hier zeige sich einfach der Erfolg der Arbeit der scholastischen Philosophen bis zum 16. Jahrhundert an der induktiven Logik und mathematischen Philosophie [...]. Und genauso wenig kann man darin allein die Wirkung eines neuen Interesses an einigen bis dahin kaum bekannten griechischen Texten, wie die des Archimedes, sehen, wenn auch von dort das mathematische Denken sicherlich angeregt wurde.
In den sozialen und wirtschaftlichen Bedingungen des 16. und 17. Jahrhunderts waren bestimmt viele Beweggründe und Gelegenheiten gegeben, die der Wissenschaft Anreiz geben konnten. Zu Beginn des 16. Jahrhunderts zeigten berühmte Gelehrte ein lebhaftes Interesse am Studium der technischen Vorgänge im Handwerk; dadurch kam zum Geist des Philosophen die Geschicklichkeit des Handwerkers.

Alistair C. Crombie, Von Augustinus bis Galilei. Die Emanzipation der Naturwissenschaft, Frankfurt am Main 1959, S. 354 f.

1. *Erläutern Sie den Begriff der „wissenschaftlichen Revolution".*

2. *Arbeiten Sie die Gründe für die Revolution des naturwissenschaftlichen Denkens im 16. und 17. Jahrhundert heraus. Diskutieren Sie, welche Denkweisen aus Antike und Mittelalter übernommen wurden und welche neu waren.*

3. *Recherchieren Sie in Handbüchern, Lexika oder dem Internet, welche Entdeckungen es im 16. und 17. Jahrhundert in den Bereichen Mathematik, Physik, Biologie und Chemie gab, und welche Erfindungen durch neue Hilfsmittel und Verfahren möglich wurden (z. B. Werkzeuge, Beobachtungs- und Messinstrumente). Überlegen Sie vor dem historischen Hintergrund, welche praktischen Anreize es für die wissenschaftlichen Forschungen gegeben hat. Diskutieren Sie, ob dies allein für diese Epoche charakteristisch war.*

Essay – was ist das?

Wenn wir ein Thema knapp, kenntnisreich, kritisch, klar und sprachlich ausgefeilt auf wissenschaftlichem Niveau erörtern, ist uns ein Essay gelungen. Ein historischer Essay ist der Versuch, eine Antwort auf ein Problem oder eine zentrale Frage zu geben.
Anders als das systematisch angelegte Referat erhebt der Essay weder Anspruch auf eine detailgenaue Darstellung von Sachverhalten noch referiert er den aktuellen Forschungsstand. Ziel ist es, das Thema in einem größeren Zusammenhang aus verschiedenen Perspektiven verständlich zu diskutieren, eigene Positionen zu entwickeln und dem Leser subjektive, zur weiteren Auseinandersetzung anregende Antworten zu geben.

Einen Essay verfassen

Vorarbeit

- Grundlage ist zunächst eine Idee für ein Thema. Als Anregungen können aktuelle Ereignisse oder Anlässe wie Jubiläen, historische Jahrestage dienen.
- Anschließend ist eine gründliche Recherche und intensive Auseinandersetzung mit dem Thema notwendig, um ein Konzept mit einer tragfähigen Leitfrage entwickeln zu können. Sammeln Sie Argumente für und gegen bestimmte Thesen und ordnen Sie diese Ihrem Konzept zu. Konzentrieren Sie sich auf wesentliche Aspekte.
- Entwerfen Sie einen realistischen Zeitplan für die Bearbeitungsschritte Recherche, Konzept, Schreiben und Überarbeitung.

Aufbau

- Ausgangspunkt ist ein Problem, eine offene Frage oder eine provokante These. Die Überschrift sollte bereits die Kernaussage wiedergeben und den Leser neugierig machen, etwa als Zitat, Metapher, Frage.
- Ein motivierender Einstieg („Aufhänger") führt anschaulich in das Thema ein und kann die Gründe für die Wahl des Themas sowie seine Relevanz erklären.
- Das Problem wird genannt, in den historischen Kontext eingeordnet und seine Bedeutung erläutert, indem etwa kontroverse Positionen argumentativ gegenübergestellt werden.
- Die These/Stellungnahme gibt die Argumentationslinie vor.
- Der Hauptteil enthält die Argumentation, die den eigenen Standpunkt plausibel erläutert, mit Beispielen, eigenen und fremden Thesen (Sekundärliteratur, Zeitungsartikel) oder Belegen (Statistiken, Daten, Fakten) untermauert und Gegenpositionen widerlegt. Der Essay ist frei von Quellennachweisen und Fußnoten, fremde Positionen und Zitate werden jedoch im Text kenntlich gemacht („Wie Autor A belegt ..." oder „Autor B meint dazu ...").
- Das Fazit fasst das Ergebnis der Erörterung knapp zusammen, spitzt sie auf eine abschließende Stellungnahme zu und nennt offene oder weiterführende Aspekte.

Überarbeitung

- Bevor Sie an die Überarbeitung gehen, sollten Sie den Essay einige Zeit ruhen lassen, um innere Distanz zu ihm zu gewinnen. Prüfen Sie dann die Argumentation noch einmal gründlich. Stimmt der Bezug zum Thema? Ist der Aufbau logisch? Weicht die Darstellung vom „roten Faden" ab? Wurden nur Fakten gereiht statt argumentiert? Ist das Fazit schlüssig?
- Feilen Sie abschließend an der Sprache, denn sprachliche und inhaltliche Klarheit sind nicht zu trennen. Formulieren Sie präzise, voraussetzungslos, verständlich und anschaulich.

Auffallende, weil zunächst rätselhafte Überschrift aus dem Bereich der Musik

Harmonie der Dissonanzen

Ein Essay von Hagen Schulze

Überraschende Ausgangsthese/Kernaussage als Vorgriff macht neugierig auf Begründung

Das ist ein schwieriges Unternehmen, weil es von Anfang an mit einem scheinbaren Widerspruch belastet ist: Wer nach einem definitiven Anfang Europas oder nach einem durchgehenden, einheitlichen Charaktermerkmal sucht, vor dessen Augen verschwimmt Europa; erst wenn man die Idee eines einheitlichen, harmonischen, klar definierten Europa aufgibt, kann man Europa entdecken: ein Europa der Uneinigkeit, der Streitigkeiten und Antagonismen.

Zitat als Beleg (Auseinanderbrechen der Christenheit und Auseinandersetzungen der Nationen machte Europa erst möglich)

Das Gemeinsame Europas liegt dann nämlich gerade in seiner inneren Vielfalt und Widersprüchlichkeit und in seinen Brüchen und Dissonanzen: „Erst durch das Auseinanderbrechen der Christenheit", so [...] Edgar Morin*, „konnten solche ureigenen europäischen Realitäten wie der Humanismus, die Wissenschaft und die Nationalstaaten entstehen, und erst durch die Auseinandersetzungen und Antagonismen zwischen den Nationalstaaten konnte sich der Begriff Europa verbreiten und durchsetzen."

Beginn der Argumentation durch Beispiele und Belege

Die Vielfalt Europas zeigt sich auf allen Ebenen. Das beginnt mit den Landschaften: Gebirge, Ebenen, Seenplatten, Wald- und Heidegebiete, die sich in Asien, in Amerika oder Afrika gleichförmig über immense Weiten erstrecken, liegen in Europa nahe beieinander. Daher auch die bunte Vielfalt der Art, wie die Menschen den Boden nutzen, ihre Nahrungsmittel erzeugen, Häuser, Städte und Straßen bauen. Nicht anders die Sprachen Europas; gewiss ist das Indoeuropäische gemeinsamer Sprachgrund fast aller europäischen Idiome**, aber die sprachliche Fragmentierung, von den großen slawischen, lateinischen und germanischen Sprachfamilien bis hinunter in die regionalen Dialektabweichungen, ist der wichtigste Grund für die bleibende Vielfalt der Regionen, Völker und Staaten und für die Hindernisse, die einem einheitlichen Europa entgegenstehen.

Beispiele für Vielfalt Europas: Landschaften, Lebensweise, Sprachen, Kulturen

Und wie die Sprachen sondern sich die vielen Kulturen voneinander; das gilt nicht nur in räumlicher Hinsicht, sondern auch in anderer. Da ist die tief liegende Schicht der ursprünglichen Kultur des Volkes keineswegs so archaisch-dauerhaft***, wie romantische Volkskundler geglaubt haben, sondern durchaus entwicklungsfähig und veränderbar, aber doch mit Wurzeln, die weit in die europäische Frühzeit hineinreichen und auf untergründige Weise unsere heutige Welt mit heidnischen Lebensformen verbinden. Darüber hat sich die Kultur der allgegenwärtigen christlichen Kirche gelegt, die zu verschiedenen Zeiten in unterschiedlicher Weise Lebensstil und Denken der Europäer geformt hat, die aber auch ihrerseits in Kirchenspaltungen, Reformationen und Glaubenskriegen höchst gegensätzliche Ausformungen ausgebildet hat.

Beispiele für europäische Gemeinsamkeiten/„Klammern" 1. Beispiel (Christentum)

2. Beispiel (Humanismus als Ausgangspunkt für europäische Denkformen, Ideologien und Kulturen)

Und dann ist da die humanistische Kultur, die Kultur eines spekulativen, ketzerischen, weltlichen Denkens, das zu allem führen kann, zur aufgeklärten Vernunft wie zur mörderischen Ideologie. Alle diese Kulturen durchdringen einander und bekämpfen sich zugleich, sie bestimmen Epochen, um in den folgenden zu vergehen und noch später in verwandelter Gestalt wiederzukehren: So bleiben Griechenland, Judäa, Rom, das christliche Mittelalter, Renaissance und Barock Teile unserer Gegenwart. Wie in einem Webstuhl schießen die verschiedenen Fäden der vielen Kulturen von einem Land Europas zum anderen, aus einer Epoche in die nächste, überkreuzen sich gegenseitig und ergeben schließlich das bunte Muster, in dem die Einheit der europäischen Kultur besteht.

Anschauliches Beispiel/Metapher für Europa als „bunte Einheit der Vielfalt"

Und schließlich die Vielfalt der Milieus, der Regionen, der Nationen und vor allem der Staaten: Europa war nie anders als politisch zerstückelt zu denken. Die europäische Geschichte ist auch

* französischer Philosoph und Direktor des nationalen französischen Forschungszentrums Centre national de la recherche scientifique (CNRS)

** von griech. „Besonderheit", „Eigenheit"; Bezeichnung für besondere Sprechweisen, Nationalsprachen oder Dialekte

*** archaisch: urgeschichtlich, aus dem Altertum stammend

eine Geschichte der Kriege zwischen den Staaten Europas, aber gerade hierin zeigt sich ihr Paradox: Während die Staaten Asiens über die Jahrtausende hinweg entweder schnell entstehen und vergehen oder aber zu großen, despotischen Hegemonialmächten aufsteigen, balancieren sich die vielen Staaten Europas für die Dauer gegenseitig aus. Das Heilige Römische Reich konnte nur deshalb bis 1806 bestehen, weil es gestaltlos und ohne Macht war und innerhalb seines Rahmens einer Vielzahl von Staaten eine weitgehend souveräne Existenz erlaubte; ähnliches galt in größerem Maßstab für Europa.

3. Beispiel/Argument für Ausgangsthese (Geschichte Europas zwar durch Kriege zwischen den vielen Nationalstaaten geprägt, dadurch jedoch dauerhaftes Ausbalancieren der Staaten)

Immer wenn ein Staat so viel Macht zusammenballte, dass er Europa zu beherrschen drohte, schlossen sich die übrigen Staaten zu Koalitionen zusammen, um die Übermacht des Einzelnen zu verhindern; war der Herausforderer niedergeworfen, kam es zu anderen Machtungleichgewichten, die zu neuen Bündnissen und neuen Kriegen führten. Dabei blieb aber der Besiegte stets Teil des Ganzen, wurde nie von der Landkarte gewischt, sondern als gleichberechtigter Partner im europäischen Machtgeflecht akzeptiert – die Teilungen Polens Ende des 18. Jahrhunderts blieben lange eine große Ausnahme. So bildete sich trotz häufiger Kriege ein stabiles europäische Mächtegleichgewicht heraus, dessen Zusammenspiel rechtlich geregelt war: das *ius publicum europaeum*, das europäische Völkerrecht entstand und damit ein Instrument des vernünftigen Ausgleichs zwischen den Staaten, das bis zum Ersten Weltkrieg seine Funktionsfähigkeit zur Aufrechterhaltung der europäischen *balance of power* unter Beweis stellte.

These (stabiles Mächtegleichgewicht als Kern Europas)

Damit ist eins der entscheidenden Elemente europäischer Identität benannt: die Vielfalt der Ideen, Kulturen, Regionen und Staaten, die sich dadurch auszeichnet, dass sie dauerhaft bleibt, also nie für längere Zeit der Vorherrschaft einer Idee, einer Kultur oder eines Staates anheimfällt. Jeder Versuch der Hegemonie ruft Gegner auf den Plan, und aus der Auseinandersetzung entsteht früher oder später neue Heterogenität.

These (dauerhafte Vielfalt prägt europäische Identität)

Das gilt auch für Religionen und Ideologien; selbst das für Europa so prägende Christentum hat schließlich den Kampf um die geistige Vorherrschaft aufgeben müssen, nachdem es bereits zuvor in einander widerstreitende Konfessionen zerfallen war. Das gilt für kulturelle Ausdrucksformen, die für sich Alleingültigkeit beanspruchen; so unterlag schließlich die französische Hofkultur des siebzehnten und achtzehnten Jahrhunderts, die Geist und Politik Europas in ihrer Epoche beherrschte, den romantischen Nationalkulturen des neunzehnten Jahrhunderts. Das gilt insbesondere für das europäische Staatensystem, dem es stets gelang, Vorherrschaftsansprüche seiner Mitglieder zurückzuweisen, ob es sich um Schweden im siebzehnten, Frankreich im achtzehnten und beginnenden neunzehnten Jahrhundert oder um Deutschland und Russland im Verlauf der letzten zweihundert Jahre handelte.

Beispiele untermauern These

Erst Hitlers wahnwitzige Weltherrschaftspläne sollten die Selbstregulierungskraft Europas überfordern, die Rettung kam über den Atlantik und aus der asiatischen Steppe.

Hervorhebung der Ausnahme durch eigenen Absatz

Die Vielfalt überdauert, indem sie sich selbst reguliert: Das trifft nicht nur auf die Beziehungen der Staaten untereinander zu, sondern auch auf das Verhältnis der einzelnen Staaten zu ihren Bürgern und auf die Beziehungen der Bürger untereinander. Der *balance of power*, also dem rechtsförmig geregelten Ausgleich zwischen den politischen Kräften im Staatensystem, entspricht in der Innenpolitik die Demokratie: Hier geht es um den Ausgleich zwischen den Interessen der Bürger und ihrer Vereinigungen auf rechtsförmiger Grundlage, meist in Gestalt einer Verfassung; nicht nur die Rechte, Pflichten und Interessen der einzelnen Bürger werden ausbalanciert, sondern auch die Befugnisse der staatlichen Institutionen, die sich gegenseitig kontrollieren, und deren Macht auf diese Weise begrenzt wird.

Fazit/Synthese (Vielfalt überdauert, indem sie sich selbst reguliert, Selbstregulation schafft Ausgleich und Stabilität, die wiederum für Vielfalt bürgt – „Harmonie der Dissonanzen")

Hagen Schulze, Die Wiederkehr Europas, Berlin 1990, S. 41-46

„Volk“ und „Nation“ als Identifikationsmuster

◂ **Germania.**
Malerei auf Baumwollgewebe von Philipp Veit, 1848 (Ausschnitt). Das fünf Meter hohe Transparent hing über dem Präsidiumspodium in der Frankfurter Paulskirche, dem Versammlungsort der Nationalversammlung.

Rom und die Germanen	9 n. Chr.	Unter ihrem Anführer Arminius („Hermann“) bringen die Germanen dem Heer des römischen Statthalters Varus eine vernichtende Niederlage bei.
Völkerwanderungszeit	376-568	Germanische Stämme dringen ins Römische Reich ein („Völkerwanderung“).
	um 498	Mit seiner Taufe integriert Chlodwig die eroberten christlichen Völker – das Reich der Franken entsteht.
Entstehung des Deutschen Reiches und Frankreichs	843	Vertrag von Verdun: Unter Lothar I., Karl dem Kahlen und Ludwig dem Deutschen wird das Reich der Franken in drei Teile (später Deutschland, Frankreich, Italien) geteilt.
	10./11. Jh.	Das ostfränkische Reich wandelt sich zu einem „deutschen“ Reich.
	987	Hugo I. begründet in Frankreich das Königshaus der Kapetinger und markiert damit den Ursprung des französischen Staates.
	um 1500	Vertreter des Humanismus suchen in antiken Quellen nach den Ursprüngen ihrer Völker oder Staaten.
Zeitalter der Revolutionen	1789	Der Dritte Stand erklärt sich in Frankreich zur Nationalversammlung, stürmt die Bastille und verabschiedet die Menschen- und Bürgerrechte.
	1806	Das Heilige Römische Reich Deutscher Nation wird aufgelöst.
	1814/15	Der Wiener Kongress ordnet Europa nach der Niederlage Napoleons neu und gründet den Deutschen Bund.
Nationalismus	1848/49	Der Versuch, einen deutschen Nationalstaat zu gründen, scheitert.
	1871	Das Deutsche Kaiserreich wird gegründet.
	1914-1918	Der Erste Weltkrieg beendet die Führungsrolle Europas in der Welt.
	1919	Der Versailler Vertrag regelt die Nachkriegsordnung in Europa.
	1925	Der Vertrag von Locarno leitet die politische Verständigung zwischen Frankreich und Deutschland ein.
	1945	Mit der bedingungslosen Kapitulation des Deutschen Reiches am 8. Mai endet der Zweite Weltkrieg in Europa.
Überwindung nationalistischer Konfrontation/ Europäische Einigung	1949	Die Bundesrepublik und die DDR werden gegründet.
	1951	Die Beneluxländer, die Bundesrepublik, Frankreich und Italien gründen die Europäische Gemeinschaft für Kohle und Stahl (EGKS).
	1957	Mit den Römischen Verträgen wird die Bildung der Europäischen Wirtschaftsgemeinschaft (EWG) und der Europäischen Atomgemeinschaft (Euratom) beschlossen.
	1963	Mit der Unterzeichnung des Elysée-Vertrages vom 22. Januar 1963 besiegeln Charles de Gaulle und Konrad Adenauer die deutsch-französische Aussöhnung.

■ In Europa gibt es heute etwa 50 Staaten. Die meisten davon verstehen sich als Nationalstaaten. Als **Nation** wird gewöhnlich das sich zusammengehörig fühlende Volk mit gleicher Geschichte, Sprache, Kultur und gleichem Recht angesehen, als Nationalstaat die Zusammenfassung dieser Nation in einem Staat mit gemeinsamer Regierung und Verfassung. Die Menschen neigen dazu, historische Gemeinschaften auch als biologische Abstammungsgemeinschaft zu interpretieren. Oft wird die Herkunft eines Volkes mit einem Ursprungsmythos verbunden, der ins Mittelalter, in die Antike oder sogar in die vorgeschichtliche Zeit zurückreicht. Seit dem Mittelalter gibt es etwa die Vorstellung, dass „die Deutschen“ von „den Germanen“ abstammen. Im 16. Jahrhundert erhielt sie mit dem Cheruskerfürsten Arminius ein populäres Gesicht. Als Anführer der aufständischen germanischen Stämme hatte er die Legionen des römischen Statthalters Varus im Jahr 9 n. Chr. vernichtend geschlagen. Die Varusschlacht wurde zum Symbol für den Freiheitskampf des germanischen Volkes gegen die Fremdherrschaft, Arminius – später „Hermann“ genannt – zum „Befreier Germaniens“ und sogar fälschlicherweise zum „Gründungsvater“ der Deutschen stilisiert.
Die Vorstellung vom modernen Nationalstaat entwickelte sich während des 18. Jahrhunderts im Umfeld der **Französischen Revolution** und wurde zu einer Leitvorstellung des 19. Jahrhunderts. Zunächst galt „Nation“ als Gemeinschaft rechtlich gleichgestellter Staatsbürger, die in Freiheit und Selbstbestimmung in einem eigenen Nationalstaat leben. Bald schon verband sich das Nationalgefühl auch mit einer Abgrenzung gegenüber anderen, die nicht zur eigenen Nation zählten. Eine große Rolle für die um 1800 in ganz Europa erstarkenden Nationalbewegungen spielte die Erfahrung von Fremdherrschaft. Der gemeinsame Kampf gegen die Eroberungspolitik **Napoleon Bonapartes** förderte Patriotismus und Nationalbewusstsein seiner Gegner.
Nach dem **Wiener Kongress** 1815 verstärkten sich in ganz Europa, vor allem in den Vielvölkerstaaten, die Forderungen nach Nationalstaaten mit freiheitlichen Verfassungen. Ein deutscher Nationalstaat konnte erst mit der Gründung des **Deutschen Kaiserreiches** 1871 verwirklicht werden. Seit der Mitte des 19. Jahrhunderts trug ein übersteigertes Nationalbewusstsein zu einer Abwertung anderer Nationen und zur Entwicklung von Feindbildern bei. Diese verfestigten sich in den Jahrzehnten zwischen dem Deutsch-Französischen Krieg 1870/71 und dem Ersten Weltkrieg zwischen Deutschland und Frankreich zu einem „Erbfeindschaftsdenken“, dessen Wurzeln und konstruierte Stereotypen charakteristisch für Konflikte im Zeitalter der Nationalstaaten sind.
Es überdauerte den Ersten Weltkrieg und prägte sowohl den **Vertrag von Versailles** als auch bis in die Mitte der 1920er-Jahre das verbissene Ringen Frankreichs und Deutschlands um Interpretation, Durchsetzung oder Revision des Vertragswerkes. Die Bemühungen von Gustav Stresemann und Aristide Briand um Anerkennung der berechtigten Interessen des jeweils anderen Staates und um konstruktive Zusammenarbeit führten zum Vertrag von Locarno und zur Aufnahme Deutschlands in den **Völkerbund**. Sie wurden aber in beiden Ländern von nationaler Agitation bekämpft, die eine Preisgabe nationaler Interessen beklagten. Diese ablehnende Haltung gegenüber jeder Form von Kompromiss kennzeichnete auch die aggressive Lebensraumpolitik des **Nationalsozialismus** und mündete in den „totalen Krieg“.
Nach der Katastrophe des Zweiten Weltkrieges griffen Politiker die Europa-Idee als Frieden sichernde Alternative zum **Nationalismus** wieder auf. Flankiert von der deutsch-französischen Aussöhnung, die einen ersten Höhepunkt im Elysée-Vertrag des Jahres 1963 fand, führte sie ausgehend vom Schuman-Plan (1950) zur Gründung europäischer Institutionen wie dem Europarat, der Europäischen Wirtschaftsgemeinschaft oder Euratom. Ihr gemeinsames Ziel ist es bis heute, Konflikte durch verbindliche internationale Regelwerke, vor allem aber durch gemeinsame Interessen der Staaten zu verhindern.

■ Veranschaulichen Sie in einem Schaubild die verschiedenen Stränge, auf welche die Konstrukte „Volk“ und „Nation“ aufbauen.

Mythen der Nationen: Arminius – „Gründungsvater“ der Deutschen?

Ein Gefühl tiefer Befriedigung durchströmt Ernst von Bandel an diesem Augusttag 1875 auf dem Bergrücken der Grotenburg im Teutoburger Wald. Beinahe vierzig Jahre hat er sich für den Bau eines Denkmals zu Ehren des Cheruskerfürsten Arminius, in Deutschland seit langer Zeit in „Hermann“ umbenannt, eingesetzt und Jahrzehnte um Spendengelder für die Fortsetzung der Bauarbeiten gekämpft. Nun ist sein Werk endlich vollendet.

Zur heutigen Einweihungsfeier ist sogar Kaiser Wilhelm I. erschienen. Militärparade, Festzug der Turner- und Sängervereine und ein Festgottesdienst – es ist so, wie es sich der 73-jährige Bandel immer erhofft hat: eine große Feier zur Enthüllung eines Nationaldenkmals. Er erinnert sich noch gut an die Worte des Festredners bei der Schließung des Grundsteingewölbes im Jahr 1841: Durch den Sieg der Germanen unter Arminius über die Römer im Teutoburger Wald 9 n. Chr. sei dem Recht der Freiheit zur Geltung verholfen und der Unterjochung eines Volkes durch ein anderes erstmals Einhalt geboten worden.

Viel hat sich seit 1841 verändert, und dennoch könnte es keinen besseren Zeitpunkt für die Einweihung des Hermannsdenkmals geben, denkt Bandel. Vier Jahre ist es nun her, dass die Abkömmlinge jener Germanen, die in einträchtigem Kampf Roms Legionen bezwungen haben, mit der Gründung des Deutschen Kaiserreiches die deutsche Nation vereinigt haben.

Am nächsten Tag schreibt das „Berliner Tagblatt“: „Armin und Wilhelm – und obwohl fast zwei Jahrtausende zwischen ihnen liegen, unser Volk sieht sie wie Brüder zusammenstehen und streiten für ein und dasselbe Heiligtum, das deutsche Vaterland.“

Arminius und die Varusschlacht ■ Noch heute ist das Hermannsdenkmal ein beliebtes Ausflugsziel. Tausende pilgern an jedem Sommerwochenende nach Hiddesen nahe Detmold im südlichen Teutoburger Wald, um die Grotenburg zum Denkmal hinaufzuwandern. Sein Erbauer Ernst von Bandel wollte damit an den Sieg der Germanen über die Römer im Teutoburger Wald erinnern. Dort sollen im Jahr 9 n. Chr. der Cheruskerfürst Arminius, „Hermann“ genannt, und die vereinten germanischen Stämme das Heer des römischen Statthalters Publius Quinctilius Varus vernichtend geschlagen haben.

Seit etwa 16 v. Chr. unternahmen die Römer Militärzüge bis an die Nordsee, Weser und Elbe, errichteten Militäranlagen und Stützpunkte, um das germanische Gebiet rechts des Rheins zu befrieden und zu sichern. Bald entstanden zivile Siedlungen, allmählich wurde das Gebiet zwischen Weser und Rhein römischer Verwaltung unterstellt. Aus „Germanien“ sollte eine römische Provinz werden.

Arminius war der Sohn eines römerfreundlichen cheruskischen Stammesfürsten. Um sich die Loyalität dieser führenden Familien zu sichern, verliehen ihnen die Römer das Bürgerrecht. Ihre Söhne – so auch Arminius – wurden oft im Reich erzogen und ausgebildet. Als Anführer cheruskischer Hilfstruppen machte Arminius im römischen Heer eine militärische Karriere. Nach seiner Rückkehr nach Germanien 7/8 n. Chr. führte er einen Aufstand gegen die römischen Besatzer an. Er lockte drei Legionen des römischen Feldherrn Varus in einen Hinterhalt. In einem dreitägigen Kampf soll Rom etwa 20 000 Mann verloren haben. Varus beging nach der verheerenden Niederlage Selbstmord.

Was wir über die Germanen, Arminius und die „Schlacht im Teutoburger Wald" wissen, wissen wir nur aus antiken römischen Schriften (▸ M1, M2). Schriftliche Quellen der Germanen gibt es nicht. Wo genau die unter Arminius vereint kämpfenden germanischen Völker den Sieg über die Römer errangen, ist bis heute umstritten. Tacitus nennt den Teutoburger Wald als Ort der Varusschlacht. Dort, wo heute das Hermannsdenkmal steht, fand sie jedoch mit Sicherheit nicht statt. Archäologen konnten dort keinerlei Spuren eines Kampfes finden. Stattdessen weisen römische und germanische Funde immer deutlicher auf Kalkriese bei Osnabrück als Ort einer großen Schlacht dieser Zeit hin. Ob es sich dabei um die Varusschlacht handelt, darüber sind sich die Forscher allerdings nicht einig.

▲ **Das Hermannsdenkmal bei Detmold.**
Foto von 2006.
Unterbau und Figur sind knapp 54 m hoch. Auf dem Schwert steht: „Deutsche Einigkeit meine Stärke, meine Stärke Deutschlands Macht." Unter einem Relief Wilhelms I. befindet sich die Inschrift: „Der lang getrennte Stämme vereint mit starker Hand / Der welsche Macht und Tücke siegreich überwandt / Der längst verlorne Söhne heimführt zum Deutschen Reich / Armin, dem Retter ist er gleich."
▪ *Erläutern Sie, welche historischen Parallelen mit dem Spruch gezogen werden. Was bedeutet „welsch"?*

Arminius: „Befreier Germaniens"? „Er war zweifellos der Befreier Germaniens, der nicht die Anfänge des römischen Volkes, wie andere Könige und Führer, sondern das Reich in vollster Blüte herausgefordert hat, in Kämpfen mit wechselndem Erfolg, im Krieg aber unbesiegt." Mit diesen Worten rühmt Tacitus in seinen Annalen den Cherusker Arminius als großen Rivalen Roms. Das von Tacitus überlieferte Bild prägt vielfach bis heute die Vorstellungen der historischen Ereignisse und der Person des Arminius. Lange galt die Niederlage der Römer als Anfang vom Ende ihrer Herrschaft in Germanien, als „Wendepunkt der Geschichte" und Arminius als „Befreier Germaniens".

Möglicherweise trug die verlorene Varusschlacht tatsächlich dazu bei, dass der mittlere und nördliche Teil Deutschlands und Europas nicht römisch wurden, denn die Römer zogen sich – wenn auch erst einige Jahre später unter Kaiser Tiberius – an den Rhein zurück. Einfluss auf Germanien behielten sie aber trotzdem, nämlich über das erprobte Mittel der Verträge mit benachbarten Völkerschaften. Einen historischen Wendepunkt markiert das Jahr 9 n. Chr. jedoch nicht.

Auch die Vorstellung von einem Freiheitskampf des „germanischen Volkes" widerspricht den historischen Tatsachen. Der Widerstand gegen die römischen Besatzer war keine Sache des Volkes, denn ein „germanisches Volk", das sich zusammengehörig fühlte, gab es nicht; der von Arminius geführte Aufstand war vielmehr eine Angelegenheit von Führungsgruppen germanischer Stämme, die ihre Stellung durch die römischen Besatzer bedroht sahen und gegen diese Kampfverbände mobilisierten. Interne Stammesrivalitäten und Auseinandersetzungen zwischen pro- und antirömischen Gruppen verhinderten zudem einen geschlossenen germanischen Widerstand. Gerade im Familienclan des Arminius scheint es große Führungsrivalitäten gegeben zu haben: Um das Jahr 21 n. Chr. wurde Arminius von seinen Verwandten ermordet.

„Germanen" und „Deutsche" Wie die Teilnehmer der Einweihungsfeier des Hermannsdenkmals 1875 betrachteten sich die meisten Deutschen im 19. Jahrhundert als Teil eines Volkes, dessen Wurzeln bis zu den „Germanen" und ihrem „Gründungsvater" Arminius zurückreichten. Dabei hat es „die Germanen" nie gegeben, sondern lediglich das von den Römern geprägte „Bild" von ihnen. Seit sie um die Mitte des 1. Jahrhunderts die Völker links des Rheins unterworfen hatten, bezeichneten die Römer die unterschiedlichen Stämme jenseits des Rheins pauschal als „Germanen". Es gibt keinerlei Belege dafür, dass sich diese Völkerschaften selbst so bezeichneten. Obwohl Wissenschaftler vorgeschlagen haben, auf diese Fremdbezeichnung zu verzichten, wird sie doch bis heute beibehalten.

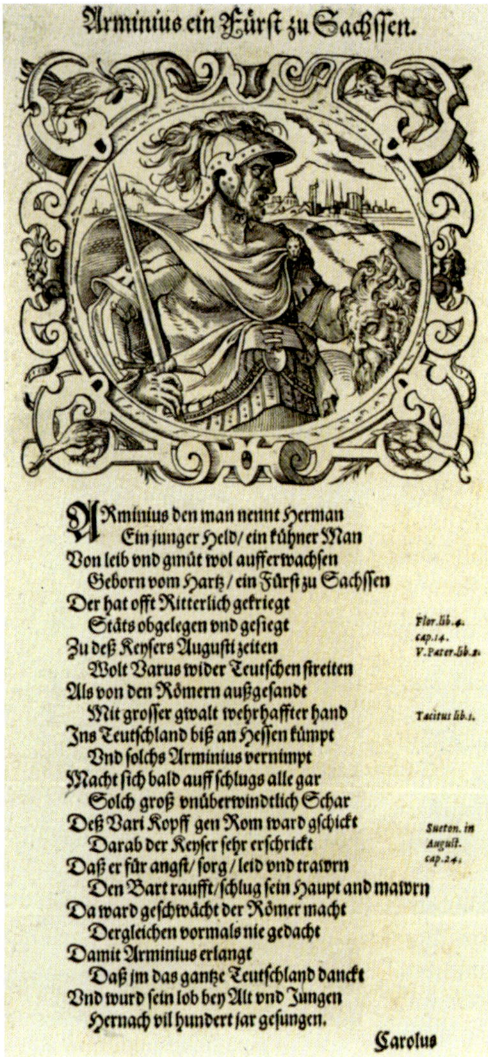

Arminius ein Fürst zu Sachssen.

ARminius den man nennt Herman
Ein junger Held/ ein kühner Man
Von leib vnd gmüt wol auffertwachsen
Geborn vom Hartz / ein Fürst zu Sachssen
Der hat offt Ritterlich gekriegt
Stäts obgelegen vnd gesiegt
Zu deß Keysers Augusti zeiten
Wolt Varus wider Teutschen streiten
Als von den Römern außgesandt
Mit grosser gwalt wehrhaffter hand
Ins Teutschland biß an Hessen kümpt
Vnd solchs Arminius vernimpt
Macht sich bald auff schlugs alle gar
Solch groß vnüberwindtlich Schar
Deß Vari Kopff gen Rom ward gschickt
Darab der Keyser sehr erschrickt
Daß er für angst/ sorg / leid vnd trawrn
Den Bart raufft/schlug sein Haupt and mawrn
Da ward geschwächt der Römer macht
Dergleichen vormals nie gedacht
Damit Arminius erlangt
Daß jm das gantze Teutschland danckt
Vnd wurd sein lob bey Alt vnd Jungen
Hernach vil hundert jar gesungen.

Flor. lib. 4. cap. 14. V. Pater. lib. 2.

Tacitus lib. 1.

Sueton. in August. cap. 24.

Carolus

◂ Aus Arminius wird Hermann.
Holzschnitt von Jost Amman von 1566 als Illustration in der seit 1522 erschienenen „Bayerischen Chronik" des Humanisten Johann Turmair alias Johannes Aventinus.
Der bayerische Geschichtsschreiber Aventinus verfasste auf der Grundlage der Annalen des Tacitus die erste deutsche Darstellung der Germanenkriege unter Arminius, hier als Sachsenfürst dargestellt. Er folgt damit der humanistischen Tradition, den Arminiusstoff dem sächsischen Kurfürsten zu widmen. Zugleich unternimmt er den Versuch, aus dem lateinischen Namen Arminius die vermeintliche germanische Urform „Ermann" für „Ehren-Mahner" zu rekonstruieren. Auch die Namensgebung „Hermann" für „Mann des Kriegsvolkes und des Heeres" findet sich bei ihm, wohl von Martin Luther übernommen. In dessen Namensbuch von 1530/37 wird Arminius als „Hermann" („Heer-Mann") übersetzt.

Die „Erfindung" der deutschen Nation Im Mittelalter waren die Schriften des Tacitus und damit auch die Geschichte von Arminius und der Varusschlacht so gut wie vergessen. In der Renaissance durchforsteten italienische Humanisten auf der Suche nach antiken Texten die Klosterbibliotheken. 1425 fanden sie eine Abschrift der verloren geglaubten „Germania" des Tacitus, 1507 seine „Annalen" wieder. Damit wurden die germanische Frühzeit und die Varusschlacht bekannt.

Tacitus hatte Arminius zum „Befreier Germaniens" erklärt. Dies nahmen die Humanisten wörtlich: Mit zunehmender Vereinfachung erklärten sie die Germanen zu Vorfahren der Deutschen, von denen sie ihre kriegerische Stärke und Tugend übernommen hätten.

Zwar gab es bereits in der Antike und im Mittelalter die Vorstellung, dass sich Völker von mythischen Stammvätern herleiteten. Einen gesamtdeutschen Ursprungsmythos gab es vor 1500 jedoch nicht. Erst in der Frühen Neuzeit entstand unter Gelehrten von Tacitus ausgehend die Vorstellung eines ethnisch in sich geschlossenen „germanischen" Volkes, das sich geradlinig zur deutschen Nation entwickelt habe. Der Reichsritter Ulrich von Hutten feierte Arminius Anfang des 16. Jahrhunderts als einen der „ersten Vaterlandsbefreier", der das „römische Joch" abgeworfen hätte. Arminius, bald in „Hermann" umbenannt, wurde zum ersten deutschen Helden und zum Führer eines germanisch-deutschen Freiheitskampfes, der sich in der Gegenwart fortsetzte, etwa im Kampf des Deutschen **Martin Luther** gegen die römische Kirche und den Papst in Rom.

Nationaler Mythos im 19. Jahrhundert Seit Ende des 18. Jahrhunderts setzte eine wahre „Hermannseuphorie" ein. Den eigentlichen Aufstieg zum Nationalmythos erlebte der „Hermannsmythos" seit der Zeit Napoleons und der Befreiungskriege zu Beginn des 19. Jahrhunderts. Hermann wurde zur Leit- und Vorbildfigur der nationalen Erhebung gegen die französische Fremdherrschaft und zum Symbol der kriegerischen Nation. So wie er 1800 Jahre zuvor Varus aus Germanien vertrieben hatte, wollte man nun Napoleon aus Deutschland vertreiben.

Der „Hermannsmythos" wurde nach dem Untergang des alten Reiches immer mehr zur Antriebs- und Rechtfertigungsideologie der nationalen Einigung und Hermann zur Integrationsfigur. Der bayerische König ließ die Varusschlacht 1842 im Giebel der natio-

▲ **Die Hermannsschlacht im Teutoburger Wald.**
Gemälde von Wilhelm Lindenschmidt d. Ä., um 1840.
▪ *Analysieren Sie die Bildkomposition. Erläutern Sie, inwiefern Lindenschmidt den Ausgang der Schlacht vorwegnimmt.*

nalen Gedenkstätte Walhalla verewigen, seit 1836 sammelte ein Verein deutschlandweit für die Errichtung des Hermannsdenkmals (▸ M3). Die großen historiografischen Werke der Zeit begannen wie selbstverständlich mit einer Darstellung der „deutschen Völkerschaften in der Urzeit“ und dem „Freiheitskampf der Deutschen gegen Roms Weltmacht“. Dies alles war Ausdruck der „organischen“ Geschichtsauffassung einer Nation, die sich vorstellte, von einem ethnisch und sprachlich einheitlichen „Volk“ (einem „Stamm“) abzustammen.

Durch das 19. und die erste Hälfte des 20. Jahrhunderts hindurch wurde der „Hermannsmythos“ von nationalen Kreisen verwendet. Der auf seinem Denkmal bei Detmold stehende Hermann reckte bei seiner Enthüllung 1875 sein Schwert nicht gegen die Römer, sondern gegen Frankreich, das 1870/71 militärisch besiegt und über Jahrhunderte hinweg als „Erbfeind“ betrachtet worden war. Das Kaiserreich von 1871 galt dabei als Wiederbelebung des mittelalterlich-germanischen Reiches der Deutschen.

Nach 1918 wurde der „Arminiusmythos“ in „völkischen“ Kreisen verwendet. Diese verstanden ihn jedoch nicht als heroischen Sieg der Germanen, sondern stellten die Ermordung des Arminius durch die eigenen Leute der Dolchstoßlegende gleich, nach der die deutsche Armee durch oppositionelle „vaterlandslose“ Zivilisten aus der Heimat von hinten „erdolcht“ worden sei. Während der Weimarer Republik wurde der „Hermannsmythos“ vor allem gegen die Republik und ihre Vertreter instrumentalisiert. So wussten ihn auch die Nationalsozialisten für ihre Zwecke zu nutzen und mit ihrer germanischen Rassenideologie zu verbinden. In unterschiedlicher Weise wurde Arminius somit jeweils als Identifikationsfigur herangezogen (▸ M4).

Ursprungsmythen im europäischen Rundblick Nationale Ursprungsmythen sind ein Kennzeichen so gut wie aller nationalen Geschichtserinnerungen und -vorstellungen. Zeitgleich mit dem Aufstieg Hermanns des Cheruskers in der deutschen Nationalmythologie im 19. Jahrhundert erinnerte man sich in Frankreich an **Vercingetorix**, den von **Caesar** im Jahre 52 v. Chr. besiegten Gallierfürsten. Über die Jahrhunderte hinweg hatten sich die Franzosen als Nachkommen der Franken gesehen. Die Revolution von 1789 hatte jedoch mit dem Ende der von den Merowingern hergeleiteten französischen Monarchie die fränkische Nationalidentifikation aus den Angeln gehoben. Der Rückgriff auf die vorfränkische Geschichte sollte daher eine neue nationale Identifikation bieten.

Für die Tschechen war im 19. Jahrhundert die alte Sage von Libussa mythischer Ausgangspunkt für die tschechische Nation. Die Wahrsagerin und spätere Fürstin Libussa soll den tschechischen Slawen geraten haben, eine Burg namens Praha zu erbauen und einen Bauern namens Přzemisl zu ihrem Herrscher zu bestellen. Diese mittelalterliche Sage, die in vormoderner Zeit die Bedeutung Prags und die Altehrwürdigkeit der Přzemislidenherrschaft begründen sollte, erfuhr nun eine Umdeutung und sollte den Anspruch der bäuerlichen tschechisch-slawischen Nation gegenüber den angeblich feudalen deutschen bzw. germanischen Eindringlingen verdeutlichen.

Wie verhängnisvoll sich Ursprungsmythen bis in die Gegenwart auf die Entwicklung einer Nation auswirken können, zeigte sich in den 1990er-Jahren in Serbien, dessen Nationalgeschichte an die zum Mythos verklärte Schlacht auf dem Amselfeld („Kosovo“) im Jahre 1389 anknüpft (▸ M5). Sie zeigt, wie auch „heroische“ Niederlagen zum Kern von Ursprungsmythen werden können. Der angebliche Untergang des serbischen Reiches in der Schlacht auf dem Amselfeld sollte durch die Gründung eines neuen „großserbischen Reiches“ rückgängig gemacht werden. Im nach-jugoslawischen Serbien war dies der ideologische Hintergrund für den blutigen Krieg um das angebliche „Herz Serbiens“ und gegen das Unabhängigkeitsstreben der Kosovo-Albaner.

Vercingetorix (um 82-46 v. Chr.): gallischer Fürst aus einem keltischen Adelsgeschlecht. 52 v. Chr. vereinigte er fast alle gallischen Völker zum Verteidigungskampf gegen die römischen Truppen unter Caesar. Vercingetorix' Armee unterlag in der Entscheidungsschlacht bei Alesia. Ganz Gallien wurde daraufhin besetzt, Vercingetorix gefangen genommen und ermordet. Trotzdem wurde er im 19. Jahrhundert, endgültig seit der Niederlage Frankreichs gegen Deutschland 1870/71, zum französischen Helden und Begründer Frankreichs stilisiert, da er den Kampf gegen die Römer gewagt und die Ehre des Vaterlandes gerettet habe.

Caesar (Gaius Iulius C., 100-44 v. Chr.): römischer Feldherr und Staatsmann. Als Statthalter von Provinzen in Oberitalien und Gallien unterwarf er zwischen 58 und 51 v. Chr. alle nicht schon mit Rom verbündeten gallischen Völker. Er begann 49 einen Bürgerkrieg, um seine Machtansprüche durchzusetzen. Ab 48 v. Chr. wurde er zum Diktator ernannt, 44 v. Chr. von Angehörigen des Senats ermordet. „Caesar“ wurde zum Beinamen, später zum Titelbestandteil der römischen Kaiser.

▸ **„Den Opfern der nationalen Unabhängigkeit.“**
Jeanne d'Arc und Vercingetorix. Entwurf für eine öffentliche Denkmalskulptur von Emile-François Chatrousse, um 1870/80.

- *Beschreiben Sie die Skulptur. Erläutern Sie, welchen nationalen Mythos sie darstellt und welche Funktion diesem zukommt. Beachten Sie die Entstehungszeit.*

M1 Arminius gegen Varus: Ein Römer berichtet

Der römische Historiker Velleius Paterculus dient ab 4 n. Chr. unter anderem als Reiterpräfekt und Legat in Germanien. In seinem zweibändigen Werk über die Geschichte Roms, der „Historia Romana“, schildert er um 20 n. Chr. die Varusschlacht und die vernichtende Niederlage der römischen Legionen unter Publius Quinctilius Varus gegen die von dem Cheruskerfürsten Arminius geführten germanischen Stämme:

117. [...] 2. Quinctilius Varus stammte aus einer angesehenen, wenn auch nicht hochadligen Familie. Er war von milder Gemütsart, ruhigem Temperament, etwas unbeweglich an Körper und Geist, mehr an müßiges Lagerleben als an den Felddienst gewöhnt. Dass er wahrhaft kein Verächter des Geldes war, beweist seine Statthalterschaft in Syrien: Als armer Mann betrat er das reiche Syrien, und als reicher Mann verließ er das arme Syrien.

3. Als er Oberbefehlshaber des Heeres in Germanien wurde, bildete er sich ein, die Menschen dort hätten außer der Stimme und den Gliedern nichts Menschenähnliches an sich, und die man durch das Schwert nicht hatte zähmen können, die könne man durch das römische Recht lammfromm machen.

4. Mit diesem Vorsatz begab er sich ins Innere Germaniens, und als habe er es mit Männern zu tun, die die Annehmlichkeiten des Friedens genossen, brachte er die Zeit des Sommerfeldzugs damit zu, von seinem Richterstuhl aus Recht zu sprechen und Prozessformalitäten abzuhandeln.

118. 1. Die Leute dort sind aber – wer es nicht erfahren hat, wird es kaum glauben – bei all ihrer Wildheit äußerst verschlagen, ein Volk von geborenen Lügnern. Sie erfanden einen Rechtsstreit nach dem andern; bald schleppte einer den anderen vor Gericht, bald bedankten sie sich dafür, dass das römische Recht ihren Händeln ein Ende mache, dass ihr ungeschlachtes Wesen durch diese neue und bisher unbekannte Einrichtung allmählich friedsam werde und, was sie nach ihrer Gewohnheit bisher durch Waffengewalt entschieden hätten, nun durch Recht und Gesetz beigelegt würde. Dadurch wiegten sie Quinctilius Varus in höchster Sorglosigkeit, ja, er fühlte sich eher als Stadtprätor, der auf dem römischen Forum Recht spricht, denn als Oberbefehlshaber einer Armee im tiefsten Germanien.

2. Es gab damals einen jungen Mann aus vornehmem Geschlecht, der tüchtig im Kampf und rasch in seinem Denken war, ein beweglicherer Geist, als es die Barbaren gewöhnlich sind. Er hieß Arminius und war der Sohn des Segimer, eines Fürsten jenes Volkes. In seiner Miene und in seinen Augen spiegelte sich sein feuriger Geist. Im letzten Feldzug hatte er beständig auf unserer Seite gekämpft und hatte mit dem römischen Bürgerrecht auch den Rang eines römischen Ritters erlangt. Nun machte er sich die Indolenz[1] unseres Feldherrn für ein Verbrechen zunutze. [...]

3. Erst weihte er nur wenige, dann mehrere in seinen Plan ein. Die Römer könnten vernichtet werden, das war seine Behauptung, mit der er auch überzeugte. Er ließ den Beschlüssen Taten folgen und legte den Zeitpunkt für den Hinterhalt fest.

4. Dies wurde dem Varus von Segestes hinterbracht, einem loyalen Mann jenes Volkes mit angesehenem Namen. Er forderte Varus auf, die Verschwörer in Ketten zu legen. Aber das Schicksal war schon stärker als die Entschlusskraft des Varus und hatte die Klarheit seines Verstandes völlig verdunkelt. Denn so geht es ja: Wenn ein Gott das Glück eines Menschen vernichten will, dann trübt er meistens seinen Verstand und bewirkt damit – was das Beklagenswerteste daran ist –, dass dieses Unglück auch noch scheinbar verdientermaßen eintrifft und sich Schicksal in Schuld verwandelt. Varus wollte es also nicht glauben und beharrte darauf, die offensichtlichen Freundschaftsbezeugungen der Germanen gegen ihn als Anerkennung seiner Verdienste zu betrachten. Nach diesem ersten Warner blieb für einen zweiten keine Gelegenheit mehr.

Zitiert nach: Lutz Walther (Hrsg.), Varus, Varus! Antike Texte zur Schlacht im Teutoburger Wald. Lateinisch-Deutsch. Griechisch-Deutsch, Stuttgart 2008, S. 58-63

1. *Arbeiten Sie die Gründe heraus, die Velleius Paterculus für die römische Niederlage in der Varusschlacht anführt.*

2. *Vergleichen Sie seine Charakterisierung von Varus und Arminius.*

M2 Tacitus über die Germanen

In seinem um das Jahr 100 n. Chr. verfassten Werk „De origine et situ Germanorum liber“, kurz „Germania“, beschreibt der römische Geschichtsschreiber Tacitus in 46 Kapiteln neben Ursprung und Grenzen „Germaniens“ auch die Sitten und Gebräuche seiner Bevölkerung:

2. Die Germanen selbst sind, möchte ich meinen, Ureinwohner und von Zuwanderung und gastlicher Aufnahme fremder Völker gänzlich unberührt. Denn ehemals kam nicht auf dem Landwege, sondern zu Schiff gefahren, wer neue Wohnsitze suchte, und das Weltmeer, das ins Unermessliche hinausreicht und sozusagen auf der anderen Seite liegt, wird nur

[1] Indolenz: Gleichgültigkeit, Ahnungslosigkeit

P. CORNE-
LII TACITI HISTORI-
ci de situ, moribus & po
pulis Germaniæ,
libellus.

GERMANIA omnis
à Gallis Rhætijs-
que & Pannonijs,
Rheno & Danu-
bio fluminibus, à
Sarmatis Dacisq;
mutuo metu aut montibus separa
tur. Cætera Oceanus ambit, latos
sinus & insularũ immensa spatia
complectens, nuper cognitis qui-
A 2 busdam

◂ Titelblatt der „Germania“ des Tacitus.
Druck von 1519 aus Basel.
Der römische Politiker Publius Cornelius Tacitus (um 55 - 116/120 n. Chr.) begann um 97 n. Chr. mit der Niederschrift umfangreicher Geschichtsdarstellungen. Im Mittelalter fast vergessen, wurde die „Germania“ seit ihrer Wiederentdeckung 1425 für Jahrhunderte die wichtigste Quelle zu „Germanien“ und „den Germanen“. 1472 wurde sie erstmals in Bologna, später vor allem im deutschsprachigen Raum gedruckt, wo sie sich mit großer Wirkung verbreitete.

selten von Schiffen aus unserer Zone besucht. Wer hätte auch [...] Asien oder Afrika oder Italien verlassen und Germanien aufsuchen wollen, landschaftlich ohne Reiz, rau im Klima, trostlos für den Bebauer wie für den Beschauer, es müsste denn seine Heimat sein? [...]
4. Ich selbst schließe mich der Ansicht an, dass sich die Bevölkerung Germaniens niemals durch Heiraten mit Fremdstämmen vermischt hat und so ein reiner, nur sich selbst gleicher Menschenschlag von eigener Art geblieben ist. Daher ist auch die äußere Erscheinung trotz der großen Zahl von Menschen bei allen dieselbe: wild blickende blaue Augen, rötliches Haar und große Gestalten, die allerdings nur zum Angriff taugen. Für Strapazen und Mühen bringen sie nicht dieselbe Ausdauer auf, und am wenigsten ertragen sie Durst und Hitze; wohl aber sind sie durch Klima und Bodenbeschaffenheit gegen Kälte und Hunger abgehärtet. [...]
6. Auch an Eisen ist kein Überfluss, wie die Art der Bewaffnung zeigt. Nur wenige haben ein Schwert oder eine größere Lanze. Sie tragen Speere oder, wie sie selbst sagen, Framen, mit schmaler und kurzer Eisenspitze, die jedoch so scharf und handlich ist, dass sie dieselbe Waffe je nach Bedarf für den Nah- oder Fernkampf verwenden können. Selbst der Reiter begnügt sich mit Schild und Frame; die Fußsoldaten werfen auch kleine Spieße, jeder mehrere, und sie schleudern sie ungeheuer weit: Sie sind halb nackt oder tragen nur einen leichten Umhang. Prunken[1] mit Waffenschmuck ist ihnen fremd [...].
7. [...] Besonders spornt sie zur Tapferkeit an, dass nicht Zufall oder willkürliche Zusammenrottung, sondern Sippen und Geschlechter die Reiterhaufen oder die Schlachtkeile bilden. Und ganz in der Nähe haben sie ihre Lieben; von dorther können sie das Schreien der Frauen, von dorther das Wimmern der Kinder vernehmen. Ihr Zeugnis ist jedem das heiligste, ihr Lob das höchste: Zur Mutter, zur Gattin kommen sie mit ihren Wunden [...]; auch bringen sie den Kämpfenden Speise und Zuspruch. [...]
18. Gleichwohl halten die Germanen auf strenge Ehezucht, und in keinem Punkte verdienen ihre Sitten größeres Lob. Denn sie sind fast die Einzigen unter den Barbaren, die sich mit einer Gattin begnügen; sehr wenige machen hiervon eine Ausnahme, nicht aus Sinnlichkeit, sondern weil sie wegen ihres Adels mehrfach um Ehebindungen angegangen werden. [...]
19. [...] Die Zahl der Kinder zu beschränken oder ein Nachgeborenes zu töten, gilt für schändlich, und mehr vermögen dort gute Sitten als anderswo gute Gesetze.

Tacitus, Germania. Latein-Deutsch, übersetzt, erläutert und mit einem Nachwort herausgegeben von Manfred Fuhrmann, Stuttgart 2000, S. 9, 11, 13, 15, 27, 29 und 31

1. *Erläutern Sie das Bild, das Tacitus von den Germanen entwirft.*

2. *Tacitus' Aufzeichnungen dienten als Grundlage für die seit der Frühen Neuzeit entwickelte Annahme, die Germanen seien ein ethnisch geschlossenes Volk mit gemeinsamem Ursprung gewesen. Prüfen Sie, an welche Aussagen dabei angeknüpft wurde.*

3. *Analysieren Sie die Haltung des Autors. Überlegen Sie, inwiefern Tacitus' Schilderungen auf römische Verhältnisse bezogen sein könnten.*

4. *Ziehen Sie aus Ihren Ergebnissen Schlüsse auf den Quellenwert von M1 und M2.*

[1] prunken: prangen, prahlen, zur Schau stellen

▸ **Zur Enthüllungsfeier des Hermannsdenkmals am 16. August 1875.**
Holzschnitt aus der Zeitschrift „Kladderadatsch" vom 15. August 1875. Arminius und Martin Luther vor dem Petersdom „gegen Rom". Arminius: „Ich habe gesiegt!" Luther: „Ich werde siegen!"

- *Erläutern Sie die Aussage des Holzschnitts. Warum werden hier Arminius und Luther „gegen Rom" dargestellt? Recherchieren Sie dazu zum nationalen Luthermythos (siehe auch M4) und zum „Kulturkampf".*

M3 Arminius als deutscher Nationalheld

Nachdem der Architekt und Bildhauer Ernst von Bandel mit seinem seit 1819 geplanten Denkmal der Befreiungskriege zu Ehren des Arminius („Hermann") beim bayerischen König Ludwig I. nicht auf die gewünschte Resonanz gestoßen ist, kehrt er 1834 München den Rücken und sucht im Teutoburger Wald nach einem geeigneten Platz für das Bauwerk. Dort gründet sich 1838 ein „Verein für die Errichtung des Hermanns-Denkmals". Erste Skizzen zu einem „deutschen National-Denkmal" entstehen. 1841 wird auf dem Teutberg südwestlich von Detmold der Grundstein gelegt. Danach geht der Bau nur schleppend voran, da das öffentliche Interesse und damit auch die Fördermittel gering sind. Die nationale Begeisterung nach dem Ende des Deutsch-Französischen Krieges 1871 und Großspenden Kaiser Wilhelms I. ermöglichen schließlich die Fertigstellung. Am 16. August 1875 wird das Hermannsdenkmal feierlich eingeweiht. In einer Broschüre zur Feier der Grundsteinlegung 1841 heißt es:

Da wird die Zeit kommen, wo der alte Kaiser erwacht, der im Kyffhäuser[1] [...] schläft, dem vor langem Schlafen der Bart durch den Felsen gewachsen ist. Wenn die Husaren in die Trompete blasen und die Trommelwirbel durch alle Gauen[2] tönen, dass vor lauter Lärmen die Felsen erdröhnen; da wird der alte Kaiser sich regen, und aus dem Schlummer erwachend und sich besinnend wird er fragen!
„Was ist das für ein Lärmen in meinen Deutschen Landen, der mich aus dem langen Schlummer erweckt?" – Und seine Dienstmannen werden ihm antworten müssen: „Das Deutsche Volk ist in Bewegung. Deutschland ist wieder erstanden zur gewaltigen Einheit, zur mächtigen Größe!" Und der Kaiser wird erstaunt fragen: „Ist das Deutschland, das zerrissen war?" Und sie werden ihm antworten: „Nein! es ist das Einige Deutschland!"
Und freudig sich ermannend wird der Kaiser sagen: „Das ist wieder Mein Deutschland! Mein großes schönes Deutschland! Die Zeit ist um. Ich habe den langen Schlaf ausgeschlafen. Wohlan! Bringt mir mein Ross, dass ich es besteige, dass ich durch alle Deutschen Gauen reite, und mein Volk mustere. Wo ist der Feind?" [...] Und erschüttert von dem gewaltigen Jauchzen des Volks, und erweckt durch die deutschen Töne, wird Hermann von seinem Felsen herabsteigen und unter das Volk treten. Und der alte Kaiser und die Fürsten und Könige werden ihm entgegenschreiten, und ihn in ihre Mitte nehmen. Sie werden ihn als den ersten deutschen Helden begrüßen, dem das Vaterland seine Freiheit und Selbstständigkeit verdankt, und der der erste Begründer seiner jetzigen Größe gewesen ist.

Zitiert nach: Ludger Kerssen, Das Interesse am Mittelalter im deutschen Nationaldenkmal, Berlin u.a. 1975, S. 81f.

[1] Kyffhäuser: Bergrücken in Thüringen, wo einer Sage nach Kaiser Friedrich I. Barbarossa (um 1122-1190) schlafend auf den richtigen Moment für seine Wiederkehr wartet. Im 19. Jahrhundert wurde die Regionalsage zum deutschen Nationalmythos erhoben: Der Rückgriff auf die alte Kaiserherrlichkeit der Stauferzeit verband sich mit der Sehnsucht nach einem geeinten Deutschen Reich, die 1871 in Erfüllung zu gehen schien. Zwischen 1890 und 1897 wurde zu Ehren Kaiser Wilhelms I. auf den Resten der Reichsburg Kyffhausen das Kyffhäuserdenkmal errichtet.

[2] Gau: geschlossener germanischer Siedlungsraum; auch Bezeichnung für eine Region als Verwaltungseinheit

▲ **„Germanenumzug“ durch die Detmolder Innenstadt bei den Jubiläumsfeiern zur Varusschlacht 1909.**

Auf zum Hermannsdenkmal

Sonntag, 1. September, nachm. 3.30 Uhr

Große Kundgebung

des Reichs-Ausschusses gegen Pariser Tributplan u. Kriegsschuldlüge

Es sprechen u. a.:

Dr. Hugenberg u. Franz Seldte

Militärmusik • Lautsprecher

Alle im Reichs-Ausschuß vereinigten Wirtschaftsorganisationen, vaterländischen Verbände und Parteien nehmen hieran teil.

Auch Du darfst nicht fehlen!

▲ **Aufruf zur Kundgebung gegen den Young-Plan, 1929 (Ausschnitt).**

▶ **Kundgebung zum Bezirkstag der NSDAP am Hermannsdenkmal.**
Foto von 1928.
In der Weimarer Republik wurde das Denkmal zu einer Art Wallfahrtsort republik- und demokratiefeindlicher Nationalisten.

▶ **Zwermann, der Cheruskerzwerg aus dem Hermannsland.**
Souvenir aus Kunststoff (39 cm), Detmold 2008.

1. *Ordnen Sie Text und Bilder in den historischen Kontext ein. Erläutern Sie Bedeutung und Nutzung des Hermannsdenkmals von der Zeit seiner Entstehung bis heute.*

2. *Analysieren Sie, inwiefern der Arminiusmythos für politische Vorstellungen und Ziele in Anspruch genommen wurde. Welche Funktion kommt Arminius dabei zu?*

3. *Finden Sie weitere Beispiele für historische Persönlichkeiten, Ereignisse oder Symbole, die in ähnlicher Weise für nationale Bestrebungen herangezogen wurden.*

M4 Was haben Arminius, Luther und die „Stunde Null" gemein?

Die Historikerin Heidi Hein-Kircher definiert 2009 anlässlich des zweitausendjährigen Jubiläums der Varusschlacht in einem Aufsatz politische Mythen und ihre Funktion:

Unter einem Mythos ist eine sinnstiftende Erzählung zu verstehen, die Unbekanntes oder schwer zu Erklärendes vereinfacht mit Bekanntem erklären will. Er entflechtet schwer oder gar nicht erklärbare Vorgänge und stellt sie auf einfache Weise dar, wobei mythisches Denken auf einem Raster apriorischer Prämissen[1] beruht. [...] Eine Gesellschaft besitzt daher zahlreiche, häufig miteinander vernetzte und voneinander abhängige politische Mythen; zumeist bilden politische Mythen ein sich ergänzendes und aufeinander aufbauendes Mosaik, so ist der Arminiusmythos nicht ohne den im 19. Jahrhundert entstandenen Germanenmythos zu verstehen. [...]

So gibt es Gründungs- und Ursprungsmythen, Mythen der Katharsis[2], der Beglaubigung und Verklärung, wobei aber der politische Gründungsmythos letztlich eine alle anderen umfassende Kategorie ist, da jeder Mythos in seinem Kern über den Sinn und das Entstehen einer Gemeinschaft berichtet. Er behandelt eben nicht irgendeine Person oder irgendein Ereignis, sondern *die* Person, die nach der Interpretation des Mythos einen grundlegenden Beitrag zur Entstehung der Gemeinschaft oder des Gemeinwesens geleistet hat, *das* Schlüsselereignis, das zu deren bzw. dessen Gründung führte, oder *den* Raum, der wesentlich für die Definition des eigenen Territoriums ist. So thematisiert der Varusschlachtmythos den „Wendepunkt der Geschichte Europas" [...], sodass er heute als Ausgangspunkt für das Werden Europas gesehen wird, während er im 19. Jahrhundert für die Identitätsbildung der deutschen Nation von fundamentaler Bedeutung war. In einem engen Zusammenhang steht eine andere Perspektive, nämlich der Blick auf die „Botschaft" politischer Mythen. Sie behandeln einen Erfolg, Niederlage/Verlust und/oder Opfer, wobei Letztere auch im Sinne der historischen „Leistungsschau" interpretiert werden. So resultiert die „Stunde Null" aus der vernichtenden Niederlage Nazi-Deutschlands im Zweiten Weltkrieg. [...]

Politische Mythen behandeln nur das, was für die jeweilige Gesellschaft konstitutiv und von Bedeutung ist. Diese im Mythos erzählten Bilder repräsentieren die Werte, Ziele und Wünsche einer sozialen Gruppe. Sie beglaubigen ihre grundlegenden Werte, Ideen und Verhaltensweisen, weil sie die historischen Vorgänge aus ihrer Sicht und in ihrem Sinne interpretieren, sodass diese durch die Erzählung einer geschichtlich wirksamen Einheit zusammengebunden wird. Daher geben politische Mythen nationalen und nicht-nationalen (Massen-)Gesellschaften bzw. Gruppen Sinn, beispielsweise ist etwa der Mythos von „Luther auf der Wartburg" prägend für protestantische Identität geworden. [...]

Eine solche Identitätsbildung ist jedoch nur möglich, wenn zugleich eine Abgrenzung nach außen, zu anderen Gruppen hin, stattfindet. Auch dies wird durch Mythen geleistet, weil sie kennzeichnen, wer zur Gruppe gehört und wer nicht. Dies geschieht, indem Mythen immer den Gegensatz zwischen „gut", also „eigen/selbst", und „böse", also „die anderen" schaffen. [...] Insofern ist ein Mythos auch ein Mittel zur Selbstdarstellung nach innen und außen, etwa indem die Varusschlacht eindeutig auf die Stärke der „Germanen" und damit der dem Mythos folgenden Gruppe, der deutschen Nation, hinweist. Mit dieser Funktion geht die integrative Rolle politischer Mythen einher. [...]

Darüber hinaus können, wie es der Germanenmythos zeigt, politische Mythen zu Elementen von Ideologien werden und auch als deren Essenz[3], Umschreibung oder Erklärung dienen. Auf diese Weise wird das gegenwärtige politische Handeln, werden territoriale Machtansprüche, Krieg und damit auch die herrschende Gruppe gerechtfertigt. Denn durch einen politischen Mythos werden diejenigen, die ihn „erfunden" haben und ihn fördern, vom Glanz der im Mythos dargestellten Leistung bestrahlt.

Heidi Hein-Kircher, Zur Definition, Vermittlung und Funktion von politischen Mythen, in: Landesverband Lippe (Hrsg.), 2000 Jahre Varusschlacht – Mythos, Stuttgart 2009, S. 149-154, hier S. 149, 151-154

1. *Definieren Sie den Begriff „politischer Mythos". Erläutern Sie dessen Funktion am Beispiel des Varusschlacht- bzw. Arminiusmythos.*

2. *Begründen Sie am Text und auf der Grundlage ergänzender Recherchen, was Arminius, Luther und die „Stunde Null" gemeinsam haben. Ziehen Sie die Abbildung auf Seite 61 hinzu.*

[1] apriorische Prämisse: vorherige Annahme
[2] Katharsis: griech. „Reinigung"; nach Aristoteles' Definition der Tragödie die Reinigung des Zuschauers nach dem Durchleben von Mitleid und Furcht; in der Psychologie Bezeichnung für das Sichbefreien

[3] Essenz: konzentrierter Auszug; das Wesen, der Kern einer Sache

◂ **„Das Kosovo-Mädchen“ (Kosovka devojka).**
Gemälde von Uroš Predić, 1917. Das Motiv des „Kosovo-Mädchens“, das die Krieger nach der Schlacht auf dem Amselfeld versorgt, wird bis heute von serbischen Nationalisten verwendet.

- *Untersuchen Sie, inwiefern die Darstellung des Gemäldes den in M5 beschriebenen Mythos unterstützt.*

M5 Ursprungsmythen heute: Serbien und die Rolle des Kosovo

In einem Artikel von 1998 setzt sich der Historiker Wolfgang Höpken am Beispiel des Kosovo-Konfliktes mit der Instrumentalisierung von Ursprungsmythen und deren Folgen auseinander:

Kosovo – kein anderer Name ruft bei Serben derartige Emotionen hervor.

Intellektuelle besingen dieses Armenhaus aus ihren Belgrader Schreibstuben als Wiege des Serbentums. Politiker erklären dieses „Herz Serbiens“ für unverzichtbar, sodass man seiner albanischen Bevölkerungsmehrheit nicht einmal kulturelle und politische Autonomie gewähren könne. Nirgends zeigt sich die destruktive Macht des historischen Erinnerns so wie beim Thema Kosovo. Sein Name ist gleichsam eine Abbreviatur[1] für das, was in diffuser Rhetorik als „serbische Identität“ bezeichnet wird. Im Kosovo, so heißt es, sei das Zentrum des mittelalterlichen Serbien gewesen, das unter seinem Zaren Dusan im 14. Jahrhundert zur „Großmacht“ aufgestiegen war. Hier liege der Ursprung der serbischen Kultur, gleichsam die Wurzel der serbischen Nation.

Hier hätten die Serben nicht nur sich selbst, sondern auch die europäische Christenheit vor dem Islam zu verteidigen versucht, hier aber auch habe der serbische Staat an jenem 28. Juni 1389 in der Schlacht auf dem „Kosovo polje“, dem Amselfeld, gegen die Armeen des türkischen Sultans für fünfhundert Jahre seinen Atem ausgehaucht.

„Größe“ und „Tragik“ der serbischen Geschichte werden in diesem einen Datum kodiert. Es wird immer wieder bemüht, um vermeintliche Schicksalsstunden der Geschichte wirkungsvoll in Szene zu setzen. Mit der Realität hat das alles, wie stets bei historischen Mythen, nur wenig zu tun. Der mittelalterliche Staat im Kosovo war nämlich eines gewiss nicht: ein serbischer Nationalstaat.

Er war ein Vielvölkerreich, dessen Herrscher nicht in nationalstaatlichen oder ethnischen Kategorien dachten, sondern in dynastischen – wie alle mittelalterlichen Herrscher. Nicht viel besser steht es um die Schlacht auf dem Amselfeld: Es gebe sowenig Primärquellen, dass zweifelhaft sei, ob sie überhaupt stattgefunden habe, hat einmal der angesehene Historiker Sima Cirkovic gesagt, einer der wenigen serbischen Wissenschaftler, die sich die professionelle Distanz zu ihrem Gegenstand bewahrt haben. Nicht „serbische“ Heere kämpften hier gegen „türkische“ oder gar gegen Albaner, wie Nationalisten bis heute glauben machen wollen. Serben und Albaner (wie auch Angehörige anderer Völker) standen vielmehr auf beiden Seiten der Frontlinie und in Diensten beider Kontrahenten. Nicht einmal der Ausgang der Schlacht ist klar, jedenfalls wissen die ältesten Quellen nichts von einer tragischen Niederlage der Serben zu berichten. Auch der ser-

[1] Abbreviatur: lat. für „Abkürzung“, „abgekürzte Schreibweise“

bische Staat fiel nicht auf dem Amselfeld. Er war schon lange vorher in eine Vielzahl von Teilfürstentümer zerfallen. Legenden und Epen haben den Kosovo-Mythos in der Folgezeit über die Jahrhunderte ausgeschmückt und angereichert. Im 19. Jahrhundert entwickelte er sich zum „ideologischen Kitt", mit dem man die Nation zu schaffen suchte.

Ohne Einbeziehung des Kosovo war der Nationalstaat nun nicht mehr denkbar, und es störte nicht, dass das Kosovo durch serbische Ab- und albanische Zuwanderung längst von vielen Albanern besiedelt war. Der Entwurf eines serbischen Nationalprogramms, das der serbische Politiker Ilija Garasanin 1844 zur Maxime serbischer Politik machte, knüpfte am Kosovo-Mythos an und nutzte ihn für die Forderung nach einem Serbien, in dem sich „Gegenwart und Vergangenheit" verbinden sollten. Insbesondere der Balkan-Krieg 1912 wurde ganz im Zeichen der „Rückeroberung" des Kosovo geführt, und der Sieg über das Osmanische Reich als „Rache für Kosovo" gefeiert.

Der Kosovo-Mythos dient zuweilen auch dazu, einen vermeintlichen „Nationalcharakter" der Serben zu konstruieren. Den Heldenmut auf dem Amselfeld stilisieren Nationalisten bis heute zu einem kollektiven Wesensmerkmal der Serben: die Bereitschaft zum Kampf, auch wenn man unterliegt. In dieser Fähigkeit erweise sich das „Vermächtnis der Schlacht auf dem Amselfeld" als Lehre für die Gegenwart. [...]

Unter Tito[2] verblasste der Kosovo-Mythos. Dem jugoslawischen Staatschef war an partikularen Mythen einzelner Nationalitäten nicht gelegen. Titos Verfassung aus dem Jahre 1974 hatte dem Kosovo im Rahmen der serbischen Republik eine weitreichende Autonomie gewährt. [...] Erst Milošević[3] machte die angebliche Unterdrückung der Serben zum Thema und setzte den Kosovo-Mythos neu in Szene. Was in der Legende zum Schicksalskampf zwischen „Türken" und „Serben" stilisiert worden war, wurde jetzt zum Symbol serbisch-albanischer Konfrontation. Milošević prophezeite 1989: Wie das Kosovo 1389 für Serbien verloren ging und wie es den Serben durch Titos Verfassung erneut entrissen wurde, so werde man es jetzt und endgültig zurückgewinnen, sofern man einig sei und bereit, dafür zu kämpfen. Wie das geschah, ist bekannt: Es folgte die Herrschaft der Gewalt. Der Kosovo-Mythos ist nie mehr gewesen als eine Legitimationsideologie der Nationsbildung, eine „invention of traditions", wie sie der britische Historiker Eric Hobsbawm als typisch für den Nationalismus des 19. Jahrhunderts beschrieben hat. Das Fatale ist bloß, dass dieser Gebrauch der Geschichte in Serbien seine Wirkungsmacht sogar angesichts der Erfahrungen des Bosnien-Krieges nicht verloren zu haben scheint.

Wolfgang Höpken, Die schaurige Sage vom Amselfeld. Wie Geschichte der nationalen Erweckung Serbiens dienstbar gemacht wird; in: DIE ZEIT, 12/1998; zitiert nach: www.zeit.de/1998/12/Die_schaurige_Sage_vom_Amselfeld [04.04.2013]

1. *Informieren Sie sich in Nachschlagewerken und dem Internet über die Schlacht auf dem Amselfeld 1389, den Kosovo-Krieg in den 1990er-Jahren sowie die Politik Titos und Slobodan Miloševićs. Vgl. zum Kosovo-Krieg auch S. 217.*

2. *Erläutern Sie anhand des Textes die Entstehung und Entwicklung des Kosovo-Mythos. Inwiefern hat er die politische Entwicklung Serbiens und des Kosovo beeinflusst?*

3. *Nehmen Sie Stellung zu dem von dem britischen Historiker Eric Hobsbawm geprägten Ausdruck „invention of traditions". Warum bezeichnet Höpken diesen Gebrauch der Geschichte für Serbien als fatal?*

4. *Beurteilen Sie Höpkens Einschätzung historischer Ursprungsmythen. Vergleichen Sie mit M4.*

[2] Josip Broz (1892-1980), genannt Tito, war seit 1945 Ministerpräsident der Volksrepublik Jugoslawien, ab 1953 jugoslawischer Staatspräsident (seit 1963 auf Lebenszeit).

[3] Slobodan Milošević (1941-2006) war jugoslawisch-serbischer Politiker und Präsident Serbiens von 1989 bis 1997 sowie Präsident der Bundesrepublik Jugoslawien von 1997 bis Oktober 2000.

Moderne Nationsvorstellungen seit der Französischen Revolution

Als sich der Staatsrechtler Robert von Mohl an diesem Sonntag im Mai 1868 an die Zeit vor zwanzig Jahren zurückerinnert, stehen ihm die Verhältnisse noch auf das Lebhafteste vor Augen. Es war ja auch ein noch nie dagewesenes Ereignis: Ohne Unterschied der Herkunft und des Berufes hatten sich vom 18. bis zum 31. Mai 1848 die Vertreter der Nation in einer Versammlung getroffen, auf der sie die Geschicke des ganzen Staatswesens öffentlich diskutieren und entscheiden wollten. Mohl erinnert sich an die lebhaften Debatten in dem fast 700 Abgeordnete fassenden Sitzungssaal der ehemaligen Paulskirche, an die Beifalls- und Protestrufe von den Zuschauern auf der Galerie hinunter auf das Abstimmungsgeschehen. Es war ein Kommen und Gehen, denn in der Paulskirche gab es keine Nebenräume, in die sich die Männer zu Besprechungen zurückziehen konnten.

Als es darum ging, ob er in die Reichsregierung eintreten sollte, musste er dies mit anderen Abgeordneten auf dem Platz vor der Kirche bei strömendem Regen besprechen. Das Wasser troff ihm vom Schirm in die Kleidung. Ja, es war vieles improvisiert und die Arbeitsbedingungen unzulänglich, dazu das unrühmliche Ende. Aber eine solche Versammlung hatte Deutschland noch nie gesehen. Und selbst jetzt, in seinen späten Tagen als Gesandter in München, blickt er auf die Zeit mit Stolz zurück, in der er für einige Monate als Reichsjustizminister der von der Frankfurter Nationalversammlung 1848 eingesetzten gesamtdeutschen Regierung tätig sein durfte. Die Nation hatte es unternommen, sich ihrer Geschicke selbst anzunehmen.

Die Nation – ein Begriff, viele Vorstellungen Die Nation, die in Mohls Erinnerungen in der Revolution von 1848/49 auftrat, entstand in der Französischen Revolution. Den Nationenbegriff gab es jedoch schon lange zuvor. In den mittelalterlichen Quellen bezeichnet er eine Gemeinschaft, zu der jemand durch seine Geburt gehört (lat. natus: gebürtig) und deren Sprache er spricht. Auch in politischer Bedeutung wurde der Nationenbegriff in der Vormoderne gebraucht. Dort bezeichnete er jedoch nicht das „Volk“, sondern die gegenüber dem Monarchen politisch handelnden Gruppen, also die Stände. Damit waren die früheren Staatsgebilde wie das seit dem späten 15. Jahrhundert so bezeichnete Heilige Römische Reich Deutscher Nation politische Organisationsformen der Ständegesellschaft, die sich von der modernen „Nation“ wesentlich unterscheiden, denn diese entstand überhaupt erst aus dem Gegensatz zur ständischen Gesellschaftsordnung. Die Begriffsverwendung „Nationalstaat“ für vormoderne Epochen ist daher in der Geschichtswissenschaft umstritten.

Antiständische Integrationsideologie der Staatsnation Die Französische Revolution zeigt, dass erst die Ständegesellschaft überwunden werden musste, um der modernen Nation Platz zu machen. Die Ideen der Aufklärung wirkten dabei als geistige Wegbereiter einer vernunftgeleiteten und humanitären Ordnung von Staat und Gesellschaft, die die überkommenen Verhältnisse infrage stellten.

Als dem absolutistisch regierten französischen Staat der Bankrott drohte, weigerten sich Klerus und Adel, auf ihre Steuerprivilegien zu verzichten, und wollten die gesamte Last dem Dritten Stand – Bürgertum und Bauern – auferlegen. Damit lösten sie eine grundsätzliche Diskussion über die Legitimität der ständischen Gesellschaftsordnung aus. Besonders wirkungsvoll war die Argumentation des Abbé Sieyès: Es sei die erdrückende Mehrheit der Franzosen, nämlich die Angehörigen des Dritten Standes, die für das Wohlergehen der Gesamtheit sorge und den Staat trage. Demzufolge sei der Dritte Stand mit der Nation identisch, während die beiden oberen privilegierten Stände sich aus der Nation ausschlossen, da sie nichts zu deren Wohlergehen beitragen (▸ M1).

Für die 1789 bevorstehende Einberufung der Generalstände erlangten die Vertreter des Dritten Standes die Zustimmung des Königs dafür, so viele Deputierte wie Klerus und Adel zusammen entsenden zu dürfen. Die erhöhte Anzahl der Vertreter des Dritten Standes konnte sich jedoch nur bei einer Abstimmung „nach Köpfen" in einer Gesamtversammlung auswirken. Als sich nach Zusammentreten der Generalstände die Verhandlungen über diese Forderung wochenlang ergebnislos hinzogen, erklärten sich die Deputierten des Dritten Standes am 17. Juni 1789 zur „Nationalversammlung" (Assemblèe nationale) und forderten die Vertreter der beiden anderen Stände auf, sich ihnen anzuschließen. Damit war die These des Abbé Sieyès in die Tat umgesetzt: Die „Nationalversammlung" war nicht länger eine Versammlung unterschiedlich einflussreicher Stände, sondern gleichberechtigter Abgeordneter der „Nation" (▸ M2). Drei Tage später gelobte man im Ballhaus von Versailles, die Nationalversammlung erst zu beenden, wenn eine neue Verfassung für Frankreich geschaffen worden war („Ballhausschwur").

Rechtlich fand die Feudalgesellschaft in der Nachtsitzung vom 4. auf den 5. August 1789 ihr Ende: Die Feudalrechte – ständische Rechte und Privilegien, besonders Steuerprivilegien, persönliche Unfreiheit, grundherrliche Gerichtsbarkeit sowie der Anspruch auf Ämter und Positionen – wurden abgeschafft. Ihren vorläufigen Abschluss fand diese Entwicklung in der Erklärung der Menschen- und Bürgerrechte am 26. August 1789. Die „Ideen von 1789" lösten mit den Schlagworten liberté, égalité und fraternité den Absolutismus und die Ständegesellschaft ab und ersetzten sie durch die Vorstellung einer nationalen Gemeinschaft. Diese verstand sich als Staatsnation und sah als deren Hauptkennzeichen – neben der gemeinsamen Sprache, Kultur und Geschichte – das gemeinsame Staatsgebiet, die gemeinsame Staatsgewalt bzw. Regierung und die Tatsache an, dass für alle Bürger dieselben Gesetze galten.

▲ „Unité, Indivisibilité, De La République. Liberté, Egalité, Fraternité Ou La Mort."
Plakat (61,5 x 45 cm), Herbst 1793. Der Anschlag zeigt einen Eichenkranz mit Trikolore, darüber die Jakobinermütze, die von den Jakobinern als Bekenntnis zu den revolutionären Idealen getragen wurde, sowie die Kokarde, eine als Gesinnungszeichen am Hut getragene Bandschleife. Die Trikolore entstand angeblich durch das Zusammenführen der Farben der Stadt Paris (rot und blau) mit dem königlichen Weiß. 1794 wurde sie durch Gesetz zur Nationalfahne erklärt und blieb es mit kurzen Unterbrechungen bis heute. In der Mitte prangt ein Rutenbündel. Das altrömische Abzeichen symbolisiert die staatliche Strafgewalt über Leben und Tod.
- *Interpretieren Sie die „Botschaft" des Plakats.*

Was bedeutet „Nation"? Bald wurde immer heftiger diskutiert und schließlich auch gewaltsam darum gerungen, was denn die Begriffe liberté, égalité und fraternité konkret bedeuten sollten. Welchen Stellenwert und welche Rechte sollte jeder einzelne Bürger in der neuen Nation haben? Sollten der Hunger und die Armut der Massen durch eine Neuverteilung allen Besitzes beseitigt werden? Sollte ein Zensuswahlrecht – ein Wahlrecht nach Steueraufkommen – gelten oder sollten alle Bürger gleiches Wahlrecht erhalten? Welche Rolle sollte der König spielen? Bald zeigte sich, dass besitzendes Bürgertum, reiche Bauern und einfache Stadt- oder Landbevölkerung unterschiedliche Interessen und Vorstellungen hatten. Die antiständische Integrationsideologie des Bürgertums richtete sich zwar gegen die Privilegien der „feudalen" Stände Adel und Klerus, war jedoch von demokratischen Auffassungen und der Gleichheit aller Bürger weit entfernt.

Die Nationsidee wirkt weiter Die Französische Revolution und das neue Ordnungsmodell der Nation setzten ungeheure Kräfte frei. Dabei kam es in Schüben zu Radikalisierung und dem raschen Wechsel von Verfassungen. Die Revolutionskriege Frankreichs gegen die europäischen Mächte, für die breite Volksmassen mobilisiert werden mussten, förderten die allgemeinen Bürgerrechte, aber auch Terror gegen die vermeintlichen Feinde der Revolution. Sie zeigten, dass Nationen ein Sendungsbewusstsein entwickeln können, mit dem sie andere Völker an ihren „Errungenschaften“ – notfalls gewaltsam – teilhaben lassen wollen.

„Schreckensherrschaft“ („La Terreur“): von Polizei- und Justizterror gekennzeichnete Phase der Französischen Revolution 1793 bis 1794, in der angesichts der Revolutionskriege die Jakobiner unter Maximilien de Robespierre im ganzen Land zehntausende vermeintliche Gegner der Revolution hinrichten ließen. Die „Schreckensherrschaft“ endete mit dem Sturz Robespierres und seiner Anhänger.

Nach dem Ende der **„Schreckensherrschaft“** fand schließlich die in den Menschen- und Bürgerrechten erklärte Gleichheit der Bürger im Männer- und Zensuswahlrecht wieder ihre Grenzen. Die Bevölkerung wurde in politisch berechtigte (steuerzahlende) Aktivbürger und schutzbefohlene Passivbürger aufgeteilt. Geschlecht und Vermögen bzw. Besitz bestimmten somit die Möglichkeit der Franzosen, im Staat politisch mitwirken zu können. So blieb es auch unter Napoleon. Unter ihm endete die Französische Revolution mit einer auf das Militär gestützten Kaiserherrschaft. Doch selbst Napoleon konnte nicht mehr ohne Rücksicht auf die „Nation“ herrschen und musste sie immer wieder bei Volksabstimmungen zu Wort kommen lassen.

Die revolutionäre Idee der Nation und die Vorstellungen von Gleichheit, Freiheit und Brüderlichkeit wirkten im 19. Jahrhundert weit über Frankreich hinaus. In ihrem Namen wurden absolute Monarchie und Ständegesellschaft infrage gestellt und insbesondere die Verwirklichung von Volkssouveränität, Menschenrechten und Gewaltenteilung sowie die Abschaffung von ständischen Privilegien gefordert. Auf sie beriefen sich aber auch Völker wie die Italiener und die Deutschen, die auf verschiedene Staaten „verteilt“ lebten, sich jedoch als Einheit empfanden und künftig in einem gemeinsamen Staat leben wollten. Dies galt ebenso für ethnische oder nationale Minderheiten, die sich in Vielvölkerstaaten wie die Slawen im Habsburgerreich, die Polen im Russischen Reich oder die Griechen im Osmanischen Reich fremd und unterdrückt sahen.

Der Gedanke der Kultur- und Sprachnation Die „Ideen von 1789“ erfassten auch die deutschen Staaten (▸ M3). In den Rheinbundstaaten und in Preußen modernisierten die Regierungen ihre staatliche und gesellschaftliche Ordnung nach dem französischen Vorbild und beendeten die Ständegesellschaft durch eine Revolution „von oben“.

Zugleich aber ging mit dem durch Napoleon erzwungenen Ende des Alten Reiches 1806 auch die politische Einheit verloren. Für die Schaffung eines deutschen Nationalstaates stand daher – anders als in Frankreich, wo sich die Nation innerhalb einer bestehenden Staatsgrenze gegründet hatte – nicht das Modell der Staatsnation Pate. Daher griff man im Gebiet der deutschen Staaten auf die Idee der Kulturnation zurück und knüpfte damit an Überzeugungen aus dem 18. Jahrhundert an. Damals hatte sich unter bürgerlichen Beamten, Kaufleuten und Literaten das Bewusstsein herausgebildet, über alle Grenzen der Reichsterritorien hinweg als Nation zusammenzugehören. In Literatur,

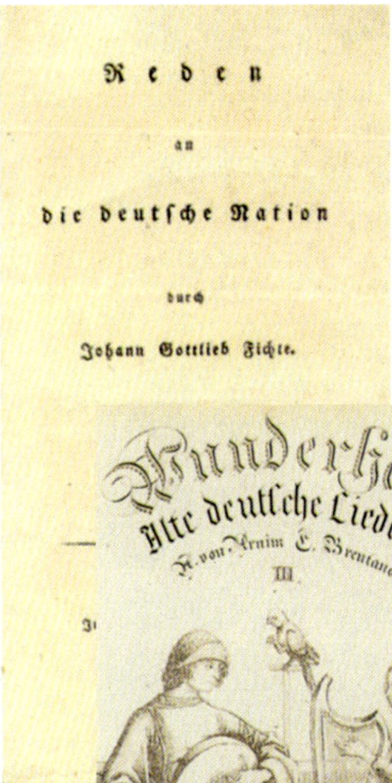

◂ **„Reden an die deutsche Nation“ von Johann Gottlieb Fichte und „Des Knaben Wunderhorn“ von Clemens Brentano und Achim von Arnim.**
Fichte war einer der bedeutendsten Propagandisten des deutschen Nationalbewusstseins. Mit seinen „Reden an die deutsche Nation“ von 1808 forderte er die demokratische Nationalerziehung als Grundlage eines aus gleichberechtigten Bürgern bestehenden deutschen Nationalstaates. Die von den bedeutendsten Dichtern der Romantik, Brentano und Arnim, zwischen 1806 und 1808 veröffentlichte dreibändige Volksliedsammlung „Des Knaben Wunderhorn“ gehört zu einer großen Reihe von in dieser Zeit verbreiteten Volksliedern, Märchen, Legenden und Sagen, die über die kulturelle Tradition eine politische und geistige Einheit der Deutschen stiften sollten.

▲ **„Verfassunggebende deutsche Nationalversammlung in der Paulskirche zu Frankfurt a.M."**
Farblithografie von C.A. Lill, 1848.
Die Paulskirche ist mit den Nationalfarben Schwarz-Rot-Gold und dem Reichsadler geschmückt. In der Mitte der Empore befindet sich ein Transparent mit der „Germania" von Philipp Veit. Das Bild misst 4,82 x 3,20 m und verdeckt die Orgel der Kirche, die zum Tagungsort gewählt wurde, weil kein Saal der Stadt groß genug war.

Kunst und Musik wurde nach 1806 die deutsche Vergangenheit romantisch verklärt und gemeinsame Sprache und Kultur zur Grundlage der Nation und eines erhofften Nationalstaates erhoben (▸ M4). Die **restaurativen** Regierungen der deutschen Einzelstaaten unterdrückten nach dem Wiener Kongress im Deutschen Bund jedoch alle nationalen Bestrebungen. Die Monarchen wollten ihre Macht weder mit einer Volksvertretung teilen, noch wollten sie Teile ihrer Souveränität an einen deutschen Gesamtstaat abgeben. Daher blieb die Probe auf die reale Tragfähigkeit der damaligen nationalstaatlichen Vorstellungen auf Jahrzehnte hinaus aufgeschoben.

1848/49 – der erste Anlauf Das zeigte sich auch im Gefolge der Märzrevolution des Jahres 1848. Jetzt schien die Gründung eines deutschen Nationalstaates möglich zu werden. Doch es waren mehrere Fragen gleichzeitig zu lösen:

- Welche Staatsform sollte ein neu zu gründendes Reich haben: Republik, konstitutionelle oder parlamentarische Monarchie?
- Großdeutsch oder kleindeutsch: Sollten alle deutschsprachigen Gebiete des Deutschen Bundes, also auch das deutschsprachige Österreich, in das Reich aufgenommen werden oder sollte das Reich ohne Österreich gegründet werden (▸ M5)?
- Im Falle einer Monarchie: Wer sollte Kaiser des neuen Reiches werden? Der österreichische Kaiser oder der preußische König? Die Beantwortung dieser Frage hing wesentlich vom Gebietsumfang des künftigen Reiches ab.
- Deutsch oder multiethnisch? Sollten die Staaten des Deutschen Bundes mit ihrem gesamten Territorium, also auch mit Teilen, in denen mehrheitlich Nichtdeutsche

Restauration:
Wiederherstellung eines früheren politischen oder wirtschaftlichen Zustandes

lebten, in das Reich einbezogen werden (Territorialprinzip)? Diesem Modell folgend gab es unterschiedliche Varianten, aber jede musste zu nationalen Minderheiten- und Nationalitätenproblemen führen.

Die Abgeordneten der Nationalversammlung fanden auf diese Fragen erst nach langem Ringen und intensiven, kontroversen Diskussionen 1849 Antworten in Form einer „Verfassung des Deutschen Reiches“:

- Der deutsche Nationalstaat sollte eine konstitutionelle Monarchie mit einem starkem Parlament sein, dem das Budgetrecht zustand. Als zweite Kammer war ein Staatenhaus als Vertretung der Teilstaaten vorgesehen. In der Verfassung wurden Grundrechte garantiert, die Feudalrechte sollten abgeschafft werden.
- Es sollte eine kleindeutsche Lösung ohne Österreich geben. Nach dem Willen Preußens sollten auch die Landesteile Schlesien, Westpreußen, Ostpommern und die Provinz Posen zum Reich geschlagen werden, obwohl dort die polnische Bevölkerung überwog. Und um Schleswig und Holstein, die zum Teil deutschsprachig waren, aber nur im Falle Holsteins zum Deutschen Bund gehörten, wurde sogar ein von der Paulskirche geschürter und letztlich ergebnisloser Krieg gegen den dänischen König geführt.
- Entsprechend der kleindeutschen Lösung war der preußische König als „Kaiser der Deutschen“ vorgesehen.

Trotzdem kam es nicht zu einer Reichsgründung. Denn zwischenzeitlich hatten die Monarchen die Revolution militärisch niedergeworfen, und so konnte der preußische König die ihm von einer Delegation der Paulskirche angebotene Kaiserkrone zurückweisen. Als Ergebnis der Revolution war sie für ihn nicht mehr als „aus Dreck und **Letten** gebacken“.

Letten: sandiger Ton, umgangssprachlich „unbrauchbares Gestein“

◂ **„Victoria.“**
Wandbild aus einem Bilderzyklus für das Rathaus in Saarbrücken nach der Gründung des Kaiserreiches von Anton von Werner, 1880.
- *Das Bild stellt eine Allegorie auf „Deutschlands Einigung“ 1871 dar. Analysieren Sie die Bildelemente.*

Das Deutsche Reich von 1871 – ein Nationalstaat?

Trotz dieser Zurückweisung gingen die entscheidenden Impulse für die schließlich 1871 doch erfolgte Gründung eines deutschen Nationalstaates von Preußen aus. Für seinen Ministerpräsidenten **Otto von Bismarck** standen seit den 1860er-Jahren die Stärke Preußens und das monarchische Prinzip im Vordergrund. Ihm ging es darum, durch eine „kleindeutsche“ Reichsgründung den Dualismus mit Österreich endgültig zugunsten Preußens zu entscheiden. Die Frage der Sprach- oder Kulturnation spielte für ihn keine Rolle. Allerdings wollte Bismarck keine Reichsgründung durch eine nationale, revolutionäre Bewegung durchsetzen,

▲ **„Der schwarze Fleck."**
Gemälde von Albert Bettannier, um 1887.
Die Annexion Elsass-Lothringens war für die „Grande Nation" Frankreich eine schwerwiegende Beleidigung. Von Kindesbeinen an wurde den Franzosen der Revanche-Gedanke eingeprägt, wie hier im Schulunterricht.

sondern durch die souveränen Monarchen unter Führung Preußens, also „von oben". Daher vollzog er einen taktischen Kurswechsel gegenüber der nationalen Bewegung in Deutschland: Da er sie weder eindämmen noch ignorieren konnte, hörte er auf, sie zu bekämpfen, und versuchte, sie für seine Politik nutzbar zu machen.

Der Konflikt mit Dänemark wegen Schleswig und Holstein und die ständigen Auseinandersetzungen mit Frankreich, die schließlich – von Bismarck provoziert – in den Deutsch-Französischen Krieg 1870/71 mündeten, mobilisierten und begeisterten die nationale Bewegung. Und da Preußen in beiden Kriegen siegte, akzeptierten es viele national Gesinnte als „notwendiges Übel", dass im Januar 1871 das Deutsche Reich ohne das 1866 im Deutsch-Deutschen Krieg besiegte Österreich gegründet wurde. Die deutsche Nationalbewegung begrüßte die Reichsgründung begeistert als späte Verwirklichung nationaler Visionen. Sie sah darüber hinweg, dass dieses Reich nicht durch das deutsche Volk, sondern durch die Monarchen und Freien Städte gegründet worden war und dass es mit den deutschsprachigen Österreichern einen erheblichen Teil der deutschen Sprachnation ausgrenzte, während es andererseits französische, dänische und polnische Minderheiten einschloss. Die staatliche Einheit wurde über innerstaatliche Freiheit und der mächtige Nationalstaat über die Interessen von nationalen Minderheiten gestellt.

Man nahm zudem in Kauf, dass die Gründung des Reiches – vor allem durch die Annexion von Elsass und Lothringen – die gespannten Beziehungen zum Nachbarn Frankreich zur offenen Feindschaft vertiefte (▸ M6, M7). Die Einverleibung Elsass-Lothringens wurde in Deutschland in Erinnerung an das mittelalterliche Reich als Rückkehr eines „deutschen" Gebietes verstanden. Doch stand dies dem nationalen Zugehörigkeitsbewusstsein in den Gebieten selbst entgegen. So zeigen Vorgeschichte und Gründung des Deutschen Reiches exemplarisch die Probleme der Nationalstaatsbildung im 19. Jahrhundert.

▲ **„Bilder von Denkwürdigkeiten, die sich in der Revolution zugetragen haben, welche Frankreich in den Jahren 1789, 90 und 91 erlebt hat.“**
Die ersten zwei von vier „denkwürdigen Szenen“ aus einem 1793 von Jean-Baptiste Letourmi in Orléans verlegten kolorierten Holzschnitt. Die Bildunterschriften lauten übersetzt: „Direkte und indirekte Steuern, Frondienste I: Früher wurden die Nützlichsten mit Füßen getreten, der Dritte Stand trug die ganze Last.“ (links) „Erwachen des Dritten Standes II: Ich habe zu lange unter der Unterdrückung meiner Feinde gelebt, ich will endlich meine Fesseln sprengen.“ (rechts)

- *Beschreiben Sie die Personen und Ereignisse auf dem Holzschnitt. Bestimmen Sie den politischen Standort des Künstlers und sein Gesellschaftsbild.*
- *Überlegen Sie, welche Bildelemente historische Szenen zeigen und welche propagandistischen Zwecken dienen könnten.*

M1 Was ist der Dritte Stand?

Die Flugschrift des 1748 geborenen Emmanuel Joseph Sieyès, der als Geistlicher (Abbé) dem Ersten Stand angehört, entsteht Ende 1788 und wird Anfang 1789 anonym veröffentlicht. Bald kursieren über 30 000 Exemplare. „Qu'est-ce que le tiers état?“ wird zur maßgeblichen „Kampfschrift“ des Dritten Standes:

Der Plan dieser Schrift ist ganz einfach. Wir haben uns drei Fragen vorzulegen.
1. Was ist der Dritte Stand? ALLES.
2. Was ist er bis jetzt in der politischen Ordnung gewesen? NICHTS.
3. Was verlangt er? ETWAS ZU SEIN. [...]

Der Dritte Stand ist eine vollständige Nation.

[...] Die öffentlichen Funktionen lassen sich bei den gegenwärtigen Verhältnissen in gleicher Weise allesamt unter vier bekannte Bezeichnungen staffeln: der Degen, die Robe, die Kirche und die Administration. Es wäre überflüssig, sie im Einzelnen durchzugehen, um zu zeigen, dass der Dritte Stand hier überall neunzehn Zwanzigstel ausmacht, mit dem einen Unterschied, dass er mit allem, was wirklich mühsam ist, belastet ist, mit allen Diensten, die der privilegierte Stand sich weigert zu leisten. Die Mitglieder des privilegierten Standes nehmen nur die Stellen ein, die Gewinn und Ehre bringen. [...]

Also, was ist der Dritte Stand? Alles, aber ein gefesseltes und unterdrücktes Alles. Was wäre er ohne den privilegierten Stand? Alles, aber ein freies und blühendes Alles. Nichts kann ohne ihn gehen; alles ginge unendlich besser ohne die anderen. [...]

Was ist eine Nation? Eine Körperschaft von Gesellschaften, die unter einem gemeinschaftlichen Gesetz leben und durch dieselbe gesetzgebende Versammlung repräsentiert werden usw.

Ist es nicht zu gewiss, dass der adlige Stand Vorrechte und Befreiungen genießt, die er sogar sein Recht zu nennen wagt und die von den Rechten der großen Körperschaft der Bürger gesondert sind? Dadurch stellt er sich außerhalb der gemeinschaftlichen Ordnung und des gemeinschaftlichen Gesetzes. [...]

Was seine politischen Rechte betrifft, so übt er sie gleichfalls abgesondert aus. Er hat seine eigenen Repräsentanten, die in keiner Weise mit der Vollmacht der Bevölkerung betraut sind. [...]

Der Dritte Stand umfasst [...] alles, was zur Nation gehört; und alles, was nicht der Dritte Stand ist, kann sich nicht als Bestandteil der Nation ansehen. Was also ist der Dritte Stand? ALLES.

Was ist der Dritte Stand bis jetzt gewesen? Nichts.

[...] Unter dem Dritten Stand muss man die Gesamtheit der Bürger verstehen, die dem Stand der gewöhnlichen Leute (l'ordre commun) angehören. Alles, was durch das Gesetz privilegiert ist, einerlei auf welche Weise, tritt aus der gemeinschaftlichen Ordnung heraus, macht eine Ausnahme für das gemeinschaftliche Gesetz und gehört folglich nicht zum Dritten Stand. [...] Der Dritte Stand hat also keinerlei politische Rechte. [...]

Was verlangt der Dritte Stand? Etwas zu werden.

[...] Man kann die wirklichen Forderungen des Dritten Standes nur nach den authentischen Beschwerden beurteilen, welche die großen Stadtgemeinschaften (municipalités) des Königreichs an die Regierung gerichtet haben. Was sieht man da? Dass das Volk etwas sein will, und zwar nur das Wenigste, was es sein kann. Es will haben 1. echte Vertreter auf den Generalständen, das heißt Abgeordnete, die aus seinem Stand kommen und die fähig sind, die Interpreten seines Willens und die Verteidiger seiner Interessen zu sein. Was nützte es ihm, an den Generalständen teilzunehmen, wenn das dem seinen Interessen entgegengesetzte Interesse dort dominierte? Es würde durch seine Anwesenheit die Unterdrückung, deren ewiges Opfer es wäre, nur bestätigen. So ist es ziemlich sicher, dass es an Abstimmungen auf den Generalständen nur teilnehmen kann, wenn es dort einen Einfluss erhält, der dem der Privilegierten wenigstens gleich ist. Es verlangt weiter 2. eine Zahl von Vertretern, die derjenigen ebenbürtig ist, welche die beiden anderen Stände zusammen besitzen. Diese Gleichheit der Vertretung wäre indessen völlig illusorisch, wenn jede Kammer eine eigene Stimme besäße. Der Dritte Stand verlangt deshalb 3., dass die Stimmen nach Köpfen und nicht nach Ständen gezählt werden.

Emmanuel Joseph Sieyès, Politische Schriften 1788-1790, übersetzt und herausgegeben von Eberhard Schmitt und Rolf Reichardt, München [2]1981, S. 119 ff.

1. *Arbeiten Sie die Argumente heraus, mit denen Sieyès die Berechtigung der bestehenden Gesellschaftsordnung bestreitet. Wodurch erhofft er sich eine angemessene Gleichstellung des Dritten Standes?*

2. *Nehmen Sie Stellung zum Begriff der „Nation" und der Bedeutung, die Sieyès ihr beimisst.*

M2 Von den „Generalständen" zur „Nationalversammlung"

Am 17. Juni 1789 erklären sich die Männer des Dritten Standes, dem sich inzwischen auch 19 geistliche Abgeordnete angeschlossen haben, mit 490 gegen 90 Stimmen zur Nationalversammlung (Assemblée nationale):

Die Versammlung erklärt [...], dass das gemeinsame Werk der nationalen Neuordnung unverzüglich von den anwesenden Abgeordneten in Angriff genommen werden kann und muss und dass diese sich ihm ohne Unterbrechung und Behinderung widmen sollen.

▲ **Der Schwur im Ballhaus.**
Lavierte Federzeichnung (66 x 101 cm) von Jacques Louis David, September 1791.
David hatte vom Jakobinerklub den Auftrag erhalten, von dem „Ballhausschwur" ein großes Wandgemälde für den Sitzungssaal der Nationalversammlung anzufertigen. Es wurde nie gemalt.
Im Vordergrund: Die Verbrüderung eines katholischen Mönches mit einem protestantischen Pfarrer und einem Weltgeistlichen.

- *Analysieren Sie, mit welchen Mitteln David die besondere Bedeutung des Ereignisses herausstellt.*

Die Bezeichnung Nationalversammlung ist die einzige, welche bei der gegenwärtigen Lage der Dinge der Versammlung zukommt,

- erstens, weil ihre Mitglieder die einzigen öffentlich und gesetzlich anerkannten sind;
- zweitens, weil sie auf direktem Wege von der überwiegenden Mehrheit der Nation entsandt sind;
- drittens schließlich, weil bei der einen und unteilbaren Natur der Volksvertretung kein Abgeordneter, innerhalb welches Standes oder welcher Klasse er auch gewählt sei, das Recht hat, seine Funktion losgelöst von der gegenwärtigen Versammlung auszuüben.

Die Versammlung wird die Hoffnung nie aufgeben, alle heute noch abwesenden Abgeordneten in ihrem Kreise versammelt zu sehen; sie wird nicht müde werden, sie zur Erfüllung der ihnen auferlegten Verpflichtung, an der Abhaltung der Generalstände mitzuwirken, zu ermahnen.

Walter Grab (Hrsg.), Die Französische Revolution. Eine Dokumentation, München 1973, S. 31

1. *Erläutern Sie die Argumente der Nationalversammlung.*

2. *Der Historiker Eberhard Schmitt bezeichnete 1976 den „Ballhausschwur" als den ersten revolutionären Akt des Jahres 1789. Nennen Sie mögliche Gründe für seine Bewertung. Berücksichtigen Sie M1.*

M3 Das Bürgerlied der Mainzer

Nirgendwo im Reich finden die Ideen der Französischen Revolution eine so weite Verbreitung wie in Mainz. Angeregt von den Franzosen und gefördert von dem im Oktober 1792 gegründeten Jakobinerklub wird in den von den alten Herrschern befreiten Gebieten Anfang 1793 ein Rheinisch-Deutscher Nationalkonvent gewählt. Am 18. März wird in Mainz der Rheinisch-Deutsche Freistaat für das Gebiet zwischen Landau und Bingen ausgerufen. Ende 1792 / Anfang 1793 dichtet ein unbekannter Autor:

Auf Brüder! auf! Die Freiheit lacht,
Die Ketten sind entzwei.
Uns hat sie Custine[1] losgemacht,
O Bürger, wir sind frei!
Nun drückt uns kein Despote[2] mehr
Und raubt uns unsre Taschen leer.
Nun drückt uns kein Despote mehr!
Der Mainzer ist nun frei!
Der Mainzer ist nun frei! [...]

Ihr Mainzerinnen freuet euch!
Ihr Schönen jubiliert!
Nun seid ihr Edeldamen gleich,
Die stolz euch sonst regiert.
Nun hat bei Ball, bei Spiel und Sang
Die Bürgerin den ersten Rang:
Der Mainzer ist nun frei!
Der Mainzer ist nun frei!

O Bürger! welche Seligkeit,
Ein freier Mann zu sein,
Dem kein Despote mehr gebeut,
Nur das Gesetz allein.
Nun ist es aus, das Adelreich,
Nun sind wir Brüder, alle gleich;
Nun ist es aus, das Adelreich.
Der Mainzer ist nun frei!
Der Mainzer ist nun frei!

Hans-Werner Engels, Gedichte und Lieder deutscher Jakobiner, Stuttgart 1971, S. 53 f.

1. *Erarbeiten Sie die politischen Vorstellungen des Dichters.*
2. *Bestimmen Sie die Aufgabe, die das Lied übernimmt.*
3. *Die Republikgründung in Mainz scheiterte. Auch weitere Versuche im Rheinland sowie Verfassungsbestrebungen in Bayern, Württemberg oder am Oberrhein misslangen. Sie wurden von den Franzosen kaum unterstützt. Überlegen Sie, warum eine deutsche Republik nicht in ihrem Interesse lag.*

[1] Gemeint ist der Befehlshaber der Rheinarmee Adam-Philippe de Custine. Er eroberte mit seinen Truppen 1792 Speyer, Worms und Mainz.
[2] Despot: Gewaltherrscher, Tyrann

M4 „Des Deutschen Vaterland“

Der Historiker, Schriftsteller und spätere Hochschullehrer Ernst Moritz Arndt schreibt im Dienst der Befreiungskriege gegen Napoleon Freiheits- und Vaterlandslieder. Im März 1813 schreibt er das bekannteste politische Gedicht dieser Zeit:

Was ist des Deutschen Vaterland?
Ist's Preußenland, ist's Schwabenland?
Ist's, wo am Rhein die Rebe blüht?
Ist's wo am Belt die Möwe zieht?
O nein! nein! nein!
Sein Vaterland muss größer sein!

Was ist des Deutschen Vaterland?
Ist's Bayerland, ist's Steierland?
Ist's, wo des Marsen[1] Rind sich streckt?
Ist's, wo der Märker[2] Eisen reckt?
O nein! nein! nein!
Sein Vaterland muss größer sein!

Was ist des Deutschen Vaterland?
Ist's Pommerland, Westfalenland?
Ist's, wo der Sand der Dünen weht?
Ist's, wo die Donau brausend geht?
O nein! nein! nein!
Sein Vaterland muss größer sein!

Was ist des Deutschen Vaterland?
So nenne mir das große Land!
Ist's Land der Schweizer? ist's Tirol?
Das Land und Volk gefiel mir wohl;
Doch nein! nein! nein!
Sein Vaterland muss größer sein!

Was ist des Deutschen Vaterland?
So nenne mir das große Land!
Gewiss, es ist das Österreich,
An Ehren und an Siegen reich?
O nein! nein! nein!
Sein Vaterland muss größer sein!

Was ist des Deutschen Vaterland?
So nenne mir das große Land!
So weit die deutsche Zunge klingt
Und Gott im Himmel Lieder singt,
Das soll es sein!
Das, wackrer Deutscher, nenne dein!

[1] Marser (von lat. Marsi): germanischer Volksstamm, der zwischen Rhein und Ruhr siedelte
[2] Märker: umgangssprachliche Bezeichnung für die Einwohner der Grafschaft Mark, deren Gebiet sich im alten Reich zu beiden Seiten der Ruhr im niederrheinisch-westfälischen Raum erstreckte

Das ist des Deutschen Vaterland,
Wo Eide schwört der Druck der Hand,
Wo Treue hell vom Auge blitzt
Und Liebe warm im Herzen sitzt –
Das soll es sein!
Das, wackrer Deutscher, nenne dein!

Das ist des Deutschen Vaterland,
Wo Zorn vertilgt den welschen Tand,
Wo jeder Franzmann heißet Feind,
Wo jeder Deutsche heißet Freund –
Das soll es sein!
Das ganze Deutschland soll es sein!

Das ganze Deutschland soll es sein!
O Gott vom Himmel sieh darein
Und gib uns rechten deutschen Mut,
Dass wir es lieben treu und gut.
Das soll es sein!
Das ganze Deutschland soll es sein!

Hans-Bernd Spies (Hrsg.), Die Erhebung gegen Napoleon 1806-1814/15. Quellen zum politischen Denken der Deutschen im 19. und 20. Jahrhundert, Darmstadt 1981, S. 256 f.

1. *Stecken Sie mithilfe einer Karte die geografische Reichweite „Deutschlands" ab, wie sie Arndt in seinem Gedicht beschreibt. Welchem politischen Gebilde der deutschen Geschichte kommt Arndts Vorstellung am nächsten?*

2. *Analysieren Sie Arndts Vorstellungen von „Deutschland" und welche Kriterien für die Definition er zugrunde legt.*

3. *Untersuchen Sie die Sprache des Gedichts und ihre Funktion. Begründen Sie, was Ihnen an Arndts Gedicht überzeugend und was Ihnen übertrieben oder abwegig erscheint.*

▲ **Sprachen und Staaten in Europa im 19. und beginnenden 20. Jahrhundert.**

▪ *Suchen Sie mithilfe eines historischen Atlas den Grenzverlauf des Deutschen Bundes. Zeigen Sie, welche Schwierigkeiten 1848/49 bei dem Versuch bestanden, einen deutschen Nationalstaat auf der Grundlage des deutschen Sprachgebietes oder der Gebiete deutscher Staaten zu errichten.*

M5 Die Habsburger Monarchie (um 1840) und die nationale Frage

Österreichische Gebiete im Deutschen Bund	
Deutsche	5340000
Slawen	5435000
in Böhmen	2500000
in Mähren	1500000
in Kärnten und Krain	480000
in der Steiermark	355000
im Küstenland	400000
Italiener (Tirol)	200000
Gesamtmonarchie	
Deutsche	6400000
Slawen	14820000
Italiener	4584000
Magyaren*	5305000
Rumänen	1567000
Juden	623000
„Zigeuner“	120000
Außerdem Griechen, Albaner, Armenier und andere Ethnien	

* Ungarn

Nach: Heinrich Lutz, Zwischen Habsburg und Preußen. Deutschland 1815-1866, Berlin 1985, S. 21

1. *Erläutern Sie die Tabelle. Ziehen Sie die Karte auf S. 75 sowie einen Geschichtsatlas mit der politischen Gliederung der Habsburger Monarchie im 19. Jahrhundert hinzu.*
2. *Charakterisieren Sie das Problem der Habsburger Monarchie im Zeitalter der nationalen Bestrebungen allgemein und der angestrebten Bildung eines deutschen Nationalstaates im Besonderen.*
3. *Zeigen Sie anhand der Karte, dass ähnliche Probleme einer deutschen Nationalstaatsgründung auch in anderen, nicht-habsburgischen Gebieten bestanden.*

M6 Was ist eine Nation?

Der französische Religionswissenschaftler Ernest Renan hält am 11. März 1882 seine berühmt gewordene Vorlesung „Was ist eine Nation?“ an der Universität Sorbonne in Paris. Seine Gedanken bewegen sich vor dem Hintergrund der Annexion Elsass-Lothringens durch das Deutsche Reich 1871:

Eine Nation ist eine Seele, ein geistiges Prinzip. Zwei Dinge, die in Wahrheit nur eins sind, machen diese Seele, dieses geistige Prinzip aus. Eines davon gehört der Vergangenheit an, das andere der Gegenwart. Das eine ist der gemeinsame Besitz eines reichen Erbes an Erinnerungen, das andere ist das gegenwärtige Einvernehmen, der Wunsch zusammenzuleben, der Wille, das Erbe hochzuhalten, welches man ungeteilt empfangen hat. [...]

In der Vergangenheit ein gemeinschaftliches Erbe von Ruhm und von Reue, in der Zukunft ein gleiches Programm verwirklichen, gemeinsam gelitten, sich gefreut, gehofft haben – das ist mehr wert als gemeinsame Zölle und Grenzen, die strategischen Vorstellungen entsprechen. Das ist es, was man ungeachtet der Unterschiede von Rasse und Sprache versteht. Ich habe soeben gesagt: „gemeinsam gelitten haben“. Ja, das gemeinsame Leiden eint mehr als die Freude. Die nationalen Erinnerungen und die Trauer wiegen mehr als die Triumphe, denn sie erlegen Pflichten auf, sie gebieten gemeinschaftliche Anstrengungen.

Eine Nation ist also eine große Solidargemeinschaft, getragen von dem Gefühl der Opfer, die man gebracht hat, und der Opfer, die man noch zu bringen gewillt ist. Sie setzt eine Vergangenheit voraus, aber trotzdem fasst sie sich in der Gegenwart in einem greifbaren Faktum zusammen: der Übereinkunft, dem deutlich ausgesprochenen Wunsch, das gemeinsame Leben fortzusetzen. Das Dasein einer Nation ist – erlauben Sie mir dieses Bild – ein tägliches Plebiszit, wie das Dasein des Einzelnen eine andauernde Behauptung des Lebens ist. Ich weiß sehr wohl, dass dies weniger metaphysisch ist als das göttliche Recht, weniger brutal als das angebliche historische Recht. [...]

Wir haben die metaphysischen und theologischen Abstraktionen aus der Politik vertrieben. Was bleibt noch? Es bleibt der Mensch, seine Wünsche, seine Bedürfnisse. [...] Das Wollen der Menschen ändert sich, aber was ändert sich hienieden nicht? Die Nationen sind nichts Ewiges. Sie haben einmal angefangen, sie werden enden. Die europäische Konföderation wird sie wahrscheinlich ablösen. Aber das ist nicht das Gesetz des Jahrhunderts, in dem wir leben. Gegenwärtig ist die Existenz der Nationen gut, sogar notwendig. Ihre Existenz ist die Garantie der Freiheit, die verloren wäre, wenn die Welt nur ein einziges Gesetz und einen einzigen Herrn hätte.

Mit ihren verschiedenen Fähigkeiten, die einander oft entgegengesetzt sind, dienen die Nationen dem gemeinsamen Werk der Zivilisation. Alle tragen zu dem großen Konzert der Menschheit eine Note bei, das, als Ganzes, die höchste ideale Realität ist, an die wir heranreichen. Voneinander isoliert, haben sie nur schwache Partien. [...]

Ich fasse zusammen. Der Mensch ist weder der Sklave seiner Rasse, seiner Sprache, seiner Religion noch des Laufs der Flüsse oder der Richtung der Gebirgsketten. Eine große Ansammlung von Menschen, gesunden Geistes und warmen Herzens, erschafft ein Moralbewusstsein, welches sich eine Nation nennt. In dem Maße, wie dieses Moralbewusstsein seine Kraft beweist durch die Opfer, die der Verzicht des Einzelnen zugunsten der Gemeinschaft fordert, ist die Nation legitim, hat sie ein Recht zu existieren. Wenn sich Zweifel an ihren Grenzen erheben, dann soll die Bevölkerung befragt werden. Sie hat durchaus ein Recht auf ein Urteil darüber.

Ernest Renan, Was ist eine Nation? Aus dem Französischen von Henning Ritter, in: Michael Jeismann und Henning Ritter (Hrsg.), Grenzfälle – Über neuen und alten Nationalismus, Leipzig 1993, S. 290-310, hier S. 308-310

1. *Erläutern Sie, was Renan unter „Nation" versteht.*
2. *Arbeiten Sie die Bezüge zur zeitgenössischen Situation nach der Annexion Elsass-Lothringens durch das Deutsche Reich heraus.*
3. *Begründen Sie, inwiefern Renan die Gegenposition zum deutschen Nationalismus im 19. Jahrhundert vertritt.*

M7 Das Nationalitätenproblem im Deutschen Kaiserreich

August Bebel, Mitbegründer der Sozialdemokratischen Arbeiterpartei (SDAP), der späteren SPD, nimmt am 30. Oktober 1889 im Deutschen Reichstag zur Annexion Elsass-Lothringens Stellung:

Meine Herren, betrachten wir doch die Sachlage objektiv, betrachten wir sie in aller Kaltblütigkeit! Wir haben in Elsass-Lothringen nicht ganz zwei Millionen Einwohner für das Deutsche Reich gewonnen, deren Vorfahren vor Jahrhunderten Deutsche waren. Dies ist unser sogenannter Rechtstitel für die Annexion. Sie werden aber zugeben, dass, wenn wir die Theorie verfolgen wollten, dass, was einstmals zu Deutschland gehörte, wieder zu Deutschland kommen müsse, wir noch heute fortwährend zu neuen Kriegen Veranlassung hätten. Vor allen Dingen und in erster Linie hätten wir volle Ursache, die deutschen Ostseeprovinzen Russlands zu annektieren. Wir hätten weiter Ursache, noch weit größere Annexionen von Frankreich zu machen. Wir könnten noch weiter zurückgreifen und könnten die Schweiz nehmen, die einst auch zu Deutschland gehörte; ferner Holland, einen Teil von Belgien u.s.w., wo zum Teil heute noch ausgeprägt deutsche Bevölkerung ihren Sitz hat. Ja, meine Herren, wenn sie als Nationalitätentheorie ansehen und als die eigentliche Grundlage für Nationalstaaten hinstellen wollten, dass jedes Land das Recht habe, was einstmals im Laufe von Jahrhunderten und vor noch längerer Zeit zu ihm gehört hat, unter irgendwelcher Bedingung zurückzuerobern, so würde Deutschland aus dem permanenten Kriegszustande nicht herauskommen. Nun vertreten wir Sozialisten aber die Anschauung, dass Völker keine Schafherden sind, welche willenlos den Herrn wechseln müssen. Wir verlangen, dass die Völker über ihr Schicksal gefragt werden und selbst entscheiden. Die gleichen Anschauungen haben einst auch die deutschen Liberalen in Bezug auf Schleswig-Holstein und Italien, insbesondere in Bezug auf die Lombardei und Venedig in den 60er-Jahren gegenüber Österreich vertreten. Es sind das keine Anschauungen, welche neu sind; die Völker haben das unbestrittene Recht der Selbstbestimmung; sie sollten es wenigstens haben. Nun haben die letzten Wahlen 1886/87 gezeigt, dass die sehr große Mehrheit der Bevölkerung in Elsass-Lothringen dem Deutschen Reiche feindselig gegenübersteht. Ich untersuche nicht die Gründe, warum das so ist.

Zitiert nach: Peter Alter (Hrsg.), Nationalismus. Dokumente zur Geschichte und Gegenwart eines Phänomens, München 1994, S. 205 f.

1. *Arbeiten Sie Bebels Argumente heraus. Auf welche Probleme weist er hin?*
2. *Erläutern Sie seine Vorstellungen von Volk und Nation. Wie begründet er diese?*

Deutsche und Franzosen: nationale Fremd- und Selbstbilder im 19. und in der ersten Hälfte des 20. Jahrhunderts

Unweit von Langemarck liegt der Soldat Alfred Buschalski im November 1914 mit seinen Kameraden in einem schlammigen Schützengraben. Schier endlos erscheint ihm das Warten in der feuchten Kälte, ungeschützt vor Regen und Schnee. Wenn sie doch endlich kämpfen könnten! Aber der französische Feind ist nicht zu sehen – und jeder Ansturm wäre nur ein Todeswettlauf in den Geschosshagel bis zur nächsten Deckung.

Die Kämpfe um Langemarck sind Teil des deutschen Versuchs, im südbelgischen Flandern doch noch einen Durchbruch zu erzielen. Aber dieser steckt auf der ganzen Linie fest – trotz der Einnahme einer feindlichen Stellung durch „junge Regimenter“, auf die Schnelle einberufene und meist unzureichend ausgebildete junge Reservisten, Studenten und Schüler, die sich in patriotischer Begeisterung zum Kriegsdienst gemeldet haben. Doch sie müssen bald erfahren, dass der Krieg nichts mit den Vorstellungen des heroischen Kampfes gegen den „Erbfeind“, von Angesicht zu Angesicht, zu tun hat, den sie auf Burschenschaftsfesten so gern besungen haben. Stattdessen nach wenigen Wochen des Krieges „leere Schlachtfelder“, auf denen sich die vorwärts stürmenden Soldaten in die Maschinengewehrsalven und den sicheren Tod stürzen.

Auch Alfred ist vor Wochen begeistert vom Kampf um das „Sein oder Nichtsein der eigenen Nation“ an die Front gezogen. Wie viele andere junge Männer folgte er den Parolen der Väter, der Lehrer, der national gesonnenen Politiker und Militärs und des Kaisers. In der Heimat bestimmen die Parolen den geschönten Heeresbericht von der Front: „Westlich Langemarck brachen junge Regimenter unter dem Gesange ‚Deutschland, Deutschland über alles‘ gegen die erste Linie der feindlichen Stellung vor und nahmen sie.“ Alfred weiß noch nicht, dass er Teil einer Legende, des „Mythos von Langemarck“, sein wird, der in den Kriegs- und Nachkriegsjahren das Bild vom Ersten Weltkrieg prägt.

Nationalismus – eine „politische Religion“ Der Erfolg des Nationalismus gründet wesentlich darin, dass er den Charakter einer „politischen Religion“ annahm. Die Nation wurde zum höchsten Wert der Gemeinschaft erhoben, man sprach von „heiligsten“ Gütern, von „unbedingter Hingabe“ an die „Nation“ und „nationalen Pflichten“. Die eigene Nation galt als „auserwähltes Volk“, das von einer „höheren Macht“ oder von der Geschichte dazu ausersehen sei, Heil bringende Ideen zu verbreiten und Freiheit zu bringen, und berechtigt sei, Gewalt anzuwenden gegenüber jenen, die sich widersetzen oder diese Auffassungen nicht teilen.

„Wir und die Anderen“ Das Verhältnis zwischen Deutschen und Franzosen im 19. und frühen 20. Jahrhundert ist ein Beispiel für die mit dem Nationalismus verbundenen Selbst- und Fremdbilder. Diese können mit **chauvinistischer** Aufwertung des eigenen Volkes, Abwertung der anderen Völker und sogar Fremdenhass verbunden sein. Die Abgrenzung gegenüber Fremden oder Trägern anderer Vorstellungen hat auch stets die Funktion, die eigene „Mission“ zu legitimieren und den Zusammenhalt gegen „nationale Feinde“ zu festigen. Im Falle Frankreichs zeigte sich das Sendungsbewusstsein gegenüber dem „alten Europa“ in den Revolutionskriegen.

Chauvinismus: übertriebene Vaterlandsliebe, verbunden mit Hass und Verachtung anderer Völker

Die deutsche Nationalbewegung entwickelte bald nach 1800 eine antifranzösische Stoßrichtung. Den Beginn der Französischen Revolution hatten deutsche Dichter und Philosophen zum Teil noch enthusiastisch begrüßt. Die Franzosen wurden als Vorreiter aufklärerischer und humanitärer Ideale betrachtet, als Vorbilder für die Deutschen gefeiert. Doch die gewaltsame Beseitigung der bestehenden Ordnung, die Terrorherrschaft und die Hinrichtung König Ludwigs XVI. 1793 betrachtete man mit Abscheu. Die direkte Begegnung mit den Armeen des republikanischen, später napoleonischen Frankreich und das durch Napoleon erzwungene Ende des Heiligen Römischen Reiches Deutscher Nation im Jahr 1806 steigerten diese Ablehnung in manchen Kreisen zum Franzosenhass (▸ M1). Im Gegensatz zu den Franzosen mobilisierte der Nationalismus die Deutschen für die staatliche Einigung.

▲ **„Bis hierher und nicht weiter …“**
Kolorierte Lithografie von E. Talons, 1870.
▪ *Erläutern Sie die Bildaussage.*

Brüder oder Feinde? Deutsche und Franzosen im 19. Jahrhundert Für einen Teil der Intellektuellen blieben die Franzosen das Brudervolk, dem man freiheitliche Errungenschaften verdankte. Besonders in den mit Napoleon verbündeten Rheinbundstaaten blieb Frankreich mit seiner relativ liberalen Konstitution von 1814 verglichen mit den restaurativen Regimes im Deutschen Bund fortschrittliches Vorbild. Die 1830 und 1848 jeweils von Frankreich nach ganz Europa ausstrahlenden revolutionären Impulse wurden begeistert aufgegriffen (▸ M2).

Doch es gab auch Vertreter einer „antifranzösisch-germanophilen Richtung“ (Jost Hermand). Diese erklärten die Freiheitsrechte als ursprünglich „germanisches“ Erbe. Sie seien durch fremde Einflüsse und gesellschaftliche Klassenteilung verloren gegangen. Gerade die Deutschen hätten als Nachfahren der Germanen die Aufgabe, den alten deutschen „Freiheitsgeist“ wiederzuerwecken. Die um 1815 gegründeten Burschenschaften waren nicht frei von solchen Gedanken.

Beide nationalen Richtungen beschränkten sich noch Jahre nach Beginn der restaurativen Unterdrückungsmaßnahmen (**Karlsbader Beschlüsse** 1819) auf eine kleine Schicht vornehmlich bürgerlicher Studenten und Professoren. Eine erste Massenveranstaltung der liberal-nationalen Bewegung war 1832 das **Hambacher Fest**. Für eine breite „innere Nationsbildung“ über die Staaten des Deutschen Bundes hinweg sorgten auch die Sänger- und Turnerbünde auf ihren Treffen, die ursprünglich von patriotisch gesinnten Kreisen gegründet worden waren, um die Unterdrückung der Meinungs- und Versammlungsfreiheit für politische oder „nationale“ Vereinigungen zu unterlaufen.

In Frankreich entdeckten Intellektuelle und Künstler die Sturm-und-Drang-Epoche der deutschen Literatur und die deutsche Romantik als Gegengewicht zu dem französischen Rationalismus, der in der Revolution in Tyrannei umgeschlagen war. Sie sahen darin Ausdruckformen eines Volkes, das sich seine Natürlichkeit, seinen Empfindungsreichtum und seine Fantasie bewahrt zu haben schien. Intellektuelle aus ganz Europa machten sich auf den Weg, um das in Liedern, Gedichten, Bildern und Romanen besungene „romantische“ Deutschland zu besuchen.

Seit sich in den 1840er-Jahren jedoch der gegen Frankreich gerichtete Nationalismus verstärkte, vor allem, als die Deutschen Einigungskriege 1864 bis 1871 mit der französischen Niederlage, der deutschen Reichsgründung und dem Verlust von Elsass-Lothringen endeten, erschienen die zudem noch wirtschaftlich und industriell überlegenen Deut-

Karlsbader Beschlüsse: Vier am 20. September 1819 in Frankfurt beschlossene Gesetze. Sie führten eine Pressezensur ein, schränkten die Freiheit der Lehre und die Versammlungsfreiheit ein und verboten die Burschenschaften. Sie schufen in Deutschland ein unterdrückerisches System der Bespitzelung.

Hambacher Fest: Vom 27. Mai bis 1. Juni 1832 versammelten sich etwa 30 000 Anhänger der deutschen Oppositionsbewegung auf dem Hambacher Schloss bei Neustadt (Pfalz), um für Pressefreiheit, Volkssouveränität und einen deutschen Nationalstaat zu demonstrieren.

schen als barbarische Militaristen, die zu allen verbrecherischen Taten fähig waren (▸ M3). Alte Vorurteile lebten auf und wurden weiterverbreitet. Vermehrt wurden „die Deutschen“ als brutal, unzivilisiert und aggressiv beschrieben oder herablassend als „**Boche**“ bezeichnet. In vielen Karikaturen und propagandistischen Darstellungen kam diese Vorstellung zum Ausdruck. Umgekehrt wurde die eigene Nation zum Repräsentanten hoher Kultur verklärt (▸ M4). Politische Debatten zielten ebenso wie der Schulunterricht darauf ab, die Wiedergewinnung der an den „Feind“ verlorenen Gebiete herbeizuführen.

Boche: französische Bezeichnung für Holzkugel. Im 19. Jahrhundert diente die Redewendung „tête de boche“ dazu, jemanden als Dickkopf oder Holzkopf zu beschimpfen.

„Erbfeindschaft“ ■ Bismarck, den Militärs und der politischen Öffentlichkeit in Deutschland war klar, dass sich die Regierung in Paris mit der Annexion der seit zweihundert Jahren zu Frankreich gehörenden Provinzen Elsass und Lothringen nicht abfinden würde. Die Annexion war von der militärischen Führung durchgesetzt worden, um die eigene Position in einem künftigen Krieg zu stärken. Dies barg die Gefahr einer „sich selbst erfüllenden Prophezeiung“, denn damit war ein weiterer Krieg nahezu vorprogrammiert.

Es verbreitete sich die Vorstellung einer vermeintlich unaufhebbaren französisch-deutschen Feindschaft. Und indem Beispiele für diese Feindschaft nicht nur in der Gegenwart, sondern auch in der Vergangenheit gesucht wurden, entstand die Konstruktion der angeblichen historischen „Erbfeindschaft“: Von den kriegerischen Auseinandersetzungen der spätkarolingischen Reichsteilungen im 9. Jahrhundert angefangen, über die Epoche des Dreißigjährigen Krieges und die Regierungszeit Ludwigs XIV. bis hin zu Napoleon hätten die Deutschen ihre Freiheit fortwährend gegenüber dem Nachbarn im Westen verteidigen müssen. Vor allem die Wortführer der preußisch-kleindeutschen Reichsgründung schufen dieses Bild und stilisierten Preußen, etwa durch die Legende eines Volksaufstandes, dabei zum angeblichen Vorkämpfer des Widerstandes gegen Napoleon. Preußens „deutsche Sendung“, sein Anteil an der neuen Größe und Einheit Deutschlands, wurde so rückdatiert und seine Dominanz in der Gegenwart historisch gerechtfertigt.

▲ **„Le Chevalier de la Mort.“**
Karikatur von Faustin Betbeder, Paris 1870.
- *Erläutern Sie die Aussage der Karikatur im historischen Kontext.*

Wandlung des Nationalen in Deutschland ■ Der nach dem Deutsch-Französischen Krieg 1870/71 errungene Sieg über das als „Erzfeind“ empfundene Frankreich wurde auch als Sieg über dessen liberalere politische Ordnung gedeutet. Daraus entwickelten Publizisten, Politiker und Historiker die Vorstellung eines überlegenen „deutschen Sonderwegs“ zum Nationalstaat, der mit der Ablehnung der „westlichen“, als „undeutsch“ empfundenen politischen Prinzipien verbunden wurde, zu denen revolutionäre Bewegungen, der Gedanke der Volkssouveränität, Parteien und ihr Einfluss auf die Regierung zählten. Gegenüber dem „Parteiengezänk“ im Parlament betrachtete man den starken Monarchen und seine Regierung, nicht das vom Volk gewählte Parlament, als die Institutionen, die das Allgemein- oder Nationalinteresse im Auge behielten.

Die Reichsgründung durch Krieg, ihre Verteidigung gegen den als „Erbfeind“ verschrienen Nachbarn, dann unter Kaiser **Wilhelm II.** die angebliche Notwendigkeit, dem Reich seine „Weltgeltung“ zu verschaffen – dies alles führte obendrein zu einer außerordentlichen Wertschätzung des Militärischen und Preußens. „Militarismus“, so schrieb der Nationalökonom Werner Sombart ein Jahr nach dem Ausbruch des Ersten Weltkrieges,

Wilhelm II. (1859-1941): 1888-1918 König von Preußen und Deutscher Kaiser

▶ **Die Berliner Siegessäule.**
Foto von 2012.
Die Siegessäule, zwischen 1864 und 1873 als Nationaldenkmal der Einigungskriege erbaut, wurde zur Feier des Sedantages am 2. September 1873 eingeweiht, dem dritten Jahrestag des entscheidenden Sieges über Frankreich bei Sedan im Deutsch-Französischen Krieg. Nach dem Zweiten Weltkrieg verlangte Frankreich die Sprengung des Denkmals, die anderen Alliierten waren jedoch dagegen.

sei „Potsdam“ (Garnisons- und Residenzort Friedrichs des Großen) und „Weimar“ (der Ort der deutschen Klassik eines Goethe und Schiller) „in höchster Vollendung“. Der angeblichen Gefühlstiefe des „deutschen Wesens“ wurde die vermeintlich kalte Rationalität und Oberflächlichkeit der französischen Nationalkultur gegenübergestellt, die mehr an der Form und geistreicher Formulierung als an echter Substanz interessiert sei.

Gleichzeitig veränderten sich im kaiserlichen Deutschland das nationale Selbstverständnis und die Auffassung davon, was als „national“ zu gelten hatte. Liberale Vorstellungen nahmen einen immer geringeren Stellenwert gegenüber konservativen ein, pluralistische Meinungen wurden abgelehnt und stattdessen die Einmütigkeit der „Volksgemeinschaft“ als anzustrebendes Ziel erklärt. Der „nationale Volkskörper“ sollte „gesunden“ Auffassungen folgen. Nicht zufällig erlebte das Kaiserreich eine Welle des Antisemitismus.

Als 1914 der Erste Weltkrieg begann, waren viele Deutsche davon überzeugt, von einer „Welt von Feinden“ umgeben zu sein (▶ M5). Nun müssten – so propagierten Professorenkreise – Pflicht, Ordnung und Gerechtigkeit des starken Staates gegen die „Ideen von 1789“ – Liberalismus und Individualismus, Demokratie und Menschenrechte – verteidigt werden. Im Krieg erblickte man einen Endkampf in der Konfrontation dieser Werte. Dichter, Publizisten und Gelehrte fühlten sich zu schriftstellerischem Dienst an der „vaterländischen“ Sache aufgerufen.

Revanche und Revision Im „totalen“ Ersten Weltkrieg verfestigten sich die deutsch-französischen Feindbilder durch den deutschen Angriff auf Frankreich und die mit größter Erbitterung geführten Materialschlachten noch mehr. Dementsprechend sah Frankreich im Friedensvertrag von Versailles (1919) nicht nur die Gelegenheit zur Revanche für die Niederlage im Deutsch-Französischen Krieg von 1870/71, sondern zu einer dauerhaften Absicherung der französischen Schutzinteressen gegenüber dem anscheinend

▲ **„Zum Frühstück auf nach Paris!“ (links) und „Einmal Paris-Berlin hin und zurück!“ (rechts).**
Fotos von deutschen und französischen Eisenbahnwaggons, die Soldaten an die Front brachten, 1914.
In beiden Ländern waren sich die Soldaten sicher: Den Feind würde man in kurzer Zeit besiegen. Schon bald sollte sie jedoch die grausame Wirklichkeit des industrialisierten Krieges einholen, der insgesamt 17 Millionen Menschenleben kostete.

▲ **Der Friede von Versailles.**
Ölgemälde von William Orpen, 1921.
Das Gemälde zeigt den Moment der Vertragsunterzeichnung durch Verkehrsminister Johannes Bell (sitzend) und Außenminister Hermann Müller (stehend). Der französische Ministerpräsident Georges Clemenceau hatte veranlasst, dass die deutschen Vertreter zuvor an einer Delegation französischer Soldaten mit schwersten Gesichtsverletzungen vorbeigehen mussten.
- *Interpretieren Sie die Absicht hinter diesem protokollarischen Detail und schätzen Sie seine Wirkung ab.*

unwandelbaren aggressiven Nachbarn. Die Behauptung von der Alleinschuld der Mittelmächte am Krieg sollte das Deutsche Reich isolieren, Reparationszahlungen und Gebietsabtretungen sollten es unter anderem wirtschaftlich schwächen, die Entmilitarisierung und Besetzung des Rheinlandes sollten künftige deutsche Aggressionen verhindern.

Demgegenüber lehnte die große Mehrheit der Deutschen das „Diktat von Versailles“ entrüstet ab. In ihren Augen sollte der Vertrag Deutschland demütigen, „versklaven“ und eine Hegemonie Frankreichs auf dem Kontinent zementieren. Eine (Mit-)Verantwortung Deutschlands für den Beginn des Weltkrieges und für seine Folgen wiesen die meisten Deutschen ebenso strikt von sich wie den Gedanken, dass Frankreich ein berechtigtes Interesse daran hatte, sich vor deutschen Angriffen abzusichern. In beiden Ländern erlebte der extreme Nationalismus einen neuen Aufschwung, und in beiden Ländern war die „Revision“ von Versailles erklärtes Ziel aller politischen Kräfte und Richtungen. Deutsche Politiker wollten den „Schandvertrag“ am liebsten zerreißen, französische die Bestimmungen eher noch verschärfen oder zumindest zementieren. Beide Seiten verfochten ihre Ziele national einseitig und verbissen, keine Seite zeigte sich kompromissbereit und kooperativ (▸ M6, M7).

Der „Silberstreifen an dem sonst düsteren Horizont“ Möglichkeiten der Veränderung im deutsch-französischen Verhältnis deuteten sich infolge des sogenannten **Ruhrkampfes** von 1923 an, der Deutschland wirtschaftlich ruinierte. Hinzu kam der politische Druck der USA und Großbritanniens, der eine Wende hin zu einer Politik der Verständigung und des Ausgleichs zwischen Deutschland und Frankreich einleitete und für die die Namen **Gustav Stresemann** und **Aristide Briand** stellvertretend stehen. Ziel war es, sowohl Deutschland den Weg zurück in die Völkergemeinschaft zu ermöglichen als auch Frankreich Sicherheit vor deutschen Aggressionen zu geben. Dazu stimmte

▲ **Aristide Briand (links) und Gustav Stresemann.**
Foto, um 1925.
Für die Aussöhnung zwischen Frankreich und Deutschland setzten sich die beiden Außenminister leidenschaftlich ein. Wegen ihrer Bemühungen um die Bewahrung des Friedens in Europa erhielten sie 1926 gemeinsam den Friedensnobelpreis.

Ruhrkampf: Mit dem Vorwurf, Deutschland würde Reparationen vorsätzlich nicht bezahlen, besetzten von Januar bis September 1923 französische und belgische Soldaten das Ruhrgebiet. Das Volk leistete passiven Widerstand.

Gustav Stresemann (1878-1929): Politiker der Nationalliberalen Partei (Kaiserzeit) und der DVP; 1923-1929 Außenminister; 1923 Reichskanzler; 1926 Friedensnobelpreis

Aristide Briand (1862-1932): französischer Politiker; zwischen 1909 und 1932 mehrfach u.a. Ministerpräsident und Außenminister; 1926 Friedensnobelpreis

▲ **Wahlplakat der DNVP.**
Es entstand zur Reichstagswahl 1928.
▪ *Erläutern Sie, worauf die Darstellung eines französischen Soldaten und des Rheins anspielt.*

Frankreich der maßvollen Regelung der deutschen Reparationszahlungen im **Dawes-Plan** von 1924 zu, und Deutschland erkannte in den Verträgen von Locarno 1925 seine im Versailler Vertrag festgelegte Westgrenze an, vor allem die Rückgabe Elsass-Lothringens an Frankreich (▸ M7). Daraufhin wurde Deutschland in den Völkerbund aufgenommen und trat dem **Briand-Kellogg-Pakt** zur Ächtung des Krieges als Mittel der Politik bei.

Ein weiterer Meilenstein dieser konstruktiven Politik des Interessenausgleichs und der internationalen Verständigung war 1929 der **Young-Plan**, in dem Deutschland die endgültige Regelung seiner Reparationszahlungen vertraglich akzeptierte, was Frankreich mit der vorzeitigen Räumung des militärisch besetzten Rheinlandes honorierte (▸ M8).

Hartnäckiger Nationalismus ▪ All diese Schritte einer Normalisierung und des Ausgleichs wurden jedoch von den nationalistischen Kräften in beiden Ländern kritisiert und bekämpft. In Frankreich wurde Briand und seinen Unterstützern vorgeworfen, sie gäben mit ihren Zugeständnissen ohne Not Faustpfänder und Druckmittel gegenüber Deutschland aus der Hand und gefährdeten damit Frankreichs Stellung auf dem Kontinent und seine Sicherheit. Deutschen Nationalisten war die Räumung des Rheinlandes nicht genug. Sie lehnten vor allem die Rückgabe Elsass-Lothringens an Frankreich scharf ab. Durch dieses Vorrücken der Franzosen an den „deutschen Rhein" sahen sie Deutschland bedroht. Sie forderten eine „Revision von Versailles" und träumten immer noch von einer deutschen Vormachtstellung in Europa (▸ M8).

Wie sehr Revanche- und „Erbfeind"-Vorstellungen noch weiterwirkten, zeigt sich daran, dass **Adolf Hitler** nach seinem siegreichen Frankreich-Feldzug 1940 die französische Kapitulation im selben Eisenbahnwaggon erzwang, in dem 1918 die deutsche Kapitulation unterzeichnet worden war.

Dawes-Plan: 1924 von einem Sachverständigenausschuss unter der Leitung des US-Bankiers Charles Dawes vorgelegtes Gutachten, nach dem das Deutsche Reich jährlich 2,5 Milliarden Goldmark zahlen musste, allerdings erst ab 1928/29 in voller Höhe

Briand-Kellogg-Pakt: 1927 von dem amerikanischen Außenminister Frank B. Kellogg und Briand angeregtes Abkommen zur Ächtung des Krieges, dem 15 Staaten beitraten

Young-Plan: unter dem Vorsitz des amerikanischen Finanzmanagers Owen D. Young ausgehandelte Neuregelung der deutschen Reparationsverpflichtungen, bei der erstmals die Gesamtsumme auf 112 Milliarden Goldmark über einen Zeitraum von 59 Jahren festgelegt wurde

Adolf Hitler (1889-1945, Selbstmord): seit 1921 Vorsitzender der NSDAP, ab dem 30. Januar 1933 Reichskanzler, seit 1934 auch Reichspräsident (Titel: Führer und Reichskanzler)

▸ **„Auf Vorposten.“**
Ölgemälde von Georg Friedrich Kersting, 1815.
Der preußische Offizier Adolf Freiherr Lützow stellte 1813 außerhalb Preußens eine Truppe aus Freiwilligen für den Kampf gegen die französische Armee auf. Unsere Nationalfarben gehen auf die Farben der Uniformen dieser Lützower Jäger und ihres Banners zurück. Eine rote Borte schloss den Kragen ihrer schwarzen Uniformröcke ab, die Messingknöpfe und Schulterstücke glänzten golden. Das Banner bestand aus schwarzer und roter Seide und trug die goldene Inschrift „Mit Gott fürs Vaterland!“ Der Maler kämpfte selbst im Lützow'schen Korps. An den Baum gelehnt hockt der Dichter Theodor Körner, der im Kampf fiel.

M1 Lied von der Rache (1813)

Theodor Körner wird während des Studiums von der nationalen Begeisterung erfasst und kämpft als Freiwilliger im Befreiungskrieg von 1813 bei den Lützower Jägern, die als Kern der Nationalbewegung gelten. Während des Krieges schreibt er Lieder und Gedichte. Seine nationale Begeisterung sowie sein früher Tod bilden den Stoff für Legenden, die ihn bis zum Ersten Weltkrieg zum Vorbild nationalen Einsatzgeistes im Krieg werden lassen:

Heran, heran! – Die Kriegstrompeten schmettern!
Heran! Der Donner braust! –
Die Rache ruft in zack'gen Flammenschwertern
Der deutschen Rächerfaust. […]

Was Völkerrecht? – Was sich der Nacht verpfändet,
Ist reife Höllensaat.
Wo ist das Recht, das nicht der Hund geschändet
Mit Mord und mit Verrat?

Sühnt Blut mit Blut! – Was Waffen trägt, schlagt nieder!
'S ist alles Schurkenbrut!
Denkt unseres Schwurs, denkt der verratnen Brüder
Und sauft Euch satt im Blut!

Und wenn sie winselnd auf den Knien liegen
Und zitternd Gnade schrein,
Lasst nicht des Mitleids feige Stimme siegen,
Stoßt ohn' Erbarmen drein!

Und rühmten sie, dass Blut von deutschen Helden
In ihren Adern rinnt:
Die können nicht des Landes Söhne gelten,
Die seine Teufel sind. […]

Welch Ohrenschmaus, wenn wir bei Siegesrufen,
Vom Pulverdampf umqualmt,
Sie winseln hören, von der Rosse Hufen
Auf deutschem Grund zermalmt!

Gott ist mit uns! – Der Hölle Nebel weichen;
Hinauf, du Stern, hinauf!
Wir türmen dir die Hügel ihrer Leichen
Zur Pyramide auf!

Dann brennt sie an! – und streut es in die Lüfte,
Was nicht die Flamme fraß,
Damit kein Grab das deutsche Land vergifte
mit überrhein'schem Aas.

Theodor Körner, Werke, hrsg. von Hans Zimmer, Bd. 1, Leipzig/Wien 1893, S. 120-121, zitiert nach: Marie Endres, Martina Gödel, Thomas Hafki und Erwin Jurschitza (Hrsg.), Deutsche Literatur von Luther bis Tucholsky (Digitale Bibliothek, Bd. 125), Berlin 2005, S. 326007

1. *Arbeiten Sie das Feindbild heraus, das in diesem „Lied“ gezeichnet wird. Erläutern Sie, wie der Gegner charakterisiert wird.*
2. *Verdeutlichen Sie am Text, zu welchem Handeln die eigene Seite aufgerufen und wie dies begründet wird.*
3. *Diskutieren Sie, ob es Umstände gibt, die Sprache, Inhalt und Wertmaßstäbe dieses Liedes rechtfertigen.*

M2 Die Größe Frankreichs

Der württembergische Politiker, Journalist, Jurist und Philosoph Paul A. Pfizer, 1848 Abgeordneter in der Frankfurter Nationalversammlung, verfasst 1832 seine „Gedanken über das Ziel und die Aufgabe des deutschen Liberalismus“:

Freiheit im Innern und Unabhängigkeit nach außen oder persönliche Freiheit und Nationalität sind die beiden Pole, nach denen alles Leben des Jahrhunderts strömt, und die französische Nation ist die erste Nation der Welt geworden, weil sie diese beiden Grundrichtungen der Gegenwart am reinsten in sich aufgenommen hat, in ihrer Unzertrennlichkeit am kräftigsten und entschiedensten der Welt vor Augen stellt. [...]
Die Nationalunterschiede werden nicht aufhören; aber Nationalität und persönliche Freiheit müssen forthin Hand in Hand gehen, und man sollte endlich anerkennen, dass die ganze Größe Frankreichs darin besteht, das Prinzip der innern Freiheit in ihrer wesentlichen Einheit mit der äußern darzustellen. Es wäre Zeit, dass man sich endlich einmal gestände und klar darüber würde, dass die Franzosen die Führer und Leiter der Zivilisation, das tonangebende Volk in Europa nicht dadurch geworden sind, dass sie die Grundsätze der Freiheit bekennen und predigen, sondern dadurch, dass sie dieselben als Nation bekennen und mit dem ganzen Gewicht ihrer Nationalität unterstützen. Will daher Deutschland in die Schule der Franzosen gehen, so darf die Nachahmung nicht auf halbem Wege stehen bleiben. Mit den bloßen Grundsätzen bürgerlicher Freiheit [...] ist Deutschland noch lange nicht geholfen. Mit allem Freiheitsdrang der Einzelnen werden die Deutschen ewig eine armselige Rolle spielen, und ein mitleidiges Belächeln ihrer schwachen Gutmütigkeit wird im Ausland der ganze Lohn für ihren Enthusiasmus sein, solange sie nicht als Nation die Freiheit wollen, oder gar zu glauben scheinen, dass Abhängigkeit vom Ausland zum Begriff der deutschen Freiheit gehöre. Es ist freilich eine Torheit zu verlangen, dass die Deutschen die innere Freiheit ganz vergessen sollen, bis sie die äußere Unabhängigkeit gesichert haben; es ist aber ebenso verkehrt oder noch verkehrter die letztere der ersten aufopfern zu wollen [...].
Im Sinn und Geiste des Jahrhunderts kann aber dasjenige, was Deutschland organisch vereint und den Bund seiner Fürsten in einen Bund der Völker, das diplomatische Staatenbündnis in einen nationalen Bundesstaat verwandelt, nichts anderes als eine deutsche Nationalvertretung sein, und hiezu muss die Anregung und der Hauptanstoß durch den Liberalismus gegeben werden [...].

Günther Schönbrunn (Bearb.), Das bürgerliche Zeitalter 1815-1914, Geschichte in Quellen, Bd. 5, München 1980, S. 849

1. *Erläutern Sie Pfizers Frankreich-Bild.*
2. *Beurteilen Sie seine Argumente vor dem historischen Hintergrund. Bestimmen Sie seinen politischen Standort und die Absichten seiner Schrift.*

M3 Zwei Nationen

Der französische Schriftsteller, Publizist und Politiker Victor Hugo stellt am 1. März 1871 in einer Rede vor der französischen Nationalversammlung Deutschland und Frankreich gegenüber:

Von diesen zwei Nationen wird die eine, die Siegerin, Deutschland, die Macht, die Sklaverei, das Soldatenjoch, den Stumpfsinn der Kaserne, den Drill bis in den Geist, ein durch die Einkerkerung der Redner gezügeltes Parlament haben. [...]
Diese Nation, die siegreiche Nation, wird einen Kaiser militärischen Zuschnitts und gleichzeitig göttlichen Rechts haben, den um den germanischen Cäsar verdoppelten byzantinischen Cäsar; sie wird die Dienstvorschrift im Dogmenrang, den zum Zepter gemachten Säbel, das mundtot gemachte Wort, das geknebelte Denken, das in die Knie gezwungene Gewissen haben; keine Rednertribüne, keine Presse, die Finsternis!
Die andere, die besiegte, wird das Licht haben. Sie wird die Freiheit haben, sie wird die Republik haben, sie wird nicht das göttliche Recht, sondern das menschliche Recht haben; sie wird die freie Rednertribüne haben, die freie Presse, das freie Wort, das freie Gewissen, die stolze Seele! Sie wird die Initiative des Fortschritts haben und bewahren, die Initiierung der neuen Ideen und die Klientel der unterdrückten Rassen (*Sehr gut! Sehr gut!*). Und während die siegreiche Nation, Deutschland, die Stirn senken wird unter ihrem schweren Helm der Sklavenhorde, wird sie, die besiegte, erhabene [Nation], Frankreich, auf ihrem Kopf ihre Krone eines souveränen Volkes haben.
Und die Kultur wird, direkt der Barbarei gegenübergestellt, ihren Weg unter diesen beiden Nationen suchen, von denen die eine das Licht Europas und von denen die andere seine Nacht sein wird.

Wilfried Pabst und Karl Ferdinand Werner, Das Jahrhundert der deutsch-französischen Konfrontation. Ein Quellen- und Arbeitsbuch zur deutsch-französischen Geschichte von 1866 bis heute, Hannover 1983, S. 48 f.

1. *Analysieren Sie, welches Selbstbild Frankreichs aus Hugos Gegenüberstellung deutlich wird. Auf welche historischen Traditionen und politischen Ereignisse spielt er an?*
2. *Erklären Sie die Funktion solcher Gegenüberstellungen für das französische Selbstverständnis.*

▶ **„Die Freiheit führt das Volk.“**
Ölgemälde (259 x 325 cm) von Eugène Delacroix, 1830 (Ausschnitt). Neben der Trikolore und der Parole „Liberté, Egalité, Fraternité“ gehört die Figur der Marianne zu den wichtigsten nationalen Symbolen Frankreichs. Seit der Französischen Revolution, vor allem nach 1830, verkörperte die Marianne die Republik und die Freiheit. Ihre typischen Merkmale sind die phrygische Mütze (Jakobinermütze), das Symbol der befreiten Sklaven, und die teilweise entblößte Brust. Als wirkliche Person hat die Marianne nie existiert. Die Namen „Marie“ und „Anne“, zusammen „Marianne“, waren in Frankreich zu dieser Zeit die gebräuchlichsten Vornamen. Heute schmückt ihre Büste – nach dem Vorbild prominenter Französinnen gestaltet – fast jedes französische Rathaus und viele öffentlichen Plätze, ihr Konterfei wird auf Briefmarken, Münzen und anderen Gegenständen abgedruckt.

M4 „Der Franzose ...“

In einem Artikel aus „Meyers Konversationslexikon“, einem der wichtigsten Nachschlagewerke des Deutschen Kaiserreiches, wird der „Nationalcharakter“ Frankreichs Ende des 19. Jahrhunderts beschrieben:

Der Franzose nennt mit Selbstgefühl sein Volk *la grande nation*, und es ist groß, insofern es Sinn für das Große hat. Die Begriffe Vaterland, Ehre, Ruhm (oder richtiger *gloire*) haben über ein französisches Herz eine wunderbare Macht. Die Gloire besteht aber vor allem in Kriegsruhm, der den Franzosen in hohem Maße zuteil geworden ist. Sie sind ein tapferes, heldenhaftes Volk [...]. Der Franzose ist ferner der geselligste aller Menschen; er hat bis in die untern Schichten herunter für die Kunst des Umgangs eine glückliche Leichtigkeit, eine liebenswürdige Feinheit und Gewandtheit, eine anmutige Aufmerksamkeit für das schöne Geschlecht (*galanterie*[1]), das in jedem Betracht eine hohe Stelle einnimmt; er ist gegen Fremde artig und gefällig. Das Savoir-faire und Savoir-vivre des Franzosen ist andern Nationen fremd. [...] Auch im Essen und Trinken liebt er Feinheit und Maß und sieht mehr auf Qualität als auf Quantität. Diesen mannigfachen Vorzügen der Nation gegenüber macht sich ein Fehler in lästigster Weise geltend: die überall hervortretende Eitelkeit, wohl ein Erbteil ihrer keltischen Vorfahren. Für französische und nichtfranzösische Verhältnisse hat der Franzmann verschiedene Maße. Ihrem Wesen nach ganz auf den Verstand angewiesen, sind die Franzosen ein verständiges Volk, aber ohne rechte Tiefe des Geistes und Gemüts. [...] Mit einer gewissen Oberflächlichkeit, welche alles, auch das Höchste, durch die Beinamen *brillant*, *joli*, *curieux* am meisten zu ehren glaubt, verbindet sich das, was Cäsar schon an den Galliern erkannte: Leichtigkeit, Lebendigkeit, Heftigkeit, aber auch die gallische Unstetigkeit und Unruhe, den gallischen Wankelmut und Wechsel. Der Leichtsinn steigert sich bei dem Franzosen bis zur Frivolität, und eine spöttische Behandlung ernster, selbst religiöser Dinge, eine leichtfertige Auffassung der Moral, besonders im Verhältnis beider Geschlechter, gehören in Frankreich nicht zu den Seltenheiten.

[1] galanterie: frz. „Zuvorkommenheit“, „feine Lebensart“

Meyers Konversationslexikon, Bd. 6, Leipzig/Wien 1885-1892, S. 520

1. *Charakterisieren Sie das Bild, das der Artikel von den Franzosen zeichnet. Überlegen Sie, welche historischen Entwicklungen und Ereignisse dazu beigetragen haben.*

2. *Erörtern Sie, welche Bilder und Stereotypen noch heute für die Wahrnehmung der Franzosen eine Rolle spielen.*

M5 Im Namen der deutschen Sache!

In der Zeitschrift „Die Aktion. Wochenschrift für Politik, Literatur, Kunst“ ergeht am 29. Mai 1915 folgender „Aufruf an die Kulturwelt“, der von 83 prominenten deutschen Künstlern und Wissenschaftlern unterzeichnet wird:

Wir als Vertreter deutscher Wissenschaft und Kunst erheben vor der gesamten Kulturwelt Protest gegen die Lügen und Verleumdungen, mit denen unsere Feinde Deutschlands reine Sache in dem ihm aufgezwungenen schweren Daseinskampfe zu beschmutzen trachten. [...]
Es ist nicht wahr, dass Deutschland diesen Krieg verschuldet hat. Weder das Volk hat ihn gewollt noch die Regierung, noch der Kaiser. Von deutscher Seite ist das Äußerste geschehen,

ihn abzuwenden. Dafür liegen der Welt die urkundlichen Beweise vor. Oft genug hat Wilhelm II. in den 26 Jahren seiner Regierung sich als Schirmherr des Weltfriedens erwiesen; oft genug haben selbst unsre Gegner dies anerkannt. Ja, dieser nämliche Kaiser, den sie jetzt einen Attila[1] zu nennen wagen, ist jahrzehntelang wegen seiner unerschütterlichen Friedensliebe von ihnen verspottet worden. Erst als eine schon lange an den Grenzen lauernde Übermacht von drei Seiten über unser Volk herfiel, hat es sich erhoben wie ein Mann.

Es ist nicht wahr, dass wir freventlich die Neutralität Belgiens verletzt haben. Nachweislich waren Frankreich und England zu ihrer Verletzung entschlossen. Nachweislich war Belgien damit einverstanden. Selbstvernichtung wäre es gewesen, ihnen nicht zuvorzukommen. [...]

Es ist nicht wahr, dass unsre Kriegführung die Gesetze des Völkerrechts missachtet. Sie kennt keine zuchtlose Grausamkeit. Im Osten aber tränkt das Blut der von russischen Horden hingeschlachteten Frauen und Kinder die Erde, und im Westen zerreißen Dum-Dum-Geschosse[2] unsern Kriegern die Brust. Sich als Verteidiger europäischer Zivilisation zu gebärden, haben die am wenigsten das Recht, die sich mit Russen und Serben verbünden und der Welt das schmachvolle Schauspiel bieten, Mongolen und Neger auf die weiße Rasse zu hetzen.

Es ist nicht wahr, dass der Kampf gegen unsern sogenannten Militarismus kein Kampf gegen unsre Kultur ist, wie unsre Feinde heuchlerisch vorgeben. Ohne den deutschen Militarismus wäre die deutsche Kultur längst vom Erdboden getilgt. Zu ihrem Schutz ist er aus ihr hervorgegangen in einem Lande, das jahrhundertelang von Raubzügen heimgesucht wurde wie kein zweites. Deutsches Heer und deutsches Volk sind eins. Dieses Bewusstsein verbrüdert heute 70 Millionen Deutsche ohne Unterschied der Bildung, des Standes und der Partei.

Wir können die vergifteten Waffen der Lüge unsern Feinden nicht entwinden. Wir können nur in alle Welt hinausrufen, dass sie falsches Zeugnis ablegen wider uns. Euch, die ihr uns kennt, die ihr bisher gemeinsam mit uns den höchsten Besitz der Menschheit gehütet habt, euch rufen wir zu: Glaubt uns! Glaubt, dass wir diesen Kampf zu Ende kämpfen werden als ein Kulturvolk, dem das Vermächtnis eines Goethe, eines Beethoven, eines Kant ebenso heilig ist wie sein Herd und seine Scholle. Dafür stehen wir euch ein mit unserm Namen und mit unserer Ehre!

Zitiert nach: Corona Hepp, Avantgarde. Moderne Kunst, Kulturkritik und Reformbewegungen nach der Jahrhundertwende, München 1987, S. 205-208

[1] Attila († 453): ab 434 König der Hunnen im heutigen Ungarn, der durch seine mit großer Brutalität geführten Kriegszüge legendär wurde

[2] Dum-Dum-Geschosse: Gewehrpatronen; umgangssprachlicher Name für Teilmantelgeschosse, abgeleitet von der Stadt Dum Dum in Indien, wo im 19. Jahrhundert Patronen für die britischen Kolonialtruppen gefertigt wurden

▲ **„Deutschland – August 1914."**
Gemälde von Friedrich August von Kaulbach, 1914.

- *Vergleichen Sie die Allegorie der Germania von Kaulbach mit der Germania-Darstellung von Veit aus dem Jahr 1848 auf S. 69. Versuchen Sie, die Unterschiede aus dem jeweiligen historischen Kontext zu erklären.*
- *Überlegen Sie, warum die Germania – im Gegensatz zur französischen „Marianne" – heute nicht mehr als deutsches Nationalsymbol eingesetzt wird.*

1. *Arbeiten Sie die Gründe für den Aufruf heraus. Prüfen Sie die Argumente auf ihren historischen Wahrheitsgehalt.*

2. *Schließen Sie aus den Ausführungen auf die Vorwürfe gegen die Deutschen. Stellen Sie die Sicht der Deutschen und die des Auslands gegenüber.*

M6 Der Versailler Vertrag aus deutscher und französischer Sicht

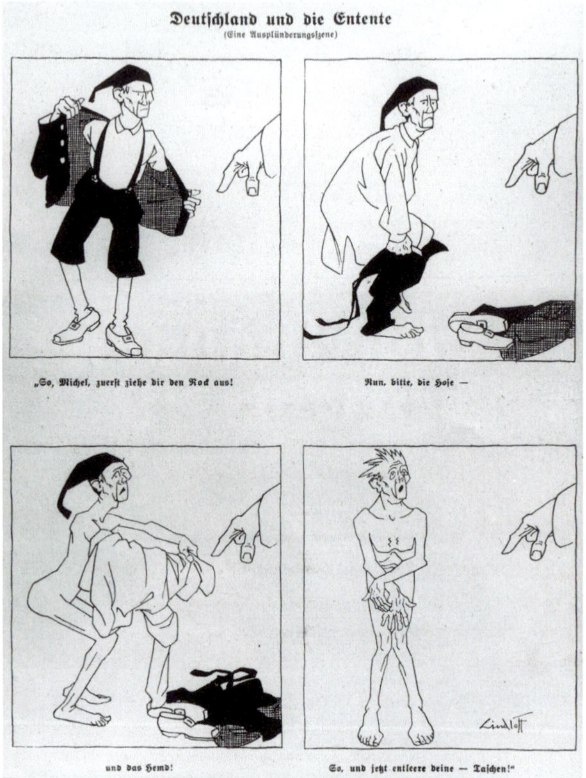

▲ **„Deutschland und die Entente (Eine Ausplünderungsszene)“.**
Karikatur von Hans Lindhoff in der Satirezeitschrift „Kladderadatsch“, 18. Januar 1920, Nr. 3.

▲ **„Die Komödie des Elends.“**
„Pass auf, Marianne, pass auf, Tag und Nacht bereitet sie [Germania] sich vor.“ Karikatur aus der Satirezeitschrift „Le Ruy Blas“, 15. Mai 1921.

1. *Analysieren Sie die Aussagen der Karikaturen.*
2. *Erläutern und beurteilen Sie jeweils die deutsche und französische Sichtweise.*

M7 „Gallier „ und „ Germanen“

Der spätere französische Staatspräsident Charles de Gaulle[1] schreibt 1934 über das Verhältnis von Deutschen und Franzosen:

[...] die abwechselnden Siege der Gallier und Germanen haben nichts entschieden und nichts beruhigt. Bisweilen scheinen sich die beiden Völker, vom Kriege erschöpft, zu nähern, so wie sich taumelnde Ringkämpfer aufeinander stützen. Aber kaum haben sie sich erholt, fängt jeder von neuem an, auf den Gegner zu lauern. Eine derartige Unstabilität liegt in der Natur der Dinge. Es gibt kein geographisches Hindernis, um die beiden Rassen zu trennen [...]. Wo immer die deutsch-französische Grenze entlang führt, ist sie der Rand einer einzigen Wunde. Wo immer der Wind herkommt, der über sie hinwegstreicht, ist er voller Hintergedanken. — Der Gegensatz der Temperamente nährt noch diese Bitterkeit. Es ist ja nicht so, dass einer den Wert des anderen verkennen würde und nicht manchmal sogar von großen Dingen zu träumen beginnt, die man gemeinsam unternehmen könnte. Aber die Reaktionen sind so unterschiedlich, dass sie die beiden Völker in einem dauernden Zustand des Misstrauens halten. Was könnte der Germane auch mit diesem Franzosen anfangen,

[1] Vgl. dazu S. 96

der so viel Ordnung in seinen Geist und so wenig Ordnung in seine Taten zu bringen versteht; diesem Logiker, der an allem zweifelt; diesem sorgenlosen Arbeitsmenschen; diesem Ofenhocker, der überseeische Gebiete kolonisiert; diesem begeisterten Liebhaber des Alexandriners[2], des Fracks, des symmetrischen Gartens, der sich an banalen Chansons ergötzt, gern salopp herumläuft und Grünflächen beschmutzt; [...] diesem Jakobiner, der schreit: „Es lebe der Kaiser!“; diesem kleinkarierten Politiker, der die nationale Union zustande bekommt [...] — kurz, diesem beweglichen, veränderlichen, widersprüchlichen Volk? — Umgekehrt beunruhigt uns Deutschland, diese Naturgewalt, dieses Bündel mächtiger, aber undurchsichtiger Instinkte; dieses Volk geborener Künstler, das keinen Geschmack hat; diese Techniker, die Feudalherren geblieben sind; dieses Volk kriegerischer Familienväter; dieses Land mit Restaurants, die wahre Tempel sind, mit Fabriken inmitten der Wälder, mit gotischen Palästen für die Verrichtung der Notdurft; dieses Volk von Unterdrückern, die geliebt werden wollen; diese Separatisten[3], die blindlings zu gehorchen gewohnt sind; diese Kavaliere, die sich im Bierrausch übergeben;. [...]; diese Kathedralen, deren buntes Hauptschiff edle Bögen vereint und voll nuancierter Töne ist, eine Symphonie für die Sinne, für den Gedanken, für die Seele und Bewegung, Licht und Religion der Welt ausdrückt — deren finsteres Querschiff dagegen von barbarischen Tönen widerhallt und Augen, Geist und Herz verletzt.

Wilfried Pabst und Karl Ferdinand Werner, a. a. O., Nr. 46, S. 94 ff.

1. *Erläutern Sie, wie de Gaulle das Verhältnis zwischen Deutschen und Franzosen begründet. Welche Bedeutung kommt dabei den Bezeichnungen „Gallier“ und „Germanen“ zu?*

2. *Arbeiten Sie die „gegensätzlichen Temperamente“ heraus und stellen Sie sie gegenüber. Erklären Sie die Beispiele und suchen Sie nach historischen Anknüpfungspunkten. Vergleichen Sie mit Ihren Ergebnissen aus M4.*

[2] Alexandriner: in Frankreich entwickeltes Versmaß
[3] Separatist: Anhänger des Separatismus, dem Streben nach staatlicher Absonderung

M8 „Herstellung einer organischen Ordnung in Europa“

Der Sieg über Frankreich 1940 gibt einem im Auftrag des Oberkommandos der Wehrmacht schreibenden Verfasser willkommenen Anlass zur historischen „Abrechnung“ mit Frankreich. Er bedient damit zugleich ein verbreitetes Geschichtsbild:

Frankreich hat in dem Gedeihen Deutschlands stets eine Bedrohung seiner eigenen Existenz oder mindestens der von ihm beanspruchten Vormachtstellung in Europa gesehen [...]. Damit ergibt sich von der Scheidung des Reiches Karls des Großen in zwei Hälften im Vertrag von Mersen (870) bis auf unsere Tage die aggressiv feindliche Haltung des nach dem Rhein und mit ihm nach der Hegemonie in Europa strebenden Westreiches gegen das Reich der Mitte. Die Schicksalhaftigkeit dieser Konflikte und die Folgerichtigkeit der französischen Politik wird deutlich, wenn man sich vergegenwärtigt, dass, kaum dass es ein „Frankreich“ gibt, dessen elementarer Gegensatz gegen das Ostfrankenreich zum Ausdruck kommt. Schon wenige Jahre nach Mersen führt Karl der Kahle seine Vasallen in den Kampf gegen die Söhne Ludwigs des Deutschen und lässt diesen sagen, er käme mit so vielen Pferden, dass sie den Rhein aussaufen könnten. Seine Niederlage bei Andernach (876), die erste blutige Auseinandersetzung zwischen Deutsch und Welsch, rettet dem Reich der Deutschen den Rhein.

Aber die französischen Aspirationen[1] bleiben die gleichen. Von Andernach bis Versailles führt ein gerader Weg. Je mehr sich Frankreich zum imperial gerichteten Einheitsstaat ausformt, desto drängender wird sein Wunsch nach den „klassischen“ Grenzen des cäsarischen Galliens, desto nachdrücklicher strebt es danach, den Rhein zu beherrschen und das auf das Ostufer des Stromes verwiesene Deutschland in einen Zustand der Ohnmacht zu versetzen. Denn darin sieht es die einzig denkbare Befriedigung des Strebens nach Sicherheit, das keine moderne französische Dekadenzerscheinung[2] ist, sondern den Franzosen im Blut steckt [...].

Frankreich, das sich so gerne seiner Abkunft von Karl dem Großen erinnert, ist sich nie bewusst geworden, dass ihm aus dem Erbe des großen Frankenkaisers das gewichtigste Gut nicht zuteil geworden ist: die europäische Verantwortung, die Deutschland als dem Kolonisator des europäischen Herzlandes und dem Beschützer des Erdteils gegen die Stürme aus dem Osten als unveräußerliche geschichtliche Aufgabe zufiel. Die Methode, die Frankreich die Vorherrschaft sichern sollte, war die Schaffung und Erhaltung einer europäischen

[1] Aspiration: Bestrebung, ehrgeiziger Plan
[2] Dekadenz: kultureller Niedergang, sittlicher Verfall

◂ **„Frankreichs Schuld.“**
Karikatur in einer Sondernummer des vom Zentralverlag der NSDAP „Franz Eher Nachf.“ herausgegebenen „Illustrierten Beobachter“ vom 16. März 1940.

- *Die Karikatur reaktivierte ein altes Feindbild gegenüber Frankreich. Analysieren Sie die Bildelemente. Erläutern Sie das Feindbild und dessen Hintergründe. Vgl. Sie auch mit dem Wahlplakat auf S. 83.*

Anarchie, während Deutschlands Machtanspruch unlösbar ist von der Verpflichtung auf die Herstellung einer organischen Ordnung in Europa. Darum kommt Deutschland das letzte Wort in dem tragischen Dialog zwischen Ost- und Westreich zu, der durch zwei Jahrtausende die Geschichte als eine waffenklirrende Auseinandersetzung durchzieht.

Wie dem einzelnen, so kann es auch einem Volk geschehen, dass, was oft mit dem Einsatz der Existenz erstrebt und nicht erreicht wurde, ihm eines Tages gewissermaßen nebenbei zufällt. Das deutsche Volk war ausgezogen, um England zu schlagen, und nach Wochen, die schon heute wie ein Traum scheinen, ist ihm ein Sieg über Frankreich zuteil geworden, der nicht nur die Schmach von 1918 sühnt, sondern das älteste und schwerste Problem deutscher Geschichte seiner Lösung nahebringt. Der Rhein, „Deutschlands Strom, nicht Deutschlands Grenze“, der für Frankreich stets nur politisch-strategisches Ziel war, für den Deutschen aber ein mit der Kraft des Mythos umkleidetes Symbol ist, an das von jeher sein Schicksal geknüpft war, fließt wieder zwischen deutschen Ufern.

Wilfried Pabst und Karl Ferdinand Werner, a.a.O., Nr. 49, S. 97 ff.

1. *Arbeiten Sie das Geschichtsbild heraus, das der Verfasser hier zeichnet.*

2. *Analysieren Sie, welche Intention mit dem Text verfolgt wurde.*

3. *Nehmen Sie Stellung zu dem Satz „während Deutschlands Machtanspruch unlösbar ist von der Verpflichtung auf die Herstellung einer organischen Ordnung in Europa“. Erläutern Sie seine Bedeutung vor dem historischen Hintergrund.*

Historienbilder sind Bilderzählungen (ital. historia oder storia), ursprünglich über historische, mythisch-sagenhafte oder religiöse Inhalte, etwa Heiligenlegenden. Die Gattung beschränkt sich nicht auf die Malerei, sondern umfasst auch Mosaiken, Kupferstiche oder Reliefs, z. B. an Kirchen oder Denkmälern. Historienbilder gibt es seit der Antike. Ihren Höhepunkt erreichten sie im 19. Jahrhundert mit dem aufkommenden Nationalismus, wo sie auf bedeutende Ereignisse, Leistungen oder Traditionen aufmerksam machen und so zur Identifikation der Öffentlichkeit mit Volk und Nation beitragen sollten.

Historienbilder als „Geschichtsbilder"

Historienbilder analysieren

Historienbilder liefern Anschauungen über vergangene Epochen, Ereignisse oder Personen. Aber auch wenn sich die Maler darum bemühen, die historischen Verhältnisse besonders authentisch darzustellen – die „historische Realität" bilden sie nicht ab. Dies gilt unabhängig vom zeitlichen Abstand zum dargestellten Geschehen, wenngleich dieser bei vielen Historienbildern sehr groß ist. Viele Historienbilder sind zudem Auftragsarbeiten. Oft wurden Künstler auch eigens bestellt, um erwartete „historische Momente" für die Nachwelt festzuhalten. Historienbilder können der verherrlichenden Erinnerung, historischen Legitimation der Gegenwart oder propagandistischen Zwecken dienen. Das Historienbild wird so zur Quelle für die Sichtweise von Auftraggeber oder Künstler bzw. für zeitgebundene Vorstellungen, die der Darstellung als Interpretation von Geschichte – als „Geschichtsbild" – zugrunde liegen. Die Analyse und Interpretation erfordert daher nicht nur Kenntnisse über die dargestellte Zeit, sondern auch über die Entstehungszeit des Bildes.

Formale Kennzeichen

- Wer hat das Bild geschaffen oder in Auftrag gegeben?
- Was ist über die Haltung bzw. Stellung des Künstlers oder Auftraggebers bekannt?
- Wann, wo und aus welchem Anlass ist das Bild entstanden?
- Um welche Bildgattung (Malerei, Tafelbild, Fresko, Relief) und welches Format (z. B. Monumentalgemälde) handelt es sich?

Bildinhalt

- Wen oder was zeigt das Bild?
- Welche Darstellungsmittel (Bildaufbau, Perspektive, Farbgebung, Symbole) werden verwendet und was bedeuten sie?
- Handelt es sich um ein tatsächliches Geschehen oder eine fiktive Szene, um eine „realistische" oder allegorische Darstellung?

Historischer Kontext

- Welches historische Ereignis oder welche Person wird dargestellt?
- Welchen Bezug hat die Darstellung zur Entstehungszeit? Inwiefern beeinflusst diese die Art der Darstellung?

Intention und Wirkung

- Für welche Adressaten/welche Verwendung war das Bild vorgesehen?
- Welche Aussageabsicht verfolgt der Künstler?
- Inwiefern unterstützt ein Titel oder Text die Wirkung des Bildes?

Bewertung und Fazit

- Wie lassen sich Aussage und Wirkung des Gemäldes bewerten?
- Gibt es andere Quellen zum Thema, mit denen sich das Bild vergleichen lässt?

Beispiel und Analyse

Streitwagenlenkerin mit schwarz-weiß-roter Fahne:
Allegorie für Preußen (Borussia), Anklang an Kriegsgöttin Athene und die Quadriga auf dem Brandenburger Tor

Fahnenträger mit Hirschgeweih:
Allegorie auf das mit Preußen verbündete Württemberg (Geweih) und Baden (Diagonalbalken)

„Bavaria" mit Schwert und Schild:
personifizierte Allegorie für das mit Preußen verbündete Bayern

Fahne mit dem Trierer Kreuz:
Wappen des Kurfürstentums Trier (preußische Rheinprovinz)

Bildinschrift:
Niederschlagung Napoleons III. (unten rechts im Bild) durch die Hand Gottes; Text ist Gedichtstrophe von Friedrich Rückert auf die Befreiungskriege 1813/14 gegen Napoleon I.

Preußischer Adler und Gallischer Hahn:
Wappentiere bzw. Symbole für Deutschland (Adler) und Frankreich (Hahn)

Berittener Heeresführer:
durch Gesichtszüge klare Identifikation mit preußischem Kronprinz Friedrich Wilhelm als Führer der preußischen Armee; Rüstung teils germanisch, teils mittelalterlich mit dem Schild der Deutschordensritter (Kreuzzugsmotiv)

Soldat in zeitgenössischer deutscher Uniform:
verweist als einziger eindeutig auf Krieg von 1870/71

Soldat in „altdeutscher" Ausrüstung:
wie bei germanischen Bildelementen Anspielung auf historische Dimension (Symbol für „Kampf der Nationen")

Am Boden liegende Gestalt:
Bildinschrift und Gesichtszüge verweisen auf französischen Kaiser Napoleon III.; römische Toga mit Lorbeerkranz als Anspielung auf vernichtende Niederlage der Römer in der Varusschlacht

Inschrift:
in Gottes Namen geführter „gerechter" Krieg („Heiliger Krieg" = Kreuzzug)

Kriegshornbläser:
Anspielung auf germanische Tradition

▲ **„Kampf und Sieg."**
Gemälde von Anton von Werner, 1871.

Formale Kennzeichen Bei dem Ölgemälde (105 x 77 cm) handelt es sich um eine Farbskizze für das Velarium „Kampf und Sieg" des Malers Anton von Werner (1843-1915), eine von insgesamt fünf großen Leinwänden, die zum Einzug der siegreichen deutschen Truppen durch das Brandenburger Tor am 16. Juni 1871 über die Prachtstraße „Unter den Linden" gespannt wurden. Mit seinen vielen monumentalen Schlachten- und Historienbildern prägte der Akademiedirektor, Porträtist des Berliner Hofes und Vertraute Wilhelms II. Anton von Werner die offizielle Kunst des Zweiten Kaiserreiches.

Bildinhalt Im Zentrum des Bildes steht ein Krieger auf einem Rappen. Sich zu seinen Leuten umblickend sprengt er auf die Feinde zu. Seine Ausrüstung mutet zum Teil mittelalterlich, zum Teil germanisch an. An Germanen erinnern auch die rotblonden Rosslenker hinter ihm und der rechts ins Bild ragende Hornbläser. Dass es sich bei den Angreifern um deutsche Soldaten handelt, wird durch die „altdeutsche" Uniform des Soldaten im Bildvordergrund sowie die blaue, aus dem Krieg von 1870/71 stammende deutsche Uniform des Schwert schwingenden Soldaten deutlich. Die Gesichtszüge des Reiters lassen diesen als Kronprinz Friedrich Wilhelm von Preußen erkennen. Zu seinen Opfern gehört eine am Boden liegende Gestalt in antikem Gewand, die den französischen Kaiser Napoleon III. darstellt. Links oben reißt der preußisch-deutsche Adler dem gallischen Hahn die Krone vom Haupt, von rechts oben preschen Fahnen tragende allegorische Gestalten zum Geschehen: die Borussia auf einem Streitwagen mit der Flagge des Norddeutschen Bundes, die ab 1871 inoffiziell auch die des Kaiserreiches war, daneben Württemberg (Hirschgeweih) und Baden (roter Schrägbalken) sowie rechts Bayern (mit Rautenschild), dahinter die an dem Trierer Kreuz zu erkennende Rheinprovinz.

Historischer Kontext Das Gemälde vermischt zeitgenössische mit historischen und mythischen Elementen. Das Geschehen bezieht sich auf den Deutsch-Französischen Krieg von 1870/71, wie die obere Inschrift eindeutig zeigt. Darauf weisen neben der Darstellung Friedrich Wilhelms, im Krieg von 1870/71 Heerführer der preußischen Armee, auch die allegorischen Figuren hin, die für die gegen Frankreich kämpfenden Kriegsparteien stehen.
Napoleon III. erscheint mit Toga und Lorbeerkranz wie ein römischer Würdenträger. Die germanischen und römischen Elemente stehen für den Kampf des Arminius gegen Varus. Die deutschen Soldaten unter Führung Preußens kämpfen 1870/71 somit als Nachfahren und in der Tradition der siegreichen Germanen. Weitere historische Bezüge ergeben sich über das Wappen des ritterlichen Anführers in Verbindung mit dem oberen Rahmentext. Das Kreuzwappen verweist auf das Eiserne Kreuz, das der preußische König 1813 zu Beginn der Befreiungskriege gegen Napoleon in Anspielung auf die Deutschordensritter und ihren Kreuzzugsauftrag verliehen hat. Bei dem oberen Rahmentext handelt es sich um eine Gedichtstrophe des Dichters Friedrich Rückert von 1813/14. Sie verleiht der Bildaussage eine doppelte antifranzösische Tendenz: Die Erinnerung an den Kampf gegen Napoleon I. wird mit dem Krieg gegen Napoelon III. verknüpft.

Intention und Wirkung Die große Inschrift am unteren Bildrahmen fasst die Aussageabsicht des opulenten, aus naturalistischen und allegorischen Elementen gestalteten Bildes in einfache Worte: „Gott der Herr wird mit unserer gerechten Sache sein!" In Anlehnung an die Kreuzzüge wird der Krieg gegen Frankreich 1870/71 als von Gott gewollt und damit rechtmäßig dargestellt. Wie nach der Strophe Rückerts am oberen Bildrahmen die Hand Gottes mit „einem Donnerschlag" bereits Napoleon I. niedergestreckt hat, so geschieht dies nun auch mit Napoleon III. Der Deutsch-Französische Krieg erfährt hier die mythisch-religiös überhöhte Deutung eines neuen Kreuzzugs. Er wird als gottgewolltes und durch den Lauf der Geschichte seit der Varusschlacht vorherbestimmtes Strafgericht dargestellt. Die Erinnerung an die Napoleonische Fremdherrschaft dient dabei als Legitimation für das aktuelle politische Handeln.

Überwindung nationalistischer Konfrontation im Zuge der europäischen Einigung nach 1945

Am heutigen Dienstag, den 22. Januar 2013, rücken die Abgeordneten des Deutschen Bundestages näher zusammen, denn es wird eng im Plenarsaal. Zum ersten Mal tagen sie mit den 577 Abgeordneten der französischen Nationalversammlung gemeinsam in Berlin – ein historisches Ereignis an einem historischen Tag: Heute vor genau 50 Jahren unterzeichneten Bundeskanzler Konrad Adenauer und Staatspräsident Charles de Gaulle im Elysée-Palast den deutsch-französischen Freundschaftsvertrag. Es war ein außerordentlicher Schritt der Versöhnung, denn das Ende des von Nazi-Deutschland entfesselten Zweiten Weltkrieges lag da noch keine zwanzig Jahre zurück. Die beiden Staatsmänner legten damit nicht nur den Grundstein für die Annäherung der beiden über Generationen verfeindeten Nationen, sondern auch für die Fortentwicklung der europäischen Einigung nach 1945, die ohne eine deutsch-französische Zusammenarbeit nicht denkbar gewesen wäre.

Die gemeinsame Feierstunde im Bundestag ist der Höhepunkt des vollgepackten Jubiläumsprogramms: festliches Essen und Feuerwerk, Empfänge und Beglückwünschungen, ein Ministerrat auf Deutsch und Französisch sowie feierliche Reden, in denen die deutsch-französische Freundschaft, die Städtepartnerschaften und Austauschprogramme gelobt werden. Allen Krisen zum Trotz soll das Jubiläum eines deutlich zeigen: das Bekenntnis zur deutsch-französischen Freundschaft.

Ein Wendepunkt der Weltgeschichte Im Mai 1945 zeigte sich deutlich, dass die nationalsozialistische Herrschaft die Situation in Europa grundlegend verändert hatte. Der Zweite Weltkrieg hinterließ materielle Schäden und menschliches Leid in bis dahin ungekanntem Ausmaß. In den Augen vieler hatte sich der Nationalismus nicht nur in der übersteigerten Form des Nationalsozialismus endgültig als Fehlentwicklung oder als unzeitgemäße und gefährliche Triebfeder der Politik erwiesen. Auch das alte Konzept eines Gleichgewichts der Mächte, das die miteinander rivalisierenden Nationalstaaten gegenseitig in Schach halten sollte, erschien als untauglich und von den Ergebnissen des Zweiten Weltkrieges überholt. Die Sowjetunion war nun im Begriff, von einer europäischen Großmacht zur Weltmacht aufzusteigen. Der sowjetische Diktator **Josef Stalin** betrieb eine expansive Außenpolitik mit dem machtpolitischen Ziel, seinen Einflussbereich auszudehnen, und dem ideologischen Ehrgeiz, die kommunistische Weltrevolution herbeiführen. Der sich daraus ergebende fundamentale weltanschauliche Konflikt mit den demokratischen und „kapitalistischen“ westlichen Großmächten führte zur Herausbildung einer bipolaren Welt, in der die USA und die UdSSR als Führungsmächte in ihrem jeweiligen „Lager“ den Ton angaben. Die Vorherrschaft der europäischen Großmächte, deren Ende bereits mit dem Ausgang des Ersten Weltkrieges eingeläutet worden war, wurde damit endgültig besiegelt.

Als einer der ersten europäischen Politiker zog der damalige britische Oppositionsführer **Winston Churchill** daraus im September 1946 die Konsequenz. In seiner berühmten Züricher Rede setzte er ein erstes wichtiges Signal für die europäische Integration, indem er eine „Struktur der Vereinigten Staaten von Europa“ entwarf (▸ M1).

Josef Stalin (eigentlich J. W. Dschugaschwili, 1878-1953): seit 1927 sowjetischer Diktator

Winston Churchill (1874-1965): britischer Journalist, Offizier und Politiker; 1940-1945 und 1951-1955 Premierminister, 1940-1955 Führer der Konservativen. 1953 erhielt er den Nobelpreis für Literatur.

Ein neuer Gedanke für den alten Kontinent An frühere politische Ansätze konnte bei einer Einigung Europas nicht angeknüpft werden. Zwar hatten sich seit dem Mittelalter zunehmend gesellschaftliche und politische Strukturen in Europa angenähert (Schulen, Urkundenwesen, Staatsverwaltung, Städtewesen, Rechtsdenken u.v.m.), dieser Prozess wurde jedoch gerade nicht von der Idee eines geeinten Europa begleitet. Lediglich einige wenige Philosophen entwickelten seit Beginn der Neuzeit Vorstellungen einer politischen Einigung Europas, die nicht einfach bloße Herrschaftsdominanz bedeutete. Auf die reale Politik hatten sie jedoch keinen Einfluss.

Erst nach der Katastrophe des Ersten Weltkrieges fand die „Idee Europa" breiteren öffentlichen Widerhall. Eine Reihe von privaten Organisationen propagierte in vielen Ländern des Kontinents die Überwindung des Nationalstaates und die Idee eines politisch geeinten Europa. Weitblickende Persönlichkeiten aus Politik und Wirtschaft setzten sich für Völkerverständigung und wirtschaftliche Zusammenarbeit ein. **Richard Coudenhove-Kalergi** begründete 1922 die **Paneuropa-Union**. Aristide Briand und Gustav Stresemann, die Außenminister Frankreichs und Deutschlands, bemühten sich um Aussöhnung ihrer Nationen. Während des Zweiten Weltkrieges entwickelten viele Emigranten und Widerstandskämpfer Ideen eines überstaatlich organisierten Europa für die Zeit nach der Befreiung von dem verbrecherischen NS-Regime.

Nach dem Ende des Zweiten Weltkrieges schien die (west)europäische Einigung die wünschenswerte Option. Nur ein geeint handelndes, möglichst auch organisatorisch geeintes Europa sei in der Lage, die materiellen Kriegsfolgen rasch zu beseitigen und den Wiederaufbau voranzubringen, den Kommunismus und die Expansion der UdSSR einzudämmen, zwischen den beiden Weltmächten noch eine eigenständige Rolle in der Welt zu spielen, die zerstörerische Kraft des Nationalismus einzudämmen und durch ein neues, konstruktives Konzept zu ersetzen.

Diese Politiker wollten den unvermeidbaren Egoismus der Einzelstaaten durch deren Beitritt in internationale Organisationen zügeln und kontrollieren, in denen es verbindliche Regeln geben sollte, wie Entscheidungen fallen und wie Konflikte friedlich gelöst werden. Durch zunächst wirtschaftliche, später auch politische Verflechtung sollte das Bewusstsein geschaffen werden, dass die Staaten von Zusammenarbeit größere Vorteile haben als durch eigenmächtiges Handeln und ungezügelte Konfliktbereitschaft. Einigen Politikern schien diese Idee eines geeinigten Europa auch ein Weg, (West-)Deutschland durch seinen Beitritt in internationale Organisationen wieder in die Staatengemeinschaft aufnehmen und dadurch kontrollieren zu können.

Europäische Organisationen entstehen Eine erste Etappe bei der Entstehung europäischer Organisationen und Institutionen war bereits 1948 die Einrichtung der OEEC (Organization for European Economic Cooperation) zur Verwaltung der **Marshall-Plan-Hilfe**. Die Wirtschaft sollte zur treibenden Kraft der Integration werden. Nur ein Jahr später gründeten (zunächst) zehn westeuropäische Staaten den Europarat. Er hat sich als gemeinsames Beratungsgremium für Parlamentarier und Regierungen etabliert, das sich für die Einhaltung der Grundsätze von Demokratie und Rechtsstaatlichkeit sowie für die zwischenstaatliche Zusammenarbeit insbesondere auf dem Gebiet der Rechtspolitik einsetzt. Der Europarat verabschiedete 1950 die Europäische Menschenrechtskonvention und gründete den Europäischen Gerichtshof für Menschenrechte.

▲ **Treffen des Paneuropa-Zentralrates mit dem französischen Außenminister Aristide Briand.**
Foto, Mai 1927.
Links neben Aristide Briand (Bildmitte) sitzt der Gründer der Paneuropa-Union, Richard Coudenhove-Kalergi. Dem Paneuropa-Zentralrat gehörten Vertreter aus Frankreich, Deutschland, England, Ungarn, Estland, Finnland, Österreich, Griechenland und Polen an.

Richard Coudenhove-Kalergi (1894-1972): japanisch-österreichischer Schriftsteller und Politiker. 1922 gründete er die Paneuropa-Union (auch Vereinigte Staaten von Europa). Nach 1945 regte er die europäische Einigung an.

Paneuropa-Union: 1922 von Richard Coudenhove-Kalergi gegründete Organisation mit dem Ziel eines in Freiheit, Recht und Frieden geeinten Europa

Marshall-Plan (offiziell European Recovery Program, kurz ERP): Wiederaufbauprogramm der US-Regierung für Europa, benannt nach dessen Initiator, US-Außenminister George C. Marshall

◂ **Coopération Intereuropéenne.**
Plakat, 1950.
Das Plakat entstand im Rahmen eines Wettbewerbs des European Recovery Program („Marshall-Plan“).

Daneben und davon unabhängig entwickelten sich die sogenannten Europäischen Gemeinschaften. Ihre Keimzelle war 1950 der Plan des französischen Außenministers **Robert Schuman**, die Schwerindustrie Frankreichs und der Bundesrepublik Deutschland der Aufsicht einer internationalen Behörde zu unterstellen (▸ M2). Er führte 1951 zur Gründung der EGKS (Europäische Gemeinschaft für Kohle und Stahl, Montanunion), der neben Frankreich und der Bundesrepublik Italien und die Beneluxstaaten beitraten. Die EGKS bot Frankreich Sicherheit vor Deutschland, beschleunigte dessen wirtschaftlichen Wiederaufbau und war ein erster Schritt auf dem Weg zur wirtschaftlichen und politischen Gleichberechtigung der Bundesrepublik.

Die EGKS wurde schließlich mit ihrem gemeinsamen Markt im Montanbereich (Bergbau- und Hüttenindustrie) und dem Wegfall von Zoll- und Handelsschranken Vorbild für die im Jahr 1957 durch die Römischen Verträge gegründete EWG (Europäische Wirtschaftsgemeinschaft). Diese wurde – unter Einschluss der ebenfalls 1957 ins Leben gerufenen Europäischen Atomgemeinschaft, Euratom – über die EG (Europäische Gemeinschaft) zur gegenwärtigen EU (Europäische Union) weiterentwickelt.

Robert Schuman (1886-1963): französischer Politiker; geboren im damals deutschen Reichsprotektorat Elsass-Lothringen; besaß bis 1918 die deutsche Staatsbürgerschaft, danach die französische. Der Christdemokrat war 1948 bis 1952 französischer Außenminister und setzte sich früh für eine Aussöhnung mit Deutschland ein.

Charles de Gaulle (1890-1970): französischer General im Zweiten Weltkrieg; 1944-1946 Chef der Regierung des befreiten Frankreich, 1959-1969 französischer Staatspräsident

Eine gemischte Bilanz ▀ Die Geschichte der europäischen Einrichtungen bis 1963 war stets eingebettet und abhängig vom Gang der globalen Geschichte. Das zeigt vor allem die Tatsache, dass die europäische Einigung (bis 1989) auf die Westhälfte Europas beschränkt war und dass sich Ereignisse des Kalten Krieges – z.B. Korea-Krieg, Mauerbau, Kuba-Krise* – auf ihre Entwicklung beschleunigend und intensivierend ausgewirkt haben. Kritiker sehen darin ein Indiz dafür, dass die europäischen Politiker weniger aus Begeisterung für die Europa-Idee als aufgrund globaler Zwänge die Einigung Europas unterstützt haben. Sie führen zudem an, dass die nationalen Egoismen weiter existierten. Das zeigen zwei Beispiele:

- Der französische Präsident, General **Charles de Gaulle**, sperrte sich hartnäckig gegen einen Beitritt Großbritanniens zur EWG. In seinen Augen war Großbritannien zum einen aufgrund seiner „special relationship“ mit den USA ein „trojanisches Pferd“, das den USA zu – wenn auch nur indirektem – Einfluss in Europa verhelfen könnte. Zum anderen fürchtete er, dass der Beitritt Großbritanniens das Gewicht und den Einfluss Frankreichs mindern würde. De Gaulle gehörte auch zu den Politikern, die eine Übertragung von Souveränitätsrechten an europäische Einrichtungen ablehnten. Dementsprechend propagierte er ein „Europa der Vaterländer“ (ohne Großbritannien) mit Frankreich als Führungsmacht.
- Die meisten Mitglieder sahen, als sich der wirtschaftliche Erfolg eingestellt hatte, keine Veranlassung mehr, die europäische Einigung auch politisch auszubauen, da sie nicht bereit waren, nationale Souveränitätsrechte an gemeinsame internationale Institutionen abzugeben. Auf diese Weise wurden weder der Europarat noch die EWG zu Keimzellen für „Vereinigte Staaten von Europa“.

Umgekehrt haben die europäischen Einrichtungen in erstaunlich kurzer Zeit das Verhalten und das Verhältnis der (west)europäischen Staaten positiv verändert. Auf wirtschaftlichem und rechtspolitischem Gebiet arbeiteten die europäischen Einrichtungen unerwartet reibungslos und erfolgreich. Der wirtschaftliche Aufstieg Europas wie auch das

* Vgl. zu Korea-Krieg und Kuba-Krise S. 205 f.

deutsche „Wirtschaftswunder" sind ohne die durch sie geschaffenen Rahmenbedingungen kaum denkbar. Und auch die Tatsache, dass Europa nach 1945 eine der längsten Friedensperioden seiner Geschichte erlebte, ist zu einem ganz erheblichen Teil auf die neue Art des Umgangs miteinander zurückzuführen.

Von der Erbfeinschaft ... Der Prozess einer europäischen Einigung war undenkbar ohne eine grundlegende Verbesserung des deutsch-französischen Verhältnisses. Solange diese beiden direkten Nachbarn und bevölkerungsreichsten Völker im westlichen Europa sich als „Erbfeinde" betrachteten, war an Zusammenarbeit und Integration nicht zu denken.

Oberstes Ziel der französischen Besatzungspolitik nach 1945 war allerdings zunächst, Deutschland zu Reparationszahlungen – auch mittels Demontagen – heranzuziehen, die Frankreich zum Aufbau der eigenen Wirtschaft benötigte. Zudem sollte der Nachbar, von dem seit 1870 drei Angriffe auf Frankreich ausgegangen waren, wirtschaftlich und militärisch unter Kontrolle gehalten werden, damit künftig kein deutscher Angriff mehr möglich war.

Aus diesen Gründen setzte Frankreich in seiner Besatzungszone den Prozess des politischen Neuanfangs später und schleppender in Gang als die drei anderen Besatzungsmächte und widersetzte sich – zeitweise gemeinsam mit der UdSSR – seit Ende 1946 allen Plänen der USA und Großbritanniens, aus den drei westlichen Besatzungszonen möglichst rasch einen neuen deutschen Teilstaat zu gründen.

Erst ab 1948 zeigte sich die französische Regierung unter den Vorzeichen des sich zuspitzenden Ost-West-Konfliktes und auf Drängen der USA bereit, einem „neuen", demokratischen deutschen Staat zuzustimmen.

Jean Monnet (1888-1979): französischer Unternehmer; 1946-1950 Leiter des französischen Planungsamtes; enger Mitarbeiter des französischen Außenministers Schuman

... über vorsichtige Annäherung ... Frankreich wollte nach wie vor Sicherheit vor Deutschland. Das Mittel war nun nicht mehr Schwächung und Isolierung Deutschlands, sondern Partnerschaft und Zusammenarbeit. Ein Wechsel der französischen Politik fand Anfang der 1950er-Jahre seinen ersten Ausdruck im Schuman-Plan und in der durch Robert Schuman und **Jean Monnet** vorbereiteten Gründung der EGKS: Erst als sich die Bundesrepublik dazu bereit erklärte, ihre Schwerindustrie durch die EGKS kontrollieren zu lassen, zeigte sich Frankreich damit einverstanden, die Bundesrepublik als gleichberechtigten Partner in diese internationale Organisation aufzunehmen. Damit war das Muster für einen Prozess der schrittweisen Normalisierung der Beziehungen durch wechselseitige Zugeständnisse vorgegeben, das sich auch 1957 bei der Gründung von EWG und Euratom unter Beteiligung der Bundesrepublik und Frankreichs bewährte.

Dass dieser Prozess aus französischer Sicht dennoch klare Grenzen haben konnte, zeigte sich allerdings im Jahr 1954: Angesichts des Korea-Krieges schloss sich die französische Regierung nach einigem Zögern der Auffassung der USA und Großbritanniens an, das westliche Bündnis brauche einen militärischen Beitrag der Bundesrepublik, und stimmte einer Wiederbewaffnung Deutschlands zu. Diese Zusage war an die Bedingung geknüpft, dass die Bundesrepublik einer neu zu gründenden Europäischen Verteidigungsgemeinschaft (EVG) beitreten und damit ihr militärisches Potenzial internationaler Kontrolle unterwerfen sollte. Dennoch lehnte die

▲ **„Seid wachsam! ... Die europäische Verteidigungsgemeinschaft wird die Wehrmacht wiederauferstehen lassen. Fordern Sie von Ihren Abgeordneten die Ablehnung der Vereinbarungen von Bonn und Paris."**
Plakat der Kommunistischen Partei Frankreichs gegen die EVG, Anfang der 1950er-Jahre.

▲ **Staatspräsident Charles de Gaulle und Bundeskanzler Konrad Adenauer während des Hochamtes in der Kathedrale von Reims.**
Foto, 8. Juli 1962.
Die Stadt Reims war Höhepunkt und Abschluss des Staatsbesuches von Konrad Adenauer im Juli 1962. In der Kathedrale beschwor Charles de Gaulle die deutsch-französische Freundschaft und die europäische Einigung. Dafür hatte er sich einen geschichtsträchtigen Ort ausgesucht: Reims war der Ort der Taufe des Frankenkönigs Chlodwig, dem Stammvater der Franzosen, und damit Teil des Gründungsmythos der Nation. Im Ersten Weltkrieg fast völlig zerstört, wurde in Reims 1945 die Kapitulationsurkunde Deutschlands unterzeichnet.

französische Nationalversammlung das Projekt 1954 ab. Sie befürchtete, es könne eine neue „Wehrmacht“ heranwachsen. Erst als die Wiederbewaffnung der Bundesrepublik mit einem Beitritt zum 1949 gegründeten Nordatlantikpakt (**NATO**) verknüpft wurde, in der die Supermacht USA in jedem Fall ein starkes Gegengewicht zur Bundesrepublik darstellte, stimmte das französische Parlament zu.

... zu freundschaftlichen Beziehungen Dass die deutsch-französischen Beziehungen auf einem guten Weg waren, zeigte 1957 die nach einer Volksabstimmung reibungslos erfolgte Wiederangliederung des seit 1945 wirtschaftlich an Frankreich angeschlossenen Saarlandes an die Bundesrepublik.

Als 1958 Charles de Gaulle zum Staatspräsidenten der Fünften Französischen Republik gewählt wurde, entwickelten sich sogar freundschaftliche Nachbarschaftsbeziehungen (▸ M3). Er und Bundeskanzler **Konrad Adenauer** arbeiteten eng und vertrauensvoll zusammen, ließen aber dabei die Interessen des eigenen Staates nicht außer Acht.

Das zeigte sich nicht zuletzt beim Zustandekommen des deutsch-französischen Kooperationsvertrages (Elysée-Vertrag) von 1963. In ihm vereinbarten beide Staaten regelmäßige Gespräche auf Regierungsebene und halbjährliche Treffen der Staats- und Regierungschefs zu Fragen der Außen-, Sicherheits- und Bildungspolitik sowie Maßnahmen auf dem Gebiet des Jugendaustausches mit dem Ziel einer Abklärung und Abstimmung der jeweiligen Standpunkte (▸ M4).

Den Hintergrund des Vertrages bildeten auf deutscher Seite der Bau der Berliner Mauer im Jahr 1961 sowie auf französischer Seite die Niederlage im Algerien-Krieg. Adenauer wollte mit dem Vertrag der Gefahr vorbeugen, dass Frankreich mit der UdSSR eine Entspannungspolitik zulasten Deutschlands begann, was nach der Kuba-Krise durchaus möglich schien. De Gaulle wiederum hatte das Ziel, die Bundesrepublik von der Seite der USA eher hin zu Frankreich zu ziehen, um auf diese Weise die Stellung Frankreichs in Europa zu stärken, weshalb er fast gleichzeitig auch den Beitritt Großbritanniens zur EWG boykottierte.

Unabhängig davon war der Elysée-Vertrag ein positiver Meilenstein im deutsch-französischen Verhältnis: Mit ihm gehörte die sogenannte „Erbfeindschaft“ endgültig der Geschichte an und läutete eine neue Ära der Partnerschaft und Zusammenarbeit ein, welche die Amtszeit ihrer beiden Begründer bis in die Gegenwart überdauerte und die weitere Entwicklung der europäischen Integration prägte (▸ M5).

Die Geschichte der europäischen Integration nach 1945 und die deutsch-französische Freundschaft machen eines deutlich: Die Europa-Idee der Gegenwart, die im Wesentlichen die Idee der europäischen Einigung ist, erweist sich nicht etwa als ein Prinzip aus der Geschichte Europas. Sie ist vielmehr eine Reaktion auf die Geschichte Europas, sogar als bewusste Negation gegenüber früher prägenden Mustern, nämlich dem nationalen Denken und Handeln, ohne dabei die Nationalstaaten selbst infrage zu stellen (▸ M6).

M1 Vereinigte Staaten von Europa

Winston Churchill, 1946 Oppositionsführer im britischen Unterhaus, hält am 19. September 1946 an der Universität Zürich eine Rede:

Der erste Schritt bei der Neugründung der europäischen Familie muss eine Partnerschaft zwischen Frankreich und Deutschland sein. Nur auf diese Weise kann Frankreich die moralische Führung Europas wiedererlangen. Es gibt kein Wiederaufleben Europas ohne ein geistig großes Frankreich und ein geistig großes Deutschland. Die Struktur der Vereinigten Staaten von Europa, wenn sie gut und echt errichtet wird, muss so sein, dass die materielle Stärke eines einzelnen Staates von weniger großer Bedeutung ist. Kleine Nationen zählen ebenso viel wie große und erwerben sich ihre Ehre durch ihren Beitrag zu der gemeinsamen Sache. Die alten Staaten und Fürstentümer Deutschlands, frei vereint aus Gründen gegenseitiger Zweckmäßigkeit in einem Bundessystem, können alle ihren individuellen Platz in den Vereinigten Staaten von Europa einnehmen.

Ich versuche nicht, ein ausführliches Programm zu entwerfen für Hunderte von Millionen Menschen, die glücklich und frei sein wollen, zufrieden und sicher, die die vier Freiheiten[1], von denen der große Präsident Roosevelt sprach, genießen und nach den in der Atlantik-Charta verankerten Grundsätzen[2] leben wollen. Ist dies ihr Wunsch, so müssen sie es nur sagen, und gewiss finden sich Mittel und Möglichkeiten, um diesen Wunsch Wirklichkeit werden zu lassen.

Ich muss Sie aber auch warnen. Die Zeit ist vielleicht knapp. Gegenwärtig haben wir eine Atempause. Die Geschütze schweigen. Der Kampf hat aufgehört, aber nicht die Gefahren. Wenn es uns gelingen soll, die Vereinigten Staaten von Europa oder welchen Namen auch immer sie tragen werden zu errichten, müssen wir jetzt damit beginnen.

Curt Gasteyger, Europa zwischen Spaltung und Einigung. Darstellung und Dokumentation 1945-2005, Bonn 2005, S. 47 f.

1. *Zeigen Sie auf, welche Struktur sich Churchill bezüglich der Vereinigten Staaten Europas und welche bezüglich Deutschland vorstellt.*

2. *Analysieren Sie die These Churchills, dass nur in der Partnerschaft mit Deutschland Frankreich „die moralische Führung Europas wiedererlangen" kann. Berücksichtigen Sie den zeithistorischen Kontext.*

3. *Erörtern Sie, was der Realisierung der „Vereinigten Staaten von Europa" entgegenstand, und berücksichtigen Sie dabei besonders das Verhältnis zwischen Frankreich und Deutschland.*

[1] Meinungs- und Religionsfreiheit, Freiheit von Not und Furcht
[2] Erklärung der USA (Roosevelt) und Großbritanniens (Churchill) von 1941. Grundsätze waren u.a. Selbstbestimmungsrecht, Gewaltverzicht, Verzicht auf territoriale Expansion.

M2 Der Schuman-Plan: Realpolitik und Vision

Der französische Außenminister Robert Schuman trägt am 9. Mai 1950 in einer Regierungserklärung den Plan aus der Feder seines Mitarbeiters Jean Monnet vor, die bundesdeutsche und französische Stahlproduktion zusammenzulegen:

Europa lässt sich nicht mit einem Schlag herstellen und auch nicht durch eine einfache Zusammenfassung: Es wird durch konkrete Tatsachen entstehen, die zunächst eine Solidarität der Tat schaffen. Die Vereinigung der europäischen Nationen erfordert, dass der jahrhundertealte Gegensatz zwischen Frankreich und Deutschland ausgelöscht wird. Das begonnene Werk muss in erster Linie Deutschland und Frankreich umfassen. Zu diesem Zweck schlägt die französische Regierung vor, in einem begrenzten, doch entscheidenden Punkt sofort zur Tat zu schreiten.

Die französische Regierung schlägt vor, die Gesamtheit der französisch-deutschen Kohlen- und Stahlproduktion unter eine gemeinsame Oberste Aufsichtsbehörde (Haute Autorité) zu stellen, in einer Organisation, die den anderen europäischen Ländern zum Beitritt offensteht.

Die Zusammenlegung der Kohlen- und Stahlproduktion wird sofort die Schaffung gemeinsamer Grundlagen für die wirtschaftliche Entwicklung sichern – die erste Etappe der europäischen Föderation – und die Bestimmung jener Gebiete

▸ Erfinderstolz: „Hoffentlich entwickelt sich das Ding besser als die Sicherheitsnadeln."
Karikatur von Klaus Piehlert, 1950. Die Sicherheitsnadeln verweisen auf die Maginot-Linie, eine zwischen 1930 und 1940 gebaute französische Verteidigungslinie, die Angriffe aus den Nachbarländern Belgien, Luxemburg, Deutschland und Italien abwehren sollte.

- *Analysieren Sie, welche politische Haltung des Zeichners deutlich wird.*

ändern, die lange Zeit der Herstellung von Waffen gewidmet waren, deren sicherste Opfer sie gewesen sind.
Die Solidarität der Produktion, die so geschaffen wird, wird bekunden, dass jeder Krieg zwischen Frankreich und Deutschland nicht nur undenkbar, sondern materiell unmöglich ist. Die Schaffung dieser mächtigen Produktionsgemeinschaft, die allen Ländern offensteht, die daran teilnehmen wollen, mit dem Zweck, allen Ländern, die sie umfasst, die notwendigen Grundstoffe für ihre industrielle Produktion zu gleichen Bedingungen zu liefern, wird die realen Fundamente zu ihrer wirtschaftlichen Vereinigung legen. [...]
Durch die Zusammenlegung der Grundindustrien und die Errichtung einer neuen Obersten Behörde, deren Entscheidungen für Frankreich, Deutschland und die anderen teilnehmenden Länder bindend sein werden, wird dieser Vorschlag den ersten Grundstein einer europäischen Föderation bilden, die zur Bewahrung des Friedens unerlässlich ist.

Klaus-Jörg Ruhl (Hrsg.), „Mein Gott, was soll aus Deutschland werden?“ Die Adenauer-Ära 1949-1963, München 1985, S. 86 ff.

1. *Benennen Sie die Grundzüge der französischen Deutschlandpolitik nach 1945.*

2. *Arbeiten Sie die zentralen Argumente heraus. Worin liegt – aus französischer Sicht – die zukunftsweisende Bedeutung der geplanten Montanunion?*

3. *Erläutern Sie am Beispiel der Europäischen Gemeinschaft für Kohle und Stahl das europäische Integrationskonzept des „funktionalistischen Modells“. Welche Annahmen lagen diesem Konzept zugrunde?*

M3 „Sie alle beglückwünsche ich!“

Im Hof des Ludwigsburger Schlosses hält Charles de Gaulle am 9. September 1962 eine Ansprache an die Jugend:

Sie alle beglückwünsche ich! Ich beglückwünsche Sie zunächst jung zu sein. [...]. Ich beglückwünsche Sie ferner, junge Deutsche zu sein, das heißt, [Applaus] das heißt, Kinder eines großen Volkes. Jawohl, eines großen Volkes, das manchmal im Laufe seiner Geschichte große Fehler begangen hat. Ein Volk, das aber auch der Welt geistige, wissenschaftliche, künstlerische, philosophische Wellen gespendet hat, das die Welt um unzählige Erzeugnisse seiner Erfindungskraft, seiner Technik und seiner Arbeit bereichert hat; ein Volk, das in seinem friedlichen Werk wie auch in den Leiden des Krieges, wahre Schätze an Mut, Disziplin und Organisation entfaltet hat. Das französische Volk weiß das voll zu würdigen, da es auch weiß, was es heißt, unternehmens- und schaffensfreudig zu sein, zu geben und zu leiden.
Schließlich beglückwünsche ich Sie, die Jugend von heute zu sein. Im Augenblick, wo Sie in das Berufsleben treten, beginnt für die Menschheit ein neues Leben. [...]
Das Leben in dieser Welt birgt jedoch Gefahren. Sie sind umso größer als der Einsatz stets ethisch und sozial ist. Es geht darum zu wissen, ob im Lauf der Umwälzungen der Mensch zu einem Sklaven in der Kollektivität wird oder nicht; ob es sein Los ist, in dem riesigen Ameisenhaufen angetrieben zu werden oder nicht; oder ob er die materiellen Fortschritte völlig beherrschen kann und will, um damit freier, würdiger und besser zu werden.
Darum geht es bei der großen Auseinandersetzung in der Welt, die sie in zwei getrennte Lager aufspaltet und die von den Völkern Deutschlands und Frankreichs erheischt, dass sie ihrem Ideal die Treue halten, es mit ihrer Politik unterstützen und es, gegebenenfalls, verteidigen und ihm kämpfend zum Sieg verhelfen.
Diese jetzt ganz natürliche Solidarität müssen wir selbstverständlich organisieren. Es ist dies Aufgabe der Regierungen. Vor allem müssen wir ihr aber einen lebensfähigen Inhalt geben, und das soll insbesondere das Werk der Jugend sein. Während es die Aufgabe unserer beiden Staaten bleibt, die wirtschaftliche, politische, und kulturelle Zusammenarbeit zu fördern, sollte es Ihnen und der französischen Jugend obliegen, alle Kreise bei Ihnen und bei uns dazu zu bewegen, einander immer näher zu kommen, sich besser kennen zu lernen und engere Band zu schließen.
Die Zukunft unserer beiden Länder, der Grundstein, auf dem die Einheit Europas errichtet werden kann und muss, und der höchste Trumpf für die Freiheit der Völker bleiben die gegenseitige Achtung, das Vertrauen und die Freundschaft zwischen dem französischen und dem deutschen Volk.

Deutsch-Französisches Institut Ludwigsburg (Hrsg.), Über die Freundschaft hinaus ...: Deutsch-französische Beziehungen ohne Illusion, Stuttgart 1988, S. 64-66

1. *Benennen Sie die Themen der Rede. Warum wendet sich de Gaulle an die Jugend?*

2. *Arbeiten Sie heraus, wie de Gaulle Deutschland bzw. die Deutschen beschreibt. Nehmen Sie Stellung zur Sprache und der beabsichtigten Wirkung der Rede.*

3. *Erläutern Sie die Bedeutung seiner Rede a) für das deutsch-französische Verhältnis und b) für Europa.*

M4 Der Elysée-Vertrag

Im Pariser Elysée-Palast unterzeichnen der französische Ministerpräsident Charles de Gaulle und Bundeskanzler Konrad Adenauer am 22. Januar 1963 einen Vertrag über die deutsch-französische Zusammenarbeit, nach dem Ort der Unterzeichnung als „Elysée-Vertrag" bezeichnet:

◂ **Die Versöhnung.**
Bronzeskulptur von Anne-Marie Guignon-Moretti, 1988.

I. Organisation 1. Die Staats- und Regierungschefs geben nach Bedarf die erforderlichen Weisungen und verfolgen laufend die Ausführung des im Folgenden festgelegten Programms. Sie treten zu diesem Zweck zusammen, so oft es erforderlich ist und grundsätzlich mindestens zweimal jährlich. 2. Die Außenminister tragen für die Ausführung des Programms in seiner Gesamtheit Sorge. Sie treten mindestens alle drei Monate zusammen. Unbeschadet der normalen Kontakte über die Botschaften treten diejenigen leitenden Beamten der beiden Außenministerien, denen die politischen, wirtschaftlichen und kulturellen Angelegenheiten obliegen, allmonatlich abwechselnd in Bonn und Paris zusammen, um den Stand der vorliegenden Fragen festzustellen und die Zusammenkunft der Minister vorzubereiten. [...].

C. Erziehungs- und Jugendfragen

1. Auf dem Gebiet des Erziehungswesens richten sich die Bemühungen hauptsächlich auf folgende Punkte:

a) Sprachunterricht

Die beiden Regierungen erkennen die wesentliche Bedeutung an, die der Kenntnis der Sprache des anderen in jedem der beiden Länder für die deutsch-französische Zusammenarbeit zukommt. Zu diesem Zweck werden sie sich bemühen, konkrete Maßnahmen zu ergreifen, um die Zahl der deutschen Schüler, die Französisch lernen, und die der französischen Schüler, die Deutsch lernen, zu erhöhen. [...]

b) Frage der Gleichwertigkeit der Diplome

Die zuständigen Behörden beider Staaten sollen gebeten werden, beschleunigt Bestimmungen über die Gleichwertigkeit der Schulzeiten, der Prüfungen, der Hochschultitel und -diplome zu erlassen.

c) Zusammenarbeit auf dem Gebiet der wissenschaftlichen Forschung

Die Forschungsstellen und die wissenschaftlichen Institute bauen ihre Verbindungen untereinander aus, wobei sie mit einer gründlicheren gegenseitigen Unterrichtung beginnen; vereinbarte Forschungsprogramme werden in den Disziplinen aufgestellt, in denen sich dies als möglich erweist.

2. Der deutschen und französischen Jugend sollen alle Möglichkeiten geboten werden, um die Bande, die zwischen ihnen bestehen, enger zu gestalten und ihr Verständnis füreinander zu vertiefen. Insbesondere wird der Gruppenaustausch weiter ausgebaut. [...]

Zitiert nach: www.hdg.de/lemo/html/dokumente/DieZuspitzungDesKaltenKrieges_vertragElyseeVertrag/index.html [07.03.2013]

1. *Fassen Sie die vertraglich festgelegten Maßnahmen für die deutsch-französische Zusammenarbeit zusammen.*

2. *Beurteilen Sie die Zielsetzung der einzelnen Punkte. Warum erhält das Erziehungswesen einen solch großen Stellenwert? Vergleichen Sie mit M3.*

3. *Informieren Sie sich über die Arbeit des deutsch-französischen Jugendwerks. Gibt es auch an Ihrer Schule oder an Ihrem Ort Austauschinitiativen? Nehmen Sie Stellung zur Bedeutung solcher internationalen Projekte.*

▲ **2-Euro-Münze „50 Jahre Élysée-Vertrag“.**
Zum 50-jährigen Jubiläum des deutsch-französischen Freundschaftsvertrages wurde erstmals eine motivgleiche Münze für zwei Mitgliedstaaten der EU herausgegeben. Die nationale Seite der Münze unterscheidet sich in Deutschland und Frankreich nur durch die Länderkennung sowie nationale Münz- bzw. Graveurszeichen.

M5 50 Jahre Elysée-Vertrag

Im Wochenmagazin „Der Spiegel“ erscheint am 22. Januar 2013, dem 50. Jahrestag des Elysée-Vertrages, folgender Artikel:

Am Dienstag wird mit großem Pomp das 50. Jubiläum des Elysée-Vertrags begangen, den Konrad Adenauer und General de Gaulle am 22. Januar 1963 unterzeichneten und mit dem sie den Grundstein für die Annäherung der beiden Länder nach dem Krieg legten. Es wird viele Reden geben, im Bundestag und anderswo, viel Beschwörung des Erreichten wird dabei sein, verdientes Preisen der historischen Annäherung, natürlich auch Heuchelei. Die deutsch-französische Beziehung verdient zweifellos eine große Feier, auch wenn das Jubiläum beiden Seiten ein wenig ungelegen kommt.
Denn es fällt in eine Zeit, in der die Krise das Verhältnis politisch strapaziert hat, in der Deutsche und Franzosen gegensätzliche Ideen zu ihrer Lösung verfolgen und in der in Paris Sorge herrscht über die Dominanz Berlins in Europa. Seit der Sozialist François Hollande Präsident ist, sind die Beziehungen zur konservativen Regierung Angela Merkels noch schwieriger geworden.
Für viele Nachgeborene ist die Feier des jahrzehntealten Vertrags wenig mehr als eine staubige Geschichtsstunde. Die Erinnerung an den Krieg ist verblasst, etwas anderes als Frieden in Europa kaum vorstellbar, die Versöhner sind alt geworden. Die beiden Staaten, die einst ihre Feindschaft überwinden mussten und später von Freundschaft sprachen, sehen einander nüchterner als einst.
Auch das lässt sich an der badisch-elsässischen Grenze beobachten. Keine Gegend hat mehr unter der historischen Feindschaft gelitten als das Elsass. Viermal wechselte es zwischen 1871 und 1945 die Staatszugehörigkeit. „Es gab viele hier, die im Lauf ihres Lebens ein paar Uniformen trugen“, sagt Marcel Bauer, der Bürgermeister von Sélestat, ein großer, massiger Mann, in seinem Büro, neben ihm die Trikolore.
Sein Vater wurde 1909 als Deutscher geboren, er selbst 1949 als Franzose, doch anders als die meisten Jüngeren spricht er noch Elsässerdeutsch und Hochdeutsch. Drei seiner Geschwister starben vor seiner Geburt. Sie traten im April 1945 beim Spielen auf ein Minenfeld. Drei seiner Onkel kamen nicht von der Ostfront zurück, zu der sie von den Nazis zwangsweise eingezogen worden waren. Trotzdem, sagt er, habe er als Kind nie Hass auf die Deutschen verspürt. Er ist aufgewachsen in den Jahren der Versöhnung nach dem Krieg, er erinnert sich an Fahrradfahrten in die deutsche Partnerstadt auf der anderen Seite des Rheins.
[...] Es begann die Zeit der Austauschprogramme, die viele junge Deutsche und Franzosen zusammenbrachten und die für das gegenseitige Kennenlernen nach dem Krieg eine entscheidende Rolle spielten.
Davon sei nicht mehr viel übrig, sagt Stefan Schlatterer, Oberbürgermeister von Emmendingen, 45, ein gutgelaunter Mann mit kurzgeschorenen Haaren. Einen Schüleraustausch mit der französischen Partnerstadt hätten sie hier schon lange nicht mehr gehabt. „Die Erklärung ist einfach: Wir sind in der Normalität angekommen.“ Man finde in Emmendingen ja nun auch wirklich niemanden, der daran denken würde, in Frankreich einzumarschieren. Er lacht schallend. „Was für ein lächerlicher Gedanke!“

Mathieu von Rohr, „Arbeit für jeden, der auf Deutsch bis zehn zählen kann“, in: Spiegel Online vom 22. Januar 2013; zitiert nach: www.spiegel.de/politik/deutschland/50-jahre-elysee-vertrag-in-emmendingen-und-selestat-a-878842-druck.html [05.02.2013]

1. *Arbeiten Sie heraus, wie der Elysée-Vertrag in dem Artikel beurteilt wird. Welche Faktoren spielen dabei eine Rolle?*

2. *Nehmen Sie Stellung zu dem Fazit des Emmendinger Oberbürgermeisters „Wir sind in der Normalität angekommen“. Diskutieren Sie, ob die Maßnahmen des Elysée-Vertrages heute noch zeitgemäß und notwendig sind.*

M6 Thesen zur europäischen Integration

*Im Jahre 2002 formuliert der frühere Bundeskanzler Helmut Schmidt (*1918) Thesen zur politischen Bedeutung der EU:*

1) Die Nationen Europas stehen im 21. Jahrhundert vor *neuartigen Herausforderungen*. Diese entspringen einer in der Geschichte einmalig schnellen Vermehrung der auf der Erde lebenden Menschen und einer sich anbahnenden globalen Klimaveränderung. Beide Prozesse bergen in sich die Tendenz zu regionalen und lokalen Kriegen sowie zu massenhaften Wanderungsströmen in Richtung Europa und Nordamerika. Außerhalb Europas werden alte und neue Weltmächte mit Vehemenz danach streben, die Folgen globaler Gefährdungen auf andere abzuwälzen. Die gleichzeitige Globalisierung der Finanzmärkte gefährdet die ökonomische und politische Selbstbestimmung einzelner Staaten. Die technologische Globalisierung gefährdet Arbeitsplätze und Wohlstand in Europa.

2) Die europäischen Nationalstaaten werden einzeln, jeder für sich allein, diesen Herausforderungen nicht gewachsen sein. Zu ihrer Selbstbehauptung ist eine *Bündelung der Kräfte* notwendig. In diesem Sinne wird die Europäische Union zu einer Notgemeinschaft. [...]

6) Dabei sind die am Beginn des Integrationsprozesses und in den darauf folgenden Jahren maßgebenden strategischen Prinzipien festzuhalten, nämlich – in historischer Reihenfolge – erstens die politische und ökonomische Abwehr sowjetischer und kommunistischer Bedrohung, zweitens die Einbindung Deutschlands in den politischen und wirtschaftlichen Zusammenhang der europäischen Demokratien und drittens das Prinzip des gemeinsamen ökonomischen und sozialen Vorteils durch den gemeinsamen, offenen Markt.
Das erste dieser drei Prinzipien hat seinen Gegenstand weitgehend verloren, es erscheint als obsolet. Das zweite Prinzip und das dritte Prinzip bleiben wichtig, sie werden in der Union allgemein bejaht und verfolgt. *Jetzt tritt als zusätzliches strategisches Motiv die Notwendigkeit gemeinsamer Selbstbehauptung hinzu, das heißt das Prinzip der vollen Handlungsfähigkeit der Europäischen Union nach außen.* [...]

9) [...] Doch braucht die EU für die Zukunft *eine eigene Finanzaußenpolitik*, nicht nur gegenüber dem Weltwährungsfonds, sondern auch, um die ökonomisch gewichtigen Staaten der Welt zu einer gemeinsamen Ordnung auf den globalen Finanzmärkten zu bewegen – einschließlich einer funktionierenden Aufsicht über verantwortungslos spekulierende Finanzhäuser.

10) Die Amerikaner haben außerordentliche Verdienste um den Wiederaufbau in Europa und in der Abschreckung sowjetischer Drohung. Seit dem Verschwinden der Sowjetunion hat das Verhältnis der USA und ihrer politischen Klasse zu Europa jedoch an Eindeutigkeit verloren. [...] Für die Zukunft ist kaum zu erwarten, dass Washington eine weitere Stärkung der EU mit Zustimmung begleiten wird. Die EU wird sich bemühen müssen, ihre außenpolitische und *strategische Abhängigkeit von Amerika schrittweise zu verringern*, gleichwohl *aber die Partnerschaft des Verteidigungsbündnisses aufrechtzuerhalten*. [...]

12) Die Herstellung einer gemeinsamen Außen- und Sicherheitspolitik wird durch die geplante *Erweiterung der EU*[1] zusätzlich erschwert werden. Gleichwohl ist die Aufnahme einer Reihe von Staaten im Osten Mitteleuropas aus moralischen Gründen der Solidarität sowie aus geopolitischen Gründen geboten. Sie sollte schrittweise erfolgen, um eine Überforderung der EU zu vermeiden. Sie sollte *keinesfalls vor der Vollendung der jetzt anstehenden Strukturreform* der EU beginnen, denn dadurch würde die ohnehin diffizile Reform noch zusätzlich erschwert. [...]

14) Die Union ist kein Staat. Sie ist deshalb auch kein Bundesstaat, sie sollte auch keiner werden wollen. Sie ist jedoch auch kein klassischer Staatenbund. Nach ihrer Aufgabenstellung und nach ihren Strukturen ist die EU etwas völlig Neues, ein dynamisches Unikat, das im Begriff ist, seine Aufgaben zu verändern und zu erweitern. Dabei darf die EU die *Nationalstaaten nicht aushöhlen*. Der Nationalstaat ist – und bleibt für lange Zeit – der bei Weitem wichtigste Ankergrund für die politische Selbstidentifikation der Bürger Europas. Deshalb müssen die Organe der EU und vor allem das Parlament ihre Aktivitäten endlich dem Subsidiaritätsprinzip[2] unterwerfen [...].

Helmut Schmidt, Die Selbstbehauptung Europas. Perspektiven für das 21. Jahrhundert, München [2]2004, S. 239 ff.

1. *Arbeiten Sie die historischen und gegenwärtigen Motive der europäischen Einigung heraus.*

2. *Erläutern Sie, welche weltpolitischen Veränderungen der letzten Jahre eine gemeinsame Außen- und Sicherheitspolitik der Europäer notwendig machten. Bewerten Sie diese Einschätzung.*

[1] Gemeint ist die EU-Erweiterung von 2004 („Osterweiterung"), mit der die Länder Estland, Lettland, Litauen, Malta, Polen, Slowakei, Slowenien, Tschechien, Ungarn und Zypern der EU beitraten.

[2] Der EG-Vertrag Artikel 3b sieht vor, dass die Gemeinschaft nur tätig wird, wenn ein Ziel auf europäischer Ebene besser erreicht wird als auf der Ebene der einzelnen Mitgliedsstaaten.

◄ **„Experiment Europa. Ein Kontinent macht Geschichte."**
Titelblatt des „Spiegel special", Nr. 1/2002.

- *Untersuchen Sie die Bildelemente. Beurteilen Sie, inwiefern diese als spezifisch europäisch angesehen werden können. Welche Themen würden Sie ergänzen und warum?*
- *Nehmen Sie Stellung zum Titel. Warum wird Europa als „Experiment" bezeichnet?*

1. Erläutern Sie Ursachen und Stufen der Herausbildung von Ursprungsmythen an einem Beispiel.

2. Begründen Sie, warum die moderne Nationsvorstellung als antiständische Integrationsideologie bezeichnet werden kann.

3. Kulturnation oder Staatsnation, Sprachprinzip oder Territorialprinzip: Zeigen Sie an Beispielen, welche Konsequenzen die Entscheidung für die eine oder andere Alternative bei der Bildung eines Nationalstaates hatte.

4. Untersuchen Sie, in welchem Verhältnis der traditionelle Nationalismus und das nationalsozialistische Modell der „Volksgemeinschaft" zueinander stehen.

5. Untersuchen Sie, ob man die ständische Mitsprache als Vorläufer des modernen Parlamentarismus bezeichnen kann.

6. Zeigen Sie den Zusammenhang zwischen der Ausformung der Gewaltenteilung und dem damals vorherrschenden Menschenbild.

7. Die Trennung von weltlicher und geistlicher Gewalt im Mittelalter und die moderne Trennung von Kirche und Staat: Arbeiten Sie Gemeinsamkeiten und Unterschiede heraus.

8. Diskutieren Sie, ob sich der Föderalismus der Bundesrepublik Deutschland auf die Struktur des Alten Reiches zurückführen lässt.

9. Benennen und erklären Sie antike Wurzeln des modernen Europa.

10. Das römische Recht gilt als wichtigstes Element des antiken römischen Erbes. Belegen Sie diese These.

11. Benennen Sie positive und negative Seiten der europäischen Kulturtradition. Begründen Sie Ihre Aussage an Beispielen.

12. „Grundlagen moderner politischer Ordnungsformen in Antike, Mittelalter und Früher Neuzeit" – „Wurzeln europäischer Denkhaltungen" – „Industriegesellschaft des 19. Jahrhunderts": Sehen Sie Zusammenhänge zwischen diesen drei historischen Phänomen?

13. Von der konkurrierenden Nachbarschaft zur „Erbfeindschaft": Zeichnen Sie die Entwicklung des deutsch-französischen Verhältnisses im 19. und in der ersten Hälfte des 20. Jahrhunderts nach.

14. Das Ende nationalistischer Konfrontation durch die europäische Einigung: Erörtern Sie diese These anhand konkreter Beispiele.

Perspektive Sozialkunde

1. Noch immer gibt es Vorbehalte gegenüber der europäischen Einigung. Finden Sie Argumente für und gegen Europa als historisch gewachsene Einheit.

2. Definieren Sie die Begriffe „europäische Identität", „europäisches Bewusstsein" und „westliche Wertegemeinschaft" in heutigem Verständnis. Diskutieren Sie, inwieweit Entwicklungen des vormodernen Europa diese Vorstellungen mitgeprägt haben.

Literaturtipps

Frank M. Ausbüttel, Germanische Herrscher. Von Arminius bis Theoderich, Darmstadt 2007

Peter Blickle, Das Alte Europa. Vom Hochmittelalter bis zur Moderne, München 2008

Gabriele Clemens, Alexander Reinfeld und Gerhard Wille, Geschichte der europäischen Integration, Stuttgart 2008

Corine Defrance und Ulrich Pfeil, Deutsch-Französische Geschichte. Eine Nachkriegsgeschichte in Europa 1945-1963, Darmstadt 2011

Richard van Dülmen und Sina Rauschenbach (Hrsg.), Macht des Wissens. Die Entstehung der modernen Wissensgesellschaft, Köln 2004

Monika Flacke (Hrsg.), Mythen der Nationen: ein europäisches Panorama, München ^{2}2001

Johannes Fried, Das Mittelalter. Geschichte und Kultur, München 2008

Axel Gotthard, Das Alte Reich 1495-1806, Darmstadt 2003

Horst Möller und Jacques Morizet (Hrsg.), Deutsche und Franzosen. Orte gemeinsamer Geschichte, München 1996

Herfried Münkler, Die Deutschen und ihre Mythen, Berlin 2008

Verena Postel, Die Ursprünge Europas. Migration und Integration im frühen Mittelalter, Stuttgart 2004

Wolfgang Schmale, Geschichte und Zukunft der europäischen Identität, Stuttgart 2008

Ferdinand Seibt, Die Begründung Europas. Ein Zwischenbericht über die letzten tausend Jahre, Frankfurt am Main 2004

Peter G. Stein, Römisches Recht und Europa. Die Geschichte einer Rechtskultur, Frankfurt am Main 1996

Guido Thiemeyer, Europäische Integration. Motive – Prozesse – Strukturen, Stuttgart 2010

Hans-Ulrich Wehler, Nationalismus, München 2001

Siegfried Weichlein, Nationalbewegungen und Nationalismus in Europa, Darmstadt 2006

Eckard Wirbelauer (Hrsg.), Antike, München 2004

▲ **Germanisches Nationalmuseum, Nürnberg.**

◂ **Deutsches Historisches Museum, Berlin.**

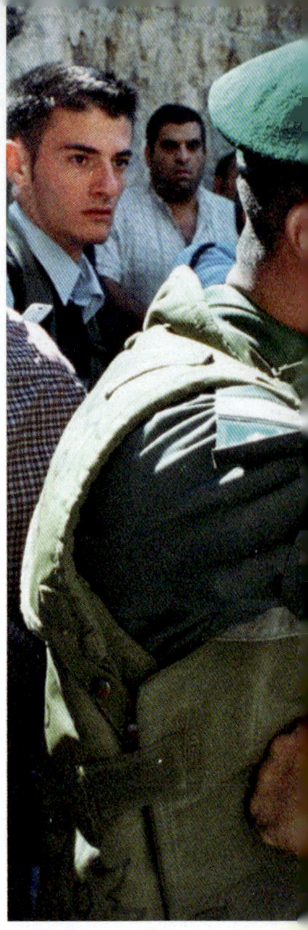

Der Nahe Osten zählt zu den größten Krisengebieten der Welt. Seit Jahrzehnten schwelt dort ein Konflikt zwischen Israel, Palästina und den arabischen Staaten, die das Existenzrecht des 1948 gegründeten Staates Israel ablehnen. Mehrere Kriege mit tausenden Opfern auf beiden Seiten wurden geführt. Keine Generation von Israelis oder Palästinensern hat seit dem 20. Jahrhundert eine Zeit ohne militärische Auseinandersetzungen erlebt. Immer wieder wurden internationale Friedensinitiativen gestartet, doch trotz einzelner Erfolge ist ein entscheidender Durchbruch zum dauerhaften Frieden in der Region nicht gelungen. Der bedeutendste Akteur, der in den letzten Jahrzehnten durch wiederholte Eingriffe die Verhältnisse im Nahen Osten beeinflusste, sind die Vereinigten Staaten von Amerika. Nach dem Zusammenbruch des Sowjetimperiums 1989/90 versuchten sie, ihre Rolle als einzige verbliebene Weltmacht auszubauen. Selbstbewusst vertreten die USA weltweit ihre demokratischen Werte und ihren Führungsanspruch, der auf einem Auserwähltheitsglauben und einem Sendungsbewusstsein beruht, welche sich seit der Kolonialzeit herausgebildet haben.
Wie der Nahost-Konflikt, seine Ursachen und möglichen Lösungen, wird auch die amerikanische Außenpolitik unterschiedlich beurteilt. Verstehen lassen sich der Dauerkonflikt zwischen Israelis und Palästinensern ebenso wie Dynamik und Selbstverständnis der USA jedoch nur, wenn man die historischen Hintergründe betrachtet.

- Wo liegen die Wurzeln des Nahost-Konflikts? Welche Folgen hatte die wechselvolle Herrschaftsgeschichte Palästinas für die gegenwärtigen Besitzansprüche der Konfliktparteien?
- Welche Rolle spielen wirtschaftliche, religiöse, nationalistische, machtpolitische und ideologische Konflikte?
- Wie sehen die Friedenschancen in Nahost aus? Welche Initiativen und Vermittlungsversuche gab und gibt es?
- Worauf basiert das Selbst- und Sendungsbewusstsein, das die amerikanische Nation bis heute prägt?
- Welche Rolle spielen innenpolitische, ideologische, religiöse und wirtschaftliche Faktoren für das außenpolitische Agieren der USA und die Dynamik der amerikanischen Weltmachtpolitik?
- Inwieweit stehen beide Regionen für die zunehmende Globalisierung internationaler Konflikte?

Konfliktregionen und Akteure internationaler Politik in historischer Perspektive

Der Nahe Osten: historische Wurzeln eines weltpolitischen Konflikts

◂ **Streit zwischen einem israelischen Grenzpolizisten und einem Palästinenser in Jerusalem.**
Foto vom 13. Oktober 2000.
Israelische Sicherheitskräfte hinderten tausende Palästinenser am Zutritt zur al-Aqsa-Moschee. Angesichts der zunehmenden Spannungen im Westjordanland und dem Gazastreifen wollten sie Unruhen und Zusammenstöße nach dem Freitagsgebet verhindern.

Israelitische Geschichte in biblischer Zeit	1300 v. Chr.	Philister und Hebräer siedeln in Palästina.
	n. 1230 v. Chr.	Die hebräischen Stämme gründen ein Nordreich (Israel) und ein Südreich (Juda).
	n. 1000 v. Chr.	Nach biblischer Überlieferung siegt König David über die Philister; Jerusalem wird zum Mittelpunkt seines Reiches.
	587 v. Chr.	Die Babylonier erobern das Südreich Juda, zerstören Jerusalem und den Tempel; „Babylonische Gefangenschaft" (bis 538 v. Chr.).
	63 v. Chr.	Palästina wird römisch.
Römische Herrschaft	66-73 n. Chr.	Der große jüdische Aufstand gegen Rom („Judäischer Krieg") wird niedergeschlagen; die jüdische Diaspora beginnt.
	ab 313	Kaiser Konstantin I. fördert die Ausbreitung des Christentums; Palästina wird zum „Heiligen Land" der Christen.
Muslimische Herrschaft und Kreuzzüge	bis 641	Muslimische Araber erobern Palästina.
	1095	Papst Urban II. ruft zum Kreuzzug der Christen auf.
	1517	Die türkischen Osmanen erobern Palästina.
Imperialismus und Mandatszeit	1897	Der von Theodor Herzl einberufene 1. Zionisten-Weltkongress in Basel fordert die Gründung eines jüdischen Nationalstaates in Palästina.
	1917	Balfour-Deklaration: Die britische Regierung verspricht eine „nationale Heimstätte in Palästina für das jüdische Volk".
	1920/22	Nach der Auflösung des Osmanischen Reiches 1918/19 setzt der Völkerbund Großbritannien und Frankreich als Mandatsmächte im Nahen Osten ein.
	1933-1945	In der NS-Zeit wird Palästina zu einem Hauptziel jüdischer Emigration.
Beginn des israelisch-palästinensischen Konflikts	1947	Die UN-Resolution zur Teilung Palästinas in einen jüdischen und einen arabischen Staat wird von den Arabern abgelehnt.
	1948	Der Staat Israel wird proklamiert.
Ausweitung zum israelisch-arabischen Konflikt und Friedensbemühungen	1948/49	Im ersten Arabisch-Israelischen Krieg kämpfen die arabischen Staaten gegen Israel.
	1956	Zweiter Arabisch-Israelischer Krieg (Suez-Krieg gegen Ägypten)
	1964	Die Palästinensische Befreiungsorganisation (PLO) wird gegründet.
	1967	Sechs-Tage-Krieg (5. bis 10. Juni): Israel besetzt weitere Gebiete.
	1987	Die erste „Intifada", der Widerstand junger Palästinenser, bricht aus.
	2000	Die zweite „Intifada" beginnt.
	2003	Das „Nahost-Quartett" (Russland, USA, EU, UNO) veröffentlicht eine „Roadmap" zur Beilegung des Konflikts um Palästina.

Der Nahe Osten ist eine der großen Krisenregionen der Welt. Zu ihm werden Israel und die von ihm besetzten palästinensischen Gebiete sowie die arabischen Nachbarstaaten Ägypten, Jordanien, Libanon und Syrien gezählt. Nach dem Zweiten Weltkrieg war das Gebiet Schauplatz von fünf großen Kriegen und vielen weiteren bewaffneten Konflikten. Im Mittelpunkt steht der **Nahost-Konflikt** zwischen Palästinensern und Juden, auch „Palästina-Konflikt" oder „israelisch-palästinensischer Konflikt" genannt. Beide Nationen beanspruchen Palästina als Territorium für den eigenen souveränen Staat. Während die Juden mit westlicher Unterstützung 1948 ihren demokratischen Staat Israel gründen konnten, besteht bis heute kein international anerkannter palästinensischer Nationalstaat.

Als Schnittpunkt dreier Kontinente und Nahtstelle zwischen Orient und Okzident erlebte der Nahe Osten seit dem Altertum eine wechselvolle Herrschaftsgeschichte. Zugleich war er Ursprung und Heimat der drei großen Weltreligionen **Judentum**, **Christentum** und **Islam**. Hier kam es zu kulturellem Austausch, aber auch zu kriegerischen Auseinandersetzungen. Seit dem ausgehenden 2. Jahrtausend v. Chr. konkurrierten mehrere Stämme um die Kontrolle des Landes. Um 1000 v. Chr. wurde es zeitweise von David, König der Stämme Juda und Israel, regiert. Im Zeitalter des **Hellenismus** gehörte Palästina zu den griechisch geprägten Nachfolgereichen Alexanders des Großen. Im Übergang von der **Römischen Republik** zur **Kaiserzeit** im 1. Jahrhundert v. Chr. eroberten römische Truppen einen großen Teil des Nahen Ostens. Nach dem Zerfall des **Weströmischen Reiches um 500 n. Chr.** und der **Dreiteilung der Mittelmeerwelt** konnten die christlichen **Kreuzzüge** im Hochmittelalter die Ausbreitung des Islam und die Eroberung des gesamten Byzantinischen Reiches durch die Osmanen nicht verhindern.

Als sich das Osmanische Reich in der zweiten Hälfte des 19. Jahrhunderts unter dem Druck von Nationalbewegungen aufzulösen begann, konkurrierten die europäischen Mächte im Zeitalter des **Imperialismus** um Einfluss im Nahen Osten. Seit dem Eintritt des osmanischen Vielvölkerstaates an der Seite Deutschlands und Österreich-Ungarns in den **Ersten Weltkrieg 1914-1918** nutzten die Entente-Mächte den erwachenden arabischen Nationalismus für ihre Zwecke. Großbritannien versprach den Arabern für die Unterstützung im Kampf gegen die Osmanen einen unabhängigen Nationalstaat. Gleichzeitig sicherten die Briten den Zionisten, den Anhängern der jüdischen Nationalbewegung, die Errichtung eines jüdischen Staates in Palästina zu. Nach dem Ende des Osmanischen Reiches 1918/19 erteilte der **Völkerbund** den Siegermächten des Ersten Weltkrieges Großbritannien und Frankreich das Mandat für die Kontrolle über die Region.

Während des **Nationalsozialismus** und der **Verfolgung der Juden** im **Holocaust (Shoa)** wurde Palästina zu einem Hauptziel jüdischer Einwanderung aus Europa. Der von den palästinensischen Eliten geführte arabische Nationalismus richtete sich zunehmend nicht nur gegen die britischen Besatzer, sondern auch gegen die seit den 1880er-Jahren wachsende Zahl jüdischer Einwanderer. Als die **UNO** zur Lösung des Palästina-Problems die Teilung des Landes in einen arabischen und einen jüdischen Staat beschloss und 1948 Israel gegründet wurde, bestritten die arabischen Staaten sein Existenzrecht. Bald darauf geriet die Region in den Sog des **Kalten Krieges** zwischen den Supermächten USA und UdSSR, dessen Höhepunkt der Sechs-Tage-Krieg von 1967 war. Auch nach dem Ende des Kalten Krieges ist der Konflikt ungelöst. Anhaltende Terroranschläge der Palästinenser, die 1988 ihren eigenen Staat ausriefen, behinderten den unter dem Motto „Land für Frieden" von den USA im Camp-David-Abkommen von 1978 eingeleiteten Friedensprozess. Nach wie vor sind die Grenzen der Staaten im Nahen Osten umstritten. Mitverantwortlich für die anhaltenden Probleme ist die Politik der Fundamentalisten, strenggläubiger und gewaltbereiter Anhänger verschiedener Gruppen auf beiden Seiten.

- Tragen Sie die Etappen der Herrschaftsgeschichte des Nahen Ostens in einen Zeitstrahl ein.
- Ordnen Sie in einer Mindmap historische Entwicklungen und Ereignisse an, die den Nahost-Konflikt beeinflussten.

Römische Herrschaftsinteressen und jüdisches Selbstständigkeitsstreben im antiken Palästina

Man darf annehmen, dass Titus einer der ersten war, der nach der Eroberung Jerusalems 70 n. Chr. durch das römische Heer die neue Münze in Händen hielt. Vielleicht hat er sie langsam gedreht, aufmerksam betrachtet und dabei nachdenklich, aber mit Stolz die Inschrift gelesen: „Iudaea capta". Jawohl, das war Judäa nun: erobert! Und er wird als verantwortlicher militärischer Oberbefehlshaber im Kampf Roms gegen die jüdischen Aufständischen hinzugefügt haben: „Endlich!" Wenn man es genau betrachtet, dann klebte viel Blut an dieser Münze, nicht nur jüdisches.

So etwas hatte Titus sicherlich noch nicht erlebt: Ein paar Hundert Leute setzten ihr Leben für ihre Freiheit und für ihre Religion aufs Spiel, und ihr Beispiel reichte aus, um das ganze Land in Aufruhr zu versetzen. Und welcher römische Politiker und Offizier hätte gedacht, dass ein so kleines Volk dem mächtigen Rom so große Schwierigkeiten machen würde! Weil sich die Juden nicht einig waren, wie sie sich gegen Rom verhalten sollten, und sich deshalb blutig bekämpften und gegenseitig schwächten, erwarteten viele in der Hauptstadt eine rasche Entscheidung. Doch das Gegenteil trat ein: Weder Hunger noch Seuchen konnten die Bevölkerung Jerusalems zur Kapitulation und zur Übergabe ihrer Stadt bringen. So hatte sich die Belagerung fast fünf Monate hingezogen. Am Ende war es zu einem erbitterten Kampf um jedes Stadtviertel, ja beinahe um jede Gasse gekommen. Die Juden wollten eher fallen, als sich ergeben. Und je länger die Kämpfe dauerten, desto weniger waren die römischen Soldaten geneigt, mit den Besiegten menschlich umzugehen. Leichen säumten ihren Weg. Kaum ein Stein blieb auf dem anderen. Vor allem aber: Der Tempel, in dem Titus eines der Zentren des Widerstandes gegen Rom sah, ging in Flammen auf!

Wie bei jedem Krieg zählte für den Feldherrn am Ende auch diesmal nur der Sieg. Nun konnte Titus erwarten, dass der Senat ihm in Rom einen Triumphzug genehmigen würde, der dem eines siegreichen Kaisersohnes würdig war. Dann würde er dem staunenden römischen Volk nicht nur die Gefangenen, sondern vor allem die wertvollen Beutestücke aus dem niedergerissenen und verbrannten Tempel in Jerusalem präsentieren.

„Gottes auserwähltes Volk" Die Katastrophe des „Judäischen Krieges" war nicht die erste in der wechselvollen Geschichte des jüdischen Volkes in der Antike. Schon seine Vorfahren waren in das Kräftefeld der überlegenen benachbarten Großreiche der Ägypter, Hetither, Assyrer und Babylonier, später der Perser, Alexanders des Großen und seiner hellenistischen Nachfolger geraten, die das Land eroberten und beherrschten.

Erzählungen über Niederlagen – wie die Zerstörung des Tempels in Jerusalem durch die Babylonier und die Verschleppung der jüdischen Oberschicht nach Babylonien im 7. Jahrhundert – und Höhepunkte – wie den Auszug aus der Sklaverei in Ägypten unter Führung von Moses oder die Herrschaft der Könige David und Salomo – prägten das Selbstbewusstsein des israelitischen und später jüdischen Volkes. Grundlage war vor allem seine gemeinsame Religion: der Glaube an den „Gott der Väter", aus dem allmählich der monotheistische Glaube an den „einen Gott Jahwe" entstand. Das zahlenmäßig kleine Volk empfand sich als das „auserwählte Volk Jahwes". Jahwe hatte mit ihm einen Bund geschlossen und ihm Palästina als das „gelobte Land" versprochen. „Sein Volk" hatte ihm in Jerusalem einen prächtigen Tempel errichtet (▸ M1).

Palästina unter römischer Herrschaft Dieses von seiner besonderen Rolle in der Weltgeschichte überzeugte Volk geriet im 1. Jahrhundert v. Chr. in den Blick eines Reiches, das gerade zur neuen Weltmacht aufstieg. Rom errichtete nach der Eroberung Italiens sein Imperium rund um das Mittelmeer. 63 v. Chr. übernahmen die Römer die Herrschaft in Palästina (▸ M2). Wer aus der jüdischen Oberschicht mit den Römern zusammenarbeitete, konnte als Steuerpächter, in der Rechtsprechung oder bei der Aushebung von Truppen Einfluss und Wohlstand gewinnen. **Herodes** durfte zwischen 37 und 4 v. Chr. sogar in Judäa als König von Roms Gnaden regieren und den inzwischen baufälligen zweiten Israelitischen Tempel in Jerusalem durch einen prachtvollen Neubau ersetzen. Erst fast 50 Jahre nach seinem Tod wurde sein Herrschaftsgebiet vollständig der römischen Provinzialverwaltung eingegliedert.
Die Ausübung der jüdischen Religion behinderten die Römer nicht, solange ihre Staatsgötter und seit der Kaiserzeit der Herrscherkult nicht infrage gestellt wurden. Denn unter dem Vorwand der „Pax Romana", der römischen Herrschaftsideologie, war den Römern vor allem daran gelegen, ihren Machtbereich zu vergrößern, dort Ruhe und Ordnung zu bewahren und möglichst großen wirtschaftlichen Nutzen aus ihm zu ziehen.

Herodes I., der Große (um 73-4 v. Chr.): ab 47 v. Chr. Statthalter von Galiläa, von 37 bis 4 v. Chr. König über Judäa, Samarien und Galiläa unter römischer Oberhoheit. Er stammte aus Judäa, war jüdischen Glaubens, aber nicht jüdischer Abstammung. Herodes errichtete in Jerusalem einen Königspalast und ließ ab 20 v. Chr. den zweiten Israelitischen Tempel umbauen (Herodianischer Tempel).

Abgrenzung oder Anpassung? Für die jüdische Bevölkerung stellte sich unter der römischen Herrschaft wie schon in allen früheren Phasen der Fremdherrschaft in Palästina die Frage, wie weit sie sich der fremden Sprache, Kultur und Religion der Besatzungsmacht anpassen sollte. Auch jetzt behielten die Kräfte die Oberhand, die die Reinheit des Judentums forderten. Einige von ihnen waren zu Gewalt bereit und radikalisierten sich: Die **Zeloten** forderten zum Aufstand gegen die Römer auf. Die sogenannten **Sikarier** verübten Mordanschläge gegen Römer und Juden, die ihre radikale Meinung nicht teilten. Etwa seit der Zeitenwende kam es immer wieder zu lokalen Rebellionen gegen die römische Fremdherrschaft und zu Spannungen zwischen jüdischen Gruppen, die bürgerkriegsähnliche Formen annahmen. Umgekehrt wurde die anfänglich noch zurückhaltende römische Herrschaft immer härter und rücksichtsloser.

Zeloten (von griech. zelotes: Anhänger, Eiferer): jüdische Widerstandsbewegung gegen die römische Besatzung

Sikarier (von lat. sica: Dolch; „Messerstecher"): besonders militante Gruppe der Zeloten, deren Anhänger vor allem Dolch-Attentate verübten, woher sich ihr Name ableitet

Der „Judäische Krieg" ... Der Steuerdruck und die allgemeine Unzufriedenheit mit der römischen Herrschaft ließen in der jüdischen Bevölkerung den Wunsch nach Unabhängigkeit und Freiheit wachsen. Einmischungen römischer Herrscher und Statthalter bei der Einsetzung des Hohepriesters und Übergriffe auf den Tempelschatz schürten den Unmut und bewogen eine Gruppe von Zeloten im Jahr 66 n. Chr. zum Aufstand: Sie forderten die Einstellung des Kaiserkultes, besetzten die Festung Masada in der jüdischen Wüste und drangen schließlich in Jerusalem ein. Damit verloren die zum Kompromiss mit den Römern bereiten Juden jeden Einfluss. Der zunächst lokal begrenzte Aufstand ergriff die gesamte Region und wurde zum „Judäischen Krieg" (▸ M3).

Er endete nach anfänglichen Niederlagen der Römer mit der Eroberung Jerusalems durch den späteren Kaiser Titus im Jahr 71. Kämpfe in mehreren Widerstandsnestern zogen sich noch jahrelang hin. Spektakulärer Abschluss der Feldzüge war 73 die Eroberung der Bergfestung Masada.

▸ **Rückseite eines Sesterz.**
Messing, nach 71.
Unter Kaiser Vespasian und seinen Nachfolgern wurden Münzen für die Provinz Judäa mit der Umschrift „IUDAEA CAPTA" („Judäa [ist] erobert") geprägt.
- *Beschreiben Sie das Motiv. Überlegen Sie, welche Absicht mit der Herausgabe dieser Münze verbunden gewesen sein könnte.*

Simon Bar Kochba (hebräisch „Sternensohn"): eigentlich Sim(e)on Ben Kosiba, jüdischer Rebell, der sich als Erlöser (Messias) ausgab, und von 132 bis 135 n. Chr. den anfänglich erfolgreichen, jedoch letztlich gescheiterten zweiten großen Aufstand der Juden Palästinas gegen das Römische Reich (Bar Kochba-Aufstand) anführte.

Zion: ursprünglich der Name eines Hügels in Jerusalem, später Synonym für Jerusalem und das ganze Heilige Land

... und seine Folgen Im Jahr 130 folgte mit der von **Simon Bar Kochba** gegen die Römer angeführten Revolte noch ein zweiter Aufstand. Jedoch hatte bereits der „Judäische Krieg" den Juden gezeigt, dass es fast unmöglich war, die Romanisierung Palästinas zu verhindern. Seine Bedeutung liegt aber vor allem darin, dass Titus die vollständige Zerstörung des Herodianischen Tempels angeordnet hatte. Damit wollte er den Juden ihr religiöses Zentrum rauben, den jüdischen Widerstand in seinem Kern treffen und endgültig auslöschen. Ohne dieses Zentrum ihres religiösen und kulturellen Zusammengehörigkeitsgefühls setzte sich für die Juden die sogenannte Diaspora, die „Verstreutheit", fort, die bereits mit der Zerstörung des Tempels durch die Babylonier begonnen hatte (▸ M4). Nun lebten endgültig mehr Juden verstreut in fremden Ländern als im „gelobten", von Jahwe versprochenen Land.

Umgekehrt blieb bei den in der Diaspora lebenden Juden die Erinnerung an Jerusalem (**Zion**) lebendig und die Hoffnung, dass alle Juden dort irgendwann wieder eine Heimat fänden. Die sogenannte Klagemauer, eine ehemalige Stützmauer und der einzige Überrest der Tempelanlage, wurde zum Symbol dieser Hoffnung sowie der Einheit und Identität des Judentums.

Gleichzeitig wurde der kompromisslose Durchhaltewille der Zeloten in Masada, der auch das eigene Leben nicht schonte, zum Sinnbild für die Opfer- und Verteidigungsbereitschaft des jüdischen Volkes.

Die in den Schriften des Alten Testamentes festgehaltenen Erzählungen über die frühe jüdische Geschichte sowie Symbole wie die Klagemauer und Masada prägen als historisch-religiöses Erbe über Jahrhunderte das Denken vieler Juden bis in die Gegenwart.

▲ Relief vom Titusbogen auf dem Forum Romanum in Rom, nach 81.
Der Senat ließ den Triumphbogen zu Ehren von Kaiser Titus und dessen Sieg über die Juden im Jahr 70 errichten. Das Relief zeigt römische Soldaten mit den erbeuteten Kultgegenständen aus dem Jerusalemer Tempel, darunter den Tisch mit den Broten für den Sabbat, den traditionellen jüdischen Ruhe- und Feiertag zum Gedenken an den letzten Schöpfungstag, sowie die Menora, den großen siebenarmigen Leuchter. Die Menora ist eines der wichtigsten jüdischen Symbole, ein Sinnbild für Gottes Gegenwart.

M1 Ein Großreich unter Saul und David?

a) Das Wissen über die Geschichte Palästinas in vorrömischer Zeit und damit die Ursprünge des Judentums mit der Besiedlung des „gelobten Landes", der Eroberung Jerusalems und Errichtung eines israelitischen Großreiches unter den Königen Saul, David und Salomon, beruht im Wesentlichen auf der Überlieferung der Bibel. In einem historischen Atlas über die Geschichte der Juden wird der Beginn der Königszeit wie folgt zusammengefasst:

Saul, der erste König, war ein Spross des Stammes Benjamin, der für seine hervorragenden Krieger bekannt war und sehr günstig zwischen den von Juda angeführten Stämmen und den von Efraim angeführten Stämmen im Norden siedelte. Sauls Erfolge als König erfüllten alle Erwartungen. Er schlug die Ammoniter in Gilead, die Moabiter, die Amalekiter, die Aramäer, die Edomiter; vor allem aber gebot er dem Vordringen der Philister Einhalt. [...] Da er sich etliche Male den durch Samuel übermittelten Geboten Gottes widersetzt hatte, wurde der Streit zwischen den beiden immer unversöhnlicher. Schließlich teilte der Prophet Saul mit, dass Gott ihn verwerfe. Jemand anders wurde so dazu bestimmt, die erste königliche Dynastie in Israel zu errichten – David vom Stamme Juda, aus Bethlehem.

Die Bibel gibt mehrere Erzählungen von Davids Thronbesteigung. Der David des Buches Samuel – ein tapferer hübscher Junge, Besieger Goliaths, Anführer in des Königs Armee, begabt auch auf dem Gebiet der Musik [...] – inspirierte die Fantasie künftiger Generationen und wurde zum Gegenstand zahlreicher populärer Epen. Da das Volk Israel über lange Jahrhunderte vom Hause David regiert wurde, erhielten diese Geschichten einen heroischen Charakter.

Nach Sauls Tod brach ein Bürgerkrieg aus. David herrschte über den mächtigen Stamm Juda, während Ischboscheth, Sauls Sohn, die anderen Stämme anführte. Der siebenjährige Bürgerkrieg endete mit der Ermordung Ischboscheths und mit dem Ruf des Volkes, David möge sie vor den Philistern retten. Der neue König vollendete das Werk seines Vorgängers. [...]

Mit dem Sieg über die Jebusiter und der Eroberung Jerusalems [...] schuf David eine Hauptstadt für sein Königreich und ein geistiges Zentrum für die israelitische Nation. Das war eine wahre Revolution, die Jahrtausende jüdischer Geschichte beeinflussen sollte.

Yair Hoffmann, Der Beginn des Königtums: Saul und David 1050-970 v. Chr., in: Eli Barnavi (Hrsg.), Universalgeschichte der Juden. Von den Ursprüngen bis zur Gegenwart. Ein historischer Atlas, München 2004, S. 14-15, hier S. 14

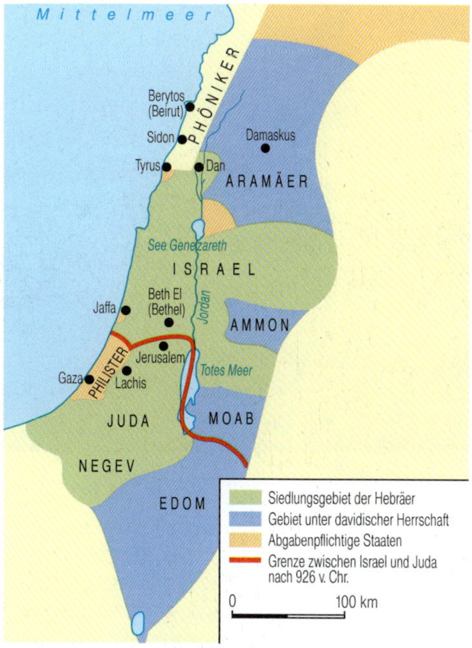

◄ Das Großreich Davids und Salomons, um 1000 bis um 926 v. Chr.

b) Der israelische Historiker Ariel Lewin setzt sich mit der Quellenlage zur Geschichte Palästinas auseinander:

Die biblischen wie auch die mesopotamischen Quellen bestätigen, dass das Land seit dem 9. Jahrhundert v. Chr. in zwei Königreiche geteilt war: das Königreich Israel im Norden und das Königreich Juda im Süden. Israel erstreckte sich von Bethel nach Norden bis Dan, nahe dem Berg Hermon, während Juda sich nach Süden von Jerusalem bis zum Negev ausdehnte. Die Bibel deutet an, dass es sich um zwei Gruppen desselben Volkes handelte, um die „Söhne Israels", und die übrigen Belege bestätigen, dass sie, von einigen regionalen Abweichungen abgesehen, dieselbe Kultur, Sprache und Religion pflegten. Der Bibel zufolge waren die beiden Reiche das Ergebnis einer vereinigten Monarchie des 10. Jahrhunderts, eines kleinen Imperiums, das Kanaan und Transjordanien beherrscht hatte. Die Hauptstadt dieser politischen Einheit war Jerusalem mit seinem Königspalast und dem prächtigen Tempel des Nationalgottes gewesen. Die Archäologen sind jedoch zu dem Schluss gekommen, dass es nie ein imperiales Israel gegeben hat, und diskutieren jetzt die Historizität der ersten Könige Saul, David und Salomo, die angeblich etwa zwischen 1020 und 922 v. Chr. regierten. Eine aramäische Stele belegt wenigstens, dass im Syrien des 9. Jahrhunderts das Königreich Juda als das „Haus Davids" bekannt war. Bisher ist jedoch noch kein Dokument zum Vorschein gekommen, das sich direkt auf diese ersten Könige bezieht.

Ariel Lewin (Hrsg.), Palästina in der Antike, Stuttgart 2004, S. 9

▲ **Davidsgrab auf dem Berg Zion in Jerusalem.**
Foto um 2000.
Das Grabmal, auf dem heute silberne Tora-Rollen mit der hebräischen Überlieferung der fünf Bücher Mose stehen, hat die Form eines römischen Sarkophages und ist in eine bestickte Decke gehüllt. Das Grab des biblischen Königs David wurde dort seit dem 12. Jahrhundert zunächst von den Christen, später von den Muslimen und den Juden verehrt. Auch wenn es als sicher gilt, dass König David hier niemals bestattet war, sehen die Juden den Ort bis heute als heilige Stätte an.

c) In einer Veröffentlichung über die Geschichte der Juden in Deutschland von 2007 heißt es:

Und wenngleich diese Überlieferung – die sich über zahlreiche Generationen hinweg mündlich erhalten hat und erst viele Hundert Jahre nach den geschilderten Ereignissen zu Papier gebracht wurde – einer historischen Überlieferung nicht immer standhalten kann, wenn also die Grenzen zwischen Dichtung und Wahrheit, Legende und Wirklichkeit in solchem Rückblick stark verschwimmen, so bleibt diese Vorgeschichte doch „wahrhaftig“ – in dem Sinne, dass darin die Entstehung und die Veränderungen des jüdischen Welt- und Selbstverständnisses zutreffend kenntlich werden.

Ingke Brodersen und Rüdiger Dammann, Zerrissene Herzen. Die Geschichte der Juden in Deutschland, Bonn 2007, S. 27 f.

1. *Vergleichen Sie die Texte a) und b). Arbeiten Sie heraus, worauf sich die Autoren jeweils stützen.*
2. *Analysieren Sie die Haltung der Autoren zu der Überlieferung. Informieren Sie sich hierzu auch über den Begriff „Teleologie“. Prüfen Sie, ob er hier angebracht ist.*
3. *Nehmen Sie Stellung zu den Aussagen in Text c). Überlegen Sie, welche Probleme damit deutlich werden.*
4. *Arbeiten Sie die jeweiligen Größenvorstellungen eines Königreichs Davids heraus. Ziehen Sie die Karte auf der Seite 113 hinzu. Erläutern Sie Ihre Ergebnisse.*

M2 Ein Römer über die Juden

Der aus Bithynien in der heutigen Türkei stammende Senator, Konsul und Geschichtsschreiber Cassius Dio (um 150-235) schildert in seiner „Römischen Geschichte“ die Eroberung Judäas im Jahre 63 v. Chr. Die Juden beschreibt er so:

Dies waren die Ereignisse, die zu jener Zeit in Palästina geschahen. Denn so wurde seit alters das gesamte Land benannt, das sich von Phönizien bis nach Ägypten am Mittelmeer entlang erstreckt. Es hat auch einen anderen Namen erhalten: Das Land wurde Judäa genannt und die Bevölkerung selbst Juden. Ich weiß nicht, wie ihnen dieser Name gegeben worden ist, aber er wird auch für alle anderen Menschen verwendet, die, obwohl sie einem anderen Volk angehören, deren Bräuchen folgen. Diese Sorte gibt es selbst unter den Römern, und obwohl sie oft unterdrückt wurden, haben sie sich stark ausgedehnt und die Freiheit zur Befolgung ihrer Gebote erlangt.
Sie unterscheiden sich vom Rest der Menschheit in beinahe jedem Detail der Lebensweise, am meisten aber durch die Tatsache, dass sie die Götter der anderen nicht verehren, sondern einen einzigen Gott inbrünstig verehren. Selbst in Jerusalem hatten sie von ihm nie eine Statue, und da sie ihn für unnennbar und unsichtbar halten, verehren sie ihn in der außergewöhnlichsten Weise auf Erden. Sie haben ihm einen Tempel errichtet, der besonders groß und außerordentlich schön war, abgesehen davon, dass er offen und ohne Dach war. Außerdem widmeten sie ihm den Tag, der Tag des Kronos [Saturn] genannt wird, an dem sie, neben vielen anderen sehr eigenartigen Bräuchen, keiner ernsthaften Beschäftigung nachgehen.[1]

Cassius Dio, 37,16, 5 - 37,17,3, nach: ders., Römische Geschichte, Bd. 2, übersetzt von Otto Veh, Zürich 1985, S. 75 f.

1. *Arbeiten Sie heraus, wie Cassius Dio die Juden charakterisiert.*
2. *Erläutern Sie, wie das Verhältnis von Römern und Juden beschrieben wird und wie Cassius Dio die Juden beurteilt.*
3. *Erörtern Sie, warum die Juden oft unterdrückt wurden, obwohl die Römer in religiösen Fragen in der Regel tolerant waren.*

[1] Gemeint ist der jüdische Ruhe- und Feiertag Sabbat, der die Arbeitswoche beschließt und traditionell von Freitagabend bis Samstagabend zum Gedenken an die göttliche Schöpfung begangen wird. In sechs Tagen, so berichtet das 1. Buch Mose, habe Gott die Welt erschaffen, und am siebten Tag geruht.

▲ **Israelische Soldaten beim Gebet auf Masada.**
Foto von 2007.
Der Ort wurde von 1965 bis 1991 zur Vereidigung der Rekruten genutzt. Einige Rekruten tragen den Tallit (Gebetsschal) und Tefillin (Gebetsriemen).

▲ **Die Bergfestung Masada.**
Rekonstruktionszeichnung von Peter Connolly, 1983.
Die Bergfestung Masada auf einem unzugänglichen Felsplateau über dem Toten Meer wurde erst im April 73 oder 74 eingenommen. Dazu bauten die Römer mehrere Heerlager und eine riesige Rampe auf den Berg. Diese Bauten und die Verteidigungsanlagen sind größtenteils erhalten und ein Reiseziel für Touristen.

M3 De bello Iudaico

a) Eine der wichtigsten Quellen über den „Judäischen Krieg" stammt von dem jüdischen Feldherrn und Geschichtsschreiber Flavius Josephus, eigentlich Josippos ben Mattijahu (Josef, Sohn des Matthias). Er ist an den Ereignissen sowohl auf jüdischer als auch auf römischer Seite beteiligt – zunächst als Kommandeur der jüdischen Landbevölkerung von Galiläa gegen die römischen Truppen und nach seiner Gefangenschaft als Chronist der römischen Seite, als welcher er die Geschichte des Krieges in seinem zwischen 75 und 79 n. Chr. verfassten Werk „De bello Iudaico" festhält. Über die Einnahme Jerusalems 70 n. Chr. schreibt er:

Kaum hatte sich [...] Titus entfernt, als die Empörer nach kurzer Ruhepause abermals gegen die Römer ausrückten. Hierbei kam es zum Handgemenge zwischen der Besatzung des Tempels und den Mannschaften, die das Feuer in den Gebäuden des inneren Vorhofs löschen sollten, wobei diese die Judäer bis zum Tempelgebäude zurückdrängten. In diesem Augenblick ergriff einer der Soldaten, ohne einen Befehl abzuwarten oder die schweren Folgen seiner Tat zu bedenken, wie auf höheren Antrieb ein brennendes Holzscheit und schleuderte es, von einem Kameraden hochgehoben, durch eine kleine goldene Tür, durch die man von Norden her in die den Tempel umgebenden Gemächer eintrat. Sowie die Flammen aufloderten, stießen die Judäer angesichts der Größe des Unglücks einen Schrei aus und eilten, ohne der Gefahr zu achten oder ihre Kräfte zu schonen, zu Hilfe; denn was sie bisher vor dem Äußersten zu bewahren gesucht hatten, drohte unterzugehen.

Ein Eilbote meldete Titus, was vorgefallen war. Schnell sprang dieser von seinem Lager im Zelt, wo er eben vom Kampf ausruhte, auf und lief, wie er war, zum Tempel hin, um dem Brand Einhalt zu tun. [...] Weder Vorstellungen noch Drohungen vermochten den Andrang der Legionen aufzuhalten: Die Wut allein leitete sie. [...] Ganze Haufen von Bürgern, lauter schwache, unbewaffnete Leute, wurden niedergemacht, wo immer der Feind sie traf. Um den Altar türmten sich die Toten in Masse; das Blut floss an seinen Stufen, und die Leichen derer, die oben auf ihm ermordet wurden, glitten an seinen Wänden herunter.

Als der Caesar[1] dem Ungestüm seiner rasend gewordenen Soldaten nicht mehr Einhalt zu bieten vermochte und die Flammen immer weiter um sich griffen, betrat er mit den Befehlshabern das Allerheiligste und sah sich an, was es enthielt. Alles fand er weit erhaben über den Ruf, den es bei Fremden genoss, und ganz entsprechend dem Ruhm und der hohen Meinung unter den Einheimischen. [...] Er versuchte deshalb persönlich, die Soldaten zum Löschen anzuhalten; dem seiner Leibwache angehörenden Zenturio Liberalius be-

[1] Titelbestandteil des Titus als Sohn des römischen Kaisers

fahl er, die Widerspenstigen durch Stockschläge zu zwingen. Aber ihre Erbitterung, ihr Hass gegen die Judäer und ihre ungezügelte Kampfeslust waren stärker als die Rücksicht auf den Caesar und die Furcht vor dem, der ihnen wehren wollte. Die meisten feuerte die Aussicht auf Plünderung an, da sie glaubten, es müsse, weil sie außen alles von Gold gefertigt sahen, das Innere erst recht voller Schätze sein. Während der Caesar voreilte, um die Soldaten zurückzuhalten, hatte schon einer von denen, die ins Innere eingedrungen waren, im Dunkel Feuer unter die Türangeln gelegt; als jetzt plötzlich auch von Innen eine Flamme emporschoss, zogen sich die Offiziere mit dem Caesar zurück, und niemand hinderte mehr die Soldaten, draußen Feuer zu legen. So ging der Tempel gegen den Willen des Titus in Flammen auf.

Flavius Josephus, Geschichte des Judäischen Krieges, Stuttgart 2008, S. 442-444

b) Nach der Einnahme der Stadt durch die römischen Truppen hält Titus an die Einwohner Jerusalems eine Ansprache:

„Nun, seid ihr endlich der Leiden eures Vaterlandes satt, ihr, die ihr, ohne unsere Macht und eure Stärke zu bedenken, in unvernünftiger Wut und Tollheit das Volk, die Stadt und den Tempel zugrunde gerichtet habt und gerechterweise selbst zum Verderben verurteilt seid, die ihr, seitdem Pompeius euch unterwarf, unablässig auf Empörung hingearbeitet und endlich den offenen Krieg gegen die Römer begonnen habt! Wir gaben euch das Land in Besitz, wir setzten über euch Könige aus eurem eignen Stamm, wir beließen euch eure heimischen Gesetze und erlaubten euch nicht allein zu Hause, sondern auch unter Freunden nach eurem Gutdünken zu leben; vor allem gestatteten wir euch, für euren Gottesdienst Steuern zu erheben und Gaben zu sammeln, ohne die Spender zu rügen oder zu hindern, sodass ihr reicher wurdet als wir selbst und euch mit unserem Gelde gegen uns rüstetet. Dann wurdet ihr durch den Genuss so bedeutender Vergünstigungen übermütig, wandtet euch gegen die, die sie euch gewährten.

Flavius Josephus, a.a.O., S. 450 f.

c) Die letzten Aufständischen ziehen sich nach dem Fall Jerusalems in die Bergfestung Masada zurück und können sich dort noch bis 73 n. Chr. den römischen Legionen widersetzen. Eleazar Ben Simon, Priester und Anführer der Zeloten, wendet sich mit folgenden Worten an die mit ihm Eingeschlossenen:

Schon lange sind wir, meine Mitkämpfer, entschlossen, weder den Römern noch sonst jemand untertan zu sein außer dem Gott allein [...]. Entehren wir uns nicht selbst, indem wir, die wir früher nicht einmal eine ungefährliche Sklaverei ertragen wollten, jetzt mit der Sklaverei uns freiwillig die schrecklichsten Qualen aufbürden, die uns sicher bevorstehen, wenn wir in die Hände der Römer fallen. Denn wie wir die ersten waren, die sich auflehnten, sind wir auch die letzten, die noch gegen sie kämpfen. Ich halte es für eine besondere Gnade Gottes, dass er uns in den Stand setzt, ehrenvoll als freie Menschen unterzugehen, was anderen, die unversehens überwältigt wurden, nicht vergönnt war. Wir wissen ja, dass wir morgen früh in Feindeshand geraten werden; aber noch haben wir die freie Wahl, mit unsern Lieben einen edlen Tod zu sterben. [...] Vielleicht hätten wir gleich zu Anfang, als unser Streben nach Freiheit auf Widerstand bei unseren Landsleuten und auf noch größeren bei unseren Feinden stieß, den Ratschluss des Gottes erkennen sollen, dass er das ihm einst so teure Volk der Judäer verderben wollte. [...] Die Strafe dafür aber wollen wir nicht von unseren Todfeinden, den Römern, sondern vom Gott durch unsere eigne Hand erleiden; sie wird milder sein als andere. Ungeschändet sollen unsere Frauen sterben, und unsere Kinder, ohne die Sklaverei zu kennen. Und sind sie vorangegangen, wollen wir selbst einander den Liebesdienst erweisen und uns die Freiheit als Leichentuch bewahren! Zuvor aber wollen wir unsere Kostbarkeiten und die Burg durch Feuer vernichten; denn ich bin sicher, dass die Römer sich ärgern werden, wenn sie weder uns noch die Beute kriegen. Nur die Nahrungsmittel wollen wir übriglassen, damit sie nach unserm Tod zum Zeugnis dienen, dass nicht der Hunger uns bezwang, sondern dass wir, wie von Anfang an so auch jetzt noch entschlossen waren, den Tod der Sklaverei vorzuziehen.

Flavius Josephus, a.a.O., S. 493 f.

1. *Charakterisieren Sie die Grundhaltung der jüdischen Gruppen, die an Aufstand und Krieg beteiligt waren.*
2. *Arbeiten Sie heraus, wie Flavius Josephus die Zerstörung Jerusalems bewertet.*
3. *Analysieren Sie das hier gezeichnete Bild der Römer.*
4. *Flavius Josephus schrieb sein Werk in römischem Auftrag. Überlegen Sie, inwieweit die Darstellung gefärbt sein könnte.*
5. *Masada gilt in Israel auch als ein Symbol des Widerstandes. Beurteilen Sie, inwieweit dies ein Resultat der Überlieferung durch Flavius Josephus sein könnte.*

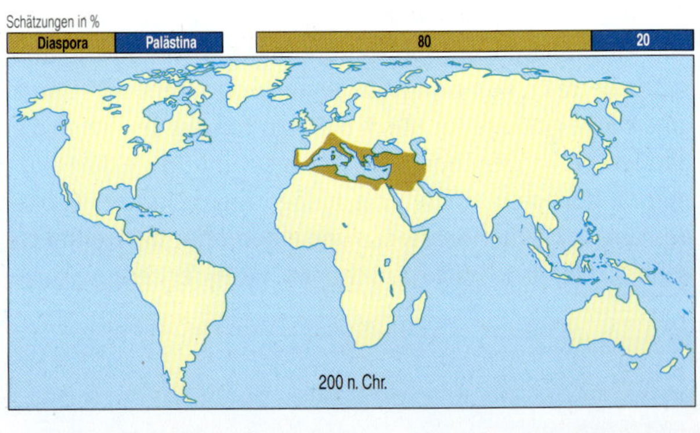

M4 Die Folgen der Kriege: jüdische „Diaspora"

a) Der Historiker Ariel Lewin schreibt 2004 über die Folgen des zweiten jüdischen Aufstandes (132-135 n. Chr.) für das jüdische Leben in Palästina:

Dieser Krieg wirkte sich auf die jüdische Welt noch schlimmer aus als der erste: Der Historiker Cassius Dio berichtet, dass bei diesen Kämpfen 580 000 Juden umkamen, während unzählige andere an Hunger und Krankheiten und in Bränden starben; hunderte Dörfer wurden zerstört. Das Territorium von Judäa rund um Jerusalem war geradezu entvölkert, im Süden des Landes sowie an der Küste wurden die Juden zur Minderheit. In einigen Zentren wie Jericho, Hebron, Lydda (Lod) und anderen Gebieten Peräas, der Sharon-Ebene und Südjudäas bildeten sie jedoch weiterhin kompakte Kerne und rasch verlagerte sich das Zentrum des jüdischen Lebens wieder in das fruchtbare, bevölkerungsreiche Galiläa. [...]

Ariel Lewin, Palästina in der Antike, Stuttgart 2004, S. 34

b) Die deutsche Althistorikerin Loretana de Libero berichtet 2007 über die demografische Entwicklung in Palästina sowie über die Haltung der römischen Kaiser zu den Juden nach 135:

Mitte des 2. nachchristlichen Jahrhunderts machten die Juden nach modernen Schätzungen in Palästina nur noch ein Viertel der Gesamtbevölkerung von eineinhalb Millionen Menschen aus. Allerdings bildeten noch im 5. Jahrhundert Juden und sogenannte Heiden gegenüber den Christen die Bevölkerungsmehrheit. [...]

Das Wohl und Wehe der Juden war abhängig von der persönlichen Einstellung der römischen Kaiser zu deren Religion. Während Hadrian mit Repressalien auf Unzufriedenheit und Unruhen antwortete, lockerte sein Nachfolger Antoninus Pius die Verbote und gestattete den Juden, ihre Religion auszuüben. Die Dynastie der Severer (193-235 n. Chr.) schließlich war den Juden überaus wohlgesonnen. Erst mit Constantius II. (337-361 n. Chr.) begann eine [christliche] antijüdische Gesetzgebung [...].

Loretana de Libero, Der Nahe Osten als Konfliktgebiet in Antike und Mittelalter, in: Bernhard Chiari und Dieter H. Kollmer (Hrsg.), Wegweiser zur Geschichte. Naher Osten, Paderborn u.a. ²2009, S. 20 und 24

c) Der Historiker Julius Schoeps im Jahre 2005 in einem Interview über die Bedeutung der jüdischen „Diaspora":

GEO EPOCHE: Herr Professor Schoeps, was bedeutet „Diaspora" für Juden?

SCHOEPS: Diaspora ist das griechische Wort für Verstreutheit beziehungsweise Verbannung. Auf Hebräisch sagt man galut. Der Begriff bezeichnet im Prinzip den Zustand des Judentums nach der Zerstörung Jerusalems und des Tempels im Jahre 70 n. Chr. Und als der Bar Kochba-Aufstand 135 n. Chr. niedergeschlagen war, durften Juden etwa den Tempelbezirk und große Teile der Stadt nicht betreten. Es kam zu Versklavung und massiven Vertreibungen durch die Eroberer. Juden lebten danach zerstreut in aller Welt – seither ein Grundmerkmal jüdischer Geschichte.

GEO EPOCHE: Wohin sind die Juden Palästinas damals gegangen?

SCHOEPS: Manche von ihnen blieben trotz aller Widrigkeiten dort. Andere wurden von den Römern versklavt. Wieder andere flohen: nach Osten ins Zweistromland, nach Westen längs der nordafrikanischen Küste, nach Spanien, Italien, Griechenland, manche nach Norden bis über die Alpen. Oft ging es an die Ränder des Römischen Reiches.

Peter-Matthias Gaede (Hrsg.), Die Geschichte des Judentums, in: GEO Epoche, Hamburg 2005, S. 60

1. *Arbeiten Sie anhand der Texte die Folgen der Kriege für die jüdische Bevölkerung heraus.*
2. *Untersuchen Sie die Möglichkeiten für Juden, weiterhin in Palästina zu leben. Bestimmen Sie die Bedeutung der jüdischen „Diaspora".*
3. *Diskutieren Sie die Rückkehrmöglichkeiten für ausgewanderte Juden nach Palästina während der römischen Spätantike.*
4. *Informieren Sie sich über die antijüdischen Bestimmungen der spätrömischen Gesetzeswerke Codex Theodosianus und Codex Iustinianus. Inwieweit lassen sich christliche Motive feststellen?*

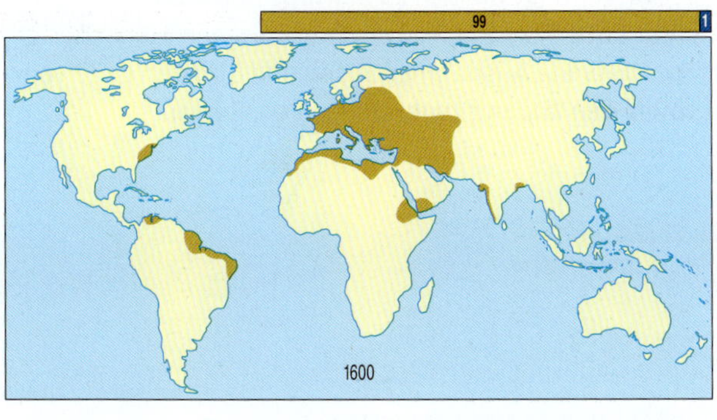

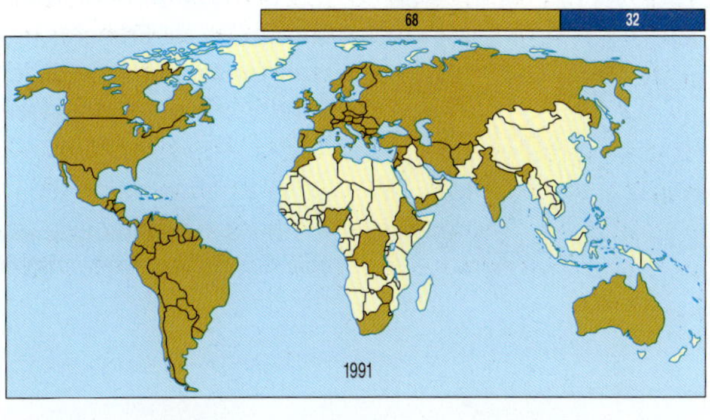

Konflikte zwischen Christen und Muslimen zur Zeit der Kreuzzüge

„Allah akbar!" Der härteste Kampf aller Zeiten ist beendet. Überall sind am Tag der Eroberung entzückte Freudenrufe zu hören. Imad ad-Din, Kanzler des Sultans Saladin (Salah ad-Din), steht der eigentliche Sinn der Geschichtsschreibung klar vor Augen: Gleich den Botschaften, die die Federn der Schreiber kratzten, um die frohe Kunde zu verbreiten, so süß, dass sie Zucker und Kandis übertreffen, wird er in vollkommener Freude darstellen, dass die Länder des Islam wieder geschmückt sind mit der Einnahme Jerusalems.

Während die Franken beginnen, ihre Habseligkeiten zu verkaufen, um die vorgeschriebene Zahlung zu erbringen, die sie vor Knechtschaft bewahren soll, wehen wieder die islamischen Banner auf den Mauern der Stadt. Imad ad-Din begleitet den Sultan, als er befiehlt, den mihrab der al-Aqsa-Moschee wieder freizulegen und die Gebäude der Franken, wie die Muslime die Europäer nennen, zu zerstören und die Plätze zu reinigen, damit der Koran den Thron besteige und das Evangelium abgesetzt werde. Er ist auch bei ihm, als er Audienz hält, um die Glückwünsche entgegenzunehmen, und erkennt die entscheidenden Fragen: Hat Gott nicht das Verdienst, Jerusalem zurückzuerobern, allein dem Hause der Ajjubiden vorbehalten, um durch dieses Haus endlich wieder alle Herzen der Muslime im Wohlgefallen zu einen? Ist diese Rückeroberung nicht ein Zeichen, um den schrecklichen Teufelskreis aus Kämpfen und Gegenkämpfen zwischen den islamischen Gliedern zu beenden? Ist Saladin nicht als Vorkämpfer erwählt worden und sein Vorrang unter den Familien bewiesen?

Im Augenblick der Freude sieht Imad ad-Din deutlich, wie der zukünftige Weg Arabiens und Asiens mit der Einnahme Jerusalems endgültig vorbereitet ist für eine Vorherrschaft des Islam in allen heiligen Gebieten. Und so beginnt er, sein Werk zu schreiben.

Eine Region im Umbruch Mit der Teilung des Imperium Romanum und dem Untergang des Weströmischen Reiches wurde Palästina Teil des Oströmischen und späteren Byzantinischen Reiches. Diesem erwuchs im 7. Jahrhundert mit dem Islam ein schlagkräftiger Gegner. Im Jahr 641 eroberten arabische Muslime Palästina. Seither blieb das Land unter wechselnden Reichen im Wesentlichen bis zum Ende des Ersten Weltkrieges unter muslimischer Herrschaft. Damit trafen in Palästina neben verschiedenen lokalen Kulten drei große monotheistische Religionen aufeinander. Neben dem Judentum hatte sich ab dem 4. Jahrhundert das Christentum etabliert. Jesus Christus war in Palästina geboren worden. Er hatte dort gelebt und war als Aufrührer gegen die römische Herrschaft gekreuzigt worden. Nun kam als dritte Religion der Islam hinzu.

Auch die ethnische Zusammensetzung der Bevölkerung veränderte sich tief greifend: Seit dem 7. Jahrhundert ließen sich Angehörige arabischer Stämme und vorderasiatischer Turkvölker als Eroberer in Palästina dauerhaft nieder. Die muslimischen Herrscher gewährten bis auf wenige, zeitlich beschränkte Ausnahmen Juden und Christen gegen eine Sondersteuer Religionsfreiheit sowie den Zugang zu ihren heiligen Stätten.

◂ **Ritter auf dem Kreuzzug als miles Christi.**
Miniatur aus dem Westminster Psalter, 13. Jahrhundert.

„Heilige Kriege" Auch die Jerusalem-Wallfahrt christlicher Pilger aus dem Westen blieb durch die Araber unbehelligt, zumal sie den islamischen Herren mehr Einnahmen als Probleme brachte. Doch 1076 blockierten die osmanischen Seldschuken nach der Eroberung des Nahen Ostens die Pilgerwege nach Jerusalem, überfielen und beraubten unbewaffnete Wallfahrer. Der byzantinische Kaiser bat Papst Urban II., der zur selben Zeit mit dem Kaiser im Investiturstreit um die Führungsrolle im christlichen Abendland kämpfte, um Militärhilfe. Der Papst nahm die Bitte zum Anlass, 1095 auf dem Konzil zu Clermont mit den Worten „Gott will es!" zu einem Kreuzzug, zur bewaffneten Wallfahrt und zur Befreiung der Christen in Palästina aufzurufen. Zahlreiche Prediger verbreiteten den Kreuzzugsgedanken und erweiterten die Botschaft um die Forderung, die heiligen Stätten der Christenheit aus den Händen der „Ungläubigen und Heiden" zu befreien oder zu „erlösen" (▸ M1).

Zehntausende brachen 1095/96 unter der Führung von Herzögen, Grafen und Bischöfen in großen Heeren in den Orient auf. Während der Züge kam es zu den ersten großen Ausschreitungen gegen die Juden nördlich der Alpen, besonders im Rheinland, in Frankreich und in Böhmen. Diese wurden als die ersten und wahren Feinde Christi verschrien, ausgeraubt, zur Taufe gezwungen oder umgebracht. Ganze Judengemeinden wurden vernichtet.

Die Kreuzzugsbewegung führte zunächst zur Eroberung Jerusalems und zur Errichtung von Kreuzfahrerstaaten im „Heiligen Land" (▸ M2). Nach langem militärischen Hin und Her endete sie jedoch mit einem Misserfolg der abendländischen Eindringlinge.

Die hinter den Kreuzzugspredigten und dem Verhalten der Kreuzfahrer erkennbare Ideologie ähnelt auffällig der muslimischen Lehre vom „Heiligen Krieg", dem Dschihad. Beide gehen davon aus, dass es erlaubt oder sogar geboten sei, den eigenen, „rechten" Glauben notfalls mit der Waffe zu verteidigen. Da Gott den Einsatz der Waffen „wolle", erwarte alle in diesem Heiligen Krieg Gefallenen das Paradies als Lohn.

▲ **Die Kreuzfahrerstaaten um 1131.**

▪ *Vergleichen Sie die Karte mit einer aktuellen des Nahen Ostens.*

Wem „gehören" Jerusalem und das Heilige Land? Schon bald wurde die Stadt Jerusalem zum Symbol dessen, was zu erobern oder zu verteidigen war. Die Juden sahen und priesen die Stadt Davids und Salomos als den Mittelpunkt ihrer Identität als „Volk Gottes" und damit als die „heilige Stadt" schlechthin. Für die Christen war sie mit Rom „heilige Stadt", da Jesus hier die letzten Tage seines Lebens verbracht hatte, gestorben und auferstanden war. Die Muslime verehrten Jerusalem als den Ort, wo **Mohammed**, der Stifter des Islam, in den Himmel aufgefahren war und wo einst die Posaune zum Jüngsten Gericht ertönen werde; sie war für sie die dritte „heilige Stadt" nach Mekka und Medina. Teilweise schon jahrhundertealte Synagogen, Kirchen, Klöster und Moscheen in und um Jerusalem, vor allem die christliche Grabeskirche, die jüdische Klagemauer und der muslimische Felsendom, waren Sinnbilder der drei Religionen, um deren Rang und Besitz eifersüchtig gekämpft wurde.

Die in Palästina verbliebenen Ritter und adligen Anführer errichteten christliche „Kreuzfahrerstaaten". Zu dem religiösen Motiv der Befreiung kam der Anspruch auf dauerhafte Herrschaft hinzu. Ausdruck dieses westeuropäisch-römisch-christlichen Herrschaftsanspruches über Palästina wurden Bauten wie die Kreuzfahrerburgen, die Ritterorden der Templer und Johanniter oder auch der Deutsche Orden, deren Mitglieder sich als „milites Christi" verstanden.

Mohammed (arab. „der Gepriesene", um 570-632): Gründer des Islam. Mit etwa 40 Jahren fühlte er sich zum Gesandten Gottes (Allahs) berufen. Die arabische Zeitrechnung beginnt mit seiner Auswanderung (arab. Hedschra) von Mekka nach Medina 622. Mohammed war nicht nur Religionsstifter, sondern auch Herrscher über weite Teile Arabiens. Für ihn und seine Nachfolger waren und sind Religion und Staat eine Einheit.

Die Muslime hielten während der beiden Jahrhunderte der Kreuzzüge ebenso rigoros an ihrem Anspruch auf Herrschaft über Palästina fest. Für sie wurden nach der Vertreibung der westlichen Eindringlinge der Felsendom und die al-Aqsa-Moschee in Jerusalem einigende Symbole gegen die Europäer und für den Herrschaftsanspruch des Islam in Jerusalem und Palästina (▸ M3).

▲ Der Felsendom.
Foto, um 2000.
Der Felsendom auf dem Tempelberg ist neben der al-Aqsa-Moschee eines der Hauptheiligtümer des Islam und der älteste erhaltene muslimische Sakralbau überhaupt. Er wurde 691 über dem Felsen errichtet, wo die Himmelfahrt Mohammeds stattgefunden haben soll. Er birgt zudem den Stein, auf dem nach biblischer Überlieferung Abraham seinen Sohn Isaak nicht opfern musste.

▲ Der Tempelberg in Jerusalem.
Foto, um 2000.
Jerusalem ist die Hauptstadt Israels und einer der wichtigsten Wallfahrtsorte der drei großen Religionen. Einige Stätten sind allen drei Religionen heilig, wie der im 7. Jahrhundert von den Muslimen errichtete Felsendom. Ebenso heilig wie der Felsendom ist den Juden die „Klagemauer", der einzige Überrest des 70 n. Chr. durch die Römer zerstörten zweiten Tempels. Für die Christen steht die Grabeskirche als erste heilige Stätte im Mittelpunkt, die sich an der überlieferten Stelle der Kreuzigung und des Grabes Jesu befindet.

Eine Episode mit Folgen Die Kreuzzüge waren letztlich erfolglos und nur eine Episode in der Geschichte des Nahen Ostens. Sie blieben aber bis in die Gegenwart nicht ohne Folgen (▸ M4). In Europa lebte das Kreuzzugsdenken bei der Verfolgung der Muslime in Spanien, der Juden in ganz Europa und in der Ketzerverfolgung wieder auf. Manche dieser Aktionen bezeichneten Zeitgenossen sogar als „Kreuzzug". Beinahe regelmäßig wurde der Begriff in der Frühen Neuzeit für die Abwehrkriege gegen die vom Balkan nach Europa vordringenden muslimischen Osmanen verwendet. Als die Türken erfolgreich abgewehrt waren, sahen viele im Abendland darin einen späten Sieg der Kreuzfahrer und sich selbst als die Erben und Nachfolger jener in ihren Augen tiefgläubigen und heldenhaften Kämpfer. Die Furcht vor dem „barbarischen" Feind wich im 18. Jahrhundert einem Gefühl der Überheblichkeit und Verachtung, auch wenn man von seiner exotischen Kultur gleichzeitig auch fasziniert war.

Die muslimische Welt vergaß nie die Kreuzzugszeit, die Eroberungslust und Habgier der Eindringlinge aus dem Abendland. Spätere Auseinandersetzungen mit den „Ungläubigen" wurden auf die Kreuzzüge bezogen und als typisch für die christlich-westliche Welt angesehen (▸ M5).

So wurde und wird bis heute aktuelles Handeln mit dem Schlagwort oder Kampfbegriff „Kreuzzug" gerechtfertigt oder kritisiert. Mit den Worten des Historikers Christopher Tyerman: „So wurde der Begriff des Kreuzzuges immer mehr zu einem ungenauen Synonym für ideologische Konflikte oder – schlimmer noch – zu einer schiefen, aber stark aufgeladenen Metapher für politische Konflikte zwischen Vertretern unterschiedlicher Kulturen oder Religionen."

M1 „Christus spricht heute zu euch ..."

Am 5. November 1198 hält Abt Martin des Zisterzienserklosters Pairis im Bistum Basel eine Kreuzzugspredigt. Mönch Gunther aus demselben Kloster hat sie überliefert:

Christus spricht heute zu euch durch meinen Mund mit seinen eigenen Worten, klagt euch das Unrecht, das ihm angetan. Vertrieben ist Christus aus seiner heiligen Stätte, aus seinem Sitz, ist verstoßen aus jener Stadt, die er selber mit seinem eigenen Blute für sich geweiht hat. Wehe! Wo einst die fleischliche Erscheinung von Gottes Sohn durch die heiligen Propheten verkündigt wurde, [...] wo er persönlich predigte und lehrte und oftmals Zeichen und Wunder verrichtete, wo er beim Mahl mit seinen Jüngern das Sakrament des allerheiligsten Leibes und Blutes einsetzte, wo er litt, starb und begraben wurde und nach drei Tagen wieder auferstand und vor den Augen seiner Jünger in den Himmel aufgenommen wurde und am zehnten Tage den Heiligen Geist in feurigen Zungen über sie ausgoss: dort herrscht jetzt die Barbarei eines heidnischen Volkes! O Unglück, o Tränen, o Abgrund von Leid! Das Heilige Land, durch das Christus seine Schritte lenkte, in dem er die Kranken heilte, Blinde sehend machte, die Aussätzigen reinigte und die Toten erweckte, dieses Land, sage ich, ist in die Hand der Ungläubigen gegeben; gestürzt sind die Kirchen, beschmutzt ist das Heiligtum, des Reiches Sitz und Würde ist auf die Heiden gekommen! [...]
Unser Volk, das jenes Land zu bewohnen pflegte, ist fast vollständig vom Schwert des Feindes oder in schon lange währender Gefangenschaft dahingerafft [...]. Das ist Christi Not, die ihn selber treibt, euch heute durch meinen Mund zu bitten!
Deshalb, ihr starken Krieger, kommt jetzt Christus zu Hilfe, gebt eure Namen zur christlichen Heerfahrt, lasst euch freudig in ein glückhaftes Feldlager einreihen! Euch vertraue ich heute Christi Sache an, ihn selber gebe ich euch sozusagen in die Hand, damit ihr euch müht, ihn in sein Erbe wiedereinzusetzen, aus dem er grausam vertrieben ist. [...]
Wenn ihr aber fragt, was ihr von Gott an sicherem Lohn für solche Mühen erhoffen dürft, so verspreche ich euch gewisslich: Es wird jeder, der das Zeichen des Kreuzes nimmt und reine Buße tut, jeglicher Sünde fortan ledig sein, und gleichgültig, an welchem Ort, zu welcher Zeit und durch welches Geschick er das gegenwärtige Leben verlieren mag, er wird das ewige Leben gewinnen! Ich schweige jetzt davon, dass jenes Land, das ihr aufsuchen werdet, bei Weitem reicher und fruchtbarer ist als dieses hier; und es ist leicht möglich, dass viele unter euch dort selbst in den Dingen der Zeitlichkeit ein glücklicheres Schicksal finden, als sie es nach ihrer Erinnerung hier erfahren haben.

▲ Ein Christ wird von Muslimen geköpft.
Illustration in einer Kreuzzugschronik, 14. Jahrhundert. Das Feindbild Islam sollte der Kreuzzugsidee Nachdruck verleihen. Auf der Säule sitzend schaut ein „heidnisches Symbol" zu.

So seht jetzt, Brüder, wie groß auf dieser Kreuzfahrt die Sicherheit ist, bei euch die Verheißung des himmlischen Reiches gewiss und die Hoffnung auf Glück in der Zeitlichkeit größer ist.
Ich selbst gelobe mich als Gefährte der Reise und der Mühen, und wie es Gott gefallen mag, will ich Glück und Unglück mit euch teilen. Nehmt also jetzt, meine Brüder, frohen Sinnes das sieghafte Zeichen des Kreuzes, damit ihr die Sache des Gekreuzigten getreulich zum Ziele führen und um eine kurze, mäßige Mühe hohen, ewigen Lohn erwerben könnt.

Gunther von Pairis, Die Geschichte der Eroberung von Konstantinopel, übersetzt und erläutert von Erwin Assmann, Köln/Graz 1956, S. 36-39

1. *Beschreiben und begründen Sie die Wirkung der Kreuzzugspredigt des Abtes Martin.*

2. *Fassen Sie die Gründe für die Kreuznahme zusammen. Erläutern Sie, wie das Vorgehen gerechtfertigt wird. Berücksichtigen Sie den historischen Hintergrund der Kreuzzüge in der Zeit der kirchlichen Reformbewegung des 10. und 11. Jahrhunderts.*

3. *Überlegen Sie, welche Motive der Kreuzfahrer oftmals tatsächlich überwogen haben dürften.*

M2 Die Einnahme Jerusalems durch die Kreuzfahrer 1099

Wilhelm von Tyrus, um 1130 in Jerusalem als Kind von Einwanderern geboren, kehrt nach einem Studium der Theologie und Rechtswissenschaften in Europa nach Palästina zurück. Bevor er 1175 zum Bischof von Tyrus ernannt wird, tritt er 1167 in die Dienste von König Amalrich I. von Jerusalem, für den er die Geschichte der Kreuzfahrerstaaten, seine „Historia rerum in partibus transmarinis gestarum" („Geschichte der Taten jenseits des Meeres") zu schreiben beginnt. Darin berichtet er über die Eroberung Jerusalems:

Es geschah sicherlich nach gerechtem Urteil Gottes, dass die, welche das Heiligtum des Herrn mit ihren abergläubischen Gebräuchen entweiht und dem gläubigen Volk entzogen hatten, es mit ihrem eigenen Blut reinigen und den Frevel mit ihrem Tode sühnen mussten. [...] Im Tempelbezirk sollen an die zehntausend Feinde umgekommen sein, wobei also die, welche da und dort in der Stadt niedergemacht wurden und deren Leichen in den Straßen und auf den Plätzen umher lagen, noch nicht gerechnet sind, denn ihre Zahl soll nicht geringer gewesen sein. Der übrige Teil des Heeres zerstreute sich in der Stadt, zog diejenigen, welche sich in engen und verborgenen Gassen versteckt hatten, um dem Tode zu entrinnen, wie das Vieh hervor und stieß sie nieder. Andere taten sich in Scharen zusammen und gingen in die Häuser, wo sie die Familienväter mit Frauen und Kindern und dem ganzen Gesinde herausrissen und entweder mit den Schwertern durchbohrten oder von den Dächern herabstürzten, dass sie den Hals brachen. [...]
Als endlich auf diese Weise Ordnung in der Stadt hergestellt war, legten sie die Waffen nieder, wuschen sich die Hände, zogen reine Kleider an und gingen dann demütigen und zerknirschten Herzens, unter Seufzen und Weinen, mit bloßen Füßen, an den ehrwürdigen Orten umher, welche der Erlöser durch seine Gegenwart heiligen und verherrlichen mochte, und küssten sie in großer Andacht. Bei der Kirche zu den Leiden und der Auferstehung des Herrn kamen ihnen sodann das gläubige Volk der Stadt und der Klerus, welche beide seit so vielen Jahren ein unverschuldetes Joch getragen hatten, voll Dankes gegen ihren Erlöser, der ihnen wieder die Freiheit geschenkt, entgegen und geleiteten sie unter Lobliedern und geistlichen Gesängen nach der vorgenannten Kirche.

Zitiert nach: Hagen Schulze und Ina Ulrike Paul (Hrsg.), Europäische Geschichte. Quellen und Materialien, München 1994, S. 982 f.

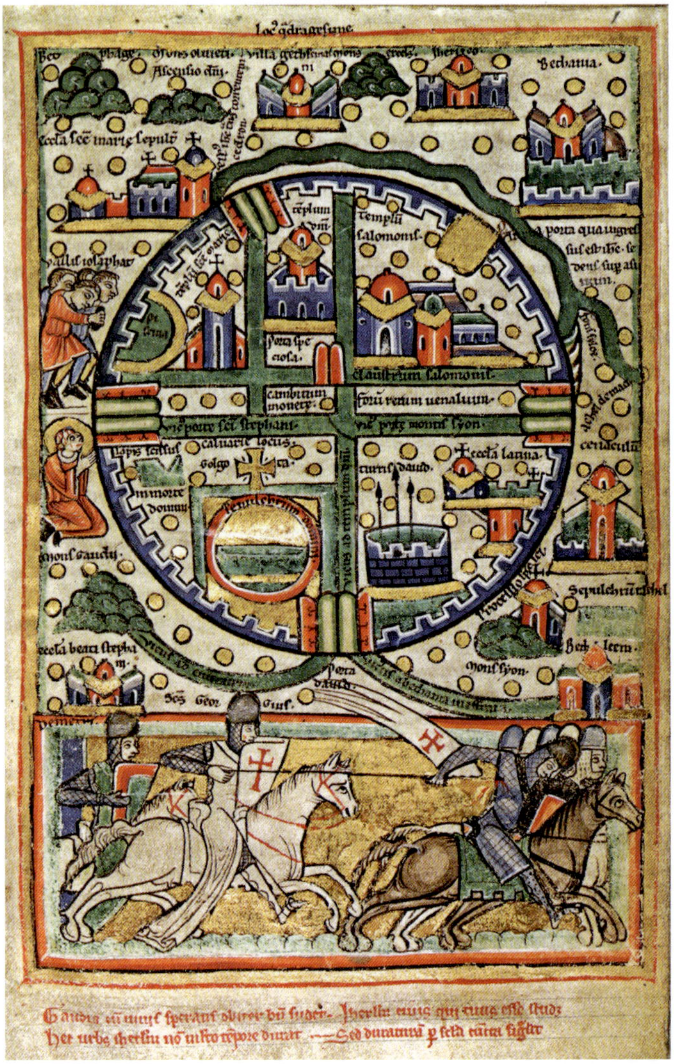

▲ **Die Befreiung Jerusalems.**
Karte des Heiligen Landes mit Jerusalem als Mittelpunkt, um 1170/80.
Zu den Zielen der ersten Kreuzzüge gehörte die Befreiung Jerusalems von den „Ungläubigen", die hier einen Heiligen mit Steinen bewerfen. Unter der Karte kämpft der Heilige Georg, ein Märtyrer, der der Christenverfolgung im 3. Jahrhundert zum Opfer gefallen sein soll, als Kreuzritter.

1. *Arbeiten Sie das Bild des Kreuzfahrers heraus, das Wilhelm von Tyrus zeichnet.*
2. *Diskutieren Sie, inwieweit die Überlieferung Wilhelm von Tyrus Herrschaftsansprüche auf Jerusalem enthält.*

M3 Die Rückeroberung Jerusalems

a) Aus der Geschichtsschreibung des Ibn al-Atir (1160 - 1233) zur Rückeroberung Jerusalems 1187:

Auf der Kuppel des Felsendomes stand im Scheitel ein großes vergoldetes Kreuz; als die Muslime am Freitag in die Stadt einzogen, kletterten einige von ihnen oben auf die Kuppel, um das Kreuz zu entfernen. Als sie hinaufgestiegen waren, erhob sich ein einstimmiger Schrei in der Stadt und außerhalb, unter Muslimen und Franken. Die Muslime riefen *Allah akbar* vor Freude, die Franken schrien vor Schmerz und Bestürzung. Das Geschrei war so laut und durchdringend, dass es die Erde erzittern ließ.

Zitiert nach: Francesco Gabrieli (Hrsg.), Die Kreuzzüge aus arabischer Sicht, Augsburg 1999, S. 192

b) Aus der Geschichtsschreibung des Imad ad-Din (1125 - 1201):

Wie sollte [der Sultan] sich nicht die Eroberung des starken Jerusalem zum Ziel nehmen und der Moschee al-Aqsa, die auf Frömmigkeit gegründet ist, denn es ist der Sitz des Propheten, das Haus der Heiligen, der Ort der Anbetung der Frommen, den die großen Heiligen der Erde und die Engel des Himmels besuchen? Hier ist der Ort der Sammlung und der Auferstehung (am Jüngsten Tage), treffen Schar um Schar die Gesandtschaften der frommen Freunde Gottes ein; hier steht der Felsen, dessen immer neuer Glanz vor allem Abstumpfen bewahrt wurde, von dem der Weg des Auffahrens (des Propheten zum Himmel) ausging; über seinem Haupt erhebt sich die stolze Kuppel wie eine Krone; hier zuckte der Blitz, von hier nahm Buraq[1] seinen Weg, hier erhellte die Nacht der Himmelsreise mit der Herabkunft der glänzenden Leuchte die Welt. Unter seinen Toren ist das Tor der Barmherzigkeit[2], und wer dort eintritt, erhält das Recht, das Paradies zu betreten und ewig dort zu weilen. [...] Jerusalem ist die erste der beiden *qibla*[3], das zweite der beiden Häuser Gottes, die dritte der heiligen Städte [...]. Wer weiß, ob Gott nicht durch uns Jerusalem seine schönste Gestalt zurückgibt, so, wie er es geehrt hat, indem er es zusammen mit seiner edelsten Schöpfung am Anfang der Sure[4] erwähnt hat [...].

Zitiert nach: Francesco Gabrieli (Hrsg.), a.a.O., S. 199 f.

c) Der Islamwissenschaftler Hans Jansen interpretiert die Sure 17,1, auf welche die Überlieferung der Nachtreise Mohammeds zurückgeht:

Wenn wir *asrâ* in Sure 17,1 dieselbe Bedeutung geben wie an anderen Stellen im Koran, drängt sich der Gedanke auf, dass es sich hier um die *Hidschra* (= Auswanderung) von Mekka nach Medina handelt. Denn Mohammed zog mitten in der Nacht mit den Seinen los, und zwar aus dem Territorium, wo die Ungläubigen das Sagen hatten. Die beiden Kultstätten aus Vers 1 könnten dann die Kaaba in Mekka sein und eine Gebetsstätte, die in Medina bereits eingerichtet war.

Hans Jansen, Mohammed. Eine Biographie, München 2008, S. 190

d) Imad ad-Din deutet den Tag, an dem Jerusalem zurückerobert worden ist:

Es ergab sich, dass die Eroberung Jerusalems auf den Tag fiel, in dessen Nacht die Himmelsreise des Propheten stattgefunden hatte. Vollkommen war überall die Freude über den glänzenden Sieg, alle Zungen strömten über von Gebeten und Anrufungen Gottes.

Zitiert nach: Francesco Gabrieli (Hrsg.), a.a.O., S. 208

1. *Erklären Sie die Bedeutung des Felsendoms und der al-Aqsa-Moschee für die Muslime zur Zeit der Kreuzfahrer.*
2. *Erörtern Sie die politische Bedeutung der Untersuchungen, die der Islamwissenschaftler Hans Jansen über die genaue Bedeutung der Sure 17,1 angestellt hat.*
3. *Arbeiten Sie auf der Grundlage der Darstellung sowie von M2 und M3 die Bedeutung der heiligen Stätten in Jerusalem für die verschiedenen Religionen heraus.*

[1] Buraq: das Himmelspferd, auf dem Mohammed seine nächtliche Reise gemacht haben soll
[2] Tor der Barmherzigkeit: das goldene Tor, ein Tor zum Tempelbezirk
[3] qibla: Gebetsrichtung, im Raum erkennbar durch die Gebetsnische (*mihrab*)

[4] Die Überlieferung der Nachtreise Mohammeds geht auf die Sure 17,1 zurück: „Gepriesen sei der, der mit seinem Diener bei Nacht von der heiligen Kultstätte nach der fernen Kultstätte, deren Umgebung wir gesegnet haben, reiste, um ihn etwas von unseren Zeichen sehen zu lassen." (Zitiert nach: Hans Jansen, Mohammed. Eine Biographie, München 2008, S. 189)

◂ **Krak des Chevaliers in Syrien.**
Foto von 2002.
Diese Kreuzritterburg kam 1142 in den Besitz des Johanniter-Ordens. Er ließ sie nach 1170 ausbauen. Die Besatzung bestand aus rund 2 000 Mann. 1271 eroberten muslimische Truppen die Festung.
- *Informieren Sie sich über die Johanniter. Was haben sie mit den Kreuzzügen zu tun?*

M4 Auswirkungen

Der Historiker Simon Lloyd nennt 1995 folgende Auswirkungen der Kreuzzüge:

Tatsächlich waren die Folgen der Kreuzzugsbewegungen fast überall zu spüren; kaum ein Bereich der damaligen abendländischen Welt, lässt man ihre unmittelbaren Nachbarn einmal beiseite, der nicht direkt oder indirekt in der einen oder anderen Weise von ihr betroffen oder beeinflusst wurde. Auf der weltgeschichtlichen Bühne spielten die Kreuzzüge eine wichtige Rolle, gaben sie doch der politischen und kulturellen Landkarte ein neues Gesicht – denn sie bildeten eine wichtige Voraussetzung für die fortschreitende Expansion der lateinischen Christenheit, für das Entstehen neuer, römisch geprägter Staaten in Nordosteuropa, auf der iberischen Halbinsel und natürlich im Orient, wenn auch einigen dieser Staaten nur eine kurze Existenz beschieden war. [...] Durch die Ausrufung von Kreuzzügen suchte das Papsttum seinem Anspruch, die Christenheit zu lenken, Realität zu verleihen, wobei es der Verwirklichung dieses Traums unter Innozenz III. am nächsten kam.
Die Kreuzzüge trugen ebenso dazu bei, das Selbstverständnis der Europäer zu verändern; sie förderten die Erkenntnis, dass alle Europäer eine gemeinsame Identität haben, die in einer gemeinsamen kulturellen Tradition – die freilich lokale Unterschiede aufweist – verwurzelt ist. Da die abendländische christliche Kultur das kennzeichnende gemeinsame Merkmal war, tat sich ein tiefer Spalt zwischen den christlichen Westeuropäern und der übrigen Menschheit auf, der seiner Konzeption nach im Wesentlichen religiös fundiert war. Betrachtet man die Kreuzzüge in diesem Sinne als einen umfassenden ideologischen Krieg, so lässt sich sagen, dass sie den fremdenfeindlichen Zug innerhalb der abendländischen Kultur, der bisher relativ latent geblieben war, dramatisch verstärkten und die exklusive Sicht der Welt zusätzlich nährten, wonach die Überlegenheit der christlich-abendländischen Kultur eine ausgemachte Sache war. Im Zusammenhang damit stand ein drastischer Wandel der christlich-jüdischen Beziehungen im Abendland: Die Pogrome von 1096 bezeugen eine neue, feindselige Haltung, die sich bald fest im Herzen der abendländischen Kultur verankerte. Darüber hinaus bewirkte das Kreuzzugswesen, als Idee und als Praxis, die Durchsetzung ritterlicher Werte und trug damit stark zu einem neuen Selbstverständnis des Ritterstandes bei – ein Selbstverständnis, das die kulturelle Distanz dieses Standes von anderen sozialen Schichten scharf akzentuierte.

Simon Lloyd, die Kreuzzugsbewegung 1096 bis 1274, in: Jonathan Riley-Smith (Hrsg.), Illustrierte Geschichte der Kreuzzüge, Frankfurt am Main/New York 1999, S. 81

1. *Arbeiten Sie die Auswirkungen der Kreuzzüge heraus.*
2. *Verfassen Sie ein Referat zum Thema „Kein Krieg ist heilig – die Kreuzzüge". Nutzen Sie dazu die Darstellung und die Materialien dieses Kapitels.*

▸ **Saladin-Denkmal in Damaskus.**
Foto, 2000.
Sultan Saladin, der „siegreiche Herrscher", wurde durch die Eroberung Jerusalems 1187 und den Sieg über die Kreuzfahrer zu einem Mythos, zum größten aller Helden der muslimischen Welt und vorbildhaften islamischen Herrscher verklärt. In der Altstadt von Damaskus erinnert heute ein Denkmal an Saladins Erfolge im Kreuzzug.

M5 Revolution und Dekadenz?

Der in Paris lebende libanesische Schriftsteller Amin Maalouf schreibt 1983 über die Folgen der Kreuzzüge:

Während für Westeuropa die Zeit der Kreuzzüge der Beginn einer echten Revolution war, sowohl auf wirtschaftlichem als auch kulturellem Gebiet, folgten diesen Glaubenskriegen im Orient Jahrhunderte der Dekadenz[1] und des Obskurantismus[2]. Die von allen Seiten bedrängte muslimische Welt zieht sich in sich selbst zurück. Sie ist empfindlich, intolerant und steril geworden, und alle diese Eigenschaften verstärken sich mit der zunehmenden Weiterentwicklung der übrigen Welt, von der sie sich an den Rand gedrängt fühlt. Fortschritt, das sind jetzt die anderen. Modernität, das sind die anderen. Musste man, um seine kulturelle und religiöse Identität zu bestätigen, diese Modernität, die das Symbol des Westens war, ablehnen? Oder musste man, im Gegenteil, entschlossen den Weg der Modernität beschreiten, auf die Gefahr hin, seine Identität zu verlieren? Weder dem Iran noch der Türkei noch der übrigen arabischen Welt ist es gelungen, aus diesem Dilemma herauszukommen. [...]
Man ist oft erstaunt festzustellen, in welchem Maße die Haltung der Araber und der Muslims insgesamt dem Westen gegenüber noch heute von Vorkommnissen beeinflusst wird, die allgemein als vor sieben Jahrhunderten abgeschlossen gelten.

[1] Dekadenz: Kultureller Niedergang, sittlicher Verfall
[2] Obskurantismus: Verdunklung, Unaufgeklärtheit

So beziehen sich, an der Schwelle zum dritten Jahrtausend, die politischen und religiösen Führungskräfte der arabischen Welt ständig auf Saladin, auf den Fall Jerusalems und seine Wiedereroberung. In der Volksmeinung und auch in gewissen offiziellen Reden wird Israel einem neuen Kreuzfahrerstaat gleichgestellt. Von den drei Divisionen der palästinensischen Befreiungsarmee trägt eine heute noch den Namen Hittin[3] und die andere Ain Jalout[4]. [...] Der Suez-Krieg von 1956[5] wurde wie der von 1191[6] empfunden, als ein Kreuzzug der Franzosen und Engländer.

Amin Maalouf, Der Heilige Krieg der Barbaren. Die Kreuzzüge aus der Sicht der Araber, München 2003, S. 282 f.

1. *Diskutieren Sie die Folgen der Kreuzzüge, die Maalouf beschreibt.*

2. *Überlegen Sie, inwiefern mit den Kreuzzügen „Geschichtspolitik" betrieben wird.*

[3] Bei Hittin (Hattin) schlug Saladin 1187 die Kreuzfahrer.
[4] Bei Ain Jalout in Ägypten besiegten die Türken und kaukasischen Tscherkessen 1260 das mongolische Heer.
[5] Vgl. dazu S. 146.
[6] Gemeint ist die Einnahme Akkons 1191 durch hauptsächlich französische und englische Kreuzfahrer während des Dritten Kreuzzuges (1189 - 1192).

Imperialismus und Nationalismus im Nahen Osten

„Arabien soll den Arabern gehören", lautet ein Satz aus einem berühmten Film, der zur Zeit des Ersten Weltkrieges spielt. Er fällt im kolonialen britischen Hauptquartier in Kairo. Dort ist auch der britische General Edmund Allenby stationiert, der bald darauf die Küste Palästinas bis Damaskus mit seinen Truppen erobern wird. Der, der die Parole spricht, sitzt ihm im Gewand des Scherifs eines arabischen Stammes gegenüber und ist auf einem Kamel direkt aus der Wüste Sinai gekommen. Es ist der britische Offizier Thomas Edward Lawrence, genannt „Lawrence von Arabien". Seine Soldaten haben vom Landesinnern her die türkisch besetzte Küstenstadt Akaba am Zugang zum Roten Meer eingenommen. Eben diese Nachricht hat er General Allenby überbracht. Lawrence erläutert dem General zunächst seinen Plan: Die Araber könnten es durch Attentate auf die türkische Eisenbahn schaffen, die osmanische Armee auf der Halbinsel zu binden, was den britischen Vorstoß von Kairo nach Gaza und Jerusalem erleichtern würde. General Allenby wendet ein, dass die Türken wohl eher die arabische Halbinsel verlassen würden, woraufhin der berühmte Dialog beginnt:

„Das wird er [„der Türke"] nicht wagen. Das Gebiet gehört zu seinem Reich. Wenn er Arabien verlässt, kann er nie wieder zurück." „Ja, aber wer wird dann ..." „... Es wird keiner in Arabien herrschen. Arabien soll den Arabern gehören. Das habe ich ihnen jedenfalls gesagt. Daran glauben sie und dafür kämpfen sie. Sie haben nur eine Befürchtung: dass wir sie benützen, um die Türken zu vertreiben und uns dann selbst einzunisten. Ich habe versucht, sie davon zu überzeugen, dass wir keine Ambitionen in Arabien haben. Stimmt das?" ... „Ja, ähm sicher."

▲ Szenenfoto des Kinofilms „Lawrence von Arabien" von 1962.
Im Bild die Hollywoodstars Peter O'Toole (als Lawrence von Arabien, Mitte), Anthony Quinn (rechts) und Omar Sharif.

Ein Film wirft Fragen auf Der Dialog endet mit einer Lüge, das zeigt der Film „Lawrence von Arabien" in der Regie von David Lean später. Man sieht die Araber als Verratene, die Briten als wortbrüchige Verräter. Lawrence wird zum tragischen Helden und der Film mit sieben Oscar-Auszeichnungen zum besten Film des Jahres 1962 erklärt. Er prägte das Bild von den tragischen, letztlich schwachen und rückständigen Arabern. Palästina und Syrien wurden zum britischen und französischen Kolonialgebiet, die Osmanen und nach ihnen die Araber waren die Verlierer. Alles nur Legende? Wem gehörte Palästina ab 1917 tatsächlich? Begann damals der gegenwärtige Nahost-Konflikt? Und wer war Lawrence von Arabien wirklich?

Grundfragen und Parteien des Nahost-Konflikts Die Frage, wer im Nahen Osten rechtmäßig herrscht und wem Palästina „gehört", wurde um die Wende zum 20. Jahrhundert und im Verlauf des Ersten Weltkrieges mit dem Niedergang des Osmanischen Reiches neu entfacht. Damit verbunden war die Frage, ob Palästina für sich allein ein selbstständiges Staatsgebiet darstelle oder Teil eines größeren Gebildes sei, z.B. zu Syrien gehöre. Zuletzt ging es auch um die Bestimmung der Grenzen, also um die Frage, wie groß denn eigentlich Palästina sein solle. Die Zahl der Akteure, die Ansprüche auf das osmanische Erbe in Nahost und im Besonderen auf Palästina erhoben, hatte sich dabei gegenüber den früheren Konflikten in der Antike und im Mittelalter zwar erhöht. Bestimmend waren jedoch drei: die jüdisch-zionistische, die britische und die arabische Seite.

erheben Anspruch auf Palestina

davor gehörte Palästina zu dem Osmanischen Reich

Die jüdische Perspektive Auch während der osmanischen Herrschaft im Nahen Osten gab es jüdische Ansiedlungen und Gemeinden in Jerusalem und in ganz Palästina. Wie auch viele Juden in der Diaspora glaubten sie an die Überlieferung des Propheten Jesaja, dass in „Zion" (Jerusalem) der Messias erscheinen werde und diejenigen, die dort begraben sind, dann als Erste auferstehen werden. Diese jüdischen Gemeinden waren zahlenmäßig klein und besaßen keinerlei staatlich-politischen Charakter oder Anspruch.

Der immer wiederkehrende und sich in der zweiten Hälfte des 19. Jahrhunderts verschärfende Antisemitismus in vielen Staaten Europas führte zu Auswanderung und ließ mehrere namhafte Persönlichkeiten dafür werben, nun endgültig ins „Land der Väter" und nach „Zion" zurückzukehren. Dafür wurden Vereine ins Leben gerufen, wie „Chowewe Zion" („Freunde Zions"). Seine eigentliche politisch-nationalstaatliche Ausprägung erfuhr der daraus entstehende „Zionismus" aber erst durch den Wiener Journalisten und Juristen **Theodor Herzl**, der 1896 die Broschüre „Der Judenstaat – Versuch einer modernen Lösung der Judenfrage" veröffentlichte (▸ M1). In ihr kam er zu dem Schluss, dass die in manchen Staaten Europas vollzogene rechtliche Gleichstellung der Juden sowie die Anpassung der jüdischen Lebensformen an ihre jeweilige Umgebung noch kein Ende des Antisemitismus bewirkt hätten. Stattdessen schlug er als „moderne" Lösung die Gründung eines eigenen jüdischen Nationalstaates vor, in dem die Juden leben und die eigene Identität ohne Furcht wahren könnten. Herzl drängte auf eine internationale zionistische Konferenz. Sie sollte den Zionismus weltweit bekannt machen, das Zusammengehörigkeitsgefühl der Juden stärken und den zionistischen Gruppen und Palästinavereinen einen organisatorischen Rahmen geben.

Theodor Herzl gehörte 1897 zu den Organisatoren des ersten Zionistischen Weltkongresses und wurde zum Präsidenten der von ihm initiierten Zionistischen Weltorganisation (ZWO) gewählt. Ziel der Zionisten war es, den auf der Welt verstreut lebenden Juden in Palästina eine Heimat zu geben (▸ M2). Ihre vordringliche Aufgabe bestand darin, den Aufbau Palästinas und die Auswanderung vorzubereiten. Um 1900 hatte der Zionismus etwa 200 000 Anhänger, aber auch Kritiker, für die die Lösung nicht in Auswanderung, sondern in Integration und Annäherung bestand (▸ M3).

Von den folgenden „Zionistischen Kongressen" ging tatsächlich eine programmatisch motivierte Einwanderung nach Palästina aus. Sie ließ den jüdischen Bevölkerungsanteil in Palästina, wo es während der osmanischen Herrschaft nur zahlenmäßig kleine jüdische Gemeinden ohne staatlich-politischen Charakter oder Anspruch gegeben hatte, stetig anwachsen. Es entstanden erste landwirtschaftliche Kollektivsiedlungen (**Kibbuzim**), 1909 wurde die Stadt Tel Aviv gegründet. Theodor Herzl war sich 1897 bereits sicher, durch sein Wirken einen jüdischen Nationalstaat in Palästina ins Leben gerufen zu haben.

Theodor Herzl (1860-1904): aus Budapest gebürtiger österreichisch-jüdischer Schriftsteller, Publizist und Journalist. Unter dem Eindruck von Antisemitismus und Diskriminierung verfasste er die Schrift „Der Judenstaat" (1896), mit der er den politischen Zionismus initiierte, der vor allem die Gründung eines jüdischen Staates anstrebte. Dafür versuchte er vergeblich die Großmächte zu gewinnen. 1949 wurde Herzls Leichnam nach Jerusalem überführt und auf dem nach ihm benannten Herzlberg beigesetzt.

Kibbuz (Pl. Kibbuzim): hebr. „Vereinigung"; genossenschaftliche Siedlung mit besonderer Gesellschaftsform und Ideologie; zuerst in Palästina zur Zeit des britischen Mandats, dann im Staat Israel

▸ Jüdische Siedler pflanzen im Kibbuz Ramat Rachel Bäume.
Foto, 1930er-Jahre.
Seit dem Ende des 19. Jahrhunderts kamen Hunderttausende jüdische Siedler in mehreren Einwanderungswellen nach Palästina. Geleitet von zionistischen Idealen und sozialistischen Ideen gründeten vor allem osteuropäische Einwanderer ab 1909 Kollektivsiedlungen, die Kibbuzim, und landwirtschaftliche Genossenschaften (Moschavim). Die jüdischen Siedler begannen mit der Erschließung des Landes und dem Aufbau neuer Wirtschafts- und Gesellschaftsstrukturen. Je mehr die Zahl der jüdischen Einwanderer wuchs, desto schwieriger wurde das Verhältnis zu den in Palästina ansässigen Arabern, bis es dann ab 1920 zu offenen Auseinandersetzungen zwischen beiden Gruppen kam.

◂ Die Sieger des Ersten Weltkrieges verhandeln in Paris mit dem späteren syrischen König Emir Faisal (Mitte).
Foto von 1919.
Bei den Verhandlungen ging es um die Einwanderungsbedingungen von Juden nach Palästina sowie über die Rechte der arabischen Bevölkerung. Hinter Faisal steht der Vertreter Frankreichs, Captain Rosario Pisani, rechts neben ihm (mit Kopftuch) der Brite Thomas Edward Lawrence („Lawrence von Arabien“).

Der Erste Weltkrieg als Neuanfang im Nahen Osten? Im Oktober 1914 trat das Osmanische Reich als Bündnispartner Deutschlands in den Ersten Weltkrieg ein. Damit wurde auch der Nahe Osten Kriegsgebiet. Er grenzte im Süden an den Kernbereich des britischen Imperiums zwischen Ägypten und Indien, im Norden des Osmanischen Reiches gab es Interessenkonflikte mit Russland, und Frankreich besaß ein Interesse an Syrien, das zum Osmanischen Reich gehörte. Alle alliierten Kriegsgegner hatten ein nationales Interesse an einer Eroberung des Osmanischen Reiches mit einer anschließenden Neuaufteilung des Gebietes. Sie trafen hierüber Absprachen, bei denen sie maximale Kriegsziele vereinbarten. Beispielhaft hierfür war das Abkommen zwischen den Unterhändlern Sir Mark Sykes und François Georges-Picot vom 16. Mai 1916 (Sykes-Picot-Abkommen), das den Nahen Osten in weiten Teilen als britisch-französisch-arabisches Gebiet vorsah. Die Briten besaßen auch die militärische Stärke, um den Krieg gegen das Osmanische Reich zu gewinnen. Jerusalem wurde am 9. Dezember 1917 kampflos eingenommen.

Thomas Edward Lawrence, bekannt als Lawrence von Arabien (1888-1935): britischer Archäologe, Geheimagent und Schriftsteller. Er nahm von 1911 bis 1914 an Expeditionen nach Syrien und in den Sinai teil und sprach Arabisch. Da seine Kenntnisse für den britischen Geheimdienst interessant waren, wurde er dessen Verbindungsmann und unterstützte den arabischen Aufstand gegen die osmanische Herrschaft. Gegenüber der britischen Regierung vertrat Lawrence stets die arabischen Interessen. Schon zu Lebzeiten genoss er als „Lord of Arabia“ einen legendären Ruf, vor allem nachdem er seine Erlebnisse 1926 in seinem Buch „Die sieben Säulen der Weisheit“ veröffentlichte.

Lord Arthur James Balfour, 1. Earl of Balfour (1848-1930): britischer Politiker; 1902 bis 1905 britischer Premierminister, von 1916 bis 1919 Außenminister. In dieser Funktion sicherte er mit der nach ihm benannten Balfour-Deklaration vom 2. November 1917 den Zionisten Unterstützung zu.

Unklare britische Position? Die britische Nahost-Politik war widersprüchlich. Einerseits versprach man dem arabischen Scherifen Hussein von Mekka die Gründung eines arabischen Staates und unterstützte seinen Sohn, Emir (Fürst) Feisal, 1916 mit Geld und Militärberatern bei seinem Aufstand gegen den osmanischen Sultan, in dem der Brite **Thomas Edward Lawrence** zu einer Schlüsselfigur wurde. Eine wesentliche Grundlage für die militärische arabisch-britische Zusammenarbeit gegen das Osmanische Reich bildete ein Brief des britischen Hochkommissars Henry McMahon an den arabischen Scherifen Hussein von Mekka. Das von McMahon darin eingeräumte arabische Gebiet war dabei noch wesentlich größer als jenes, das ein Jahr später das Sykes-Picot-Abkommen vorsah.

Andererseits traf die britische Regierung nach Ansicht vieler Historiker diese Absprachen mit den arabischen Würdenträgern aber nur aus strategischem Interesse, um Verbündete gegen die osmanische Armee zu gewinnen, die den Suez-Kanal bedrohte. Dieser stellte eine wichtige Verbindung zum Kolonialreich Indien dar. Daher durfte das angrenzende strategisch wichtige Palästina nicht in „falsche Hände“ geraten.

Gleichzeitig schien die britische Regierung grundsätzlich bereit, die zionistische Idee eines jüdischen Nationalstaates zu unterstützen. So veröffentlichte der britische Außenminister **Lord Arthur James Balfour** 1917 eine Sympathieerklärung an die Zionistische Föderation, die sogenannte Balfour-Deklaration, in der er die Unterstützung seiner Regierung für die „Errichtung einer nationalen Heimstätte für das jüdische Volk in Palästina“ zusagte (▸ M4). Die Erklärung blieb vage. Dennoch befürwortete die britische Regierung, dass sich nach dem Krieg eine „Zionistische Kommission“ in Jerusalem niederließ. Diese bemühte sich mit großem Eifer, alle zionistischen Belange voranzutreiben. Symbolische Bedeutung erlangte dabei die Grundsteinlegung für eine hebräische Universität am 24. Juli 1918: Diese wurde nicht nur als ein wissenschaftliches, sondern zugleich als ein nationales geistiges Zentrum angesehen, das die Sprache Hebräisch, bis dahin die Sprache der Bibel, als weltliche Nationalsprache etablieren sollte.

Nach dem Ende des Ersten Weltkrieges übertrugen die Siegermächte den Nahen Osten Frankreich und Großbritannien als Mandat (▸ M5). Das Mandat über Palästina enthielt die eindeutige Erklärung, die jüdische Ansiedlung und Staatsbürgerschaft in Palästina erleichtern und die Balfour-Deklaration umsetzen zu wollen. Dies waren Weichenstellungen für einen jüdischen Staat.

Jahr	jüdische Bevölkerung	arabische Bevölkerung	Gesamtzahl der Bewohner
1882	ca. 24 000	ca. 426 000	ca. 450 000
1914	ca. 85 000	ca. 600 000	ca. 685 000
1918	ca. 56 000	ca. 600 000	ca. 656 000
1922	84 000	668 000	752 000
1931	175 000	859 000	1 033 000
1935	355 000	953 000	1 308 000
1940	464 000	1 081 000	1 545 000
1945	554 000	1 256 000	1 810 000

▲ **Der Anteil der jüdischen und arabischen Bevölkerung Palästinas im Vergleich.**

Nach: Michael Wolffsohn, Israel. Geschichte, Politik, Gesellschaft, Wirtschaft, Wiesbaden 72007, S. 260

- *Untersuchen Sie, wann die jüdische Einwanderung nach Palästina am stärksten war. Erklären Sie vor dem historischen Hintergrund die möglichen Ursachen.*
- *Formen Sie die Tabelle in ein Säulendiagramm um. Beurteilen Sie die Situation in Palästina.*

Die arabische Position: Beginn einer National- und Gegenbewegung Das arabische Lager war gespalten und akzeptierte den Führungsanspruch des Scherifen von Mekka , der ein großarabisches Reich unter Führung seiner Dynastie errichten wollte, bei Weitem nicht einhellig. Vor allem junge Intellektuelle propagierten eine Nationalbewegung, die sich teilweise am europäischen Nationalstaatsdenken orientierte. Sie wollten kein arabisches Großreich, das ein Vielvölkerstaat gewesen wäre, sondern einen muslimischen „palästinensischen" Staat.

Gemeinsam war allen Formen der arabischen Nationalbewegung jedoch die Ablehnung eines jüdischen Nationalstaates in Palästina. Ein Grund dafür war der grundlegende kulturelle Unterschied zwischen den nomadischen Beduinen und den jüdischen Neuankömmlingen, die eine systematische Bodenkultivierung betrieben. Ein weiterer war die Form der Landnahme durch die jüdischen Organisationen: Sie kauften keineswegs nur ödes, bislang ungenutztes Land, sondern teilweise auch Land, das arabische Kleinbauern gepachtet hatten, die nun gegen Zahlung einer Entschädigung das Land verlassen sollten. Eine Rolle spielte auch, dass nach der Vertreibung der osmanischen Regierung jede neue Herrschaft abgelehnt wurde.

Die Araber sahen sich durch die Pariser Verträge und durch die Mandatsbestimmungen um den aus ihrer Sicht verdienten Lohn betrogen. Wachsende Feindschaft gegenüber den westlichen Mächten, vor allem aber gegenüber den jüdischen Siedlern und gegen alle vermeintlichen oder tatsächlichen Anzeichen eines jüdischen Nationalstaates in Palästina, war die Folge (▸ M6).

Bereits im ersten Jahrzehnt nach dem Ersten Weltkrieg gab es über 360 Tote bei gewalttätigen Auseinandersetzungen zwischen Arabern und Juden in Palästina, die überwiegend von arabischen Palästinensern ausgingen. Angst, Hysterie und Hass nahmen zu. Die wachsenden Spannungen zeigten sich beispielhaft 1921, als die Unabhängigkeit der zionistischen Stadtgründung Tel Aviv von der viel älteren, arabisch bewohnten Nachbarstadt Jaffa genehmigt wurde. Sie bedeutete die erste künstliche Trennung von Juden und Arabern in Palästina.

M1 „Der Judenstaat“

Das 1896 in Wien erschienene Buch „Der Judenstaat. Versuch einer modernen Lösung der Judenfrage“ von Theodor Herzl erscheint aus heutiger Sicht als Wegbereiter des Zionismus. Herzl stammt aus Budapest, lebt aber seit 1878 in Wien und Paris, wo er als Auslandskorrespondent arbeitet. Herzl ist als liberaler Jude aufgewachsen, d.h. in seiner Familie werden zwar die jüdischen Bräuche und Festtage geachtet, jedoch zugleich ein bürgerliches Leben geführt. Seit den 1880er-Jahren nimmt der Antisemitismus in Wien zu, nicht zuletzt durch den Zustrom von Ostjuden, die nach den Pogromen von 1881 aus Russland geflohen sind. Herzl denkt darüber nach, wie das Problem des Antisemitismus gelöst werden könnte:

Ich glaube den Antisemitismus, der eine vielfach komplizierte Bewegung ist, zu verstehen. Ich betrachte diese Bewegung als Jude, aber ohne Hass und Furcht. Ich glaube zu erkennen, was im Antisemitismus roher Scherz, gemeiner Brotneid, angeerbtes Vorurteil, religiöse Unduldsamkeit – aber auch, was darin vermeintliche Notwehr ist. Ich halte die Judenfrage weder für eine soziale noch für eine religiöse, wenn sie sich auch noch so und anders färbt. Sie ist eine nationale Frage, und um sie zu lösen, müssen wir sie vor allem zu einer politischen Weltfrage machen, die im Rate der Kulturvölker zu regeln sein wird.
Wir sind ein Volk, *ein* Volk.
Wir haben überall ehrlich versucht, in der uns umgebenden Volksgemeinschaft unterzugehen und nur den Glauben unserer Väter zu bewahren. Man lässt es nicht zu. Vergebens sind wir treue und an manchen Orten sogar überschwängliche Patrioten, vergebens bringen wir dieselben Opfer an Gut und Blut wie unsere Mitbürger, vergebens bemühen wir uns, den Ruhm unserer Vaterländer in Künsten und Wissenschaften, ihren Reichtum durch Handel und Verkehr zu erhöhen. In unseren Vaterländern, in denen wir ja auch schon seit Jahrhunderten wohnen, werden wir als Fremdlinge ausgeschrien; oft von solchen, deren Geschlechter noch nicht im Lande waren, als unsere Väter da schon seufzten. Wer der Fremde im Lande ist, das kann die Mehrheit entscheiden; es ist eine Machtfrage, wie alles im Völkerverkehre.
Niemand ist stark oder reich genug, um ein Volk von einem Wohnort nach einem anderen zu versetzen. Das vermag nur eine Idee. Die Staatsidee hat wohl eine solche Gewalt. Die Juden haben die ganze Nacht ihrer Geschichte hindurch nicht aufgehört, diesen königlichen Traum zu träumen: „Übers Jahr in Jerusalem!“ ist unser altes Wort. Nun handelt es sich darum zu zeigen, dass aus dem Traum tagheller Gedanke werden kann.

[...] So werden dumpfe Gehirne zunächst meinen, dass die Wanderung aus der Kultur hinaus in die Wüste gehen müsse. Nicht wahr! Die Wanderung vollzieht sich mitten in der Kultur. Man kehrt nicht auf eine niedrigere Stufe zurück, sondern ersteigt eine höhere. Man bezieht keine Lehmhütten, sondern schönere, modernere Häuser, die man sich neu baut und ungefährdet besitzen darf. Man verliert nicht sein erworbenes Gut, sondern verwertet es. Man gibt sein gutes Recht nur auf gegen ein besseres. Man trennt sich nicht von seinen lieben Gewohnheiten, sondern findet sie wieder. Man verlässt das alte Haus nicht, bevor das neue fertig ist. Es ziehen immer nur diejenigen, die sicher sind, ihre Lage dadurch zu verbessern. Erst die Verzweifelten, dann die Armen, dann die Wohlhabenden, dann die Reichen. Die Vorangegangnen erheben sich in die höhere Schicht, bis diese zuletzt ihre Angehörigen nachschickt. Die Wanderung ist zugleich eine aufsteigende Klassenbewegung.
Und hinter den abziehenden Juden entstehen keine wirtschaftlichen Störungen, keine Krisen und Verfolgungen, sondern es beginnt eine Periode der Wohlfahrt für die verlassenen Länder. Es tritt eine innere Wanderung der christlichen Staatsbürger in die aufgegebenen Positionen der Juden ein. Der Abfluss ist ein allmählicher, ohne jede Erschütterung, und schon sein Beginn ist das Ende des Antisemitismus. Die Juden scheiden als geachtete Freunde, und wenn einzelne dann zurückkommen, wird man sie in den zivilisierten Ländern genauso wohlwollend aufnehmen und behandeln wie andere fremde Staatsangehörige. Diese Wanderung ist auch keine Flucht, sondern ein geordneter Zug unter der Kontrolle der öffentlichen Meinung. Die Bewegung ist nicht nur mit vollkommen gesetzlichen Mitteln einzuleiten, sie kann überhaupt nur durchgeführt werden unter freundlicher Mitwirkung der beteiligten Regierungen, die davon wesentliche Vorteile haben.

Theodor Herzl, Der Judenstaat. Text und Materialien von 1896 bis heute, hrsg. von Ernst Piper, Berlin/Wien 2004, S. 16 f. und 22 f.

1. *Erarbeiten Sie die Motive, die Herzl für seine Idee eines jüdischen Nationalstaates anführt.*
2. *Erklären Sie den Titel „Der Judenstaat. Versuch einer modernen Lösung der Judenfrage“.*
3. *Überlegen Sie, wie sich der Ton Herzls erklären lässt und welche Adressaten er im Sinn hatte.*
4. *Die Parole „Wir sind ein Volk“ spielte auch in der deutschen Revolution von 1989 eine Rolle. Vergleichen Sie den Gebrauch der Losung.*
5. *Nehmen Sie Stellung zu der Auffassung, es sei eine Frage der Macht und Mehrheit, wie Bevölkerungsgruppen leben können.*

M2 Das „Baseler Programm“

a) Auf dem ersten zionistischen Kongress in Basel 1897 wird das folgende Programm verabschiedet:

Der Zionismus erstrebt für das jüdische Volk die Schaffung einer rechtlich gesicherten Heimstätte in Palästina.
Zur Errichtung dieses Zieles nimmt der Kongress folgende Mittel in Aussicht:

1. Die zweckdienliche Förderung der Besiedlung Palästinas mit jüdischen Ackerbauern, Handwerkern und Gewerbetreibenden.
2. Die Gliederung und Zusammenfassung der gesamten Judenheit durch geeignete örtliche und allgemeine Veranstaltungen nach den Landesgesetzen.
3. Die Stärkung des jüdischen Volkes und Volksbewusstseins.
4. Vorbereitende Schritte zur Erlangung der Regierungszustimmung [der Großmächte], die nötig sind, um das Ziel des Zionismus zu erreichen.

Zitiert nach: Elmar Krautkrämer, Krieg ohne Ende? Israel und die Palästinenser – Geschichte eines Konflikts, Darmstadt 2003, S. 160

b) Der Historiker Julius H. Schoeps über die Wortwahl des „Baseler Programms“:

Das sogenannte „Baseler Programm“ [...] war verschwommen formuliert. Um keine völkerrechtlichen Verwicklungen zu riskieren, war man nicht so weit gegangen, die Errichtung eines souveränen jüdischen Staates zu fordern, sondern sprach von der Errichtung einer „öffentlich-rechtlich gesicherten Heimstätte“. Den Delegierten war klar, was mit dieser unbestimmten Formel gemeint war. Herzl tat absichtlich nichts dazu, sie zu interpretieren. Jacob de Haas, Herzls Vertrauensmann in London und späterer Biograf, berichtet, er habe Herzl darauf aufmerksam gemacht, dass sich die gewählte Formulierung schwer ins Englische übersetzen lasse. Herzls Antwort, so meinte er, habe die Stimmung der Kongressteilnehmer ausgedrückt: „No need to worry. The people will read it as ‚Jewish State‘ anyhow.“

Julius H. Schoeps, Theodor Herzl 1860 - 1904, Neu-Isenburg 2004, S. 124

1. *Erläutern Sie die Ziele des „Baseler Programms“.*
2. *Prüfen Sie Schoeps' Urteil und nehmen Sie Stellung.*
3. *Erörtern Sie, wegen welchen befürchteten „völkerrechtlichen Verwicklungen“ das Ziel eines jüdischen Nationalstaates nicht offen formuliert wurde.*

▲ **„Der Zug durchs rote Meer.“**
Karikatur aus dem satirischen jüdischen Journal „Schlemiel“, um 1900.
Die Karikatur zeigt Theodor Herzl und seinen späteren engen Mitarbeiter Max Nordau. Die Schilder tragen die Aufschrift „Chowewe Zion“ (wörtlich: „Zionsfreunde“), den Namen eines Vereins zur Besiedlung Palästinas, und den Schriftzug „Jerusalem“. Die Bildunterschrift lautet: „Halt! – Das Wasser steht noch nicht wie eine Mauer!“

■ *Erklären Sie die Aussage der Karikatur.*

M3 Reaktionen auf die Idee eines jüdischen Nationalstaates

a) Von den jüdischen Lesern wird Theodor Herzls Schrift „Der Judenstaat“ unterschiedlich aufgenommen. Der österreichische Schriftsteller Karl Kraus äußert sich dazu folgendermaßen:

Einer der Herren, die sich jetzt als Geschichtsanwälte des jüdischen Volkes aufwerfen und mit seltsam gen Sonnenaufgang verdrehten Augen für die Rückkehr aller übrigen Juden nach dem Stammland Palästina agitieren, ersuchte mich vor einiger Zeit, einen kleinen Betrag zu jenen Zwecken beizusteuern, die man zionistische oder mit einem guten alten Wort antisemitische nennt. [...] Ich glaubte wirklich im ersten Moment, dass der freundliche Sammler als endlicher Vollstrecker des christlich-sozialen Willens – nicht, wie er meint, des alten Testaments – sich das berühmte „Schussgeld auf Juden“ abholen komme, wurde aber bald belehrt, dass der Antisemitismus, wie ihn die Zionisten predigen, von so barbarischen Maßnahmen vorläufig absehe und sich damit begnüge, die für die bloße Austreibung der Juden erforderlichen Geldmittel aufzubringen.

Zitiert nach: Julius H. Schoeps, a. a. O., S. 93 und 95

b) Der französische Baron Edmond de Rothschild erwirbt Grundstücke in Palästina. 1917 erklärt er in einem Brief an den zionistischen Führer und späteren israelischen Staatspräsidenten Chaim Weizmann seine Beweggründe für die Unterstützung jüdischer Ansiedlungen in Palästina:

Es ist selbstverständlich, dass diejenigen von uns, denen die liberalen westlichen Völker seit langer Zeit ihre Bürgerrechte eingeräumt haben, ihre Adoptivländer nicht werden aufgeben wollen. Ich, so gebe ich zu, bin persönlich mit meinem Herzen zu stark mit Frankreich verbunden, als dass ich an eine andere Heimat denken könnte. Allerdings muss man an diejenigen denken, die nicht ein ähnliches Glück wie wir hatten. Massen von Juden, unzählbar viele, mit denen man in den Ländern, in denen sie wohnen, über Generationen wie mit Fremden und minderwertigen Menschen umgegangen ist, haben Palästina zum Land ihrer Zuflucht ausersehen, in dem sich ihre materiellen Bedürfnisse und ideellen Interessen erfüllen konnten.

Zitiert nach: Yoram Mayorek, Zwischen Ost und West: Edmond de Rothschild und Palästina, in: Georg Heuberger (Hrsg.), Die Rothschilds. Beiträge zur Geschichte einer europäischen Familie, Frankfurt am Main 1994, S. 133-150, hier S. 144

1. *Herzl wurde vorgeworfen, seine Vorstellungen seien eine Utopie. Prüfen Sie, ob die Vorwürfe berechtigt sind.*

2. *Erläutern Sie Karl Kraus' Kritik an Herzls Idee. Nehmen Sie Stellung.*

3. *Vergleichen Sie Rothschilds Ziele mit jenen von Herzl.*

M4 Die britische Haltung

a) Aus der Vereinbarung zwischen dem britischen Hochkommissar in Ägypten Sir Henry McMahon und dem Scherif von Mekka Hussein vom 24. Oktober 1915, von der arabischen Halbinsel bis nach Palästina, Syrien und dem heutigen Libanon wieder ein arabisches Reich entstehen zu lassen:

Abgesehen von den genannten Änderungsvorschlägen ist Großbritannien bereit, die Unabhängigkeit der Araber in allen vom Scherifen von Mekka geforderten Gebieten anzuerkennen und zu unterstützen.
Ich bin davon überzeugt, dass diese Erklärung Sie zweifellos von der Sympathie überzeugt, die Großbritannien ihren arabischen Freunden entgegenbringt. Sie wird eine feste und dauerhafte Allianz begründen, deren sofortiges Ergebnis die Vertreibung der Türken aus arabischen Ländern und die Befreiung der arabischen Völker vom türkischen Joch sein wird, das so lange auf ihnen lastete.

Gebiet nicht klar definiert

Zitiert nach: Friedrich Schreiber und Michael Wolffsohn, Nahost. Geschichte und Struktur des Konflikts, Opladen [4]1990, S. 22

b) Der britische Außenminister Arthur James Balfour übermittelt Lord Walter Rothschild, Vizepräsident der britischen Vereinigung jüdischer Gemeinden, am 2. November 1917 folgende Erklärung, die als „Balfour-Deklaration“ bekannt geworden ist:

Mein lieber Lord Rothschild,
zu meiner großen Genugtuung übermittle ich Ihnen namens S. M. Regierung folgende Sympathie-Erklärung für die jüdisch-nationalen Bestrebungen, die vom Kabinett geprüft und gebilligt worden sind.
Seiner Majestät Regierung betrachtet die Schaffung einer nationalen Heimstätte in Palästina für das jüdische Volk [wörtlich: a national home for the Jewish people] mit Wohlwollen und wird die größten Anstrengungen machen, um die Erreichung dieses Ziels zu erleichtern, wobei klar verstanden wird, dass nichts getan werden soll, was die bürgerlichen und religiösen Rechte bestehender nichtjüdischer Gemeinschaften in Palästina oder die Rechte und die politische Stellung der Juden in irgendeinem anderen Lande beeinträchtigen könnte.
Ich bitte Sie, diese Erklärung zur Kenntnis der zionistischen Föderation zu bringen.

Zitiert nach: Georg Heuberger (Hrsg.), a. a. O., S. 167

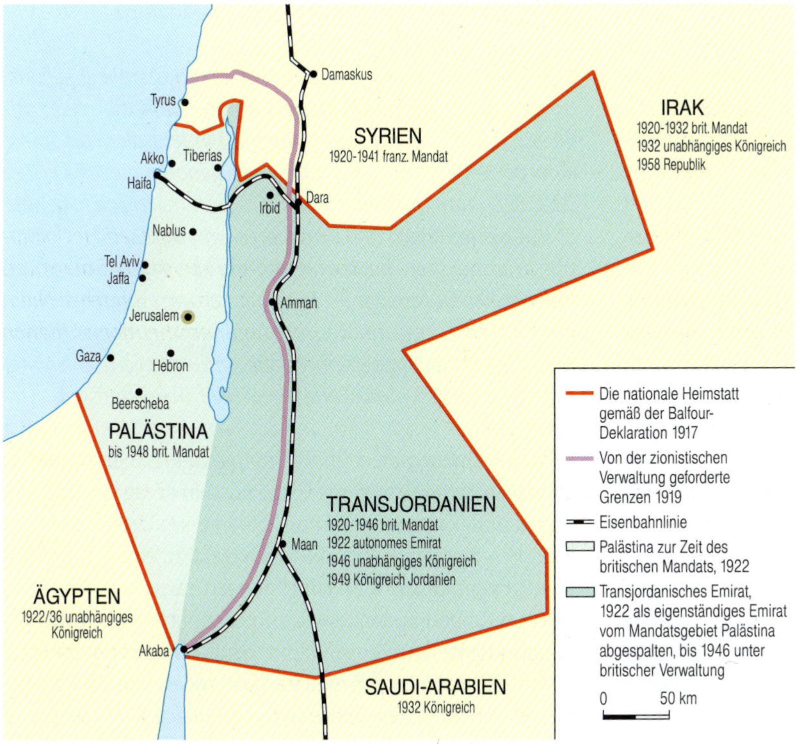

▲ **Die jüdische nationale Heimstatt, 1917-1922.**

1. *Arbeiten Sie die zentrale Aussage der Balfour-Deklaration heraus.*

2. *Untersuchen Sie den Zusammenhang zwischen der Balfour-Deklaration und dem zionistischen Grundsatzprogramm (M2).*

3. *Vergleichen Sie die Zusagen an Scherif Hussein von 1915 mit dem Inhalt der Balfour-Deklaration.*

4. *Beurteilen Sie die britische Haltung, die aus dem Wortlaut der Briefe an die jüdische und arabische Seite sowie ihrem inhaltlichen Verhältnis spricht. Wie musste der Brief McMahons aufgefasst werden?*

M5 Das Palästina-Mandat des Völkerbundes

Der Völkerbund ernennt 1922 eine Mandatsregierung für Palästina, das heutige Jordanien, den Libanon und Syrien. Die rechtliche Grundlage und das Ziel des Mandats formuliert der Artikel 22 des Völkerbund-Vertrages: Völker werden in die Obhut der „fortgeschrittenen Nationen" gegeben, „die noch nicht imstande sind, sich unter den besonders schwierigen Bedingungen der heutigen Welt selbst zu leiten". Als Ziel der Mandatsverwaltung gilt es, das „Wohlergehen und die Entwicklung dieser Völker" zu fördern. Vorbereitet wird die Mandatsvergabe an Frankreich und Großbritannien auf der Versailler Friedenskonferenz und in zahlreichen Vorverträgen. Aus dem Völkerbund-Mandat für Palästina:

Artikel 1. Der Mandatar[1] soll alle Vollmachten der Gesetzgebung und Verwaltung besitzen, soweit sie nicht durch die Bestimmungen dieses Mandats beschränkt werden.

Artikel 2. Der Mandatar soll dafür verantwortlich sein, dass das Land unter solche politische, administrative und wirtschaftliche Bedingungen gestellt wird, welche die Errichtung der jüdischen nationalen Heimstätte [...] und die Entwicklung von Selbstverwaltungsinstitutionen sowie die Wahrung der bürgerlichen und religiösen Rechte aller Einwohner Palästinas, ohne Unterschied der Rasse und Religion, sichern.

Artikel 3. Der Mandatar soll, soweit die Umstände dies erlauben, die lokale Selbstverwaltung fördern.

Artikel 4. Eine angemessene jüdische Vertretung („Jewish Agency") soll als eine öffentliche Körperschaft anerkannt werden zu dem Zweck, die Verwaltung Palästinas in solchen wirtschaftlichen, sozialen und anderen Angelegenheiten zu beraten und mit ihr zusammenzuwirken, die die Errichtung der jüdischen nationalen Heimstätte und die Interessen der jüdischen Bevölkerung in Palästina betreffen, und, immer vorbehaltlich der Kontrolle durch die Verwaltung, an der Entwicklung des Landes zu helfen und teilzunehmen. [...]

Artikel 5. Der Mandatar soll verantwortlich sein, dafür zu sorgen, dass kein palästinensisches Gebiet an die Regierung irgendeiner auswärtigen Macht abgetreten oder verpachtet

[1] Völkerbund

oder in irgendeiner Weise unter ihre Kontrolle gestellt wird. Artikel 6. Die Verwaltung Palästinas soll unter der Sicherung, dass die Rechte und die Lage anderer Teile der Bevölkerung nicht beeinträchtigt werden, die jüdische Einwanderung unter geeigneten Bedingungen erleichtern und in Zusammenarbeit mit der in Artikel 4 erwähnten „Jewish Agency“ eine geschlossene Ansiedlung von Juden auf dem Lande, mit Einschluss der nicht für öffentliche Zwecke erforderlichen Staatsländereien und Brachländereien, fördern.
Artikel 7. Die Verwaltung von Palästina soll für den Erlass eines Gesetzes über die Staatsangehörigkeit verantwortlich sein. In dieses Gesetz sollen Bestimmungen aufgenommen werden, die so gefasst sind, dass sie die Erwerbung der palästinensischen Staatsbürgerschaft durch Juden, die ihren dauernden Aufenthalt in Palästina nehmen, erleichtern. [...]
Artikel 13. Die gesamte Verantwortung in Bezug auf die Heiligen Stätten und religiösen Gebäude oder Plätze in Palästina, einschließlich jener für die Aufrechterhaltung bestehender Rechte, für die Sicherung freien Zugangs zu den Heiligen Stätten, religiösen Gebäuden und Plätzen und für die freie Ausübung des Gottesdienstes – unter Wahrung der Erfordernisse der öffentlichen Ordnung und des Anstands – wird von dem Mandatar übernommen, der ausschließlich dem Völkerbund in allen hiermit verbundenen Angelegenheiten verantwortlich ist, unter der Voraussetzung [...], dass nichts in diesem Mandat so aufgefasst wird, dass es dem Mandatar die Berechtigung gibt, in das Gefüge oder die Verwaltung der rein muselmanisch geheiligten Stätten einzugreifen, deren Immunität garantiert ist.

Zitiert nach: Ernst Marcus, Palästina – Ein werdender Staat, Leipzig 1929, S. 257 und 263 ff.

1. *Arbeiten Sie die Ansätze zur Neuordnung des Nahen Ostens heraus. Beziehen Sie die Karte auf S. 133 ein.*
2. *Analysieren Sie, ob die Mandatslösung ein gelungener Kompromiss nationaler Interessen war.*
3. *Erläutern Sie die Bedeutung der Artikel des Mandatsvertrages. Inwieweit unterstand die Regierung in Palästina britischer Souveränität?*
4. *Beurteilen Sie die Wortwahl für die rechtliche Einrichtung von Mandaten. Untersuchen Sie die Artikel darauf, ob sie dem Ziel von Mandaten gerecht werden konnten, die Bevölkerung in ihrer Entwicklung zu fördern.*
5. *Prüfen Sie, ob aus dem Mandatsvertrag eine Bevorzugung der zionistischen Interessen abzuleiten ist.*
6. *Nehmen Sie aus der Sicht von T. E. Lawrence Stellung zu den Regelungen des Palästina-Mandats.*

M6 Das Leben im Mandatsgebiet Palästina

Der palästinensische Philosoph, Politiker und zeitweilige Funktionär der Palästinensischen Befreiungsorganisation (PLO; vgl. dazu S. 148 f.) Sari Nusseibeh wird 1949 in Jerusalem als Spross einer privilegierten arabischen Familie geboren, die seit der Zeit der Kalifen zum Umkreis der Würdenträger in Jerusalem gehört. Er studiert in Oxford und Harvard, erwirbt 1978 seinen Doktortitel in Islamischer Philosophie und lehrt bis 1990 an der palästinensischen Universität Bir Zait. In seiner 2007 veröffentlichten Autobiografie beschreibt er die Anfangsjahre des britischen Mandats in den 1920er-Jahren, die ihm vor allem sein Vater Anwar Nusseibeh, ein bekannter Politiker, überliefert hat:

Anfangs schienen die arabischen Ängste tatsächlich überzogen. Nach dem Krieg wurde Feisal Hussein König des Irak, sein Bruder Abdallah König von Transjordanien. Palästina war zwar nicht in arabischer Hand, aber auch nicht zu einem jüdischen Staat geworden. Die Briten brachten Jerusalem eine Reihe von Verbesserungen. Sie stellten das unter König Herodes tausendneunhundert Jahre zuvor begonnene Kanalisationssystem fertig und machten mit den Restbeständen von Giftgas aus dem Ersten Weltkrieg der Heuschreckenplage ein Ende. Vor allem aber führten sie eine effektive Verwaltung ein und brachten den Einwohnern damit etwas, was für sie vollkommen neu war: Gesetz, Ordnung und ein Gefühl von Gerechtigkeit.
Unter dem britischen Mandat erlebten vor allem die freien Berufe, die Händler und das Beamtentum einen Aufschwung. Die Angehörigen der arabischen Mittelschicht bauten sich Häuser in Katamon, Talbieh und Bakaa, während sich die Jaffa-Straße zu einer belebten Einkaufsmeile mit Banken und Läden meist arabischer Christen entwickelte. So optimistisch war die allgemeine Stimmung, dass Musaa Kazim al-Husseini, der Präsident des Arabischen Hochkomitees, 1921 das palästinensische Volk aufforderte, „seine Hoffnungen auf die Regierung Großbritanniens zu setzen, die für ihren Gerechtigkeitssinn, ihre Sorge um das Wohlergehen der Bevölkerung und die Wahrung ihrer Rechte bekannt ist, und sich mit ihren legitimen Forderungen einverstanden zu erklären.“
Am Beispiel der Erziehung meines Vaters lässt sich nachvollziehen, welcher Geist unter den Kindern der Jerusalemer Oberschicht herrschte. Mit Ausnahme der allgemeinen Ablehnung der Balfour-Erklärung fügte sich die Jerusalemer Elite in die von den Engländern importierte Gesellschaftsordnung, als wäre sie für sie maßgeschneidert. Die Männer führten das gesellschaftliche Leben von Gentlemen, und insgeheim zogen die englischen Offiziere sie den ins Land strömenden russisch-jüdischen Parvenus[1] vor.

[1] Parvenus: Emporkömmlinge

Mein Vater verbrachte seine Kindheit in einer wunderbar facettenreichen Welt. An der Spitze der Gesellschaftspyramide stand der britische Gouverneur, der auf einem weißen Ross einherritt. Er residierte in einem Gebäude auf dem „Hügel des Bösen Rats", wo zur Zeit Jesu der Hohepriester seinen Amtssitz gehabt hatte. Als Nächstes kamen die in edle Gewänder gehüllten Würdenträger der verschiedenen Religionen, angeführt von Hadsch Amin al-Husseini, dem Großmufti von Jerusalem und wichtigsten muslimischen Führer der Stadt, sowie verschiedene christliche Erzbischöfe und Bischöfe. Dann waren da Familien wie die unsere, die auf eine glorreiche, wenn auch bisweilen nur in ihrer Fantasie vorhandene Vergangenheit zurückblickten und deren Kinder geplättete Sakkos zu Hosen mit Bügelfalten trugen und typischerweise einen Band moderner arabischer Gedichte oder Robinson Crusoe unter den Arm geklemmt hatten. Ihre Helden waren nicht Cowboys und Indianer, sondern islamische Krieger und fränkische Kreuzritter. Unterhalb dieser Schicht der Honoratioren gab es eine wachsende Zahl Angehöriger stadttypischer Berufe wie Verwaltungsangestellte, Lehrer oder Kaufleute. Die Basis der Pyramide bildete die Klasse der hart arbeitenden, stolzen Bauern oder Fellachen in ihren bunten, traditionellen Gewändern. Beduinen in wallenden Dschellabas führten ihre Kamele durch die Straßen, in denen es damals noch kaum Autos gab.

Im Jahr 1929 kam es zu antijüdischen Ausschreitungen, nachdem einige Hundert junge Anhänger Ze'ev Jabotinskys[2] (der bei Juden den Beinamen „unser Duce"[3] trug), zur Al-Burak[4] marschiert waren, um dort lauthals „Die Mauer gehört uns!" zu skandieren. Unter wehenden Fahnen sangen die Anhänger Jabotinskys die Hatikva, die jüdische Nationalhymne. [...]

Unter den Muslimen verbreitete sich das Gerücht, die Juden wollten den Tempelberg, auf dem einst der Salomontempel gestanden hatte, unter ihre Kontrolle bringen. Der Mufti heizte die Stimmung weiter an. Am nächsten Tag stürmten Muslime mit dem Ruf „Islamia!" das Gelände vor der Klagemauer und zerrissen jüdische Gebetsbücher. Ein jüdischer Junge wurde nach einem Streit bei einem Fußballspiel erstochen.

In Hebron wurden vierundsechzig Juden ermordet, sämtlich Angehörige einer alteingesessenen religiösen Gemeinschaft, die immer in Frieden mit ihren Nachbarn gelebt und mit dem weltlichen Nationalismus der russischen Juden nichts zu tun hatte. Doch die aufgebrachte Menge, angestachelt durch einen wahnhaften, primitiven Nationalismus, unterschied nicht mehr zwischen Juden und Zionisten. Die Welt bestand nur noch aus Schwarz und Weiß: sie gegen uns. Ein Verhängnis und ein Vorbote.

Sari Nusseibeh, Es war einmal ein Land. Ein Leben in Palästina, München 2008, S. 30 f. und 34 f.

[2] ein führender Zionist in Palästina
[3] Duce: ital. „Führer"; Beiname des von 1922 bis 1943 in Italien herrschenden faschistischen Diktators Benito Mussolini (1883-1945)
[4] Al-Burak: muslimische Bezeichnung der Klagemauer

▲ Britische Soldaten versuchen, eine arabischen Revolte am Jaffator in Jerusalem unter Kontrolle zu bringen.
Foto, 1920er-Jahre.
Den Briten gelang es immer weniger, die verschiedenen Interessen der arabischen Einwohner und der Zionisten gegeneinander auszubalancieren. Seit 1921 kam es regelmäßig zu antibritischen und antijüdischen Unruhen in Palästina.

1. *Erläutern Sie, wie Nusseibeh das Verhältnis zwischen Arabern, Briten und Juden in Palästina schildert. Welche Erklärungen führt er dafür an?*
2. *Begründen Sie, inwieweit es schwerfällt, das geschilderte Zusammenleben zwischen Arabern und Engländern zu verallgemeinern.*
3. *Nehmen Sie Stellung zu Nusseibehs Interpretation des geschilderten Zwischenfalls für das arabisch-jüdische Zusammenleben.*
4. *Erläutern Sie anhand von M4 bis M6, warum der Nahost-Konflikt als ein Produkt des Ersten Weltkrieges bezeichnet werden kann.*

Die Gründung des Staates Israel

Der 38-jährige Rudi Weissenstein singt aus vollem Herzen das volksliedhafte Gedicht „Hoffnung“ (Hatikvah) mit, das der aus Galizien stammende Dichter Naphtali Herz Imber um 1878 geschrieben hat und das rund zwanzig Jahre später auch auf dem 1. Zionistischen Kongress in Basel angestimmt worden ist: „Solange im Herzen darinnen / Ein jüdisches Fühlen noch taut, / Solang gen Südost zu den Zinnen / Von Zion ein Auge noch schaut, / Solang lebt die Hoffnung auf Erden, / Die uns zweitausend Jahre verband, / Dass ein freies Volk wir wieder werden / In Zions, Jerusalems Land.“

Rudi Weissenstein sieht in die feierlich singenden Gesichter des jüdischen Nationalrates und des ersten Ministerpräsidenten des Landes, David Ben Gurion, der nur wenige Schritte von ihm entfernt steht. Vor Aufregung vergisst Weissenstein für einen Moment, weswegen er an diesem Freitag, den 5. Ijar des Jahres 5708 gegen 16 Uhr, eigentlich hier im Kunstmuseum Tel Avivs ist. Wird sich die Hoffnung auf ein freies Land nun erfüllen? Wird das Land stark genug sein, um sich gegen Anfeindungen zu wehren, wie sie seine Familie in Europa erlebt hat, bevor sie nach Palästina emigriert ist? Wird nun eine glückliche Zukunft beginnen? Wie werden die Araber reagieren? Fragen über Fragen, aber dennoch ist dieser Moment bereits fantastisch, denn er ist ein Anfang!

Weissenstein ist begeistert, dabei soll er doch eigentlich Fotos schießen von diesem Augenblick, in dem der unabhängige Staat Israel ins Leben gerufen wird. 30 Bilder hat er auch bereits von der Staatsgründungsproklamation aufgenommen. Nun aber singt er euphorisch mit statt zu fotografieren, wie am 14. Mai 1948 das einstige Gedicht „Hatikvah“ praktisch zur Nationalhymne des neu verkündeten Staates Israel erhoben wird.

Auf dem Weg zu einer Zwei-Staaten-Regelung? Zwischen 1922 und dem Ende der britischen Mandatszeit 1947 entzweiten sich die arabische und jüdische Bevölkerung in Palästina zunehmend. Erschwert wurde die Situation dadurch, dass sich die Briten von beiden Seiten nicht die Kontrolle über die Region nehmen lassen wollten und abwechselnd Partei ergriffen. Arabische Protestbewegungen und Aufstände in den 1920er-Jahren sowie zwischen 1936 und 1939 richteten sich zunächst gegen die zionistischen Siedler, zunehmend jedoch gegen die britische Mandatsmacht.

Die arabische und auch die jüdisch-zionistische Bevölkerung Palästinas wollten keinen gemeinsamen föderalen Staat, sondern strebten nach nationaler Souveränität. Für die Idee eines arabisch-palästinensischen Staates gab es allerdings noch keine starke Nationalvertretung, wie sie die jüdische Seite in Gestalt der zionistischen Delegation in Palästina besaß. Diese betrieb zielstrebig fast von Beginn an die Vorbereitung nationalstaatlicher jüdischer Einrichtungen in Palästina. So erwarb sie bis zum Ende des britischen Mandats etwa 25 Prozent des bewohnbaren palästinensischen Landes. Damit formulierte sie nicht nur einen Herrschaftsanspruch, sondern gab durch die Lage der Siedlungen zugleich spätere Grenzziehungen vor. Selbstverteidigungseinheiten bildeten eine erste Grundlage für die spätere nationale Armee. Gleichzeitig setzte die zionistische Vertretung bereits in den 1920er-Jahren Hebräisch als dritte öffentliche Sprache in Palästina neben Arabisch und Englisch durch. Beide Seiten versuchten, das Territorium der Klagemauer zu erwerben, das damit nicht nur eine religiöse, sondern auch eine nationale Bedeutung in der Auseinandersetzung zwischen Juden und Arabern erhielt.

Das Entscheidungsjahr 1947/48 Durch die Shoa stellte sich die Frage nach dem Schicksal der überlebenden Juden dringlicher denn je. Während des Zweiten Weltkrieges hatte Großbritannien die Einwanderung von Juden nach Palästina eingeschränkt. Nach Kriegsende revidierte es diese Politik erst auf Druck der USA und erlaubte vor allem die Einwanderung von aus den Konzentrationslagern Befreiten (Displaced Persons, „DPs").

Zur selben Zeit begannen die Palästinenser – von den arabischen Staaten unterstützt –, ihre Angriffe auf die Juden zu verstärken. Als ein friedlicher Ausgleich zwischen Palästinensern und Juden nicht gelang, verabschiedeten die Vereinten Nationen (UNO) auf Bitten Großbritanniens am 29. November 1947 eine Resolution, die das Ende der Mandatszeit, eine Teilung Palästinas in einen jüdischen und einen arabischen Staat und einen Sonderstatus Jerusalems vorsah (▸ M1). Während Israel zögernd zustimmte, lehnten die Palästinenser – wie alle arabischen Staaten – den Plan ab und begannen sofort mit dem bewaffneten Widerstand.

Da Großbritannien den Rückzug seiner Truppen für den 15. Mai 1948 angekündigt hatte, rief **David Ben Gurion**, der aus Polen stammende Präsident des Großzionistischen Weltverbandes, am 14. Mai im Alleingang den Staat Israel aus (▸ M2). Der neue Staat wurde sofort von den Vereinigten Staaten und der Sowjetunion anerkannt. Am Tag darauf griffen ihn die Armeen der arabischen Nachbarstaaten an. Das Mandat war zu Ende, der Arabisch-Israelische Krieg begann.

▲ Die „Exodus 47" im Hafen von Haifa.
Die zionistische Untergrundorganisation „Hagana" (dt. „Verteidigung") unterlief ständig die britischen Einwanderungsbestimmungen nach Palästina. Dabei erregte die „Exodus" am meisten Aufsehen. Als das Schiff am 18. Juli 1947 mit etwa 4400 Holocaust-Überlebenden in Haifa ankam, versperrten britische Soldaten den Passagieren den Weg an Land und schickten sie zurück in den französischen Ausgangshafen. Als sich die Flüchtlinge weigerten, in Frankreich von Bord zu gehen, fuhren die Schiffe weiter nach Hamburg. Von dort brachten britische Soldaten sie in Lager bei Lübeck.
- *Überlegen Sie, warum der Fall der „Exodus" dazu beitrug, dass die UNO der Gründung Israels im Mai 1948 zustimmte und die Betroffenen nach Israel ausreisen konnten.*

Die Shoa und der unabhängige jüdische Staat Vor dem Völkermord der Shoa waren vor allem zwei Begründungen für einen jüdischen Nationalstaat angeführt worden: zum einen das Gedenken an die geschichtlichen Wurzeln in der Antike – Palästina war in diesem Sinne das „Land der Väter" im ehemaligen Judäa; zum anderen war der wiederkehrende Antisemitismus ein Antrieb für die Nationenbildung. Die neue Dimension der Verfolgung durch die Nationalsozialisten schien einen eigenen, geschützten und starken Staat beinahe zwangsläufig als Notwendigkeit erscheinen zu lassen. Der Glaube etwa an die Möglichkeit eines liberalen Neben- oder Miteinander mit anderen Bevölkerungsgruppen erschien für viele der europäischen Überlebenden meist nur noch wie ein fataler Irrglaube. David Ben Gurion stellte in der Unabhängigkeitserklärung fest: Gerade der versuchte Völkermord habe aufs Neue bewiesen, „dass das Problem der jüdischen Heimatlosigkeit durch die Wiederherstellung des jüdischen Staates im Lande Israel gelöst" werden müsse.

Auch die durch das „Gesetz zur Erinnerung an Holocaust und Heldentum" 1953 ins Leben gerufene Gedenkstätte Yad Vashem in Jerusalem betont bis heute die Legitimation Israels als Land der Rehabilitierung der Verfolgten der Shoa, deren Erinnerung in das kollektive israelische Gedächtnis eingegangen sei (▸ M3).

David Ben Gurion, gebürtig David Grün (1886-1973): 1906 Auswanderung von Polen nach Palästina, 1947 Leiter des israelischen Unabhängigkeitskampfes, 1948-1953 und 1955-1963 israelischer Premierminister, 1948-1963 Vorsitzender der Arbeiterpartei Israels

▸ **Die Gründung Israels.**
Foto von Rudi Weissenstein vom 14. Mai 1948.
Unter dem Porträt Theodor Herzls rief der erste Ministerpräsident Israels, David Ben Gurion, vor Mitgliedern des jüdischen Nationalrates in Tel Aviv den Staat Israel aus.
- *Analysieren Sie die Symbolsprache des Fotos.*
- *Vergleichen Sie das Foto mit Bilddarstellungen anderer Staatsgründungen.*

Arabische Reaktionen: Ablehnung Israels und innerarabische Konkurrenz Auf arabischer Seite stieß nicht nur die Legitimation Israels durch den Holocaust auf Ablehnung, sondern auch die Teilung Palästinas zugunsten eines jüdischen Teilstaates. In dieser Haltung waren sich die sieben unabhängigen Staaten Syrien, Transjordanien, Irak, Saudi-Arabien, der Libanon, Ägypten und der Jemen einig, die sich 1945 in Kairo zur „Arabischen Liga" zusammengeschlossen hatten und im Zuge dieses Bündnisses auch an eine militärische Zusammenarbeit in Kriegsfällen dachten. Sie behaupteten, Israel habe kein Recht zu existieren. Auch die arabische Bevölkerung in Palästina lehnte einen jüdischen Teilstaat mehrheitlich ab. Dass der UN-Teilungsplan in ihren Augen fruchtbares Land und Felsland ungerecht verteilte, erinnerte an die seit den 1930er-Jahren kritisierte Bevorzugung und Überlegenheit der jüdisch-zionistischen Seite und die damit verbundene Angst, selbst an den Rand gedrängt zu werden. Militärische Attacken palästinensischer Kämpfer nach der Verkündung des UN-Teilungsplans 1947 waren die Folge.

Noch vor dem Einmarsch verbündeter Truppen aus Ägypten, Transjordanien, Syrien, dem Libanon und Irak nach Israel ab dem 15. Mai 1948 entbrannte ein bürgerkriegsähnlicher Kampf um Siedlungen, Dörfer und Straßen zwischen palästinensischen Banden und Kämpfern der Arabischen Liga auf der einen und jüdischen Selbstverteidigungseinheiten und Untergrundorganisationen auf der anderen Seite (▸ M4). Dabei machte die arabische und palästinensische Seite zwei prägende Erfahrungen: eine große Führungsschwäche und Uneinheitlichkeit in der Zielsetzung sowie eine große Zahl von Opfern. Die militärische und politische Führung des palästinensischen Widerstandes gegen die Teilung und Errichtung des israelischen Staates ging rasch auf die Führungen der umliegenden arabischen Staaten über. Da diese aber ihrerseits um eine Vorherrschaft in Palästina konkurrierten, schwächten sie sich gegenseitig. Hinzu kamen Gegenoffensiven jüdischer Untergrundorganisationen sowie später der israelischen Armee, die Gebietsverbesserungen für den Staat Israel erbringen sollten. Zusätzlich schürten die Untergrundorganisationen durch gezielte Terroranschläge Panik unter der arabischen Bevölkerung. Die Flucht und teilweise Vertreibung von über 700 000 Arabern aus Palästina war die Folge, die die palästinensische Seite stark schwächte.

Auch Israel hatte viele Opfer zu beklagen. Dank amerikanischer und europäischer Waffenlieferungen sicherte es sich am Ende jedoch nicht nur sein ursprüngliches Staatsgebiet, sondern erweiterte es sogar. Unter Vermittlung der UNO, deren Mitglied Israel 1949 wurde, schloss man mit Ägypten, dem Libanon, Transjordanien und Syrien bis 1949 Waffenstillstandsverträge. Das israelische Parlament, die Knesset (hebr. Versammlung), erklärte am 23. Januar 1950 Jerusalem zur „Ewigen Hauptstadt Israels". Frankreich, Großbritannien und die USA garantierten die neuen Grenzen im Nahen Osten, trotzdem verweigerten die arabischen Staaten Israel weiterhin das Existenzrecht.

▲ **Palästinenser auf der Flucht.**
Foto um 1948/49.
Viele Palästinenser flohen nach der Gründung des Staates Israel im Jahre 1948 aus ihrer Heimat.

Weitere Konfliktpotenziale Die Teilung Palästinas, die Gründung und Selbstbehauptung des Staates Israel sowie die hohe Zahl von Flüchtlingen in die arabischen Nachbarstaaten verstärkten eine teilweise bis in die Gegenwart reichende Wasserproblematik. Der Libanon, Syrien, Jordanien, das arabische Westjordanland wie auch der Staat Israel grenzen an den Jordan und sind damit im Grunde Konkurrenten, aber auch gegenseitig Abhängige in der Nutzung des Stroms.

In Jordanien vervierfachte sich die Einwohnerzahl beispielsweise bis 1955 – nicht zuletzt durch die enorme Zahl der palästinensischen Flüchtlinge. Die Einwohnerzahl Israels stieg durch 676 000 Immigranten bis 1951 ebenfalls stark an. Um diese Einwanderer versorgen zu können und in wirtschaftlicher bzw. energiepolitischer Sicht unabhängig zu sein, nutzten beide Seiten den Jordan und seine Zuflüsse nicht nur als Wasserressource, sondern auch als Energiequelle für Kraftwerke. Besonders der Bau einer israelischen Landwasserleitung, die vom See von Tiberias aus nach Galiläa und in den Süden reichte und 1964 fertig gestellt wurde, war Ursache neuer Konflikte, die auch Syrien einbezogen. Zugleich gründete Israel 1952 eine staatliche Wasserforschungsgesellschaft (TAHAL) und verstaatlichte 1959 alle verfügbaren Wasserressourcen. Auch der Zugang zum Wasser wurde somit zu einer Frage der nationalen Sicherheit und eine Quelle von Dominanz und Abhängigkeit, aber auch eine Möglichkeit von Blockade und Widerstand.

Insgesamt zeigte bereits die Situation im Frühsommer 1948, dass mit der Proklamation des Staates Israel zwar die Frage nach einem jüdischen Staat in Palästina, nicht aber die Palästina-Frage als solche gelöst war. Sie hatte weder alte Konfliktmuster und -potenziale beseitigt, noch konnte sie die Entstehung neuer Konflikte verhindern.

M1 Der Weg zur Staatsgründung Israels – ein Resümee

In einer Untersuchung über die Mandatszeit aus dem Jahr 1999 formuliert der israelische Historiker Tom Segev mit Blick auf die Staatsgründung Israels 1948 folgendes Resümee:

Der arabische Aufstand war zwar Ende der dreißiger Jahre gewaltsam unterdrückt worden, aber er hatte den Briten klar vor Augen geführt, dass ein Kompromiss zwischen den Arabern und Juden unmöglich war. Nur ein Krieg konnte die Machtfrage entscheiden: Wer daraus als Sieger hervorging, würde das Land beherrschen oder zumindest so viel davon, wie er erobern konnte. Die Briten hatten den richtigen Schluss gezogen. Seit die zionistische Bewegung mit der Absicht nach Palästina gekommen war, einen unabhängigen Staat mit einer jüdischen Mehrheit zu gründen, war ein Krieg unvermeidlich. Dabei deutete alles auf einen langen Krieg hin, der ohne klaren Sieg enden würde – eine Aussicht, die die strategische Bedeutung Palästinas beträchtlich minderte und das Risiko für die Briten selbst erhöhte. Rückblickend konnten sie zu Recht sagen, dass es ein Fehler gewesen war, sich von der zionistischen Bewegung in dieses Abenteuer hineinziehen zu lassen. Doch zwanzig Jahre nach der Balfour-Deklaration konnten sie auch für sich beanspruchen, ihre Versprechen gehalten zu haben: Zumindest die Grundlagen für die jüdische nationale Heimstätte waren gelegt.
Der arabische Aufstand hatte den Briten Palästina verleidet. Der Zweite Weltkrieg hatte ihren Rückzug nur verzögert; schon während des Krieges war diskutiert worden, wie sie sich des Landes entledigen könnten, sobald der Krieg vorüber war. Der Terror und die illegale Einwanderung[1] verstärkten also nur einen Wunsch, den viele Briten schon seit Ende der dreißiger Jahre verspürten. Nach drei Jahrzehnten des Zionismus in Palästina gab es zwar noch keinen klaren Zeitplan für den jüdischen Staat, aber es konnte kein Zweifel mehr daran bestehen, dass sich die jüdische Unabhängigkeit bereits abzeichnete. Die sozialen, politischen, wirtschaftlichen und militärischen Grundlagen des künftigen Staates waren gefestigt, und es herrschte ein tiefes Gefühl nationaler Einheit. Der zionistische Traum stand vor der Verwirklichung.
Die häufige Behauptung, die Staatsgründung sei eine Folge des Holocaust gewesen, entbehrt daher jeder Grundlage, auch wenn natürlich der Schock, das Entsetzen und die Schuldgefühle, die viele empfanden, ein tiefes Mitgefühl für die Juden im Allgemeinen und die zionistische Bewegung im Besonderen erzeugten. Dieses Mitgefühl kam den Zionisten bei ihren diplomatischen Bemühungen und ihrer Propaganda zugute. Es beeinflusste ihre Strategie dahingehend, dass sie sich auf die jüdischen Überlebenden konzentrierten und von den anderen Nationen forderten, sie nach Palästina zu schicken. Alle Überlebenden seien Zionisten, behauptete die Jewish Agency, und alle wollten nach Palästina – was nicht stimmte.

Tom Segev, Es war einmal ein Palästina. Juden und Araber vor der Staatsgründung Israels, München 2005, S. 538 f.

[1] Gemeint ist der Terror durch jüdische Gruppierungen gegen die britische Verwaltung. Durch illegale Einreisen versuchte die Jewish Agency, die britische Beschränkung der jüdischen Einwanderung nach Palästina zu umgehen.

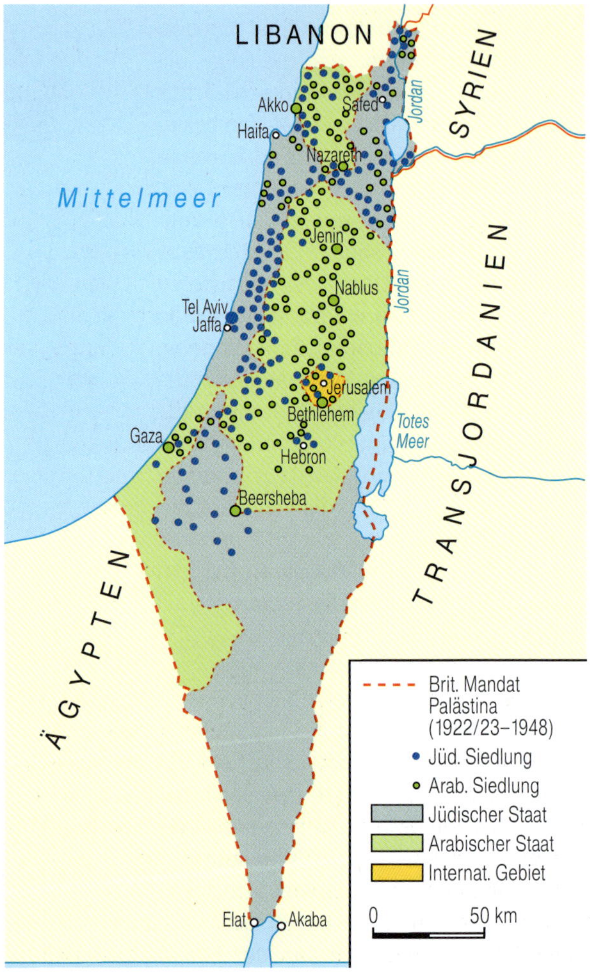

▲ Israel nach dem UN-Teilungsplan von 1947.

1. *Zeigen Sie, welche Ziele Segev den Konfliktparteien zuschreibt.*

2. *Arbeiten Sie heraus, wie Segev die Staatsgründung Israels bewertet.*

M2 Israel wird proklamiert

David Ben Gurion ruft am 14. Mai 1948 den Staat Israel mit folgenden Worten aus:

Im Lande Israel trat das jüdische Volk ins Leben, hier wurde sein geistiges, religiöses und politisches Antlitz geformt; hier führte es sein Leben in staatlicher Selbstständigkeit [...].
Mit Gewalt aus seinem Lande vertrieben, hielt es ihm allenthalben in der Zerstreuung die Treue und hörte niemals auf, die Rückkehr in sein Land und die Wiederherstellung seiner politischen Freiheit in ihm zu erflehen und zu erhoffen.
In historischer und überlieferter Verbundenheit erstrebten die Juden aller Zeiten die Wiedergewinnung ihrer alten Heimat; in Scharen kehrten Pioniere, Wagemutige und Helden der letzten Generation heim in ihr Land. Sie brachten die Wüste zu neuem Leben, bauten Städte und Dörfer, schufen ein im Wachstum begriffenes Siedlungswerk mit eigener Wirtschaft und Kultur, friedliebend und wehrfähig, das allen Bewohnern des Landes die Segnungen des Fortschritts bringt und sich nach staatlicher Selbstständigkeit sehnt.
Im Jahre 1897 trat, dem Rufe Theodor Herzls, des Künders der Nationalstaatsidee, folgend, der Zionistenkongress zusammen und proklamierte das Recht des jüdischen Volkes auf nationale Wiedergeburt in seinem Heimatlande.
Dieses Recht wurde in der Balfour-Declaration vom 2. November 1917 anerkannt und im Völkerbundmandat, das der historischen Verbundenheit des jüdischen Volkes mit dem Lande Israel und dem Anspruch des jüdischen Volkes auf die Wiedererrichtung seines Nationalheimes internationale Geltung verschaffte.
Die Katastrophe, die in unseren Tagen über das jüdische Volk hereinbrach und der Millionen Juden in Europa zum Opfer fielen, bewies erneut und eindringlich, dass es unerlässlich ist, die Frage des heimat- und staatenlosen jüdischen Volkes durch Wiedererrichtung des jüdischen Staates im Lande Israel zu lösen, der seine Tore jedem Juden weit öffnen und dem jüdischen Volk die Stellung einer gleichberechtigten Nation unter den Völkern verleihen wird. [...]
Im Zweiten Weltkrieg leistete die jüdische Bevölkerung des Landes im Kampf der freiheits- und friedliebenden Nationen gegen die Kräfte der nationalsozialistischen Verbrecher ihr Teil und erwarb sich mit dem Blute ihrer Kämpfer den Anspruch, den Völkern, die den Bund der Vereinten Nationen gründeten, zugerechnet zu werden.
Das jüdische Volk hat gleich allen anderen Völkern das natürliche Recht, ein selbstständiges Leben in einem souveränen Staat zu führen. Daher sind wir [...] heute, am Tage, an dem das britische Mandat über das Land Israel zu Ende geht, zusammengetreten und proklamieren hiermit kraft unseres natürlichen und historischen Rechtes und aufgrund des Beschlusses der Vollversammlung der Vereinten Nationen die Errichtung eines jüdischen Staates im Lande Israel, des Staates Israel.
[...]
Der Staat Israel wird für die jüdische Einwanderung und die Sammlung der zerstreuten Volksglieder geöffnet sein; er wird sich die Entwicklung des Landes zum Wohle aller seiner Bewohner angelegen sein lassen. Er wird im Geiste der Visionen des Propheten Israels auf den Grundlagen der Freiheit, der Gleichheit und des Friedens gegründet sein; er wird allen seinen Bürgern volle soziale und politische Gleichberechtigung ohne Unterschied der Religion, der Rasse und des Geschlechtes gewähren; er wird Glaubens- und Gewissensfreiheit sowie Freiheit der Sprache, der Erziehung und Kultur garantieren. Er wird die heiligen Stätten aller Religionen beschützen und den Grundsätzen der Charta der Vereinten Nationen Treue bewahren. [...]
Wir bieten allen Nachbarstaaten und ihren Völkern die Hand zum Frieden und zu guter Nachbarschaft und rufen sie zur Zusammenarbeit mit dem jüdischen Volke, das in seinem Lande die Selbstständigkeit erlangte, und zu gegenseitiger Hilfe auf. Der Staat Israel ist bereit, seinen Beitrag zu den gemeinsamen Bemühungen für den Fortschritt des gesamten Mittleren Ostens zu leisten.

Elmar Krautkrämer, Krieg ohne Ende? Israel und die Palästinenser – Geschichte eines Konflikts, Darmstadt 2003, S. 160 f.

▸ Emblem des Staates Israel von 1949.

- *Erläutern Sie die Symbolik des siebenarmigen Leuchters („Menora") und der Ölzweige im offiziellen, aber relativ unbekannten Emblem des Staates Israel von 1949. Ziehen Sie dazu ein Glossar heran.*

1. *Erarbeiten Sie die Argumente, mit denen das Existenzrecht des Staates Israel begründet wird.*

2. *Analysieren Sie Ben Gurions Darstellung des jüdischen Volkes sowie die Ziele und das Selbstverständnis des Staates Israel.*

◂ Fotos der Gedenkstätte Yad Vashem in Jerusalem. *Yad Vashem liegt auf dem Berg der Erinnerung in Jerusalem und besteht aus mehreren Forschungs- und Lehrzentren, Archiven, Denkmälern, thematischen Parkanlagen, Ausstellungen und Museen. Architektonisch durchmisst das Museum den Berg wie eine innerirdische Brücke. Der Anfangspunkt stellt eine Videoinstallation dar, die aus verschiedenen originalen Filmausschnitten und Fotos ineinandergeblendete Szenen aus dem jüdischen Alltag im Vorkriegseuropa zeigt (linkes Bild). Den Endpunkt des Museumsbaus bildet die Terrasse am Ausgang des Neuen Museums für Holocaustgeschichte mit Blick auf Jerusalem (rechtes Bild).*

M3 Der Holocaust: Legitimation Israels oder belastende Argumentation im Nahost-Konflikt?

a) Am 28. August 1953 verabschiedet die Knesset, das israelische Parlament, das „Gesetz zur Erinnerung an Holocaust und Heldentum" zur Gründung der Gedenkstätte Yad Vashem in Jerusalem:

1. Hiermit wird in Jerusalem eine Gedenkstätte, Yad Vashem, eingerichtet:
   1) Für die sechs Millionen Angehörigen des jüdischen Volkes, die zu einem qualvollen Martyrium, zur Vernichtung verdammt und hingemordet wurden von den Nationalsozialisten und ihren Helfern;
   2) Für die Familien aus dem Hause Jakobs, die von den Tyrannen vernichtet wurden;
   3) Für die Gemeinden, Synagogen, Bewegungen und Organisationen und die kulturellen, pädagogischen, religiösen und wohltätigen öffentlichen Einrichtungen, die aus dem bösartigen Vorhaben heraus, den Namen Israel und seine Kultur für immer auszuradieren, zerstört und vernichtet wurden;
   4) Für den Mut der Juden, die ihr Leben für ihr Volk in Heiligkeit und Reinheit hingegeben haben;
   5) Für das Heldentum jüdischer Soldaten in den Armeen und in den Widerstandsorganisationen in Städten und Wäldern, die ihr Leben im Kampf gegen den nationalsozialistischen Tyrannen und seine Helfer verloren haben;
   6) Für die heroische Geschichte derjenigen, die in den Ghettos eingeschlossen waren, und für ihre Kämpfer, die sich erhoben und die Flamme des Aufstands zur Rettung der Würde ihres Volkes entzündet haben;
   7) Für den erhabenen und hartnäckigen Kampf des jüdischen Volks, am Rand der Vernichtung stehend, um die Bewahrung seines menschlichen Antlitzes und seiner jüdischen Kultur;
   8) Für die unaufhörlichen Bemühungen der Eingeschlossenen, ihr Heimatland [Israel] zu erreichen, und für die Hingabe und das Heldentum ihrer Brüder und Schwestern, die den kleinen Rest an Überlebenden retteten und befreiten;
   9) Für die Gerechten der Völker, die ihr Leben riskierten, um Juden zu retten. [...]
2. Es ist die Aufgabe von Yad Vashem, die Erinnerung an all jene Mitglieder des jüdischen Volkes zusammenzutragen [...] und ihnen ein Monument und Denkmal zu errichten – ihnen, den Gemeinden, den Organisationen und den Institutionen, die vernichtet wurden, weil sie dem jüdischen Volk angehörten, sowie das Gedenken an die Gerechten unter den Völkern aufrechtzuerhalten. Zur Erfüllung dieser Ziele wird Yad Vashem ermächtigt: [...]
   3) In Israel und im gesamten jüdischen Volk den Tag, der von der Knesset als Holocaust-Gedenktag festgelegt wurde, zu verwurzeln, und eine einheitliche Tradition im Gedenken an seine Helden und Opfer aufzubauen; [...]
   4a) Den Angehörigen des jüdischen Volkes, die vernichtet wurden, und jenen, die im Holocaust und in Aufständen fielen, gleichsam die israelische Staatsangehörigkeit im Gedenken zu verleihen als Zeichen dafür, dass sie zu ihrem Volk genommen wurden. [...]

2.a Der Tag des Sieges über das nationalsozialistische Deutschland wird jedes Jahr begangen, gemäß der Anweisung der Regierung.

Zitiert nach: Bella Gutterman und Avner Shalev (Hrsg.), Zeugnisse des Holocaust. Gedenken in Yad Vashem, Göttingen 2006, S. 16 f.

b) Der israelische Autor und ehemalige Vorsitzende des israelischen Parlaments Avraham Burg äußert sich 2009 in seinem Buch „Hitler besiegen" über die israelische Politik:

Die Shoah ist in unterschiedlichem Maße in nahezu alle politischen Argumente Israels eingeflochten. Im Gegensatz zu anderen Ereignissen der Vergangenheit rückt die Shoah nicht weiter in die Ferne, sondern kommt uns ständig näher. Es ist eine präsente Vergangenheit, die erhalten, überwacht, gehört und dargestellt wird. Kurz nach dem Sechs-Tage-Krieg [...] prägte [Außenminister Abba Eban] einen Begriff, der noch heute gängig ist; er bezeichnete Israels Waffenstillstandslinien von 1949 als „Auschwitz-Grenzen" – enge Grenzen, die Israel zum Handeln zwängen. Rückblickend verknüpfte er den wundersamen Befreiungskrieg mit der finsteren Epoche, die ein Vierteljahrhundert vorher geendet hatte, und stellte dem strahlenden israelischen Licht die tiefschwarze Finsternis gegenüber, die sich über die staatenlosen Juden gesenkt hatte. Sechs Tage der Erlösung gegen zwölf Jahre Unterdrückung.

Avraham Burg, Hitler besiegen. Warum Israel sich endlich vom Holocaust lösen muss, Frankfurt am Main 2009, S. 36

c) In einer Buchbesprechung über Avraham Burgs „Hitler besiegen" des Tagesspiegel vom 21. September 2009 heißt es:

Anders als die Sprengstoffanschläge palästinensischer Attentäter erschüttert dieses Buch das Fundament des zionistischen Establishments, das für Staatsgründung und Staatsführung verantwortlich ist, bis ins Mark. [...] Der in Israel geborene Avraham Burg war bis vor Kurzem ein Pfeiler des Zionismus und der politischen Führung des Landes. [...]
Die Hauptthese ist, dass Israel sich auf einem gefährlichen Irrweg befinde, weil es den Holocaust zu einem „theologischen Pfeiler der jüdischen Identität" gemacht habe und in der Opferrolle verharre – obwohl die Juden über einen starken Staat und mehr Macht als je zuvor in der Geschichte verfügen. [...] Eine Folge laut Burg: Israel habe „Muskeln entwickelt, keine Seele". Man setze auf Gewalt und militärische Macht, was angesichts der feindlichen Gesinnung vieler gegenüber Israel in der Region vielleicht verständlich sei. Doch man verkenne, dass die Welt sich seit 1945 grundlegend verändert habe: Die internationale Staatengemeinschaft habe sich die Lehre des „Nie Wieder" zu eigen gemacht, sodass Israel beispielsweise nicht allein einem bedrohlichen Iran gegenüberstände. Stattdessen sei die Shoa zur Entschuldigung und „Triebkraft jeglichen Handelns" stilisiert worden. [...]
Doch Burg geht es um die politische Instrumentalisierung des Holocaust. Anschaulich illustriert er seine These, dass das Beharren auf dem Alleinvertretungsanspruch Israels für Opfer und Gedenken – die Mehrheit der Juden lebt außerhalb des jüdischen Staates – und die gezielte Kultivierung der Umzingelungsmentalität verhindere, dass Israel sich aus der politischen Sackgasse befreit, in der es steckt. Und eine öffentliche Debatte über die Zukunft Israels ermöglicht, die nach Ansicht Burgs so dringend nötig ist. [...]
Das größte Entsetzen in Israel haben jedoch die Vergleiche Burgs zwischen den politischen, sozialen und nationalen Strukturen in Israel heute und denen im Deutschland zwischen Reichsgründung und dem Ende der Weimarer Republik ausgelöst. Staatsgründung durch Waffengewalt, Niederlage und Demütigung, die zu Militarismus und Rachegedanken führen, Ausgrenzung von Minderheiten – „gewisse Momente der israelischen Erfahrung weisen große Ähnlichkeit auf" mit der „langen Inkubationszeit, die dem Nationalsozialismus voranging", schreibt Burg provozierend. Diese Vergleiche sind grob und leicht zu widerlegen – wie die meisten historischen Analogien, was Burg selbst einräumt. Doch hier spricht der radikale Therapeut, der seine Gesellschaft durch Schmerzzufügung aufrütteln will: Israel sei aufgrund seiner Geschichte nicht automatisch gefeit gegen Irrwege.

Andrea Nüsse, Hitler besiegen. Seele statt Muskeln, in: www.tagesspiegel.de/kultur/literatur/seele-statt-muskeln/1603320.html [27.03.2013]

1. *Fassen Sie die Zielsetzung des „Gesetzes zur Erinnerung an Holocaust und Heldentum" in Text a) zusammen.*
2. *Überlegen Sie, warum die Knesset der Gründung der Gedenkstätte ein Gesetz zugrunde gelegt hat. Welche Bedeutung kommt Yad Vashem damit zu?*
3. *Arbeiten Sie aus den Texten b) und c) die Thesen Avraham Burgs heraus, die er in seinem Buch vertritt. Nehmen Sie dazu Stellung.*
4. *Diskutieren Sie die abschließend nach Burg zitierte Aussage, „Israel sei aufgrund seiner Geschichte nicht automatisch gefeit gegen Irrwege".*
5. *Verfassen Sie einen Leserbrief an Avraham Burg aus der Sicht eines israelischen Kritikers. Beurteilen Sie beide Positionen.*
6. *In der arabischen Presse wurden Burgs Äußerungen gefeiert und sogar als ein Beweis für das nahende Ende des Zionismus und des israelischen Staates angesehen. Erläutern Sie, warum.*

M4 Auseinandersetzungen um die Gründung des Staates Israel

a) Dir Jassin (auch Deir Jassin oder Dair Yasin) ist der Name eines ehemaligen arabischen Dorfes nordwestlich von Jerusalem und im palästinensischen Geschichtsbewusstsein beinahe zum Synonym für Heimatverlust und Ohnmacht gegenüber der israelischen Macht geworden. Am 9. April 1948 verüben dort zionistische Untergrundorganisationen ein Massaker, dem über 250 Araber zum Opfer fallen. Zentrale Aspekte der Ereignisse um Dir Jassin lassen sich durch jüdische und arabische Zeitzeugenberichte erarbeiten:

Erinnerung Yoseph Avidars, ehemaliger General des Hagana-Kommandos[1]:

„Wir waren gegen den Angriff auf Dir Jassin. Wir hatten andere Dinge zu tun, als Dir Jassin anzugreifen, das uns nicht angriff. Uns beschäftigten die arabischen Dörfer, die die Straße nach Jerusalem bedrohten. Wir waren insbesondere gegen das Massaker, das dort veranstaltet wurde. Das war nicht die Art und Weise, wie wir von der Hagana kämpften."

Erinnerung Menachem Begins, damals Oberkommandierender der Untergrundeinheit Etzel[2]:

„Am 9. April eroberten unsere Männer zusammen mit einer Lechi-Einheit[3] das Dorf Dir Jassin ... Unsere Männer waren gezwungen, um jedes Haus zu kämpfen. Um den Feind zu überwinden, benutzten viele Handgranaten. Und die Zivilisten, die unsere Warnungen missachtet hatten, erlitten unvermeidliche Verluste."

Erinnerung Meir Peils, eines Hagana-Offiziers, der erst nach Ende der Kämpfe zu seiner Einheit gestoßen ist:

„Dir Jassin lag überhaupt nicht an der Straße nach Jerusalem. Seit Dezember 1947 gab es ein Friedensabkommen zwischen Dir Jassin und der jüdischen Nachbarsiedlung Givat Schaul. Dort wurde nicht geschossen. Dort passierte nichts.
Sie griffen in der Morgendämmerung ohne Vorwarnung an. Nach ein oder zwei Stunden stellten sie fest, dass sie das ganze Dorf nicht erobern konnten, nur den Ostteil. Im Westteil schossen etwa zwölf bis 15 Araber – nur mit Gewehren, nicht mit automatischen Waffen.
Ungefähr um zehn Uhr vormittags griff ein Palmach-Trupp[4], der von einem Lechi um Hilfe gebeten wurde, Dir Jassin an und eroberte innerhalb von fünf Minuten den Westteil des Dorfes.
Nachdem der Palmach-Trupp Dir Jassin wieder verlassen hatte, gingen die Etzel- und Lechi-Leute von Haus zu Haus und schossen wahllos auf Frauen, Männer und Kinder. Wir haben das fotografiert. Ich versuchte, den Kommandeur zu überzeugen, das heißblütige Massaker zu beenden.
Das dauerte ungefähr drei oder vier Stunden. Es hörte erst auf, als einige Hundert [jüdische] Bürger von Givat Schaul[5] nach Dir Jassin kamen und gegen dieses Massaker von Etzel und Lechi protestierten. Sie beschimpften sie als Mörder. Etzel und Lechi verließen das Dorf. Junge Hagana-Leute, noch Schüler, haben die Opfer gezählt und beerdigt. Es waren 254 arabische Leichen, die meisten Frauen und Kinder, nur wenige alte Männer."

Erinnerung der damals achtjährigen Überlebenden von Dir Jassin, Mijam Akel:

„Die Juden kamen um vier Uhr früh. Meine Mutter hob mich und meine Schwester aus dem Fenster. Dann flohen wir zu meiner Tante nach Ein Karem. Meine Mutter, mein Vater, meine zwei Brüder, mein Großvater und mein Onkel starben alle. Von unserer Familie starben 45 Personen. Das ist alles, was ich weiß.
Wir kamen nicht wieder in den Ort. Wir konnten nicht sehen, was sie mit den Leichen taten, ob sie sie in den Brunnen warfen, sie verbrannten oder Gräben aushuben und sie beerdigten. Allah weiß es."

Zitiert nach: Friedrich Schreiber und Michael Wolffsohn, Nahost. Geschichte und Struktur des Konflikts, Opladen [4]1996, S. 156 f.

b) Der aus Polen gebürtige und seit 1958 in Israel lebende Präsident des Internationalen Auschwitz-Komitees Noah Flug und der deutsche Politikwissenschaftler und Journalist Martin Schäuble haben ein Buch über den Konflikt zwischen Israelis und Palästinensern aus der Sicht von Zeitzeugen beider Seiten geschrieben. Darin berichten sie, wie die Menschen in dem gerade gegründeten Israel den Beginn des Arabisch-Israelischen Krieges erlebt haben:

[1] Hagana: zionistische Untergrundorganisation in Palästina, die später in der israelischen Armee aufging
[2] Etzel: Abkürzung für Irgun Zvai Leumi (IZL, „Nationale Militäorganisation"); zionistische Untergrundorganisation
[3] Lechi: Abkürzung für „Lohame Cherut Israel" („Kämpfer für die Freiheit Israels"); zionistische Untergrundorganisation
[4] Palmach: Eliteeinheit der Untergrundorganisation Hagana
[5] Givat Schaul: Stadtviertel in Jerusalem

Am Tag nach Ben Gurions Rede vom 14. Mai 1948 marschierten Soldaten aus sieben arabischen Ländern ein. Es war der Beginn des ersten Arabisch-Israelischen Krieges. Die Arabische Liga veröffentlichte am Tag der Invasion eine Erklärung. Darin versprachen die Mitgliedsländer „Frieden, Sicherheit und Wohlstand für diesen Teil der Welt". Abd ar-Rahman, der Generalsekretär der Arabischen Liga, fand auf einer Pressekonferenz andere Worte: „Dies wird ein Ausrottungskrieg und ein Massaker sein, von dem man wie von dem mongolischen Massaker und den Kreuzzügen sprechen wird."

Der erste Arabisch-Israelische Krieg war ein Kampf wie David gegen Goliath – darin sind sich viele Israelis und Palästinenser bis heute einig. Die Streitfrage ist lediglich, wer David und wer Goliath war. Auf beiden Seiten kursieren bis heute stark voneinander abweichende Angaben zum Verlauf des Krieges.

Eine israelische Version: Die riesigen arabischen Armeen überfielen bestens ausgerüstet mit modernem Kriegsgerät Israel. Die Israelis waren weit in der Unterzahl und kaum bewaffnet, schlugen aber dennoch die Araber in einem heroischen Kampf in die Flucht.

Die arabische Version: Die heldenhaften arabischen Armeen griffen an, um die palästinensischen Brüder zu retten. Sie kämpften geschlossen Seite an Seite und rückten so in Windeseile voran. Dabei waren sie dem Sieg fast zum Greifen nahe. Aber nur fast, denn unerwartet kamen den Israelis modernste Waffen aus dem Ausland zur Hilfe, die einen arabischen Sieg unmöglich machten.

Was geschah wirklich? [...] In der ersten Phase vom Kriegsausbruch am 15. Mai 1948 bis zum ersten Waffenstillstand am 10. Juni war Israels Existenz in der Tat bedroht. Soldaten aus Ägypten, Transjordanien, Syrien, Irak, Saudi-Arabien, dem Libanon und Jemen marschierten ein. Flugzeuge warfen Bomben über Tel Aviv ab, arabische Truppen griffen jüdische Ortschaften an. Lokale Banden beteiligten sich an den Attacken, einige von ihnen schlossen sich der palästinensischen Armee des Heiligen Krieges an.

Der Israelin Hava Keller ging es wie vielen. Die ausgelassene Feier auf Tel Avivs Straßen lag erst ein paar Stunden zurück, schon erhielt sie den Befehl, zu ihrem Kibbuz zu gehen, um ihn zu bewachen. Zuvor hatte Hava Keller eine Bekannte noch um einen Gefallen gebeten. „Einer Freundin gab ich zwanzig Briefe. Sie waren alle für meine Eltern. Jeder trug ein anderes Datum. Sie musste jede Woche einen Brief für mich abschicken. Ich wollte nicht, dass meine Eltern Angst um mich haben."

Dazu gab es allen Grund. Die Araber waren den Israelis in der ersten Phase weit überlegen. Sie kämpften mit den besseren Waffen und besaßen schweres Kriegsgerät wie Panzer und Artillerie. Die israelische Feuerkraft war zu Beginn dagegen sehr bescheiden. Manche Waffen stammten aus eigener, improvisierter und fehlerhafter Produktion. [...]

In den ersten Kriegstagen standen sich auf beiden Seiten etwa gleich viele Soldaten gegenüber. [...] Bis zu 30 000 arabische Kämpfer standen etwa 35 000 israelischen Soldaten gegenüber. Auf israelischer Seite kämpften die Mitglieder der Untergrundbewegungen, die Soldaten der Hagana und allen voran deren Eliteeinheiten, die Palmach. Das hebräische Palugot Machaz bedeutet Stoßtruppen, die zusammengesetzten Anfangsbuchstaben der zwei Wörter ergeben Palmach. Uri Chanoch gehörte der Palmach an. Er hatte das Konzentrationslager Dachau überlebt und wanderte 1946 in Palästina ein. Ein Jahr später meldete er sich freiwillig zur Palmach. Die Zeit im nationalsozialistischen Deutschland holte ihn im Krieg wieder ein. „Manchmal hörte ich aus der Ferne deutsche Schimpfworte wie Schweinehunde. Auf der arabischen Seite kämpften auch deutsche Söldner. Das motivierte uns nur noch mehr zum Kampf. Einer meiner besten Freunde wurde vor meinen Augen erschossen. Zuvor hatte er mir immer gesagt, dass die für ihn bestimmte Patrone die Fabrik noch nicht verlassen hat. Der Aufopferungswille war groß. Wenn wir diesen Krieg verlieren, dann gibt es kein Land, dann wartet nur das Meer auf uns."

Noah Flug und Martin Schäuble, Die Geschichte der Israelis und Palästinenser, München 2009, S. 49-51

1. *Arbeiten Sie aus den Zeitzeugenberichten in Text a) die Ereignisse um Dir Jassin im April 1948 heraus. Ordnen Sie das Geschehen in den zeitlichen Kontext ein.*

2. *Bestimmen Sie die politischen Strategien der israelischen Untergrundorganisationen und der späteren Armee.*

3. *Im allgemeinen Gedächtnis sind in Bezug auf Dir Jassin vor allem der Angriff und weniger dessen Beendigung durch jüdische Bürger geblieben. Diskutieren Sie die Gründe.*

4. *Erörtern Sie die in b) geschilderten arabischen Reaktionen auf die Gründung des Staates Israel.*

5. *Recherchieren Sie mithilfe der Darstellung, Lexika oder dem Internet den Verlauf des Arabisch-Israelischen Krieges (vgl. die Literaturtipps auf S. 227). Nehmen Sie Stellung zu der Frage nach „David gegen Goliath" (Z. 59 ff.).*

Israel und seine arabischen Nachbarn im Kalten Krieg

Lächelnd stapft Gabriel Rosenstein um einige verlassene Hausgerippe nahe dem Toten Meer bei Qumran, dem Ruinenareal der legendären jüdischen Siedlung, die 68 n. Chr. durch die Römer zerstört worden ist. Hier erzählt er Touristen von seinen Erlebnissen während des Sechs-Tage-Krieges vom 5. bis 10. Juni 1967, und dabei am liebsten von jenem Tag, an dem er mit seiner Einheit die Baracken der jordanischen Soldaten eingenommen hat, die vom Angriff überrascht Hals über Kopf die Flucht ergriffen haben. Der Kaffee in den Baracken war noch warm. Was für ein Triumph!

Als Kind deutscher Einwanderer ist Gabriel Rosenstein in den 1930er-Jahren nach Palästina gekommen und hat den Konflikt mit den Arabern von Kindheit an erlebt. Er erinnert sich noch gut an den Tag im Jahr 1948, als er als Junge in seinem Versteck am Jerusalemer Zionstor gesessen hat. Von dort aus wollten die Israelis die Altstadt einnehmen. „Ben Gurion selbst hat den Befehl gegeben", raunt er. „Aber wir haben es nicht geschafft." Und dann hagelt es Vorwürfe gegen die stattdessen siegreichen Jordanier, weil sie die Synagogen zerstört und auf dem Ölberg an der Spitze eines jüdischen Friedhofs ein Hotel erbaut haben – mit Grabsteinen! Noch immer löst die Erinnerung in ihm Erbitterung aus. „1967 aber – da haben wir es geschafft." In nur sechs Tagen konnten sie nicht nur die Jordanier, sondern auch die Ägypter und Syrer besiegen, den Gazastreifen, die Sinai-Halbinsel, die Golanhöhen, das Westjordanland und Ost-Jerusalem erobern. „Sechs Tage dauerte der Krieg, und am siebten Tag hat man auf den Golanhöhen schon die erste israelische Siedlung errichtet. 120 000 Araber sind aus dem Gebiet geflohen." Ob also alles gut war oder schlecht, weiß er nicht sicher zu sagen – nur dass er damals verblüfft und zufrieden war und der Kaffee noch warm.

Sechs Tage im „Kalten Krieg" Schrittweise gerieten auch der Nahe Osten und der Konflikt zwischen Israel, den Palästinensern und der arabischen Welt in den Sog des Kalten Krieges, den die (demokratischen) Westmächte unter Führung der USA und die (kommunistischen) Staaten des Ostblocks unter Führung der UdSSR von 1945 bis 1990 führten. Das Verhältnis zwischen Israelis und Palästinensern blieb angespannt. Beide Seiten suchten zur Stärkung ihrer Position Bündnispartner im arabischen und außerarabischen Raum. Die Zahl der Akteure im Nahen Osten mit unterschiedlichen Interessen und Verflechtungen wuchs so weiter an.

Die komplexe und brisante Lage führte in der Zeit des Kalten Krieges zu zahlreichen Krisen und insgesamt vier Nahost-Kriegen zwischen Israel und den arabischen Staaten. So wandten sich im Sechs-Tage-Krieg 1967, nach dem Arabisch-Israelischen Krieg 1948 und dem **Suez-Krieg** von 1956 auch als dritter Nahost-Krieg bezeichnet, die Regierungen Ägyptens und Syriens mit Hilferufen an die Machthaber in Moskau. Zunehmende Spannungen zwischen Israel und Syrien hatten Israel dazu veranlasst, einem arabischen Angriff zuvorzukommen und am 5. Juni 1967 Ägypten anzugreifen, das von Jordanien und Syrien unterstützt wurde. In einem „Blitzkrieg" zerstörte die israelische Armee beinahe die gesamte Luftwaffe ihrer Gegner und stieß weit in alle Richtungen vor. Nach sechs Tagen trat auf Drängen der UNO am 11. Juni ein Waffenstillstand in Kraft.

Suez-Krieg, auch Sinai-Krieg: Bezeichnung für den zweiten Nahost-Krieg, der Ende Oktober 1956 mit einem Angriff Großbritanniens, Frankreichs und Israels auf Ägypten begann. Auslöser war die ägyptische Blockade der Zufahrt zum Roten Meer. Britische und französische Truppen besetzten den von Ägypten zuvor verstaatlichten Suez-Kanal, Israel den Gazastreifen und weite Teile des Sinai. Im November 1956 mussten Großbritannien, Frankreich und Israel auf Druck der USA ihre Truppen wieder abziehen.

Tatsächlich wäre die sowjetische Regierung für den Fall, dass Israel die syrische Hauptstadt Damaskus eingenommen hätte, zu einem Gegenschlag bereit gewesen. Auf Druck der USA beendete das siegreiche Israel seine Offensive nach Syrien. Aus dem regional begrenzten Krieg zwischen Israel und Ägypten, Jordanien und Syrien hätte nämlich ein weltweiter Atomkrieg werden können. Sowohl die Sowjetunion als auch die USA hatten aus strategischen und wirtschaftlichen Gründen ein Interesse am Nahen Osten.

Israelisches Existenzrecht und Landesausbau Ziel aller israelischen Regierungen ab 1948 war es, das nationale Existenzrecht ihres Staates politisch und militärisch zu verteidigen. Die feindlichen Reaktionen auf die Staatsgründung provozierten das biblische Bild von „David und Goliath", nährten das Gefühl, umzingelt und bedroht zu sein, und führten zu einer wachsamen Politik. In besonderen Gefahrensituationen meinten Teile der Bevölkerung und manche Politiker sogar, dass man einem zweiten Holocaust vorbeugen müsse. Daher suchte Israel verlässliche Bündnispartner und unternahm enorme verteidigungspolitische Anstrengungen. Gemessen an der Dauer der Wehrpflicht (drei Jahre für Männer, 21 Monate für Frauen), der Höhe der Militärausgaben und der Schlagkraft seiner Armee war das kleine Israel bald eines der am besten gerüsteten Länder der Region. Seine Wehrhaftigkeit demonstrierte Israel in Verteidigungs- und Angriffskriegen wie im Arabisch-Israelischen Krieg von 1948, dem Suez-Krieg von 1956, dem Sechs-Tage-Krieg von 1967 und dem Jom-Kippur-Krieg von 1973, aber auch in zahllosen weiteren Militärschlägen und Operationen auf eigenem Gebiet oder in benachbarten Territorien. Im Sechs-Tage-Krieg besetzte Israel als Sieger die nach dem Teilungsplan von 1947 den Palästinensern zuerkannten Gebiete Westjordanland (Westbank), Gazastreifen und Ost-Jerusalem.

Der Sicherung des Existenzrechtes Israels diente ein auf verschiedenen Ebenen vorangetriebener Landesausbau. Israel sollte in Anlehnung an Theodor Herzls Vision von einem jüdischen Musterstaat ein blühendes Land werden. Dazu gehörte der Aufbau der Landwirtschaft und – dank künstlicher Bewässerung – die Errichtung umfangreicher Plantagen zur Ernährung der durch weitere Einwanderung wachsenden Bevölkerung. Dem Landesausbau dienten auch die Förderung moderner Städte und industrieller Zentren sowie die Gründung jüdischer Siedlungen im ganzen Land, auch in den Palästinensergebieten. Archäologische Grabungsprogramme sollten die Überreste der antiken Ursprünge und die historische Identität Israels zum Vorschein bringen und so den historischen und biblischen Anspruch des jüdischen Volkes auf diesen Landstrich untermauern.

Wehrhaftigkeit und Landesausbau waren miteinander verschränkt und verstärkten sich gegenseitig. So sollten die israelischen Eroberungen im Norden an den Grenzen zum Libanon und zu Syrien im Jahr 1967 auch die Quellwasserzuflüsse des Oberen Jordan sichern, von denen zu einem großen Teil die Landwirtschaftsprogramme abhingen. Die Verschränkung zeigte sich vor allem an der israelischen Einnahme Ost-Jerusalems und der Klagemauer 1967 (▸ M1). Aus der Begeisterung über den Rückgewinn des heiligen Ortes und der ehemaligen Hauptstadt resultierte die einhellige Überzeugung, sich von den besetzten Gebieten „nie wieder zu trennen", sondern sie dauerhaft zu besetzen und zu besiedeln. Ost-Jerusalem wurde annektiert und die gesamte Stadt am 30. Juli 1980 vom israelischen Parlament per Gesetz zur „unteilbaren" Hauptstadt Israels erklärt.

Da in Ost-Jerusalem eine mehrheitlich arabische Bevölkerung lebte, führte dieser gegen die UNO und die USA durchgesetzte Schritt zu neuen Spannungen. Israel wandelte sich in Ost-Jerusalem, Gaza und im Westjordanland im Zeitraum bis 1990 von einer angegriffenen Macht zu einer Besatzungsmacht. Der Friedensprozess wurde auf israelischer Seite immer dann erschwert, wenn sich Parteien oder Stimmen durchsetzten, die eine Politik der Stärke gegenüber den Palästinensern verfolgten, die jedes Zugeständnis in Richtung eines Palästinenserstaates oder wenigstens einer Teilautonomie als Gefährdung Israels oder als Verrat an den biblischen Grundlagen des jüdischen Volkes ablehnten.

▸ Einnahme der Jerusalemer Altstadt durch die Israelis 1967.
Das Foto zeigt den Einzug des israelischen Verteidigungsministers Mosche Dayan (Bildmitte) neben dem Generalstabschef Yitzhak Rabin und dem Generalmajor Usi Narkis (links) in die eroberte Altstadt von Jerusalem. Im Hintergrund das Löwentor, durch das auch die militärische Einnahme erfolgt war.

Jom-Kippur-Krieg: israelische Bezeichnung für den vierten Nahost-Krieg, von den Arabern Oktober- oder Ramadan-Krieg genannt, weil er in den Fastenmonat Ramadan fiel. Der Krieg begann am 6. Oktober 1973, am höchsten jüdischen Feiertag Jom Kippur (hebr. „Tag der Versöhnung"), mit einem Überraschungsangriff Ägyptens und Syriens auf dem Sinai und den Golanhöhen, die sechs Jahre zuvor von Israel im Zuge des Sechstage-Krieges erobert worden waren. Nach anfänglichen Erfolgen der Angreifer wendete sich der Kriegsverlauf zugunsten Israels, bevor am 24. Oktober 1973 auf Druck der USA der UN-Waffenstillstand in Kraft trat.

◂ **Blick auf die jüdische Siedlung Ariel im Westjordanland.**
Foto von 2003.
Politisch umstritten sind bis heute die Siedlungen in den 1967 von Israel besetzten Gebieten, mit denen im Sinne einer Landnahme außerhalb des eigentlichen Staatsgebietes Fakten geschaffen werden.
Die Siedlung Ariel wurde 1978 von 40 Familien gegründet. Anfangs bestand sie überwiegend aus temporären Baracken, nach und nach wuchs sie vor allem durch Einwanderung zu einer Stadt mit fast 17 000 Einwohnern an.

Palästinensische Traumata Die israelische Seite konnte die ersten Jahrzehnte seit der Staatsgründung als eine Zeit von Gefährdungen und Erfolgen betrachten. Demgegenüber brachten sie den Palästinensern eher die Erfahrung von Schwäche, Ohnmacht oder Demütigung. Der jüdische Historiker Michael Wolffsohn sieht in den Niederlagen und Verlusten für die Palästinenser ein ähnlich traumatisches Erlebnis, wie dies für viele Juden der Holocaust war. Damit will er nicht das Geschehen gleichstellen, sondern darauf hinweisen, welche psychologisch verstörende Wirkung die Ereignisse auf palästinensischer Seite besaßen.

Der historisch begründbare Anspruch der Palästinenser auf nationale Identität und Heimat war entgegen dem Teilungsplan der UNO von 1947 durch die einseitige Proklamation des Staates Israel missachtet worden. Angst und Panik nach der Gründung Israels, Terrorakte und Massaker jüdischer Untergrundorganisationen, später der Bau jüdischer Siedlungen und die damit verbundenen Umsiedlungen und Vertreibungen der palästinensischen Bewohner machten Hunderttausende Palästinenser zu Flüchtlingen (▸ M2). Nach dem Sechs-Tage-Krieg und den israelischen Eroberungen und Annexionen steigerte sich das Flüchtlingsproblem. Immer mehr Palästinenser lebten – und dies zum Teil in der zweiten Generation – heimatlos und verstreut in den arabischen Nachbarländern, weshalb manche immer wieder von einer „palästinensischen Diaspora" sprachen (▸ M3).

Obendrein genossen die Palästinenser, ganz gleich, ob sie in Israel, den von Israel nach 1967 besetzten Gebieten oder in benachbarten Staaten lebten, keine politische Autonomie und bürgerliche oder kulturelle Selbstbestimmungsrechte. Zwar sahen die UN-Resolutionen zu den Kriegen von 1967 und 1973 den israelischen Rückzug aus den besetzten Gebieten vor, aber eine palästinensische Autonomie im Westjordanland und im Gazastreifen scheiterte bis zum Ende des Kalten Krieges am Widerstand Israels.

Yassir Arafat (1929-2004): palästinensischer Politiker; Mitbegründer und Führer der Fatah, von 1969 bis 2004 Vorsitzender der PLO und seit 1996 Präsident der Palästinensischen Nationalbehörde, der offiziellen internationalen Vertretung der Palästinenser. Seit 1974 setzte sich Arafat für eine friedliche Lösung des Nahost-Konflikts und einen gemeinsamen Staat Palästina für Juden, Christen und Muslime ein. 1988 erkannte er das Existenzrecht Israels indirekt an und erklärte 1989 die PLO-Charta von 1964 für hinfällig. 1993 führte Arafat im Namen der PLO Friedensverhandlungen mit Israel, die zur gegenseitigen Anerkennung führten. Gemeinsam mit den israelischen Politikern Yitzhak Rabin und Schimon Peres erhielt er 1994 den Friedensnobelpreis. Nach dem Scheitern der Verhandlungen über einen unabhängigen palästinensischen Staat mit Israels Regierungschefs Ehud Barak und US-Präsident Bill Clinton (Camp David) im Jahr 2000 und der zweiten „Intifada" verlor Arafat an Einfluss.

Wer repräsentiert die Palästinenser? Nach der Gründung Israels formierte sich palästinensischer Widerstand aus dem Exil in Jordanien und Ägypten vor allem in zwei Organisationen: der von **Yassir Arafat** gegründeten Fatah (arab. Eroberung, Sieg; Abkürzung für „Bewegung zur nationalen Befreiung Palästinas") und der Volksfront zur Befreiung Palästinas (Popular Front for the Libertation of Palestine, PFLP), die bald durch Sabotage- und Terroranschläge gegen Israel Aufmerksamkeit erregten.

Auf Initiative der Liga der arabischen Staaten erfolgte 1964 die Gründung der Palestine Liberation Organization (PLO) in Ost-Jerusalem, also auf symbolträchtigem Gebiet. Die PLO sollte die offizielle Vertretung aller Palästinenser, also auch der palästinensischen Flüchtlinge in anderen Ländern sein. Sie entwickelte sich zu einer Dachorganisation der verschiedenen palästinensischen Parteien und Bewegungen. 1968 legte sie ihr Ziel, die Errichtung eines unabhängigen palästinensisch-arabischen Staates, und die Mittel ihrer Politik in einem Grundsatzprogramm, der „Palästinensischen Nationalcharta", nieder. Diese erklärte Palästina zum „Heimatland des arabisch-palästinensischen Volkes" als „unteilbare territoriale Einheit". Das palästinensische Volk sei „Teil der arabischen Nation" und der „bewaffnete Kampf" „einziger Weg zur Befreiung Palästinas" gegen die „zionistische Invasion Palästinas im Jahr 1917".

Im Umfeld des Sechs-Tage-Krieges begann der verhängnisvolle Kreislauf von palästinensischen Terrorakten und israelischer Vergeltung. Um der palästinensischen Sache die Aufmerksamkeit der Welt zu sichern und Druck auf die Verbündeten Israels auszuüben, verübten Aktivisten der PLO Terroranschläge auch im Ausland oder bildeten ausländische Terroristen in ihren „Camps" aus, die den Terror in alle Welt tragen sollten. Beispiele hierfür sind das Attentat auf die israelische Mannschaft während der Olympischen Spiele in München 1972 oder die Entführung eines Flugzeugs der Lufthansa 1977, mit der die Freilassung von RAF-Terroristen in der Bundesrepublik Deutschland erpresst werden sollte.

Im Jahr 1974 erreichte die PLO unter Arafat, der seit 1969 ihre Leitung übernommen hatte, einen ersten politischen Erfolg: Sie wurde als einzige Vertretung des palästinensischen Volkes nicht nur durch die Arabische Liga, sondern auch durch die Vereinten Nationen anerkannt (▸ M4). Trotzdem lehnten Israel und die PLO weiterhin Verhandlungen ab. Erst nach einem vernichtenden Militärschlag gegen das Hauptquartier der PLO im Libanon im Jahr 1982 rückte Arafat von seiner unversöhnlichen Haltung ab und zeigte sich bereit, unter bestimmten Bedingungen das Existenzrecht Israels anzuerkennen. Daraufhin kündigten radikale Kräfte um die Volksfront zur Befreiung Palästinas und die radikale libanesische Organisation Hisbollah (arab. „Partei Gottes") Arafat die Gefolgschaft auf. Dies leitete die Spaltung der PLO in einen gemäßigten und einen radikalen Flügel ein.

Dieser Prozess setzte sich in Israel fort. 1987 wurde im Gazastreifen die palästinensische Terrororganisation Hamas (arab. religiöser Eifer; Abkürzung für „Islamische Widerstandsbewegung") gegen die israelische Besatzung im Westjordanland, im Gazastreifen und in Ost-Jerusalem gegründet. Sie wurde als Partei und als Kampforganisation zum unversöhnlichen Rivalen der PLO. Mit ihren Ideen leiteten Hisbollah und Hamas eine neue, religiöse Dimension des Nahost-Konflikts ein: den Versuch einer radikalen Re-Islamisierung der Gesellschaft. Sie bekämpften nicht nur das Existenzrecht Israels, sondern auch die kompromissbereite PLO, säkulare arabische Staaten wie Ägypten sowie alle westlichen Einflüsse.

▲ Palästinensische Anhänger der Fatah während der Feier zum 45-jährigen Jubiläum der Bewegung.
Foto aus Dura (Westjordanland), Januar 2010.
Links eine Fotografie des 2004 verstorbenen Fatah-Führers Yassir Arafat. Er trägt darauf sein Markenzeichen, ein von palästinensischen Männern zum Schutz gegen die Sonne getragenes weißes Baumwolltuch mit schwarzem Muster, die sogenannte Kefije oder Kuffiye. Kein anderer palästinensischer Politiker erreichte bisher Arafats Bekanntheit.

Die arabischen Staaten Die 1945 in Kairo gegründete Arabische Liga lehnte auch nach dem für Ägypten, Jordanien und Syrien katastrophalen Sechs-Tage-Krieg die staatliche Existenz Israels rigoros ab. Im Jom-Kippur-Krieg 1973 setzten die arabischen Staaten erstmals Erdöl als politische Waffe ein: Sie verhängten ein Embargo gegenüber den USA sowie den Niederlanden und drosselten die Ölausfuhr, um Druck auf die mit Israel verbündeten westlichen Industriestaaten auszuüben.

Erst 1977 scherte der ägyptische Präsident Mohammed Anwar as-Sadat aus der Front aus. Er trug vor dem israelischen Parlament eine Friedensinitiative vor, zu der die Anerkennung von Israels Sicherheitsinteresse gehörte (▸ M5). Zwei Jahre später unterzeichneten Sadat und der israelische Ministerpräsident Menachem Begin den ersten Friedensvertrag zwischen einem arabischen Land und Israel, der auch eine nicht näher definierte „Autonomie" für Gaza und Westjordanland vorsah. Beide Männer erhielten dafür den Friedensnobelpreis. Seit 1994 unterhält Israel auch mit Jordanien eine vertragliche Beziehung, die auf Gewaltverzicht und gegenseitiger Anerkennung beruht.

Das macht deutlich, dass die Arabische Liga, der heute 21 arabische Staaten und Palästina angehören, kein geschlossener Block ist. Auch wenn immer wieder die Einheit der

Mohammed Anwar as-Sadat (1918-1981): von 1970 bis 1981 Staatspräsident Ägyptens. Nach dem ägyptisch-israelischen Friedensabkommen von Camp David 1978, für das er gemeinsam mit Menachem Begin den Friedensnobelpreis erhielt, wurde er von extremistischen Gegnern seiner Friedenspolitik 1981 ermordet.

Menachem Begin (1913-1992): von 1977 bis 1992 Ministerpräsident Israels. In seine Amtszeit fiel der Friedensschluss mit Ägypten 1978, für den er gemeinsam mit Mohammed Anwar as-Sadat den Friedensnobelpreis erhielt.

▲ **Friedensabkommen von Camp David.**
Foto vom 17. September 1978. Mit Handschlag besiegeln der israelische Ministerpräsident Menachem Begin und der ägyptische Präsident Anwar as-Sadat die maßgeblich von US-Präsident Jimmy Carter (Mitte) vermittelten Verhandlungen, die im März 1979 zum ägyptisch-israelischen Friedensvertrag führten. Der Vertrag beendete zum ersten Mal den Kriegszustand zwischen Israel und einem seiner Nachbarländer auf der Grundlage „freundschaftlicher Beziehungen". Begin und Sadat erhielten dafür den Friedensnobelpreis.

„arabischen Nation" beschworen wurde, vertrat doch jedes Mitglied seine nationalen Interessen. Die arabischen Staaten unterstützten zwar grundsätzlich den Anspruch des palästinensischen Volkes auf eine Heimat in Palästina, aber sie nahmen keine einheitliche Haltung gegenüber PLO, Hamas, Hisbollah oder zum Existenzrecht Israels und der Frage ein, wie stark die Lehren des Islam Staat und Gesellschaft prägen sollten. Gegen Ende des Kalten Krieges mehrten sich die Anzeichen, dass sich die Mehrheit der Mitglieder der Arabischen Liga einem Frieden mit Israel nicht mehr verschließen würde, sofern er das Heimatrecht der Palästinenser respektiert.

Fundamentalistische religiöse Gruppen in einigen arabischen Staaten erschwerten einen solchen Friedensschluss. Deutlich wird, dass dort, wo sich der Fundamentalismus ausbreiten konnte, instabile gesellschaftliche und staatliche Verhältnisse vorherrschten, wie sie für postkoloniale Situationen typisch sind. In dieser Hinsicht spiegelt sich im Nahost-Konflikt das Erbe des Imperialismus. Auch der Nahe Osten wurde nach dem Ende des Kolonialismus vom Nord-Süd-Konflikt erfasst.

Die Haltung der Supermächte im Überblick Die UdSSR verstärkte nach dem Suez-Konflikt im Jahre 1956 ihr Engagement im Nahen Osten im Interesse der „kommunistischen Weltrevolution". Nach dem Sechs-Tage-Krieg wechselte sie endgültig in das Lager der Gegner Israels. Fortan unterstützte sie antiwestliche und antiisraelische arabische Staaten durch Industrialisierungshilfen, Kredite, Waffen und Militärberater.

Darüber hinaus kooperierte die Sowjetunion in den 1970er- und frühen 1980er-Jahren mit der Fatah von Yassir Arafat, da sie den Kampf der Palästinenser als „revolutionären Befreiungskampf" begrüßte. Als Arafat sich Israel gegenüber verhandlungsbereit zeigte, wandte sich die UdSSR der 1982 gegründeten Kommunistischen Partei Palästinas zu und unterstützte bis zum Ende des Kalten Krieges kompromisslos die radikalen Gegner Israels. Erst im Zeichen von Glasnost und Perestroika unter **Michail Gorbatschow** zeigte sich die UdSSR bereit, im Palästina-Konflikt zu vermitteln. Indiz für eine neue Haltung war die gelockerte Ausreisepolitik für russische Juden, ab 1990 die größte Einwanderergruppe nach Israel.

Michail Sergejewitsch Gorbatschow (*1931): 1985 bis 1991 Generalsekretär des ZK der KPdSU und von 1990 bis zur Auflösung der Sowjetunion 1991 sowjetischer Präsident, als welcher er für seine Politik 1990 den Friedensnobelpreis erhielt

Mit dem Auftreten der UdSSR hatte sich die Auseinandersetzung um Palästina zum Stellvertreterkrieg der Supermächte und Blocksysteme im Kalten Krieg entwickelt, denn auch die USA betrieben dort eine Interessenpolitik. Als Vormacht des westlichen Bündnisses war es ihr Ziel, den sowjetischen Einfluss in der Region einzudämmen und die Ölversorgung aus dem arabischen Raum zu sichern. Die USA übernahmen die Rolle der Schutzmacht Israels (▸ M6). Dabei nutzten sie ähnliche Instrumente wie die UdSSR im arabischen Lager. Mitunter hatten sie jedoch Mühe, Israel zu bremsen, das im Windschatten der amerikanischen Macht zu einer Politik der Stärke neigte. Daher bemühten sich die US-Regierungen seit den 1950er-Jahren, in der Rolle eines „Maklers" zwischen Israel und den Arabern zu vermitteln. Dies konnte das Vordringen der UdSSR im Nahen Osten nicht verhindern.

Obwohl es gelang, Ägypten unter seinem Präsidenten Sadat in den 1970er-Jahren wieder enger an den Westen zu binden, gelang keine dauerhafte Lösung (▸ M7). Zwar vermittelte Präsident **Jimmy Carter** in Camp David den 1979 geschlossenen Frieden zwischen den verfeindeten Mächten Ägypten und Israel. Doch den Streit mit den anderen arabischen Staaten und der PLO konnte er nicht beilegen. Im arabischen Lager galt Ägypten als Verräter, viele arabische Staaten brachen die Beziehungen zu Ägypten ab. Die Ermordung Sadats durch muslimische Extremisten 1981 bewies, dass der Konflikt eskalierte.

Jimmy Carter (*1924): 1977 bis 1980 US-Präsident (Demokrat)

M1 Die israelische Einnahme Jerusalems: Segen oder Fluch?

Der israelische Journalist Gil Yaron schreibt 2007 über die Einnahme Jerusalems durch das israelische Militär 1967:

Spielte die Klagemauer vor dem Sechs-Tage-Krieg im israelischen Alltag nur eine Nebenrolle, erfolgte 1967 ein tiefer Wandel. Am 7.6.1967 eroberten israelische Truppen Ost-Jerusalem. Der Verteidigungsminister Mosche Dayan ging mit den anderen Siegern, Generalstabschef Yitzhak Rabin (1922-1995) und dem lokalen Befehlshaber Motta Gur zur Klagemauer und erklärte feierlich: „Jerusalem ist befreit. Wir haben Jerusalem, die geteilte Hauptstadt Israels, vereint. Wir sind an unsere heiligen Plätze zurückgekehrt, um uns niemals wieder von ihnen zu trennen." In Israel brach eine begeisterte Stimmung aus. Die Dauer des Krieges wurde der biblischen Erschaffung der Welt gleichgestellt. Gläubige Juden sahen in dem erfolgreichen Feldzug ein Zeichen Gottes.

Nicht alle Israelis labten sich an dem berauschenden Sieg. Eine Anekdote besagt, dass der israelische Premier Levy Eschkol kurz nach der Eroberung Ost-Jerusalems von seinen Beratern zur Klagemauer gebracht wurde. Euphorisch betrat er die Altstadt. Doch auf seinem Weg zum jüdischen Heiligtum verdüsterte sich sein Gesichtsausdruck. Hunderte schweigende Araber säumten seinen Weg und betrachteten die israelischen Eroberer mit einer Mischung aus Angst und Hass. An der Klagemauer angekommen, begrüßten ihn die Israelis mit stürmischem Beifall.

Eschkol erhob seine linke Hand und machte mit zwei Fingern das „V"-Zeichen. Sein Berater fragte ihn: „Ist das ein V für ‚victory'?" „Nein", flüsterte Eschkol in Jiddisch zurück: „Das ist für: ‚Wie kriechen wir hier wieder raus?'" So hatte Eschkol, der wie fast alle Akteure des Sechs-Tage-Krieges gegen seinen Willen aufgrund einer Reihe von Fehlern in den Krieg hineingezogen worden war, schon kurz danach trotz der hysterischen Euphorie um ihn herum den militärischen Sieg als politische Niederlage erkannt. Mit den eroberten Gebieten hatte Israel das Palästinenserproblem „geschluckt": Anstatt an ihren Grenzen befanden sich die Araber nun inmitten des jüdischen Staates. [...]

Doch die Mehrheit reagierte ekstatisch auf die „Befreiung" ganz Jerusalems. Schon wenige Stunden nach der Eroberung ließ der neu gewählte Bürgermeister Teddy Kollek das Mughrabi-Viertel vor der Klagemauer planieren. Insgesamt 135 arabische Häuser wurden dem Erdboden gleichgemacht, 650 Palästinenser zwangsweise umgesiedelt.

Vor der Klagemauer entstand der große Platz, an dem sich heute Tausende zum Gebet einfinden können.

Gil Yaron, Jerusalem. Ein historisch-politischer Stadtführer, München 2007, S. 160 f.

▲ **Israelische Soldaten tanzen an der Klagemauer.**
Neujahrskarte zum Sieg vom Juni 1967 nach dem Sechs-Tage-Krieg.

1. *Der Sechs-Tage-Krieg von 1967 wird aus israelischer Sicht oft als nationaler Triumph angesehen. Erarbeiten Sie Aspekte dieses „Triumphes".*
2. *Nehmen Sie Stellung, ob Geschichte und Religion instrumentalisiert wurden.*
3. *Erläutern Sie, worin sich die Ambivalenz des Geschehens zeigt.*
4. *Diskutieren Sie, welche Alternativen es von israelischer oder amerikanischer Seite 1967 im Umgang mit der Klagemauer gegeben hätte.*
5. *Erörtern Sie am Beispiel der Klagemauer die Ansicht, dass Jerusalem der Kulminationspunkt des Nahost-Konflikts sei.*
6. *Entwerfen Sie Handlungsstrategien der palästinensischen Seite nach dem Krieg von 1967 sowohl gegenüber den arabischen Ländern als auch gegenüber Israel.*

M2 „Ich bin Araber"

Der 2008 verstorbene Mahmud Darwisch gilt als einer der bedeutendsten palästinensischen Dichter. Bereits zu Lebzeiten wird er als „die Stimme Palästinas" bezeichnet. Sein Werk ist in etwa 30 Sprachen übersetzt worden. Seine politische Lyrik hat ihn zu einem geistigen Vorkämpfer der palästinensischen Nationalbewegung werden lassen. Darwisch, 1941 in einem Dorf in Galiläa geboren, flieht mit seinen Eltern und Geschwistern 1948 in den Libanon. Als sie nach dem Krieg heimlich zurückkehren, ist ihr Dorf zerstört und zwei israelischen Siedlungen gewichen. Seiner Familie gelingt es, in einem Nachbardorf unterzukommen und von der israelischen Verwaltung als illegale Rückkehrer geduldet zu werden. Dennoch empfindet sich Darwisch fortan wie ein „Fremder im eigenen Land". Er schafft sich eine „Heimat in der Sprache" und opponiert literarisch und journalistisch gegen die israelische Herrschaft. Gleichzeitig versucht er, auf palästinensischer Seite einen gesamtarabischen Stolz wiederzubeleben. 1964 entsteht das folgende Gedicht:

Identitätskarte

Schreib auf:
Ich bin Araber. Ausweisnummer: 50 000.
Kinder: Acht.
Das neunte kommt Ende des Sommers.
Macht dich das wütend?

Schreib auf:
Ich bin Araber.
Beschäftigt: Im Steinbruch mit Kameraden.
Für meine acht Kinder breche ich
Brot, Kleider und Schulhefte
Aus dem Fels.
Denn ich werde nicht als Bettler
Vor deiner Tür stehen.
Macht dich das wütend?

Schreib auf:
Ich bin Araber.
Ohne Nachname. Nur ein Vorname.
Mit unendlicher Geduld habe ich
In einem Land,
Wo die Menschen mit dem Zorn leben,
Meine Wurzeln geschlagen,
Noch vor der Geburt der Zeit,
Vor der Zypresse und dem Olivenbaum,
Noch vor dem Wachsen des Grases.
Mein Vater: Aus einer Familie von Pflügern,
Nicht aus den Kreisen der Herren.
Mein Großvater: Ein Bauer,
Ohne Herkunft und Rang.
Er lehrte mich die Achtung vor der Sonne
Noch vor dem Lesen der Bücher.
Mein Haus: Eine Hütte
Aus Zweigen und Schilfrohr.
Gefällt dir das, so wie ich bin?
Ohne Nachname. Nur ein Vorname.

Schreib auf:
Ich bin Araber.
Haarfarbe: Kohlrabenschwarz.
Augen: Kaffeebraun.
Besondere Kennzeichen:
Eine festgeschnürte Kuffiye[1] auf dem Kopf
Und meine Hand hart wie Stein,
Rau für den, der sie berührt.

Meine Adresse:
Ich komme aus einem friedlichen,
Vergessenen Dorf,
Wo die Straßen keine Namen haben
Und alle Männer auf den Feldern und
Im Steinbruch arbeiten.
Schreib auf:
Ich bin Araber.
Macht dich das wütend?

Schreib auf:
Ich bin Araber.
Ihr habt die Weingärten meiner Väter gestohlen
Und das Land, das ich bestellte
Zusammen mit meinen Kindern.
Ihr habt uns und allen meinen Enkeln
Nur diese Felsen hier übriggelassen.
Und ich habe gehört,
Dass eure Regierung
Uns auch die noch wegnehmen will.

Also:
Schreib auf! Ganz oben!
Ich hasse die Menschen nicht,
Und ich greife auch niemanden an.
Aber wenn ich Hunger habe,
Esse ich das Fleisch meines Unterdrückers.
So hüte dich, hüte dich
Vor meinem Hunger und meinem Zorn!

Mahmud Darwisch, Palästina als Metapher, Heidelberg 1998, S. 238-240

[1] Kuffiye: in Palästina von Männern getragenes schwarz-weißes Kopftuch

1. *Arbeiten Sie das Bild der Araber heraus. Was erscheint hier als palästinensische bzw. arabische „Identität“?*

2. *Stellen Sie heraus, wie das Gegenüber, das lyrische Ich, charakterisiert wird.*

3. *Mahmud Darwisch hat recherchiert, dass aus seinem arabischen Heimatdorf nach 1949 zwei israelische Siedlungen entstanden, u.a. für jüdische Auswanderer aus Europa. Formulieren Sie eine Antwort auf Darwischs Aussagen aus der Sicht eines jüdischen Einwanderers.*

4. *Der Islam- und Literaturwissenschaftler Stephan Milich schreibt über Darwischs Bedeutung: „Die Gedichte sind Ausdruck kollektiver Selbstbehauptung und betonen eindringlich die Existenz eines palästinensischen Volkes mit eigener nationaler Identität und Geschichte, das von Israel und einigen arabischen Staaten lange Zeit nicht anerkannt wurde.“[2] Nehmen Sie dazu Stellung.*

M3 Gibt es eine palästinensische Diaspora?

Der Begriff „Diaspora“ (dt. „Verstreutheit“) ist lange vor allem von der jüdischen Geschichtsschreibung für die Zeitspanne zwischen der Vertreibung durch die Römer und der israelischen Staatsgründung gebraucht worden. Seit einigen Jahren wird untersucht, inwieweit auch von einer palästinensischen Diaspora seit 1948 gesprochen werden kann. Verlässliche Angaben über die Zahl der Palästinaflüchtlinge gibt es kaum. Das 1949 gegründete UN-Hilfswerk „United Nations Relief and Works Agency for the Palestinian Refugees“ (UNRWA) liefert einige Anhaltspunkte:

Gebiete	Angaben für 1990	Angaben für 2009
Israel	800 000	1,5 Mio.
Gazastreifen	550 000	1,1 Mio.
Westjordanland	900 000	754 000
Jordanien	1,7 Mio.	1,9 Mio.
Syrien	225 000	457 000
Libanon	350 000	417 000
andere Länder	830 000, darunter 250 000 in Saudi-Arabien	ohne Angabe

Nach: Globus Infografik, Hamburg und Margret Johannsen, Der Nahost-Konflikt, Wiesbaden [2]2009, S. 82

[2] Stephan Milich, Fremd meinem Namen und fremd meiner Zeit. Identität und Exil in der Dichtung von Mahmud Darwisch, Berlin 2005, S. 13

1. *Diskutieren Sie, ob und inwieweit man von einer palästinensischen Diaspora sprechen kann.*

2. *Klären Sie durch Recherchen die gegenwärtige Gebietsverteilung in Palästina. Gehen Sie hierbei besonders auf den Gazastreifen und den historischen Hintergrund der Region ein. Berücksichtigen Sie die Karten auf S. 156 und 158.*

M4 Probleme und Strategien der PLO

Ein deutsches Lexikon von 2008 erklärt die PLO (Palestine Liberation Organization) so:

Die PLO hatte in den späten 1960er-Jahren ihren Hauptsitz und ihr Hauptaktionsfeld in Jordanien mit seiner großen palästinensischen Bevölkerung und seiner langen Grenze mit Israel. Sie verfügte damals im Land über große Bewegungsfreiheit, wurde aber so sehr als Störfaktor betrachtet, dass König Husain im „Schwarzen September“ 1970 massiv militärisch gegen sie vorging und ihre militärische und politische Organisation aus dem Land zwang.[1] Sie verlegte Hauptquartier und Aktionsraum in den Libanon.
Um 1970 lehnte die PLO, anders als die arabischen Staaten, die ihre Ablehnungshaltung von 1970 revidierten, jeden Kompromiss mit Israel etwa im Sinne einer Zwei-Staaten-Regelung ab. Ihr strategisches Ziel war seinerzeit die Zerstörung des Staates Israel und seine Ersetzung durch einen säkularen Staat Palästina. Sie konnte sich diese kompromisslose Haltung, die den führenden arabischen Staaten nicht genehm war, aufgrund ihres nach 1967 erworbenen Prestiges leisten. Der Oktoberkrieg von 1973[2] verschob allerdings dann wieder das Kräfteverhältnis zugunsten der arabischen Regimes. Die PLO konnte sich ihnen nicht weiter frontal entgegenstellen. Außerdem erschien durch das Ergebnis des Kriegs eine für die Araber nicht ganz ungünstige Regelung möglich. Die PLO ließ sich bei ihrer 12. Nationalratssitzung im Juni 1974 auf ein Etappenprogramm ein, das auch die Befreiung nur eines Teils von Palästina (konkret: der 1967 besetzten Gebiete) ins Auge fasste bzw. begrüßte. Dies war der erste Schritt auf dem Weg

[1] Nach einem fehlgeschlagenen Attentat der Volksfront zur Befreiung Palästinas (PFLP) auf Hussein I., von 1952 bis 1999 König von Jordanien, brach im September 1970 der jordanisch-palästinensische Bürgerkrieg (1970-1971) aus, auch „Schwarzer September“ genannt. Hussein konnte mithilfe der Beduinen die palästinensische Organisation in Jordanien zerschlagen, die zunehmend die Macht im Staat bedrohte.

[2] andere Bezeichnung für den Jom-Kippur-Krieg vom 6. bis 26. Oktober 1973

zum offiziellen Einverständnis mit einer Zwei-Staaten-Regelung, den eine Minderheit in der PLO heftig ablehnte. Dieser Weg wurde aber dennoch weiter verfolgt. Mit Beschluss des 19. Nationalrats im November 1988 wurde Israel implizit, mit der Einigung von Oslo im September 1993[3] auch explizit von der PLO anerkannt.

Alexander Flores, Die arabische Welt. Ein kleines Sachlexikon, Stuttgart ²2008, S. 213

1. *Arbeiten Sie die politisch-ideologischen Pole heraus, zwischen denen die PLO gegenüber Israel operierte. Welche Motive spielten dabei eine Rolle?*
2. *Erläutern Sie das Verhältnis der PLO zu den arabischen Staaten. Bewerten Sie die Ausrichtungen der PLO.*
3. *Untersuchen Sie den Artikel im Hinblick auf die politische Entwicklung der PLO.*

[3] In Oslo trafen Israel und die PLO in geheimen Verhandlungen mehrere Vereinbarungen, die später in Washington unterzeichnet wurden. Dazu gehörte die stufenweise Einführung palästinensischer Autonomie und ein Teilrückzug der israelischen Armee aus den besetzten Gebieten für einen Gewaltverzicht der PLO und die Anerkennung Israels; vgl. dazu S. 161 ff.

M5 Die Palästinafrage als Kernproblem des arabisch-israelischen Konflikts?

Aus der Rede des ägyptischen Präsidenten Anwar as-Sadat vor dem israelischen Parlament am 20. November 1977:

Die Antwort auf die Kardinalfrage über den Frieden ist weder schwierig noch unmöglich, trotz der vielen Jahre, die von Feindseligkeit und Hass geprägt worden sind. Die Beantwortung dieser Frage ist einfach, wenn wir einer geraden Linie der Wahrheit und des Glaubens folgen. Sie wollen mit uns in diesem Gebiet zusammenleben. Dazu sage ich ganz ehrlich: Wir heißen Sie willkommen. Alleine dies ist das Anzeichen eines historischen Wandels. Wir haben Sie in der Vergangenheit abgelehnt. Dazu hatten wir unsere Gründe und Argumente. [...] Heute sage ich Ihnen und der ganzen Welt aber, dass wir es akzeptieren, mit Ihnen in einem Zustand des gerechten und dauerhaften Friedens zusammenzuleben. [...] Der Friede wird nicht gut fundiert sein, wenn er nicht auf Gerechtigkeit beruht, sondern auf der Besetzung von Gebieten anderer. Es darf nicht erlaubt sein, dass Sie etwas verlangen, was Sie anderen verweigern. Ich sage ganz offen, Sie müssen die Träume von morgen aufgeben wie auch die Überzeugung, dass die Gewalt das beste Mittel ist für Ihr Verhalten den Arabern gegenüber. Im Sinne unserer Begegnung müssen Sie begreifen, dass Ihnen die Expansion nichts nützt. Unser Land ist kein Gegenstand von Kompromissen und

▾ **Ansprache des ägptischen Ministerpräsidenten Anwar as-Sadat vor der Knesset in Jerusalem.**
Foto vom 20. November 1977.

Diskussionen. Unser nationales Territorium ist heilig. [...] Keiner von uns kann oder will auf nur einen Fußbreit dieses Territoriums verzichten. [...]
Ich sage Ja zu der Logik, derzufolge Israel in diesem Gebiet in Frieden und Sicherheit leben kann. Dass es innerhalb seiner Grenzen vor jeder Aggression geschützt wird, auch hierzu sage ich Ja. Ich sage auch Ja zu der Forderung, dass Israel alle Garantien erhält, welche ihm die Verwirklichung dieser beiden Ziele ermöglichen, nämlich Frieden und Sicherheit. Wir erklären, dass wir alle internationalen Garantien, die Sie fordern, akzeptieren, von welcher Seite auch immer. [...]
Um zu diesem Ziel zu gelangen, müssen wir gewissen Realitäten offen und mutig begegnen. Es gibt arabische Territorien, die von Israel mit Waffengewalt besetzt gehalten werden. Wir beharren auf dem vollen Rückzug aus diesen Territorien, das schließt das arabische Jerusalem mit ein. [...]
Der volle Rückzug aus den im Jahre 1967 besetzten Gebieten ist eine selbstverständliche Sache. Hierzu nehmen wir keine Argumente hin. Ohne diesen Schritt wären Gespräche über den dauerhaften und gerechten Frieden sinnlos. Ohne diesen Schritt wäre eine Absicherung unseres Zusammenlebens in Sicherheit und Frieden völlig sinnlos. [...] Was die palästinensische Frage anbelangt, so gibt es niemanden, der bestreitet, dass diese Frage der Kern des ganzen Problems ist. Niemand in der Welt kann heute die in Israel demonstrierten Slogans akzeptieren, mit denen die Existenz des palästinensischen Volkes ignoriert und gefragt wurde, wo dieses Volk zu finden sei. Die Sache der Palästinenser und deren legitime Rechte können von niemandem mehr geleugnet oder ignoriert werden. [...] Solange dieses Problem ungelöst bleibt, verschärft sich der Streit und nimmt neue Dimensionen an. Ich sage Ihnen ganz ehrlich, dass ohne die Palästinenser der Friede unrealisierbar ist.

Archiv der Gegenwart, 22. November 1977, S. 21378 ff.

1. *Arbeiten Sie heraus, mit welchen Argumenten Sadat 1977 für einen Frieden wirbt. Beurteilen Sie seine Rede im Hinblick auf die Chancen eines Friedensvertrages mit Israel.*
2. *Nehmen Sie Stellung zu dem Vorwurf der arabischen Regierung, Sadat habe in seiner Rede die Idee einer gesamtarabischen Nation aufgegeben.*
3. *Diskutieren Sie, ob die „palästinensische Frage" der Kern des israelisch-arabischen Konflikts ist.*

M6 Die amerikanische Haltung zum israelisch-arabischen Konflikt

Am Beispiel des israelisch-syrischen Wasserkonflikts in den 1950er-Jahren verdeutlicht die Historikerin Ina M. Vallianatos-Grapengeter 1996 die amerikanische Haltung unter Dwight D. Eisenhower, US-Präsident von 1953 bis 1961:

Washingtons Einmischung in den israelisch-arabischen Wasserstreit [...] muss im Rahmen der ineinandergreifenden ideologischen und sicherheitspolitischen Interessenkonflikte der beiden Supermächte zu Beginn des Kalten Krieges und vor dem Hintergrund der westlichen Ölinteressen gesehen werden. Die Befürchtung der Eisenhower-Administration, dass die arabische Welt, die bis dahin als politisches Vakuum galt, aufgrund der proisraelischen Außenpolitik von Präsident Truman[1] immer stärker in Gefahr geriet, in das Fahrwasser der Sowjetunion zu gelangen, veranlasste die neue Regierung, eine doppelte Strategie zu verfolgen, die als eine Vorstufe der Eisenhower-Doktrin von 1957 angesehen werden könnte. Zum einen sollte der Nahe Osten in einer Militärallianz an den Westen gebunden werden, zum anderen musste der Region der Nährboden für kommunistische Ideen, wie er in der sozialökonomischen Problematik der palästinensischen Flüchtlinge gesehen wurde, durch eine funktionale Entwicklungspolitik entzogen werden.

Ina M. Vallianatos-Grapengeter, Der Nahostkonflikt im Prisma der Wasserproblematik. Wasserpolitik im Jordantal 1882-1967, Hamburg 1996, S. 59 f.

1. *Erarbeiten Sie die amerikanische Position gegenüber den arabischen Staaten.*
2. *Informieren Sie sich über die „Eisenhower-Doktrin". Prüfen Sie, inwieweit sie hier angewendet wurde.*
3. *Diskutieren Sie, ob Eisenhowers Position geeignet war, stabile Beziehungen der USA zu den arabischen Staaten aufzubauen.*

[1] Harry S. Truman (1884-1972) war von 1945 bis 1952 US-Präsident; vgl. S. 204.

M7 Die Entwicklung des israelisch-arabischen Konflikts von 1948 bis 1995

Im Zentrum des Nahost-Konflikts stehen seit 1948 die Auseinandersetzungen um den Staat Israel. Die arabische Seite kämpft zunächst dafür, anstelle Israels für das gesamte Palästina eine arabische Herrschaft einzurichten. Dafür würden Ägypten wie auch Jordanien und Syrien als Vormacht bereit stehen. Erst 1974 akzeptiert die palästinensische Seite unter Yassir Arafat erstmals die Zwei-Staaten-Lösung und tritt fortan für einen palästinensischen Teilstaat ein. 1978 folgt die Anerkennung Israels durch Ägypten. Von entscheidender Bedeutung für die territoriale Entwicklung sind bis 1990 der UN-Teilungsplan von 1947, die Waffenstillstandsvereinbarung von 1949, die Waffenstillstandsvereinbarungen nach dem Sechs-Tage-Krieg 1967, die Neugliederungen des Sinai nach dem Friedensvertrag zwischen Israel und Ägypten 1978 sowie die Entstehung der palästinensischen Autonomiegebiete im Kontext der in Oslo geführten israelisch-palästinensischen Verhandlungen mit dem Gaza-Jericho-Abkommen (Oslo I) 1994 und dem Vertrag von Taba (Oslo II) über das Westjordanland im Jahr 1995.

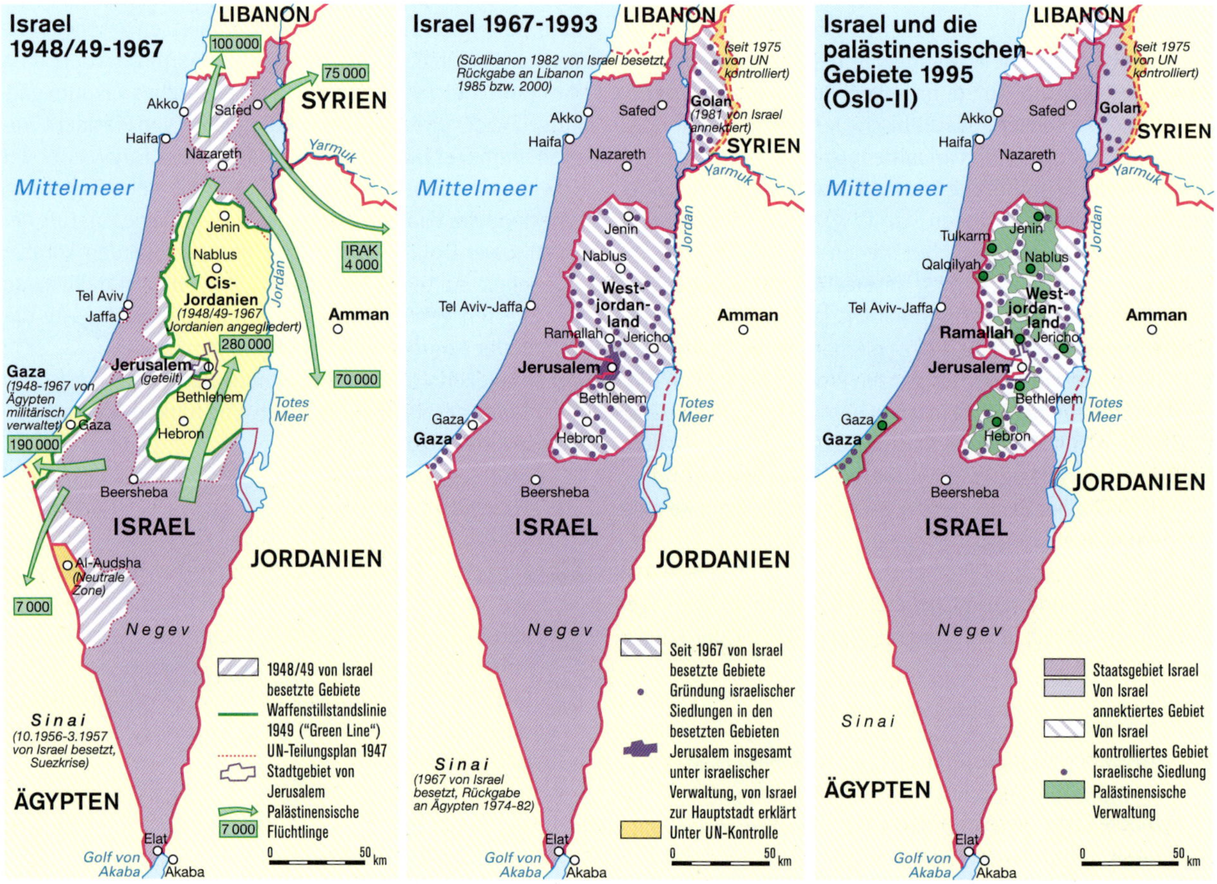

Ingenieurbüro für Kartographie Dr. H.-J. Kämmer, Berlin

1. *Erörtern Sie, inwieweit die Lage in Palästina eine gleiche Ausgangsposition für eine Vereinnahmung durch die Supermächte bot, wie dies in Vietnam, Korea oder Deutschland der Fall war. Ziehen Sie dazu die Darstellung auf S. 204 ff. heran.*
2. *Arbeiten Sie anhand der Karten die Gebietsentwicklungen von 1948 bis 1995 a) aus israelischer, b) aus arabischer und c) aus palästinensischer Sicht für das gesamte Konfliktgebiet sowie für Jerusalem heraus. Ziehen Sie die Darstellung hinzu. Bewerten Sie die Ergebnisse.*
3. *Arbeiten Sie die außenpolitischen Grundsätze Israels heraus. Lassen sich Möglichkeiten für eine palästinensische Friedenslösung erkennen? Ziehen Sie die Karte auf S. 158 hinzu.*

Karten als Informationslandschaft

Karten ermöglichen eine Orientierung in Raum und Zeit. Sie können neben der geografischen auch die zeitliche Dimension von Ereignissen, Entwicklungen und Zusammenhängen veranschaulichen. Wir unterscheiden historische Karten und Geschichtskarten. Historische Karten wurden in einer vergangenen Epoche erstellt und zeigen Verhältnisse entsprechend dem damaligen Verständnis und Kenntnisstand. Demgegenüber vermitteln Geschichtskarten den gegenwärtigen Wissensstand. Sie werfen einen Blick aus heutiger Sicht auf bestimmte Phänomene der Geschichte. Beide Kartentypen können zur Gruppe der thematischen Karten gehören, die bestimmte Informationen topografisch abbilden, etwa Verkehr, Wetter, Sprachen, Religionen, Ethnien und Wahlergebnisse.

Mit Karten arbeiten

Karten sind keine „neutralen" oder „objektiven" Medien. Ganz im Gegenteil: Seit es Karten gibt, stellen sie interpretierende Deutungen der Welt dar, denn sie reflektieren das Wissen und Denken ihrer Entstehungszeit. So rücken etwa mittelalterliche Weltkarten des Abendlandes ganz selbstverständlich Jerusalem als Zentrum des Christentums in den Kartenmittelpunkt. Karten können Gleichzeitiges wie Ungleichzeitiges zeigen und damit Entwicklungen veranschaulichen. Als maßstäblich verkleinerte, auf das für das Thema jeweils Wesentliche reduzierte und durch vielfältige Symbole kodierte „Raummodelle" stellen sie Sachverhalte aus Politik, Wirtschaft, Kultur oder Gesellschaft zu einer bestimmten Zeit in einem ausgewählten Raum dar. Karten können bestimmte Darstellungsabsichten verfolgen, z.B. Ausdruck von Handels- oder Gewerbeinteressen sein, bestimmte kulturelle oder politische Wertschätzungen zum Ausdruck bringen und Herrschaftsansprüche darstellen oder legitimieren, indem sie strittige Grenzverläufe fixieren oder durch Ausklammerung einem Volk oder Staat das Existenzrecht bestreiten. Damit beeinflussen Karten das Geschichtsbild oder die aktuelle Weltsicht des Betrachters oft deutlich mit. Für die Arbeit mit Karten ist deshalb die Kenntnis des historischen und thematischen Hintergrundes genauso wichtig, wie die „Übersetzung" der Legende und der Symbole.

Formale Kennzeichen

- Um welchen Kartentyp handelt es sich?
- Wer hat die Karte entworfen oder in Auftrag gegeben?
- Wann und wo ist die Karte entstanden oder publiziert worden?

Karteninhalt

- Auf welchen Raum, welche Zeit und welches Thema bezieht sich die Karte?
- Welche Bedeutung haben die Farbflächen (Länder, Glaubensrichtungen etc.), welche die Symbole (Orte, Bodenschätze, Güter, ihre Menge, Handelswege oder Ereignisse)?
- Lässt sich durch den Vergleich mit anderen Karten/weiteren Quellen feststellen, ob bestimmte Gegebenheiten oder Entwicklungen hervorgehoben oder ausgeklammert werden?

Historischer/aktueller Kontext

- In welchen historischen/politischen Zusammenhang lässt sich die Karte einordnen?
- Welche Ursachen, Entwicklungen und Folgen lassen sich aus der Karte ablesen?

Intention und Bewertung

- An welche Adressaten wendet sich die Karte?
- Welche Aussageabsicht verfolgt sie?
- Auf welche wissenschaftliche oder politische Diskussion geht sie ein?
- Ist eine bestimmte Sichtweise, eine politisch-ideologische Zielsetzung erkennbar?
- Welche Fragen kann die Karten beantworten, welche nicht?

Lösungsvorschlag für die Analyse

Palästina – ein schrumpfendes Land

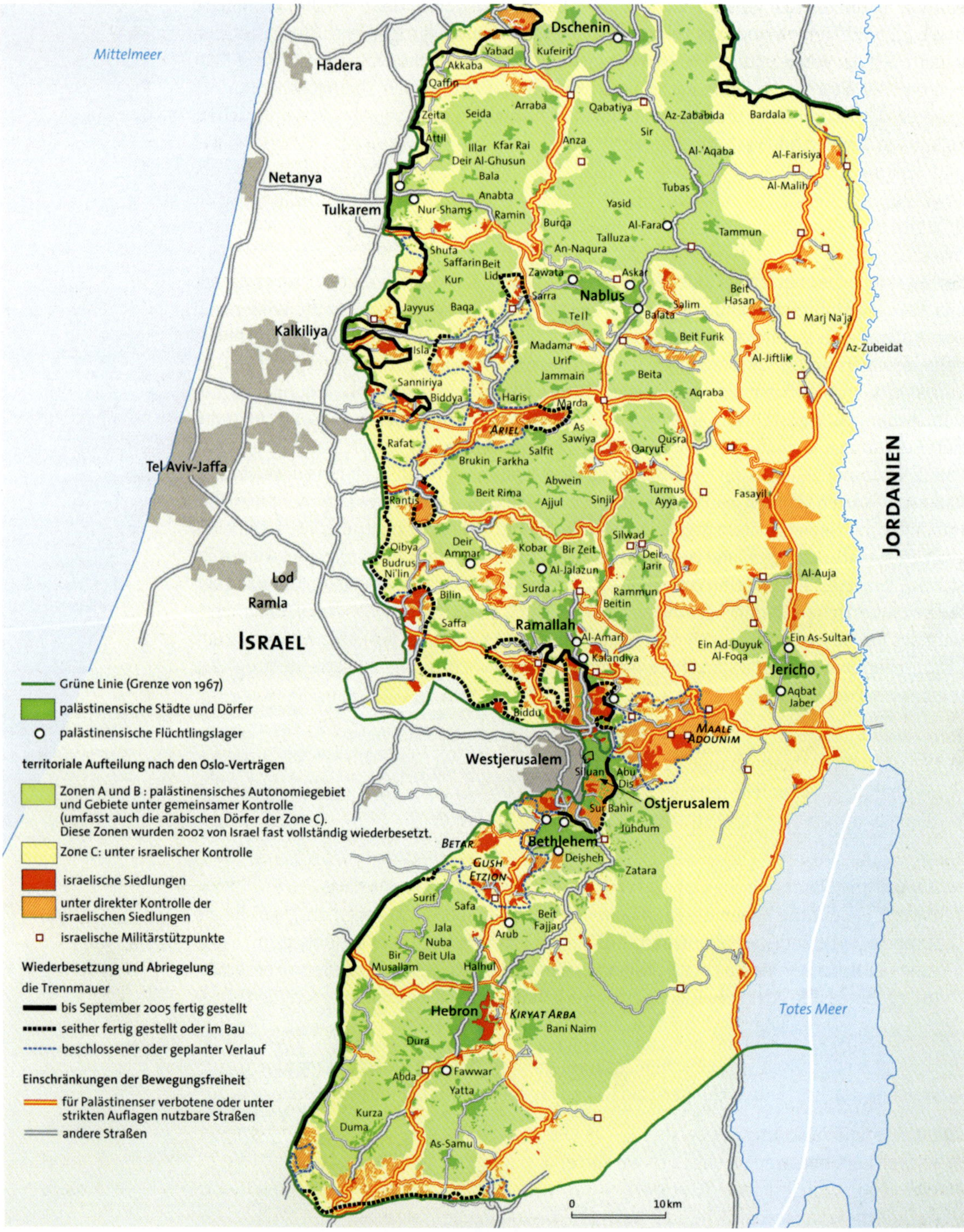

Le Monde diplomatique (Hrsg.), Atlas der Globalisierung. Die neuen Daten und Fakten zur Lage der Welt, Berlin 2007, S. 153; erstellt nach Karten von Mai 2002, August 2004 und September 2005 der Organisation B'Tselem (The Israeli Information Center for Rights in the Occupied Territories)

Formale Kennzeichen Bei der Karte handelt es sich um eine Geschichts- bzw. politische Karte. Sie wurde aus Karten von Mai 2002, August 2004 und September 2005 der Organisation B'Tselem entwickelt und 2006 in der französischen Ausgabe des „Atlas der Globalisierung" erstmals publiziert. Der Atlas stellt in Texten, Statistiken und Karten u.a. politisch, ökonomisch und kulturell folgenreiche wie ungelöste Konflikte in der gegenwärtigen Welt dar. Die Lebenswirklichkeit der Völker und Staaten soll erfasst und beurteilt werden können.

Karteninhalt Die Karte bezieht sich auf das Westjordanland im Jahr 2006, ein Gebiet im Nahen Osten mit einer Fläche von knapp 6 000 km², in dem etwa 2,3 Millionen Palästinenser und über 250 000 Israelis leben. Sie thematisiert unter dem Titel „Palästina – ein schrumpfendes Land" den ungelösten Konflikt zwischen Israel und Palästina. Mit farbigen Flächen zeigt die Karte, welche Territorien von Israel vollständig beherrscht oder von israelischen Siedlungen durchdrungen werden und wo sich palästinensische Städte, Dörfer und Flüchtlingslager sowie die Territorien befinden, in denen die Palästinenser über eine relative Autonomie verfügen. Durch deutlich unterscheidbare Farben wird dem Betrachter die Verteilung der Bevölkerung im Westjordanland veranschaulicht. Als schwarze oder blaue Linie ist die teilweise bereits fertig gestellte bzw. im Bau befindliche Trennmauer dargestellt, die die von Israel beherrschten Territorien von palästinensischen abschirmt. Die militärischen Stützpunkte Israels sind als rote Quadrate verzeichnet; rot-orange sind die Straßen markiert, die von Palästinensern nicht oder nur unter strengen Auflagen genutzt werden dürfen.
Die Karte erfasst nicht die historisch-politische und militärische Entwicklung der Region; sie veranschaulicht nicht den Teilungsplan der UNO von 1947 sowie die danach von Israel durch militärische Aktionen zu seinem Gunsten erreichten Gebietsveränderungen. Eine grüne Linie zeigt zwar die Grenze des 1967 von Israel eroberten Westjordanlandes, nicht aber den Gazastreifen mit seinen etwa 1,5 Millionen Palästinensern oder die Entwicklung der seitdem fortschreitenden israelischen Besiedlung. Auch erfasst die Karte nicht die politischen Verhandlungen und Lösungsansätze des Konflikts (u.a. Oslo-Verträge 1993/95, Camp-David 2000, Beschlüsse der UNO und des Internationalen Gerichtshofes 2004, der den Abriss der für illegal erklärten Sperrmauer verfügte).

Historischer/aktueller Kontext Die Karte demonstriert die nach 2000 völlig verfahrene Lage im Nahost-Konflikt, das israelische Sicherheitsbedürfnis sowie ansatzweise die Lebensbedingungen der Palästinenser in einem Land, in dem sie nicht Herr im Hause sind. Gemessen an früheren Teilungsplänen der UNO und des sogenannten Nahost-Quartetts (UNO, USA, EU, Russland) ist das Siedlungsgebiet der Palästinenser stark geschrumpft und das ursprünglich von ihnen bewohnte Westjordanland zu zahlreichen voneinander getrennten kleinen „Inseln" geworden. Die Situation bietet kaum Möglichkeiten für eine produktive ökonomische und politische Entwicklung in einem künftigen Staat Palästina. Sie erschwert auch die von einigen Gruppen in Israel und Palästina favorisierte Zwei-Staaten-Lösung, zumal die beiden Länder noch weit von einer Lösung des Problems des (palästinensischen) Ost-Jerusalem und der in Israel lebenden arabischen Minderheiten entfernt sind.

Intention und Bewertung Die von israelischen Menschenrechtsgruppen entwickelte Karte will offenbar auf eine von ihnen als Unrecht wahrgenommene Situation hinweisen. Bestimmte politische Kräfte in Israel dringen auf eine nicht-militärische, sondern politische Lösung des Palästinenserproblems, zumal erhebliche Teile der Weltöffentlichkeit und insbesondere einige Verbündete Israels – trotz grundsätzlicher Akzeptanz der Existenz des Staates Israel und seiner elementaren und legitimen Sicherheitsinteressen – der israelischen Siedlungs- und Besatzungspolitik im Westjordanland kritisch gegenüberstehen.

„Intifada" und „Roadmap": Gefahren und Chancen für den Friedensprozess im Nahen Osten

„Für Allah sind wir geboren – Allah ist groß! – Hebt den Märtyrer hoch und lasst die Welt sehen, wie er in seinem Blut liegt! – Grüßt seine Mutter! – Du, unser Märtyrer, wir sind auf deinem Weg! – Jeder Tote wird mit Hundert gerächt!"

Es ist ein unheimlicher Sprechgesang bei diesem Leichenzug im Oktober 2000 durch Jenin im Westjordanland. Eingehüllt in eine palästinensische Fahne wird der Leichnam eines Jungen von zahlreichen Männern durch die Straßen getragen. Zuerst ruft ein Vorsänger, es antwortet der ganze Chor. Kinder und Frauen stehen an den Straßenrändern und an den Fenstern, einige Jungen laufen mit. Die Kamera fängt viele gebrochen wirkende Mienen ein.

Die Dokumentation „Das Herz von Jenin" von Marcus Vetter und Leon Geller geht zu einem Porträt von Ismael Khatib über, dessen 12-jähriger Sohn Ahmed von israelischen Soldaten aus Versehen tödlich angeschossen wurde. Er trug eine Spielzeugwaffe, die wie ein echtes Gewehr aussah, und geriet in das Feuer der israelischen Armee, die auf der Suche nach einem militanten Gegner war. So stellt die Dokumentation die Frage, ob in einer Situation ein Frieden gelingen kann, in der es eine Besatzungsmacht gibt, die ohne Ankündigung nachts oder am Morgen Straßen und Häuser durchkämmt und in der 12-jährige Jungen scheinbar selbstverständlich mit Spielzeugwaffen Krieg spielen – „Araber gegen Israeli. Der Stärkere gewinnt. Wie in Wirklichkeit" – in einer Situation, in der Chöre jeden, der im Konflikt mit der Besatzungsmacht gestorben ist, zum Märtyrer erheben, dessen Blut gerächt werden soll.

Ismael Khatib wird über seinen Jungen im Laufe des Films bitter sagen: „Ahmed kam zwischen zwei Intifadas zur Welt. – Dieses Kind hatte nie eine Chance, sein Leben zu leben." Er wird wenig Hoffnung für eine friedliche Zukunft verbreiten. Zwar haben er und seine Frau ihre Zustimmung dafür gegeben, dass die Organe ihres toten Jungen transplantiert werden dürfen, sogar an ein jüdisches Mädchen in Jerusalem. Doch mit Blick auf seine Lebensgeschichte und die Lebensverhältnisse der Palästinenser im Westjordanland erscheint selbst diese versöhnliche Geste fast kämpferisch, vorwurfsvoll und zugleich leidgetränkt. Am Ende des Films wird wieder gesungen, diesmal von den Mädchen aus Jenin: „Palästina, wir sind deine Kinder!", rufen sie, und nichts deutet darauf hin, dass dieses Lied auch fröhlich und unbeschwert klingen könnte ...

Die erste „Intifada" Trotz der Friedensbeteuerungen der PLO kam es immer wieder zu Anschlägen der Palästinenser auf israelische Einrichtungen und die jüdische Bevölkerung. 1982 marschierten israelische Truppen im benachbarten Libanon ein und forderten den Abzug der PLO-Kämpfer. Gleichzeitig besetzten sie im Süden des Libanons eine zehn Kilometer breite „Sicherheitszone".

Die Palästinenser gaben ihren Widerstand nicht auf. Im Dezember 1987 begann im Gazastreifen und im Westjordanland eine Erhebung: die erste „Intifada" (wörtlich übersetzt: „abschütteln"). Der Aufstand der jungen Palästinenser, die nichts anderes erfahren hatten als Besatzung und Unterdrückung, war nicht einzudämmen. Auf beiden Seiten starben viele Menschen. Israel musste erkennen, dass eine rein militärische Lösung des Konflikts nicht möglich war.

Neue Chancen? Im ersten Jahrzehnt nach dem Ende des Kalten Krieges schienen – trotz der ersten „Intifada“ – auch die Chancen für eine Beilegung des Streites um Palästina zu steigen:

1988	Der Palästinensische Nationalrat erkennt das Existenzrecht Israels an und ruft gleichzeitig einen unabhängigen Palästinenserstaat auf der Grundlage des Teilungsplanes von 1947 aus.
1991	Es gelingt USA und UdSSR, alle am Konflikt beteiligten Parteien in Madrid an den Verhandlungstisch zu bringen.
1993	PLO und Israel erkennen sich gegenseitig an. Sie vereinbaren in Washington für Gaza und Jericho eine palästinensische Selbstverwaltung (Oslo I-Abkommen).
1994	Israel und Jordanien schließen Frieden.
1995	Israel und PLO vereinbaren die Ausdehnung der palästinensischen Selbstverwaltung im Westjordanland (Oslo II-Abkommen).
1996	In freien und demokratischen Wahlen legitimiert die palästinensische Bevölkerung einen Legislativrat, das Parlament der palästinensischen Gebiete.
1997	Israel zieht Truppen aus Hebron ab.
1998	Das israelische Kabinett erkennt eine UN-Resolution von 1978 an und beschließt den Rückzug aus dem Südlibanon; PLO und Israel vereinbaren den Rückzug israelischer Truppen aus dem Westjordanland.

Doch schwere Rückschläge stellen den Friedensprozess gleichzeitig wieder infrage:

1995	Der zum Frieden mit der PLO bereite israelische Ministerpräsident Rabin wird von einem jüdischen orthodoxen Extremisten ermordet.
1996	Die konservative Likud-Partei, die den Abkommen von Oslo kritisch gegenübersteht, gewinnt in Israel die Wahlen.
1996	Bei der Eröffnung eines historischen Tunnels nahe der al-Aqsa-Moschee kommt es zu schweren Unruhen.
1997	Israel beschließt den Bau einer jüdischen Siedlung in Ost-Jerusalem.
1999	Israel stoppt den Truppenabzug aus dem Westjordanland, da die Palästinenser ihren Zusagen nicht nachgekommen seien.

▲ Jugendlicher Steinewerfer bei einer Demonstration in Sawiya bei Nablus im Westjordanland.
Foto vom 25. Februar 1988. Der Junge hält die verbotene palästinensische Flagge. Vor allem junge Palästinenser beteiligten sich während der ersten „Intifada“ an den Straßenkämpfen gegen die israelische Besatzung. Die Proteste äußerten sich in Massendemonstrationen, Steinwürfen auf Soldaten und Siedler, Anzünden von Autoreifen oder dem Aufhängen palästinensischer Flaggen.

Die zweite „Intifada“ Auf welch schwankendem Boden die Friedensbemühungen insgesamt standen (▸ M1), erkennt man daran, dass die strittigen Punkte ausgeklammert blieben. Dazu gehörten der Status Jerusalems, das beide Seiten als Hauptstadt für sich beanspruchten, sowie die genaue Grenze zwischen Israel und den Palästinensergebieten, die Zukunft der jüdischen Siedlungen auf Palästinensergebiet, die Flüchtlingsfrage und die Frage der Entschädigungen. Als diese Fragen im Sommer 2000 in Camp David auf den Tisch kamen, führte das zum Scheitern der Verhandlungen.

Die Enttäuschung über den Misserfolg in Camp David und die angestaute Unzufriedenheit über das große Elend in den Palästinensergebieten entluden sich im Herbst 2000 in der zweiten „Intifada“ (▸ M2, M3). Auf palästinensischer Seite wurde für den Massenprotest vorrangig der Besuch des damaligen Oppositionsführers und späteren Ministerpräsidenten **Ariel Sharon** in Begleitung von rund 1 000 Soldaten, Polizisten und Journalisten am 28. September auf dem Tempelberg verantwortlich gemacht. Dieser Besuch durch den früheren Minister für „Nationale Infrastruktur“, der den israelischen Siedlungsbau in den palästinensischen Gebieten trotz Friedensverhandlungen gefördert

Ariel Sharon (auch Scharon, *1928): israelischer Offizier und Politiker, nach verschiedenen Ministerposten von 2001 bis 2006 israelischer Ministerpräsident. Er löste mit seinem Besuch des Jerusalemer Tempelbergs im Jahr 2000 die zweite „Intifada“ aus. Aufgrund seiner Biografie und seiner Politik hat er eine stark polarisierende Wirkung. 2006 wurde er wegen schwerer Krankheit für dauerhaft amtsunfähig erklärt.

▲ **Bei einem Selbstmordattentat gesprengter Bus in Jerusalem.**
Foto von Juni 2002. Selbstmordattentate radikaler palästinensischer Organisationen gab es bereits in den 1990er-Jahren. Nie zuvor kam es jedoch zu so vielen Anschlägen wie während der zweiten „Intifada".

hatte, sei eine kalkulierte Provokation gewesen, um die israelischen Herrschaftsansprüche auch auf den Tempelberg zu verdeutlichen. Die Steinwürfe der Palästinenser auf das Polizei-Aufgebot, das am folgenden Tag gegen mögliche Unruhen in Jerusalem aufgestellt worden war, müssten als legitimer spontaner Protest gegen diesen Machtanspruch angesehen werden.

Auf israelischer Seite wurde hingegen der PLO und ihrem Vorsitzenden Yassir Arafat vorgeworfen, die Gewalttätigkeiten möglicherweise lange geplant zu haben. Der Gang Ariel Sharons auf den auch für Juden heiligen Tempelberg sei hingegen als Ort für einen Besuch angemeldet und daher völlig ordnungsgemäß gewesen. Demgegenüber müsse die „Intifada" als Terrorismus konsequent bekämpft werden.

Streiks und Zusammenstöße mit der israelischen Polizei waren der Anfang einer neuen Gewaltwelle. Massiver Einsatz von israelischem Militär rief Terrorakte militanter Palästinenser hervor und umgekehrt. Anders als während der ersten „Intifada" setzten radikale Gruppen vor allem auf Bombenanschläge von Selbstmordattentätern. Da diese überwiegend aus den autonomen Städten kamen, besetzte Israel die Gebiete erneut. Innerhalb weniger Jahre gab es mehrere Tausend Tote auf beiden Seiten zu beklagen – die meisten davon Zivilisten.

„Roadmap" ins Ungewisse? Im Jahr 2002 schalteten sich die USA, Russland, die EU und die UNO in den Konflikt ein. Das „Nahost-Quartett" wollte eine friedliche Lösung der Palästinenserfrage in Form einer „Roadmap" (engl. „Fahrplan") auf den Weg bringen (▸ M4). Das Dokument ging wie der UN-Teilungsplan von einer Zwei-Staaten-Lösung in Palästina aus. Es listete alle offenen Fragen auf und sah vor, dass sich Israel und die Palästinenser in zwei Phasen bis Ende 2003 aufeinander zu bewegen sollten, um anschließend in einer dritten Phase bis 2005 feste Grenzen zu vereinbaren und einen Friedensvertrag zu schließen.

Beide Seiten sollten sich nach dem Motto „Land gegen Frieden“ gegenseitig anerkennen und die Gewalt durch staatliche Organe oder den Terror beenden. Die Palästinenser wurden aufgefordert, für innere Ordnung und Sicherheit zu sorgen, Anschläge auf Israel zu verhindern, die Bevölkerung zu entwaffnen und eine Verfassung zu erarbeiten. Israel sollte sich verpflichten, seit 2001 auf Palästinensergebiet errichtete Siedlungen und Außenposten abzureißen, keine weiteren zu bauen und schließlich seine Truppen abzuziehen, sobald es die Sicherheitslage erlaubte.

Israel stimmte dem Plan nach langem Zögern mit knapper Mehrheit zu, bei den Palästinensern stieß er sofort auf Ablehnung. Der Friedensprozess stand wieder still. Erneut setzte sich die Spirale der Gewalt in Bewegung, diesmal zusätzlich angeheizt durch den Bau einer über 760 Kilometer langen Absperrung, die die autonomen Palästinensergebiete von Israel zum Schutz vor weiteren Anschlägen hermetisch abriegeln sollte. Hinzu kam der hasserfüllte Bürgerkrieg zwischen der gemäßigten PLO und der Hamas. Er führte dazu, dass der Gazastreifen durch die Hamas und das Autonomiegebiet im Westjordanland von der PLO regiert wird und noch weniger als zuvor von „den“ Palästinensern gesprochen werden kann.

▲ **Israelische Sperrmauer bei Jerusalem.**
Foto von Jim Hollander, Juli 2004.
Zum Schutz vor Heckenschützen und Selbstmordattentaten baut Israel seit 2002 an einem fast 760 Kilometer langen „Anti-Terror-Zaun“. Er trennt Israel vom palästinensischen Westjordanland. Die Anlage besteht zum größten Teil aus einem elektronisch gesicherten Zaun mit einem Graben. In besiedelten Gebieten und an belebten Kreuzungen wurde eine bis zu neun Meter hohe Betonmauer errichtet. Die Sperranlage verläuft zum Teil durch palästinensisches Siedlungsgebiet und behindert Hunderttausende auf dem Weg zu Arbeitsplätzen, Feldern, Krankenhäusern und Schulen. Im Juli 2004 erklärte der Internationale Gerichtshof in Den Haag die Sperranlage für völkerrechtswidrig. Unabhängig davon: Der palästinensische Terror ließ nach der Errichtung der Grenzanlagen nach.

Ursachen des Scheiterns Die Ursachen, die zum Scheitern der Friedensinitiative zwischen Israel, den Palästinensern und den arabischen Nachbarstaaten führten, sind vielschichtig. Zum einen ist es schwierig, Lösungen zu finden, wenn beide Seiten sich auf – vermeintliche oder tatsächliche – „jahrhundertealte historisch verbürgte Rechte“ berufen und diese durchsetzen wollen. Jeder Versuch schafft neues Unrecht. Verhängnisvoll wirkt sich aus, dass sich durch den lang andauernden Konflikt ein politisches Klima ausgebildet hat, in dem Kompromissbereitschaft als Schwäche oder als Verrat an der eigenen Sache ausgelegt werden kann. Nicht zu vergessen sind das unermessliche Leid, das zahllosen Familien auf beiden Seiten zugefügt wurde, sowie das Gefühl, bedroht oder betrogen zu sein. Beides kann in die Forderung nach Vergeltung münden. Keiner Seite fällt es daher leicht, aus dem Kreislauf des Aufrechnens von Schuld oder der Gewalt herauszutreten.

Bislang war es immer so, dass Aktionen weniger Radikaler die Kompromissbereiten scheinbar ins Unrecht setzen und bei der breiten Masse Angst und Unsicherheit erzeugen konnten. Auf diese Weise wurde beinahe jeder Lösungsansatz unterlaufen und in sein Gegenteil verkehrt. Zudem spricht keine der Konfliktparteien mit einer Zunge. Das gilt für die arabischen Nachbarn, die nationale Interessen durchsetzen, ihre Stellung in der muslimisch-arabischen Welt behaupten wollen und sich unterschiedlich gegenüber der westlichen Welt positionieren. Dies gilt ebenso für die Palästinensergruppen, die sich nicht nur in ihrer Haltung gegenüber dem Staat Israel sowie in ihrer Bereitschaft, Gewalt anzuwenden, unterscheiden, sondern sich in Gestalt von Hamas und PLO gegenseitig das Recht bestreiten, im Namen des anderen zu sprechen.

Benjamin Netanjahu (*1949): israelischer Politiker, von 1996 bis 1999 und erneut seit 2009 israelischer Ministerpräsident

Beobachterstaat: Als solcher sind die Palästinenser nur innerhalb der UNO anerkannt, ohne UN-Mitglied zu sein. Sie dürfen in Ausschüssen mitarbeiten, haben Rederecht und können beim Internationalen Gerichtshof als Kläger auftreten – etwa gegen die Siedlungspolitik Israels in den besetzten Gebieten.

Aber auch Israels Regierungen verhielten sich widersprüchlich: Während etwa 1992 das Regierungskabinett unter Yitzhak Rabin offiziell jeden weiteren Ausbau der jüdischen Siedlungen in den Palästinensergebieten verbot, nahm dessen Nachfolger **Benjamin Netanjahu**, der Rabins Friedenspolitik massiv kritisiert hatte, 1996 den Siedlungsausbau wieder auf. Die Anzahl der Siedler stieg bis ins Jahr 2000 von rund 100 000 auf 200 000 an. Im Westjordanland und vor allem im Großraum Jerusalem nahm die Besiedlung auch in den Folgejahren deutlich zu. Besonders die israelische Stadtplanung für Jerusalem zeigt dabei expansive Züge und rief internationale Kritik hervor, wie dies beispielsweise im Herbst 2009 an der Vorstadt Gilo südlich von Jerusalem deutlich wurde: Für den weiteren Ausbau dieser ab den 1970er-Jahren errichteten Siedlung war der Bau von insgesamt 900 Wohnungen geplant, dabei liegt die bereits rund 40 000 Einwohner umfassende Stadt gemäß den völkerrechtlich legitimierten Grenzen im Westjordanland. In Israel aber wird Gilo zum Verwaltungskreis der eigenen Hauptstadt gezählt.

Im November 2012 hat die UN-Vollversammlung den Palästinensern den Status eines **Beobachterstaates** zuerkannt und sie damit diplomatisch aufgewertet.

▲ **Der Nahe Osten heute.**

M1 UN-Resolutionen als Grundsatz für den Frieden?

Im Friedensprozess nach der ersten „Intifada“ von 1987 ist immer wieder auf die UN-Resolution 242 zurückgegriffen worden, die 1967 nach dem damaligen Nahost-Krieg entstanden ist. Die wesentlichen Auszüge aus dieser Resolution lauten:

Resolution des Weltsicherheitsrates Nr. 242 vom 22. November 1967.

Der Sicherheitsrat gibt seiner andauernden Beunruhigung über die ernste Lage im Nahen Osten Ausdruck und unterstreicht, dass es nicht angeht, Territorium durch Krieg zu erobern, und dass es nötig ist, für einen gerechten und dauernden Frieden zu wirken, der es jedem Staat der Region erlaubt, in Sicherheit zu leben. [...]

1. Er bekräftigt, dass die Einhaltung der Prinzipien der Charta es erfordert, dass ein gerechter und dauerhafter Frieden im Nahen Osten errichtet wird, welcher die Anwendung der beiden folgenden Prinzipien umfassen sollte:
   a. Rückzug israelischer Streitkräfte aus während des jüngsten Konfliktes besetzten Gebieten,
   b. Einstellung jeglicher kriegerischer Erklärung oder jeglichen kriegerischen Zustandes sowie Respektierung und Anerkennung der Souveränität, der territorialen Integrität und der politischen Unabhängigkeit jeglichen Staates der Region und dessen Recht, in Frieden innerhalb sicherer und anerkannter Grenzen frei von Drohungen und Gewaltakten zu leben.
2. Er stellt im Weiteren die Notwendigkeit fest:
   a. die freie Schifffahrt auf den internationalen Wasserstraßen der Region zu garantieren,
   b. eine gerechte Regelung des Flüchtlingsproblems zu verwirklichen,
   c. die territoriale Unverletzlichkeit und politische Unabhängigkeit jedes Staates der Region durch Maßnahmen zu garantieren, welche die Schaffung entmilitarisierter Zonen umfassen.

Zitiert nach: Der Staat Israel. Informationen zur politischen Bildung, Nr. 141, hrsg. von der Bundeszentrale für politische Bildung, Bonn 1986, S. 40

1. *Erarbeiten Sie die Grundsätze der UN-Resolution 242. Prüfen Sie, welche Friedenschancen sie enthält.*

2. *Charakterisieren Sie die Entwicklung des Nahost-Konflikts nach 1987. Welche Positionen der Konfliktparteien werden deutlich?*

3. *Diskutieren Sie, welche Interessen dritte Regierungen an einem Frieden im Nahen Osten haben.*

4. *Benennen Sie die wesentlichen Kriterien, die heute a) für die israelische und b) für die palästinensische Seite entscheidend für den Frieden sind.*

▲ **Gaza-Jericho-Abkommen.**
Foto vom 13. September 1993.
Israels Ministerpräsident Yitzhak Rabin (l.) und PLO-Führer Yassir Arafat (r.) besiegeln unter den Augen von US-Präsident Bill Clinton im Garten des Weißen Hauses in Washington das Gaza-Jericho-Abkommen. Rabin und Arafat erhielten 1994 für ihre Verständigungsbemühungen den Friedensnobelpreis.
- *Analysieren Sie die Bildsprache.*
- *Vergleichen Sie das Bild mit motivverwandten Fotos, etwa zur deutsch-französischen Aussöhnung.*

M2 Die „Intifada“ – ein „Kinderspiel“?

Die Auseinandersetzungen zwischen Palästinensern und der israelischen Armee ab Ende September 2000 erzeugen ein großes internationales Medieninteresse. Hervorgerufen wird es auch durch das Ausmaß der Gewalt. Der Journalist Christoph Reuter schreibt in einer Reportage für das Wochenmagazin „Stern“ Ende Juni 2001 über die Straßenkämpfe in der Stadt Ramallah im Westjordanland, die er über längere Zeit beobachtet hat. Im Mittelpunkt seiner Reportage stehen vier Jungen, darunter der 14-jährige Badr und der ein Jahr ältere Ramzi:

So wie die Straßen nach Ramallah immer an denselben Stellen abgeriegelt werden, so hat auch die Straßenschlacht in der Stadt ihr Ritual. Sie könnte überall losgehen, aber sie ereignet sich immer am selben Ort, fast immer zur selben Zeit, freitags nach dem Gebet. Es ist Krieg, und mancher geht hin. Dutzende, manchmal Hunderte Jungen ziehen von der Moschee nach Norden. So auch an diesem Freitag.

Zwei Autowracks sind in der Nacht zu einer Barrikade zusammengeschoben worden. Die ersten Steinewerfer haben

▲ **Jugendliche bereiten sich auf eine neue „Intifada"-Schlacht vor.**
Foto aus Ramallah von 2001.

- *Charakterisieren Sie die „Intifada" anhand des Fotos. Beachten Sie die Symbole an der Mauer.*

Geröllhaufen hinter Mauern zusammengetragen. Alle beziehen Stellung, als wären sie miteinander verabredet: die gepanzerten israelischen Militärjeeps, die Steinewerfer, die Ambulanzwagen vom Roten Halbmond[1], die Zuschauer, zwei Mütter von Gefallenen, die mit Plastiktüten voller feuchter Tücher und Zitronenscheiben die Tränengasopfer versorgen – und der Eisverkäufer, der mit einer pinkfarbenen Kühlbox seine Runden zwischen den Linien drehen wird, denn freitagnachmittags sei hier das beste Geschäft zu machen.

Es geht los. Die Motoren der israelischen Jeeps heulen im Leerlauf auf wie gereizte Tiere. Die Kinder der Intifada zielen sorgfältig, den Arm weit über dem Kopf, leicht nach links gebeugt. Der ganze Körper eine Abschussrampe. Die meisten halten weiten Abstand von der Gegenseite. Badr aber, der 14-jährige, eine schwere Metallplatte vor dem Körper, schiebt sich nach vorn, streckt den einen, bald den anderen Fuß hervor, tänzelt mit seinem Schild vor den Soldaten, soweit das Tränengas zulässt. Ramzi war der Stratege, der jede Lücke im gegnerischen Beschuss ausmachte. Badr wagt sich am weitesten vor, und dafür bewundern sie ihn, schauen auf zu ihm, wenn sie in Staub und Deckung liegen, während das trockene „Plopp" der Gummi-ummantelten Stahlgeschosse durch die Luft schneidet. Badr ignoriert die Schüsse. Er kann sie kaum hören.

Seit seiner Geburt, sagt seine Mutter später, und Badr wird misstrauisch herüberschauen, sei er auf dem linken Ohr ganz, auf dem rechten halb taub. Badr hat aufgehört, zur Schule zu gehen, denn dort lachen sie über ihn. An der schmalen Frontlinie aber, an der er antritt im besten Hemd und das Haar voller Gel, dass es glänzt wie eine erstarrte Welle, gibt sein Handicap ihm Heldenstatus. Seine Mutter kam zweimal, ihn an den Ohren nach Hause zu zerren. Das war nicht gut, sagt sein Blick. Peinlich. Aber warum, Badr, warum dort das Leben riskieren? Die Frage muss man brüllen, um sein Ohr zu erreichen. Weil es eben richtig sei, sagt er, weil Gott auf ihrer Seite stehe. Als gehe es um ein Fußballspiel.

Die vorderste Reihe der Jungen wirft, zieht sich zurück, von hinten rücken die nächsten mit frischer Munition nach. Die Steinewerfer verausgaben sich und treffen niemanden. Die israelischen Schützen treffen oft, irgendwann schießen sie scharf, hinterher werden beide Seiten behaupten, die anderen hätten angefangen. Es ist ein sich ohne Fortschritt wiederholendes Spiel: Wir Israelis zeigen euch, dass wir die Stärkeren sind. Wir Palästinenser zeigen euch, dass uns das gleichgültig ist. In dieses Spiel muss niemand die Jungen schicken. Aber sie sind auch zu nützlich, als dass jemand sie zurückhielte.

Links und rechts der Straße geht der Alltag weiter, während der Schlachten kreuzen Autos die Frontlinie. Auf den Baustellen dies- und jenseits der Kampfzone wird weitergearbeitet, so nah, dass ein palästinensischer Schreiner vor ein paar Monaten ins Visier der israelischen Armee geraten konnte. Nicht nah genug aber, um zu erkennen, dass es keine Waffe war, die der Schreiner hielt. Der Schuss traf ihn in den Kopf, er starb mit einer Bohrmaschine in den Händen, und sie trugen ihn als Märtyrer zu Grabe.

Christoph Reuter, Der Tod – Ein Kinderspiel, in: Der Stern 26/2001, S. 32 f.

1. *Arbeiten Sie den Verlauf der Auseinandersetzungen heraus. Welchen Eindruck erweckt das Geschehen, welche Motive werden deutlich?*

2. *Nehmen Sie Stellung zu dem Begriff „Spiel" im Zusammenhang mit der palästinensischen Aufstandsbewegung.*

3. *Untersuchen Sie die Reportage auf eine journalistische Grundhaltung oder Schreibabsicht.*

[1] Roter Halbmond: 1868 gegründete islamische humanitäre Organisation, vergleichbar mit dem „Roten Kreuz"

M3 Phasen und Gruppen der „Intifada"

Die französische Politologin Lætitia Bucaille beobachtet das Geschehen während der zweiten „Intifada" von der palästinensischen Seite aus. In ihrem Buch „Generation Intifada" von 2002 unterscheidet sie Phasen und Akteure der Aufstandsbewegung:

▲ Kinder protestieren vor der Niederlassung der Vereinten Nationen in Beirut gegen die vermeintliche Erschießung von Mohammed Al Durah mit einem Szenenfoto des Fernsehfilms.
Foto vom 18. Oktober 2000.
Das Foto zeigt Jamal Al Durah und seinen verblutenden Sohn Mohammed an der umkämpften Nezarim-Kreuzung in Gaza bei einem Schusswechsel zwischen Palästinensern und Soldaten der israelischen Armee. Drei Schüsse sollen das Kind getroffen haben, einer davon tödlich. Bis heute ist nicht erwiesen, ob der Junge von israelischen oder palästinensischen Kugeln erschossen wurde. Ein palästinensischer Kameramann des französischen Fernsehens France 2 drehte die Szene, die weltweit für Empörung sorgte und die israelische Armee als Kindermörder an den Pranger stellte. Im palästinensischen Fernsehen wurde der Film in veränderter Form verbreitet: In die Originalaufnahme wurde ein schießender israelischer Soldat hineinmontiert, der zu einem völlig anderen Zeitpunkt an einer ganz anderen Stelle gefilmt wurde. Die Szene machte Mohammed Al Durah zum Märtyrer, die Szene zur Ikone der zweiten „Intifada".

Es lassen sich mehrere Phasen und unterschiedliche Aktionsformen ausmachen. In den ersten Monaten drückt sich der Aufstand im Wesentlichen in Demonstrationen aus, bei denen Jugendliche Steine auf Panzer und gut ausgerüstete Soldaten werfen. Der Tod von palästinensischen Kindern und Jugendlichen scheint sinnlos und der Kampf von vornherein verloren zu sein, aber er schockiert und bewegt die internationale Öffentlichkeit. Das Bild vom Tod des kleinen verängstigten Mohammed Al Durah, der von der israelischen Armee neben seinem Vater erschossen wurde, geht um die Welt.[1] Die Bilder zeigen das sehr ungleiche Kräfteverhältnis und den unverhältnismäßigen Einsatz militärischer Mittel durch Israel. Das für die Palästinenser positive Echo in den Medien ist allerdings nur vorübergehend; es zeigt sich, dass sie nur einen scheinbaren Sieg errungen haben, als andere Bilder, wie der Lynchmord an vier Israelis durch eine entfesselte Menge in Ramallah, durch die Medien verbreitet werden. Zudem ist der Einfluss von Bildern auf die Wahrnehmung der palästinensischen Frage relativ begrenzt, da sie vor allem vorgefasste Meinungen verstärken: Für die einen ist die große Zahl von Kindern und Jugendlichen, die von den Israelis erschossen werden, ein Zeichen für die Verantwortungslosigkeit der palästinensischen Eltern, die ihren Kindern erlauben oder sie sogar ermutigen, die Konfrontation mit der israelischen Armee zu suchen; für die anderen zeigt sich daran die Grausamkeit und Unangemessenheit des israelischen Vorgehens. Die internationale Öffentlichkeit durch die Medien gewinnen zu wollen, ist eine unsichere und schwierige Strategie. Auf nationaler Ebene bekommt die palästinensische Gesellschaft durch den Tod der Steinewerfer den Status eines Opfers, das nicht in der Lage ist, die Besatzungsmacht mit wirksamen Mitteln zu bekämpfen.

In einer zweiten Phase, die im April 2001 beginnt, greifen bewaffnete, der Fatah angehörende Gruppen Siedler und Posten der israelischen Armee im Westjordanland und im Gazastreifen an. Trotz einiger gewagter Vorstöße bringt der Einsatz von Waffen wenig, weil die jungen Männer, deren Aktionen nicht koordiniert sind, keine richtige Guerilla bilden. Das harte Vorgehen Israels gegen die Aktivisten schwächt die Bewegung, die für den bewaffneten Kampf eintritt. Die völlige Abriegelung der besetzten Gebiete, die Schließung der Straßen zwischen den palästinensischen Orten, die Wiederbesetzung von Zonen, die schon autonom waren, und die Zerstörung von Häusern sowie zivilen und militärischen Einrichtungen durch Bulldozer und F-16-Flugzeuge stellen eine schwere Belastung für die Zivilbevölkerung dar, die sich dadurch noch weniger mit dem Vorgehen der bewaffneten Gruppen solidarisiert.

[...] Die bewaffneten Flügel der islamistischen Organisationen haben die Praxis der Selbstmordanschläge gegen israelische Zivilisten wiederbelebt. Zu Beginn der Intifada werden

[1] Die Autorin spielt hier auf das Foto von Jamal Al Durah und seinem sterbenden Sohn Mohammed in Gaza an; siehe oben.

mehrere verheerende Attentate verübt. Im Gegensatz zu den anderen Aktionsformen stellen sie für die Palästinenser eine Möglichkeit dar, Israel erhebliche Verluste zuzufügen und das Kräfteverhältnis für kurze Zeit umzukehren. Seit einiger Zeit ahmen die zur Fatah gehörenden Aktivisten die Methode der Islamisten nach. Doch diese mörderische Gewalt radikalisiert die israelische Gesellschaft, veranlasst die Regierungen, schärfere Sicherheitsmaßnahmen zu ergreifen, und führt zu einem Legitimitätsverlust der Palästinenser auf der internationalen Bühne. Die harten Vergeltungsschläge des israelischen Staates verschaffen wiederum den extremistischen Kräften Zulauf.

Lætitia Bucaille, Generation Intifada, Hamburg 2004, S. 8-10

1. *Erläutern Sie die „Phasen" der Aufstandsbewegung. Vergleichen Sie die Interpretation der „Steinewerfer" mit dem Bild, das Christoph Reuter in der „Stern"-Reportage (M2) vom Aufstand zeichnet.*
2. *Analysieren Sie Bucailles Darstellung daraufhin, ob sich ein Ziel oder Motiv für die Aufstandsbewegung erkennen lässt.*
3. *Untersuchen Sie, welche Rolle sie den Medien zuspricht. Bewerten Sie den Befund.*
4. *Arbeiten Sie die Folgen der „Intifada" auf israelischer Seite heraus, die in M2 und M3 genannt oder angedeutet werden.*
5. *Erörtern Sie, welche Schlussfolgerungen für die Lösung des Konflikts M2 und M3 zulassen.*
6. *Diskutieren Sie, welche Handlungsmöglichkeiten es von israelischer Seite auf die Ereignisse im Jahr 2001 gegeben hätte. Überlegen Sie, ob es dabei sinnvoll ist, Zusammenhänge zum Attentat vom 11. September 2001 auf das World Trade Center und die USA zu ziehen (vgl. S. 218 f.).*

M4 Die „Roadmap" von 2002: Von Beginn an zum Scheitern verurteilt?

Die gewalttätigen Auseinandersetzungen im Nahost-Konflikt führen 2002 erneut zu internationalen Vermittlungsversuchen, bei denen sich die USA, Russland, die EU sowie die UNO zu einem „Führungsquartett" zusammenschließen. Ihre Hoffnung gründen sie auf einen „Fahrplan" („Roadmap"), der in verbindlichen Zeitintervallen erfüllt werden und bis zum Jahr 2005 zu einem dauerhaften Frieden führen soll. Bereits am 18. September 2002, unmittelbar nach der Vorstellung der „Roadmap", äußern sich sowohl die palästinensische als auch die israelische Seite über ihre Inhalte. Der langjährige Nahost-Korrespondent Jörg Bremer berichtet am 19. September 2002 in der Frankfurter Allgemeinen Zeitung:

JERUSALEM, 18. September. Die Palästinenser haben am Mittwoch enttäuscht auf den Friedensplan reagiert, der in New York vom „Quartett" vorgestellt wurde, in dem in regelmäßiger Folge die Vereinigten Staaten, Russland, die Europäische Union und die Vereinten Nationen über den Nahen Osten beraten. Zurückhaltende Äußerungen kamen auch aus dem Amt des israelischen Ministerpräsidenten Sharon[1]. Unterdessen hat es am Nachmittag in der Nähe der Stadt Umm el Fahm im Norden Israels den ersten Selbstmordanschlag seit sechs Wochen gegeben. Bei dem Attentat an einer Bushaltestelle kamen der Terrorist und eine weitere Person ums Leben, drei Personen wurden zum Teil schwer verletzt. Auch in anderen Orten im Krisengebiet kam es zu neuer Gewalt. Ministerpräsident Sharon forderte auf einer Kabinettssitzung noch vor dem Anschlag: „Für einen Fortschritt (zum Frieden) muss es ein absolutes Ende von Terror und Gewalt geben." Ein Sprecher des Außenministeriums sagte, wenn es dazu komme, könne gemeinsam eine neue Zukunft zum Besten beider Völker gebaut werden. In der Umgebung des israelischen Ministerpräsidenten gilt der beschlossene Drei-Phasen-Plan, mit dem bis 2005 ein Ende des Konflikts erreicht und ein Staat Palästina ausgerufen sein soll, als unrealistisch. Außenminister Peres[2], der wie die palästinensischen Minister Schaath und Erekat[3] an dem Treffen in New York teilnahm, äußerte sich aber zufrieden. Er lehnte aber ein palästinensisches Angebot für eine teilweise Waffenruhe ab. In einer ersten Phase sollte danach die Gewalt gegen Zivilisten enden und erst in der zweiten Phase ein völliger Waffenstillstand vereinbart werden. Das sei für die erste Phase „eine Lizenz zum Töten", sagte Peres.

[1] Zu Ariel Sharon vgl. S. 161.
[2] Schimon Peres (*1923) war von 2001 bis 2002 Außenminister und ist seit 2007 Staatspräsident Israels.
[3] Kamalain Schaath und Saeb Erekat

Die Palästinenser kritisieren vor allem, dass sich das Quartett nicht für einen sofortigen Abzug der israelischen Truppen einsetze. Die Erklärung „bringt gar nichts", sagte Erekat. Die Palästinenser erwarteten ein Ende der „israelischen Aggression". Diese Position vertrat auch der Vorsitzende der palästinensischen Autonomiebehörde, Yassir Arafat. In Ramallah sagte er, der Abzug israelischer Truppen sei unerlässlich für die Verwirklichung von Reformen und für Schritte auf dem Weg zum Frieden. Er hoffe auf einen schnellen und sofortigen Abzug der israelischen Armee, damit die Palästinenser ihre Reformen beginnen könnten. Arafat hat für Januar Wahlen zum Autonomierat und zum Vorsitz der Autonomiebehörde angesetzt.

Nach dem Drei-Phasen-Plan des Quartetts sollen Israel und die Palästinenser noch vor den für Januar vorgesehenen Wahlen in den autonomen Gebieten Sicherheitsvereinbarungen treffen. Israel wird aufgefordert, seine Truppen auf die Positionen zurückzuziehen, von denen aus sie gegen die zweite „Intifada" seit Ende September 2000 vorgerückt sind. Die Palästinenser sollen mit ihrem reformierten Polizeisystem selbst für Sicherheit sorgen. Die Bewegungsfreiheit soll wiederhergestellt werden.

In der zweiten Phase sollen 2003 die Grenzen für den künftigen Staat festgelegt und eine palästinensische Verfassung geschrieben werden. Zur dritten Phase gehören Verhandlungen über den Endstatus auf der Grundlage der Grenzlinie, die vor dem Sechs-Tage-Krieg 1967 bestand. Ein strenges Kontrollsystem soll die Einhaltung der Abkommen gewährleisten.

Der Plan beruht auf der vor Kurzem in der Krisenregion vorgestellten Initiative des dänischen Außenministers Möller, der derzeit EU-Ratsvorsitzender ist.

Am Treffen des Quartetts in New York nahmen zeitweise auch die Außenminister von Ägypten, Jordanien, Libanon, Syrien und Saudi-Arabien teil. UN-Generalsekretär Kofi Annan sprach nach den Beratungen von einem historischen Treffen, warnte aber vor zu großer Euphorie angesichts des seit über einem halben Jahrhundert andauernden Konflikts zwischen Israel und seinen arabischen Nachbarn.

Derweilen kam es wieder zu Gewalt im Krisengebiet. Am Rande von El Azarijeh, dem biblischen Bethanien, wurde am Morgen der Körper eines Israelis gefunden, der offenbar zuvor von Palästinensern ermordet worden war. Der Israeli aus der Siedlung Maale Adumim war mit seinen palästinensischen Arbeitern in ihren Heimatort mitgegangen. Was dann geschah, ist unklar. Jüdische Extremisten wollten offenbar unter arabischen Grundschülern in einem Dorf bei Hebron ein Blutbad anrichten. Nach Zeitungsberichten explodierte eine Bombe unter einem Trinkwasserbrunnen auf dem Schulhof, verletzte aber zum Glück nur fünf Kinder. Das Militär vermutet wie bei einigen anderen Fällen extremistische Israelis als Täter. Bei Dschenin im Norden des Westjordanlandes erschossen Soldaten ein 23 Jahre altes Mitglied der al-Aqsa-Brigaden, des militanten Arms von Arafats Fatah-Bewegung. Nach Angaben der Armee eröffneten der Mann und sein Begleiter das Feuer auf die Soldaten, als diese ihren Wagen anhalten wollten. Das Oberste Gericht in Jerusalem wies die Berufung von Angehörigen zweier palästinensischer Attentäter aus Ost-Jerusalem zurück, die gegen die geplante Zerstörung ihrer Wohnhäuser geklagt hatten. In der Nähe von Ramallah im Westjordanland zerstörte die Armee zudem 34 Sozialwohnungen, die illegal errichtet worden seien. Nach palästinensischen Angaben erteilt Israel zu selten Baugenehmigungen.

Frankfurter Allgemeine Zeitung vom 19. September 2002, S. 1 f.

1. *Erarbeiten Sie aus dem Bericht die Vorsätze der „Roadmap". Klären Sie, inwieweit in ihr bereits konkrete Inhalte festgehalten wurden.*

2. *Stellen Sie die Positionen der beiden Konfliktparteien zur „Roadmap" heraus und legen Sie deren Argumentationen dar. Beurteilen Sie die Erwartungen der Parteien.*

3. *Untersuchen Sie die aus dem Bericht deutlich werdende Situation im Krisengebiet. Schätzen Sie die Aussichten des Friedensplans ein.*

4. *Im Gegensatz zur israelischen und palästinensischen Seite fand die „Roadmap" etwa innerhalb der EU Anerkennung. Erläutern Sie mögliche Gründe für die unterschiedlichen Reaktionen.*

5. *Diskutieren Sie alternative Möglichkeiten für einen Friedensplan, der den geschichtlichen Hintergrund sowie die Grundpositionen der Konfliktparteien berücksichtigt. Halten Sie Ihre Ergebnisse in einer Mindmap fest.*

Die USA – von den rebellischen Kolonien zur globalen Supermacht

◂ **US-Symbole: Kapitol, Flaggen und das Felsenporträt von George Washington am Mount Rushmore.**
Fotomontage, nach 1980.

Koloniegründung	1607	In Jamestown (Virginia) entsteht die erste dauerhafte britische Niederlassung in Nordamerika.
	1620	Die religiös verfolgten Pilgrim Fathers aus England landen in Nordamerika.
	1775 - 1783	Im Unabhängigkeitskrieg siegen die nordamerikanischen Kolonien über England.
	1776	Die amerikanischen Kolonien erklären ihre Unabhängigkeit. In der Virginia Bill of Rights werden erstmals die Grund- bzw. Menschenrechte verfassungsmäßig garantiert.
	1789	Die USA gründen sich als Bundesstaat; George Washington wird erster Präsident.
Erschließung des Kontinents	1803	Der Kauf von Louisiana (Louisiana Purchase) stellt die Weichen für die Frontier-Bewegung.
	1823	Die Monroe-Doktrin wird zum außenpolitischen Grundsatz.
Industrie- und Kolonialmacht	ab 1850	Die USA steigen zur Wirtschaftsgroßmacht auf.
	1898	Nach dem Sieg im Spanisch-Amerikanischen Krieg werden die USA Kolonialmacht.
Zwischen Interventionismus und Isolationismus	1917	Die USA treten in den Ersten Weltkrieg ein.
	1918	Präsident Wilson verkündet 14 Punkte als Grundlage einer Nachkriegsordnung.
	1921 - 1929	In den „Golden Twenties“ blühen Wirtschaft und Kultur auf.
	1929	Die „Great Depression“ mündet in die Weltwirtschaftskrise.
	1941	Die USA treten in den Zweiten Weltkrieg ein.
	1945	Nach der Kapitulation Deutschlands verabschieden die Alliierten auf der Konferenz von Potsdam eine vorläufige Nachkriegsordnung; die UNO wird gegründet.
Kalter Krieg	1947	Präsident Harry S. Truman will das Vordringen des Kommunismus in der Welt eindämmen (Containment-Politik).
	1950 - 1953	Der Korea-Krieg erhöht die Verteidigungsbereitschaft der USA und ihrer westlichen Verbündeten.
	Oktober 1962	Während der Kuba-Krise steht die Welt am Rande eines Atomkrieges.
	1965 - 1973	Die USA scheitern im Vietnam-Krieg; ganz Vietnam wird kommunistisch.
Ende der Blöcke und multipolare Weltordnung	1989	Die kommunistischen Diktaturen im Ostblock werden gestürzt; die Berliner Mauer fällt.
	1991	An der Spitze einer Koalition führen die USA Krieg gegen den Irak und befreien Kuwait von irakischer Besatzung.
Kampf gegen den Terrorismus	11.9.2001	Das Terrornetzwerk al-Qaida verübt Anschläge in New York und Washington; die USA kämpfen gegen das Taliban-Regime in Afghanistan.
	2003	Streitkräfte unter Führung der USA stürzen den irakischen Diktator Saddam Hussein im Irak-Krieg.

■ „Die Vereinigten Staaten scheinen von der Vorsehung dazu bestimmt, der menschlichen Größe und dem menschlichen Glück eine Heimat zu geben", schrieb ihr erster Präsident George Washington. Dieses auch in der Verfassung festgeschriebene „Streben nach Glück" entwickelte sich zum Leitsatz der ganzen Nation und bestimmt bis heute das Selbst- und Sendungsbewusstsein der USA.
Der Gründung im Jahr 1776 ging ein rund 150 Jahre dauernder Prozess der Kolonisation voraus. Nachhaltig wirkte sich die Überzeugung der Puritaner von einer „besonderen Mission" aus, die ihnen und ihrer Gründung Neuengland eine besondere Rolle im göttlichen Heilsplan zuwies. Dieser Auserwähltheitsglaube verband sich im Unabhängigkeitskampf mit dem republikanischen Freiheitsstreben, um im 19. Jahrhundert die Eroberung des Kontinents und die Verdrängung der ursprünglichen Bevölkerung als offenkundige Bestimmung der Nation (Manifest Destiny) zu rechtfertigen.
Außenpolitisch hielten die USA zunächst Abstand zu Europa und dessen Rivalitäten. Dies hinderte sie jedoch nicht daran, ihren Expansionsdrang nach der Erschließung des eigenen Kontinents nach Mittelamerika und Übersee auszurichten. Imperialismus und Interventionismus wurden mit dem Sendungsbewusstsein und dem Glauben an die eigene Überlegenheit begründet. Die Abschließungspolitik (Isolationismus) gegenüber Europa endete mit dem Eintritt der USA in den **Ersten Weltkrieg** 1917. Erstmals griffen die Vereinigten Staaten aktiv auf den europäischen Kriegsschauplätzen ein, wobei sie sich als Vorreiter von **Demokratie** und **Liberalismus** sowie als Stifter einer neuen Weltfriedensordnung präsentierten. Ihre neue Weltmachtrolle begann sich bereits abzuzeichnen, die sie endgültig nach dem **Zweiten Weltkrieg** übernahmen.
Versuche, mit dem **Völkerbund** (1920) eine neue internationale Friedensordnung zu schaffen, erwiesen sich nach der **1929** einsetzenden **Weltwirtschaftskrise** und dem Ausbruch des Zweiten Weltkrieges als wirkungslos. Schließlich konnte auch die Gründung der **UNO** 1945 den entstehenden **Kalten Krieg** nicht verhindern, in dem es sich die USA als Verteidiger des freiheitlich-kapitalistischen Westens zur Aufgabe machten, die Ausbreitung des kommunistischen Machtbereiches zu verhindern. Die Einsicht, dass die Welt während der **Kuba-Krise** im Jahr **1961/62** am Rande eines Atomkrieges stand, aber auch die Erkenntnis der Weltmacht USA, **1973** im **Vietnam-Krieg** gescheitert zu sein, weckten zwar die Bereitschaft zu einer **Entspannungspolitik**. Doch beendet wurde der Kalte Krieg erst durch den **Zusammenbruch der kommunistischen Regierungen in den Ostblockstaaten** seit **1989**.
Seither sind die Vereinigten Staaten von Amerika die einzige Supermacht in der Welt. Getragen von ihrem ungebrochenen Sendungsbewusstsein propagierten die USA immer wieder eine „neue Weltordnung" unter amerikanischer Vorherrschaft und bauten ihre Weltmachtstellung weiter aus. Dazu gehörten auch militärische Eingriffe in aller Welt, teils mit und teils ohne UN-Mandat. Nach den Anschlägen radikal-islamistischer Terroristen vom 11. September 2001 hatten die USA nach dem Ende des Kalten Krieges wieder einen neuen Feind. Der von US-Präsident George W. Bush erklärte „Kampf zwischen Gut und Böse" führte zu „Antiterrorkriegen" in Afghanistan (2001) und im Irak (2003).
Es gibt unterschiedliche Blickwinkel auf die Geschichte der Vereinigten Staaten. Auch wenn die Meinungen auseinandergehen, wird doch anerkannt, dass die USA im Allgemeinen politisch und moralisch die Werte vertreten, die heute in vielen Teilen der Welt als erstrebenswerte Grundlage einer Gesellschaft angesehen werden, nämlich die Freiheit des Einzelnen und sein Recht auf Selbstverwirklichung ebenso wie politische und juristische Gleichberechtigung. Zudem ist die liberale Wirtschaftsordnung ein US-amerikanisches Grundprinzip, das derzeit im Rahmen der Globalisierung überall Nachahmung findet.

■ Ordnen Sie die Etappen der US-amerikanischen Geschichte anhand des Grundwissens den europäischen und globalen Entwicklungen zu.
■ Tragen Sie in eine Mindmap Ereignisse und Entwicklungen ein, auf welche die USA direkt oder indirekt Einfluss nahmen.

Die Ausbildung des US-amerikanischen Selbstbewusstseins

Seit fast zehn Wochen irrt die Mayflower nun schon durch Stürme und Winde über den Atlantik. Eigentlich sollte die Reise in die „Neue Welt" im Spätsommer zu Ende sein und inzwischen ist es November. Brennholz gibt es längst nicht mehr, durch die löchrigen Decks tropft Salzwasser auf die Köpfe der Passagiere. Es sind 104, die beiden Hunde mitgezählt. Untergebracht sind sie im Zwischendeck, einem finsteren, etwa 22 Meter langen und kaum 1,50 Meter hohen Raum zwischen Laderaum und Oberdeck. Die Luft ist stickig, die Enge unerträglich. Allmählich machen sich auch die schlechte Wasserqualität und die einseitige, vitaminarme Ernährung bemerkbar: Zahnfleischbluten, Zahnausfall und Fieber sind die untrüglichen Zeichen für die „Seemannskrankheit" Skorbut. Zwei Männer sind schon gestorben; wenn das Schiff nicht bald Land erreicht, werden etliche folgen.

Als eine gewaltige Sturmwelle eine der tragenden Schiffsplanken zerbricht, überlegt Kapitän Christopher Jones, nach England umzukehren. Doch er steht bei den Passagieren im Wort. Es sind größtenteils strenggläubige Männer, Frauen und Kinder, die in eine ungewisse Zukunft aufgebrochen sind, um ihre Religion frei ausüben zu können. Sie sind Weber, Schneider, Schuster und wissen nicht, wie sie in der Wildnis durchkommen, wie sie Häuser bauen oder das Land bestellen sollen. Was sie wissen, ist, wie viele Menschen schon auf der Überfahrt gestorben und wie viele durch Hunger, Krankheit oder Angriffe der Ureinwohner kaum das erste Jahr in der „Neuen Welt" überlebt haben. Aber eine Umkehr kommt für sie nicht infrage. „Es ist unsere Aufgabe. Wir glauben aufrichtig und vertrauen darauf, dass der Herr mit uns ist", sagt der Cordsamtweber William Bradfort und beginnt, den Balken zu reparieren. Nach 65 Tagen auf See, am Morgen des 9. November 1620, heißt es endlich: Land in Sicht!

Europäer in Nordamerika Nordamerika rückte erst im 15. Jahrhundert in das Interesse Europas. Aber schon nach kurzer Zeit machten sich Spanier, Franzosen, Niederländer und vor allem Engländer dort Konkurrenz. Auf der Suche nach Gold, Silber und anderen wertvollen Rohstoffen eroberten zunächst die Spanier fast ganz Süd- und Mittelamerika und drangen bald in den Südwesten des nordamerikanischen Kontinents vor. Die Franzosen, Niederländer und vor allem die Engländer besiedelten hingegen später die Ostküste Nordamerikas. Nachdem bereits mehrere von England aus gestartete Versuche gescheitert waren, gelang es im Jahre 1607 einer privaten Handelsgesellschaft, der „London Company of Virginia", mit dem Stützpunkt Jamestown die erste dauerhafte angelsächsische Siedlung in der „Neuen Welt" zu errichten. Die Geschäftsleute hofften auf große Gewinne durch Gold- und Silberfunde sowie andere koloniale Waren. Missernten, Krankheiten und Konflikte mit den Ureinwohnern, den **„Indianern"**, drohten das Projekt jedoch scheitern zu lassen. Erst als 1612 mit dem Anbau von Tabak in Plantagenwirtschaft begonnen wurde, stabilisierte sich die Kolonie Virginia – benannt nach der englischen Königin Elisabeth I., der „Jungfräulichen" – und erwirtschaftete die erhofften Gewinne. Weitere englische Ansiedlungen an der Südostküste Nordamerikas folgten.

Im Gegensatz zu diesen Kolonien im Süden entstanden die sogenannten Neuengland-Kolonien an der Nordküste nicht aus wirtschaftlichen, sondern aus religiösen Motiven. Als erste erreichten 1620 die „Pilgerväter" (Pilgrim Fathers), eine Gruppe strenggläubiger **Puritaner**, die Küste bei Plymouth. Sie hatten sich von der anglikanischen Staats-

„Indianer": Die Namensgebung geht auf den Irrtum von Christoph Kolumbus zurück, der 1492 glaubte, in Indien gelandet zu sein. Der Begriff gilt heute als diskriminierend und wird in den USA meist durch die Bezeichnung „Native Americans" oder indigene Bevölkerung ersetzt.

Puritaner (lat. puritas: Reinheit): Selbstbezeichnung der Angehörigen einer strenggläubigen protestantischen Glaubensrichtung in England und Schottland, die vor allem durch den Reformator Johann Calvin geprägt wurde. Sie gerieten im 16. Jahrhundert in Konflikt mit der anglikanischen Staatskirche, da sich diese nach ihrer Ansicht nicht weit genug vom Katholizismus gelöst hatte.

▶ **Die „Gründerstaaten" und die koloniale Besitzverteilung in Nordamerika bis 1763.**

kirche abgewandt und wurden in England unterdrückt und verfolgt. In der „Neuen Welt" hofften sie, ihre religiösen und politischen Vorstellung verwirklichen zu können. Noch während der Überfahrt hatten sie an Bord ihres Schiffes „Mayflower" die Grundzüge ihrer zukünftigen Ordnung in einem Gesellschaftsvertrag niedergelegt, dem sogenannten Mayflower-Compact (▶ M1). Darin verpflichteten sie sich, streng nach christlichen Regeln zu leben.

Weitere Puritaner und andere religiöse Minderheiten folgten. Englische Katholiken siedelten sich in Maryland, Quäker und Hugenotten in Pennsylvania an. In Rhode Island wurden erstmals Kirche und politisches Gemeinwesen getrennt und die religiöse Freiheit des Einzelnen rechtlich abgesichert.

Der Zustrom von Einwanderern aus ganz Europa nahm rasch zu. 1690 lebten etwa 200 000 Auswanderer im Gebiet der britischen Kolonien, 1790 fast vier Millionen. Vor allem in den Mittelatlantik-Kolonien zwischen Virginia und Neuengland herrschte religiöse Toleranz und ethnische Vielfalt. Trotz ihrer unterschiedlichen Herkunft, Religion und Sprache verband die Kolonisten das gemeinsame Ziel, ein freies und besseres Leben aufzubauen.

Viele Amerikaner: „Native Americans" … Die bunt gemischte amerikanische Gesellschaft, später als „melting pot" bezeichnet, schloss die „Native Americans", die indianischen Ureinwohner, von vornherein aus. Diese besiedelten in Hunderten verschiedener Stämme den nordamerikanischen Kontinent, lebten als nomadische Jäger und Sammler oder betrieben Ackerbau und Viehzucht. Für die ersten europäischen Siedler waren die Indianer zunächst wichtige Handelspartner und Verbündete gegen gemeinsame Feinde.

Als die Weißen jedoch immer weiter in den Lebensraum der indigenen Bevölkerung eindrangen, häuften sich die bewaffneten Konflikte. Dabei unterlagen die Ureinwohner fast immer der überlegenen Bewaffnung der Siedler. Die meisten Weißen sahen sich dabei als Eroberer im Recht: In puritanischen Augen galt die Verdrängung und Vernichtung der Ureinwohner als gerechtfertigt, da die „sündhaft Ungläubigen" und „Wilden" dem göttlichen Gebot, sich die Erde untertan zu machen, angeblich nicht nachgekommen waren und demnach keinen Anspruch auf das Land hatten.

Für die „Native Americans" bedeutete die Besiedlung durch die Europäer das Ende ihrer Kultur und ihre fast vollständige Vernichtung. Die meisten starben an eingeschleppten Krankheiten. Kriege, Vertreibungen, Zwangsarbeit, Alkoholismus und Hungersnöte dezimierten ihre Zahl zusätzlich. Heute schätzt man, dass sich die Zahl der Ureinwohner auf dem Gebiet der USA und Kanadas von ursprünglich sechs bis sieben Millionen innerhalb von nur hundert Jahren um mehr als 90 Prozent verringerte.

Quäker: protestantische Sekte, die sich auf die Gleichheit aller Menschen beruft. Aus ihrem Bibelverständnis heraus lehnen sie Eid, Kriegsdienst und Sklaverei sowie jegliche kirchlichen und staatlichen Autoritäten ab und wurden daher in Europa zeitweise verfolgt.

Hugenotten: Anhänger der reformatorischen Lehre in Frankreich, deren Glaube stark vom Calvinismus geprägt war. Seit 1530 wurden sie in Frankreich unterdrückt; 1685 erreichte die Verfolgung einen Höhepunkt und löste eine große Fluchtwelle in protestantische Gebiete Europas, nach Amerika und Südafrika aus.

▲ **Bestrafungsarten für Sklaven.**
Stich nach einer Vorlage aus dem Jahr 1647. Sklaven, die sich den Anweisungen der Aufseher auf den Plantagen widersetzten oder die sich der Zwangsarbeit durch Flucht entziehen wollten, wurden brutal bestraft.

... und Afroamerikaner Seit 1619 führten nach und nach alle britischen Kolonien afrikanische Zwangsarbeiter ein. Anfangs wurden sie nach Ablauf einer vereinbarten Arbeitszeit in die Freiheit entlassen. Doch mit der Einführung der Erblichkeit der Sklaverei blieben die Schwarzen auf Lebenszeit mit Kind und Kindeskindern persönlicher Besitz ihrer weißen Herren. Um 1770 lebten etwa 500 000 schwarze Sklaven in den englischen Kolonien, das war mehr als ein Fünftel der Bevölkerung in den 13 Kolonien. Ihre Nachkommen und der blühende Sklavenhandel ließen ihre Zahl rasch ansteigen. Besonders die Plantagenwirtschaft in den südlichen Kolonien nutzte die billigen Arbeitskräfte. Bis zur Mitte des 19. Jahrhunderts wurde der Süden der USA zur größten Sklavenhaltergesellschaft der Welt.

Privilegierte, Unterdrückte und Auserwählte So unterschiedlich wie die Motive für ihre Gründung war auch die wirtschaftliche und gesellschaftliche Entwicklung der Kolonien. Im Süden gaben die reichen Plantagenbesitzer den Ton an, die einen aristokratischen Lebensstil nach englischem Vorbild entwickelten. Die Bewirtschaftung der großen Tabak-, später auch Reis- und Baumwollplantagen beruhte von Anfang an auf der Ausbeutung unfreier Arbeitskräfte. Anfangs arbeiteten dort auch mittellose Europäer als „Sklaven auf Zeit“, bis sie die Kosten ihrer Überfahrt abgearbeitet hatten. Schon bald verrichteten ausschließlich afrikanische Sklaven die Arbeit. Die Hautfarbe bestimmte die rechtliche und soziale Stellung. Neben der strikten Rassenhierarchie entwickelte sich ein großes soziales Gefälle zwischen reichen und armen Weißen.

In den Mittelatlantik- und Neuengland-Kolonien ließ das Klima eine Plantagenwirtschaft nicht zu. Daher spielte dort die Sklaverei keine große Rolle. Vielmehr lebten die Siedler von konventioneller Landwirtschaft, von Handwerk und Handel, an den Küsten zudem von Schiffbau und Walfang. Aber auch hier herrschten unter den Kolonisten von Anfang an große soziale Unterschiede zwischen Etablierten und Neuankömmlingen, Reichen und Armen, Gebildeten und Ungebildeten.

Die Puritaner prägten die entstehende amerikanische Gesellschaft entscheidend: Sie glaubten an ihre göttliche Auserwähltheit und waren der Überzeugung, einen besonderen Platz in der Geschichte einzunehmen. Wirtschaftlicher Erfolg galt für sie als Zeichen der Auserwähltheit, daher waren sie zielstrebig und fleißig – eine Einstellung, die maßgeblich zum wirtschaftlichen Aufschwung der Kolonien beitrug. Die Kehrseite dieses Auserwähltheitsglaubens waren ein ausgeprägter Durchsetzungswillen und oftmals Intoleranz gegenüber Andersdenkenden. Wer gegen die engen Normen der Gemeinden verstieß, wurde ausgegrenzt oder sogar bestraft. Auch in der „Neuen Welt“ waren Außenseiter nicht vor „Hexenprozessen“ sicher.

◄ **„Pilgrim Fathers – The First Thanksgiving at Plymouth."**
Gemälde von Jennie Augusta Brownscomb, 1912.
Im Herbst 1621, ein Jahr nach ihrer Ankunft in Plymouth, beschlossen die Pilgerväter nach der Ernte gemeinsam mit dem benachbarten Wampanoag-Stamm ein Fest zu feiern. Daraus entwickelte sich der Thanksgiving-Day, eine Art Erntedankfest, das in den USA als staatlicher Feiertag immer am vierten Donnerstag im November begangen wird. Eng mit dem Gründungsmythos verbunden, ist die Tradition fest im US-amerikanischen Selbstverständnis verankert.
- *Analysieren Sie die Stilelemente des Gemäldes. Erläutern Sie seine Aussage.*

Vorbild England Die englischen Kolonien fühlten sie sich als Teil des Empire und standen loyal zur Krone. Verwaltung, Rechtsprechung, Wirtschaft und Kultur orientierten sich am englischen Vorbild.

Mit zunehmender wirtschaftlicher Bedeutung wuchs Englands Interesse an den nordamerikanischen Kolonien. Sie sollten dem Mutterland als Absatzmärkte und Rohstofflieferanten dienen. Um mehr Kontrolle über die Kolonien zu erlangen, ersetzte der König die bis dahin frei gewählten Gouverneure durch seine Beamten.

Politische Mitbestimmungsrechte waren – wie in England – an Bedingungen wie Eigentum, Steueraufkommen und Aufenthaltsdauer gebunden. Ärmere Bürger, Frauen und Sklaven blieben von der politischen Entscheidungsfindung und Mitbestimmung ausgeschlossen. In den nördlichen Kolonien konnten etwa drei Viertel, in den südlichen bis zu 50 Prozent der weißen Männer an den Wahlen zu den Repräsentativversammlungen (assemblies) teilnehmen. In England waren dagegen in der Mitte des 18. Jahrhunderts nur 15 Prozent der männlichen Bevölkerung wahlberechtigt. In keinem Land der Welt gab es zu dieser Zeit mehr soziale Gerechtigkeit und Mitbestimmungsrechte als in den englischen Kolonien.

Vom Vorbild zum Feindbild Die Kolonien mit ihren um 1770 etwa 2,5 Millionen Einwohnern durften bestimmte Waren wie Zucker und Tabak nur nach England ausführen, außerdem Produkte aus Europa nur über britische Firmen einführen. Diese Beschränkungen durch das Mutterland wurden zunehmend als Ärgernis empfunden und vielfach durch einen florierenden Schmuggel umgangen. Der **Siebenjährige Krieg** hatte die englischen Staatsschulden zudem so stark anwachsen lassen, dass man in London beschloss, die Bürger der Kolonien an den Kosten des Krieges zu beteiligen. Die Regierung in London erhöhte 1764 die Zölle für Einfuhren aus den nordamerikanischen Kolonien und verlangte 1765 eine geringfügige – in England seit Langem erhobene – Gebühr für Kaufverträge, Schuldscheine, Testamente und Druckerzeugnisse aller Art wie Zeitungen oder Kalender. Da die Kolonisten keine Vertreter ins englische Parlament wählen durften, weigerten sie sich, die Steuern und Zölle zu zahlen, und boykottierten britische Waren: „No taxation without representation!" Die Regierung in London nahm die Steuererhöhungen zurück.

Siebenjähriger Krieg (auch „French and Indian War" genannt, 1756-1763): unter anderem in Nordamerika ausgetragener Krieg zwischen England und Frankreich, durch den England die Vorherrschaft in Nordamerika für sich entschied. Im Frieden von Paris (1763) musste Frankreich auf Kanada und die Gebiete östlich des Mississippi verzichten.

▲ **„The Bloody Massacre ..."**
Kolorierter Kupferstich von dem aus Boston stammenden Silberschmied Paul Revere.
Am 5. März 1770 bewarfen aufgebrachte Bostoner Bürger britische Soldaten mit Schnee. Als diese fünf Menschen töteten, wurde das „Massaker" zum Symbol für koloniale Unterdrückung.
- *In einer amerikanischen Darstellung zu dem Bild heißt es: „This engraving by Paul Revere is an early example of American propaganda." Erklären Sie die Aussage.*

Sie war aber nicht bereit, den Kolonisten das geforderte Selbstbesteuerungsrecht zuzugestehen. Dadurch wurde aus dem Streit um Abgaben ein Kampf um politische Rechte.

Der Konflikt verschärfte sich, als sich 1770 aus einem Streit zwischen englischen Soldaten und Bürgern der Stadt Boston eine Straßenschlacht entwickelte, bei der fünf Kolonisten starben (Boston Massacre). Höhepunkt der Auseinandersetzung wurde die Versenkung einer großen Teeladung im Hafen von Boston. Während die Aktion in den Kolonien als „Boston Tea Party" gefeiert wurde, empörte sich die britische Regierung über die offene Rebellion und unterstellte die Kolonie Massachusetts dem Kommando des Militärs.

George Washington (1732-1799): Plantagenbesitzer, Offizier und Politiker, ab 1775 Befehlshaber der Kontinentalarmee im Amerikanischen Unabhängigkeitskrieg (1775-1783), 1787 Vorsitzender des Verfassungskonvents in Philadelphia und von 1789 bis 1797 erster Präsident der USA (Federalist). Er festigte die republikanische Demokratie u.a. durch Bildung eines Kabinetts und Neutralitätspolitik; eine dritte Amtszeit lehnte er ab. Washington war der populärste Amerikaner seiner Zeit und gilt bis heute als Nationalheld.

Kampf um Unabhängigkeit: the Revolutionary War Als Reaktion auf diese „Intolerable Acts" trafen sich im September 1774 Vertreter aus zwölf Kolonien (alle außer Georgia) zum „Ersten Kontinentalkongress" in Philadelphia. Die Abgeordneten beschlossen, keinen Handel mehr mit England und seinen Kolonien zu treiben. Eine Abspaltung der Kolonien vom Mutterland stand noch nicht zur Diskussion. Erst als der britische König die „Rebellen" mit Gewalt zu unterwerfen versuchte, kam es im April 1775 zu Gefechten.

Unmittelbar nach Ausbruch des Krieges versammelten sich die Delegierten aller Kolonien zum „Zweiten Transkontinentalen Kongress", der bis 1789 an wechselnden Orten tagte. **George Washington** wurde zum Oberbefehlshaber ernannt. Die „Kontinentalarmee", die er aus allen Kolonien zusammenstellte, bestand aus schlecht ausgebildeten Freiwilligen mit dürftiger Ausrüstung. Sie waren jedoch hoch motiviert, den gemeinsamen Kampf gegen die als Willkür und Gewalt empfundenen Machtansprüche der Regierung in London aufzunehmen. Mit den Gefechten setzte eine breit angelegte Kampagne der Aufständischen, die sich selbst „Amerikaner" und „Söhne der Freiheit" nannten, für die Unabhängigkeit ein.

Ihre Freiheit erstritten sich die Kolonisten in einem fast acht Jahre dauernden Krieg. Sie kämpften dabei nicht nur gegen die Engländer und die etwa 30 000 Söldner, die diese aus den deutschen Kleinstaaten angeheuert hatten, sondern auch gegen etwa ein Drittel der eigenen Bevölkerung, das weiterhin zur britischen Krone hielt. Militärisch entscheidend war das Eingreifen des absolutistischen Frankreich. Es unterstützte die aufständischen Amerikaner gegen den Rivalen England. Nach langen Verhandlungen musste die englische Krone im Frieden von Versailles 1783 die Vereinigten Staaten als „freie, souveräne, unabhängige Staaten" anerkennen.

„Streben nach Glück“ Die Kolonien erarbeiteten bereits während des Krieges eigene Verfassungen. Die erste von ihnen, die „Virginia Bill of Rights“ vom 12. Juni 1776, setzte die Staatslehre der europäischen Aufklärer um: Sie enthielt erstmals eine Liste von Menschenrechten, legte darüber hinaus die Gewaltenteilung, die regelmäßige Wahl der Abgeordneten nach einem **Zensuswahlrecht** für Männer, die Einberufung von Geschworenengerichten, Presse- und Religionsfreiheit sowie das Recht auf Widerstand fest. Diese Verfassung beeinflusste die folgende inneramerikanische und europäische Verfassungsentwicklung maßgeblich.

Von ebenso weitreichender Bedeutung erwies sich die am 4. Juli 1776 verkündete Unabhängigkeitserklärung (Declaration of Independence). Sie war in einem Ausschuss des Kontinentalkongresses von **Thomas Jefferson** entworfen worden. Entscheidenden Einfluss nahm der Journalist **Thomas Paine** mit seiner Streitschrift „Common Sense“ (Gesunder Menschenverstand), mit der er die Abgeordneten des Transkontinentalkongresses endgültig davon überzeugte, die vollständige Unabhängigkeit von England anzustreben (▸ M2). In der „Declaration of Independence“ erklärten die Abgeordneten die Herrschaft des englischen Königs zur widerrechtlichen Tyrannei. Aufgabe jeder Regierung sei es, allen Menschen die „gleichen, unveräußerlichen, natürlichen Rechte“ auf „Leben, Freiheit und das Streben nach Glück“ (pursuit of happiness) zuzubilligen (▸ M3).

Zensuswahlrecht: Wahlsystem, bei dem das Wahlrecht an den Nachweis von Besitz, Einkommen oder Steuerleistung (Zensus) gebunden ist. Das allgemeine Männerwahlrecht wurde in den USA 1830 eingeführt.

Thomas Jefferson (1743-1826): Rechtsanwalt aus Virginia; nach der Unabhängigkeit der Vereinigten Kolonien 1785-1789 amerikanischer Gesandter in Frankreich, 1789-1794 Außenminister und 1801-1809 der dritte Präsident der USA

Identität in Urkundenform Am 25. Mai 1787 kamen die 55 Delegierten des Kontinentalkongresses aus zwölf Staaten in Philadelphia zusammen und arbeiteten unter dem Vorsitz von Washington auf der Grundlage der 1781 ratifizierten Konföderationsartikel einen neuen Verfassungsentwurf aus. Der Entwurf, den sie am 17. September 1787 verabschiedeten, sah einen föderativen Staatenbund mit einer republikanischen Verfassung und einem starken Präsidenten an der Spitze vor. Die Bundesverfassung nahm den Einzelstaaten von ihrer Souveränität nur so viel, wie der Staatenbund brauchte, um den Handel im Innern zu ordnen und die Nation nach außen wirkungsvoll zu vertreten und zu schützen. Sie schuf dazu ein System der Gewaltenteilung und wechselseitigen Kontrollen (checks and balances). Die Regelung des Wahlrechts blieb weitgehend den Einzelstaaten überlassen. Frauen, Sklaven und Ureinwohner hatten kein Recht zu wählen, zudem schloss das Zensuswahlrecht überall den größten Teil der Bevölkerung von den Wahlen aus.

Bis 1788 hatten die meisten Staaten die Bundesverfassung angenommen, und im Februar 1789 wurde George Washington zum ersten Präsidenten der Vereinigten Staaten von Amerika gewählt. Während seiner Regierungszeit nahm der Kongress die Bill of Rights als Verfassungszusätze (amendments) in die Bundesverfassung auf. Die Stellung der Frau in Politik und Gesellschaft sowie das Problem der Ungleichbehandlung der afroamerikanischen Sklaven blieben noch unberücksichtigt, obwohl entsprechende Forderungen bereits bestanden. Insgesamt garantierte die Verfassung mit den „amendments“ jedoch Rechte und Freiheiten, von denen die Europäer zu dieser Zeit nur träumen konnten.

Die Annahme der Verfassung und die Bildung der ersten Bundesregierung schlossen eine außerordentliche Entwicklung ab: Menschen unterschiedlicher sozialer Herkunft hatten gemeinsam gegen den Herrschaftsanspruch eines Königs gekämpft, um in einem eigenen Nationalstaat zu leben. Die Landnahme, der siegreiche Kampf um die Unabhängigkeit und der erfolgreiche Zusammenschluss zu einem souveränen, demokratischen Staat lasen sich in den Augen der Amerikaner als eine nationale Erfolgsgeschichte (▸ M4). Sie ließ aus dem puritanischen Glauben, „Auserwählte“ zu sein, die Überzeugung entstehen, Amerika sei eine „auserwählte Nation“, deren zukünftige Aufgabe darin bestehe, ihre Werte überall dort durchzusetzen, wo sie nicht galten.

Thomas Paine (1737-1809): englischer Journalist und Politiker; emigrierte 1774 nach Amerika, wurde Aktivist im Kampf gegen die Sklaverei; 1776 Veröffentlichung seiner Schrift „Common Sense“, die in kurzer Zeit zwölf Auflagen erlebte und die öffentliche Meinung sowie schließlich die Unabhängigkeitserklärung entscheidend beeinflusste. Paine gilt als einer der geistigen Gründerväter der USA.

▲ **„Living History" in Plimoth Plantation.**
Foto von 1966.
Plimoth Plantation ist ein „lebendiges Freilichtmuseum" bei Plymouth in Massachusetts. Ab 1947 wurde es als Rekonstruktion der ersten puritanischen Siedlung vier Kilometer von Plymouth entfernt entsprechend dem Zeitpunkt 1627 nachgebaut. Ebenfalls zum Museum gehört die nachgebaute Mayflower II.

M1 Der „Mayflower Compact"

a) Bevor sie an Land gehen, legen die Familienoberhäupter einer Puritanergruppe am 11. November 1620 auf dem Auswandererschiff „Mayflower" ein Gelöbnis ab:

Im Namen Gottes, Amen. Wir, die Unterzeichner dieses, treue Untertanen unseres erhabenen Herrschers und Herrn König Jakobs I., von Gottes Gnaden Königs von Großbritannien, Frankreich und Irland, Hüters des Glaubens usw., haben zur Ehre Gottes und zur Ausbreitung des christlichen Glaubens und zum Ruhm von König und Vaterland eine Fahrt unternommen, um die erste Kolonie in den nördlichen Teilen von Virginia zu gründen. Und wir kommen hierher feierlich und wechselseitig, vor Gottes Angesicht und voreinander, überein und vereinigen uns selbst zu einem bürgerlichen politischen Körper; zur besseren Ordnung unter uns und zu Schutz und Förderung der oben genannten Absichten; und kraft dieses wollen wir von Zeit zu Zeit verordnen, errichten und einrichten rechte und billige Gesetze, Verfügungen, Erlässe, Einrichtungen und Ämter, wie es uns am zuträglichsten und zweckmäßigsten für das allgemeine Wohl der Kolonie erscheint: Und wir versprechen dazu alle schuldige Unterwerfung und Gehorsam.

Fritz Wagner, USA. Geburt und Aufstieg der neuen Welt. Geschichte in Zeitdokumenten 1607-1865, München 1947, S. 18 f.

b) Der Historiker Wilfried Mausbach setzt sich 2008 mit der Auslegung des „Mayflower Compact" auseinander:

Das puritanische Erbe ist bis heute zu spüren, auch wenn der politische Einfluss wohl vor allem auf Missverständnissen beruht. Der berühmte, als amerikanisches Gründungsdokument verklärte „Mayflower"-Vertrag beispielsweise erweist sich bei genauerem Hinsehen nicht als Dokument demokratischer Weitsicht, sondern als hastig gefundene Notlösung. Als die Pilgerväter sich nämlich – viel zu weit nach Norden abgetrieben – entschließen, in Plymouth zu landen, lassen einige der nichtpuritanischen Reisenden durchblicken, dass sie sich nicht mehr an die mit ihren Kolonisationspatenten akzeptierten Bedingungen gebunden fühlen. Um nicht im Chaos zu enden und sicherzustellen, dass alle den Anordnungen des Gemeinderats Folge leisten, setzt das Oberhaupt der Pilgrims, William Bradford, hastig ein Dokument auf. Alle männlichen Erwachsenen müssen es unterzeichnen, erst dann dürfen sie einen Fuß an Land setzen.
Eine revolutionäre politische Neuerung haben in dem Mayflower-Vertrag erst spätere Generationen gesehen. Demokratisch war an der Vereinbarung allenfalls die implizite Vorstellung, dass legitime Herrschaft der Zustimmung der Regierten bedürfe. Bedeutungsvoller ist hingegen die Übertragung des puritanischen Selbstverständnisses auf den Umgang miteinander. „Von Anfang an waren Politik und Religion einig", schrieb Alexis de Tocqueville[1] im Jahr 1835, „und sie haben seither nicht aufgehört, es zu sein." In der puritanischen Gemeindeverfassung, dem Kongregationalismus, sah der französische Publizist und Politiker die republikanische Regierungsform gleichsam vorweggenommen.
Er übersah allerdings, dass sich die puritanischen Kirchenmitglieder in Plymouth die wichtigsten politischen Ämter gegenseitig zuschanzten. In der benachbarten Massachusetts Bay Colony war aktives wie passives Wahlrecht per Gesetz sogar an die Vollmitgliedschaft in einer puritanischen Gemeinde gebunden.
Erst als England die beiden puritanischen Experimente 1691 zur Kronkolonie Massachusetts zusammenfasste, hatte es mit derart theokratischen[2] Herrschaftsformen ein Ende. Gleichwohl bot die aus dem Alten Testament übernommene und auf den politischen Bereich übertragene Vertragsidee den amerikanischen Anhängern der europäischen Aufklärung später einen politischen Anknüpfungspunkt.

[1] Die Werke Alexis de Tocquevilles (1805-1859) über die Amerikanische und Französische Revolution werden bis heute gelehrt; er gilt als Begründer der vergleichenden Politikwissenschaft.
[2] Theokratie: Herrschaftsform, bei der die Herrschaft religiös legitimiert ist, der Herrscher aufgrund göttlicher Berufung regiert

In ähnlicher Weise gilt dies für die „basisdemokratische" Erweiterung des englischen Parlamentarismus. Sogenannte town meetings konnten zwar in grundlegende politische Entscheidungen gar nicht eingreifen, aber sie wurden in den folgenden Jahrhunderten zur Keimzelle amerikanischer Demokratie überhöht und sind bis heute landauf, landab Teil eines unvermeidlichen Wahlkampfrituals.

Wilfried Mausbach, Kampf der Kulturen, in: Spiegel Special Geschichte. Aufstieg und Krise einer Weltmacht, Nr. 4/2008, S. 25-36, hier S. 29 und 31

1. *Arbeiten Sie heraus, zu welchen Maßnahmen sich die Unterzeichner des „Compact" verpflichten.*
2. *Erläutern Sie, welche Autoritäten bei der Gestaltung des „bürgerlichen politischen Körpers" zugrunde liegen sollen.*
3. *Beurteilen Sie Gründe und Zielsetzung des Gelöbnisses. Überlegen Sie, welche Konflikte darin angelegt sind.*
4. *Analysieren Sie die historische Bewertung des „Mayflower Compact" durch Mausbach. Überlegen Sie, welche Gründe für die beschriebene Auslegung des Vertrages eine Rolle gespielt haben könnten.*

M2 Common Sense

Der aus England emigrierte Steuereinnehmer Thomas Paine veröffentlicht 1776 in Philadelphia seine Streitschrift „Common Sense"[1] anonym. Sie erreicht innerhalb von drei Monaten eine Auflage von 120 000 Exemplaren und ist damit der erste politische Bestseller Amerikas:

Da ganz Europa der Absatzmarkt für unseren Handel ist, sollten wir keine parteiische Verbindung mit einem Teil davon eingehen. Es liegt im wahren Interesse Amerikas, sich aus europäischen Streitigkeiten herauszuhalten, was es niemals tun kann, solange es durch die Abhängigkeit von Großbritannien zum Zugewicht in der Waagschale der britischen Politik wird.

In Europa gibt es einfach zu viele Königreiche, als dass es lange in Frieden leben könnte, und sobald zwischen England und irgendeiner fremden Macht ein Krieg ausbricht, wird der amerikanische Handel *wegen seiner Bindung an Großbritannien* ruiniert. [...] Das Blut der Getöteten, die klagende Stimme der Natur schreien: ES IST ZEIT, SICH ZU TRENNEN. Sogar die Entfernung voneinander, in der der Allmächtige England und Amerika geschaffen hat, ist ein starker und natürlicher Beweis dafür, dass die Herrschaft des einen über den anderen niemals im göttlichen Plan lag. [...]

Um die Sache auf einen Punkt zu bringen: Ist die Macht, die eifersüchtig auf unseren Reichtum ist, geeignet, uns zu regieren? Wer auch immer auf diese Frage mit Nein antwortet, ist ein Unabhängiger, denn Unabhängigkeit bedeutet nichts anderes, als dass entweder wir unsere eigenen Gesetze machen werden, oder der König, der größte Feind, den dieser Kontinent hat oder haben kann, uns sagen wird: *Es soll keine anderen Gesetze geben als solche, die mir gefallen.* [...]

Aber wo bleibt, sagen einige, der König von Amerika? Ich sage dir, mein Freund, er regiert oben im Himmel und richtet keine Gemetzel unter der Menschheit an so wie der königliche Untermensch aus Großbritannien. Aber damit es nicht so aussieht, als ob es uns an irdischen Ehren mangelt, soll man einen Tag bestimmen, an dem feierlich die Charta proklamiert wird: Sie soll dann auf das göttliche Gesetz, das Wort Gottes, gelegt und herbeigebracht werden, darauf eine Krone, an der die Welt erkennen mag, dass, wenn wir eine Monarchie anerkennen, in Amerika ALLEIN DAS GESETZ KÖNIG IST. Denn wie in absoluten Regierungen der König das Gesetz ist, *sollte* in freien Ländern das Gesetz König sein und nichts anderes. Aber damit nicht später Missbrauch betrieben wird, sollte die Krone nach der Zeremonie zerstört und unter das Volk verstreut werden, das ein Recht darauf hat.

Eine eigene Regierung ist unser natürliches Recht; und wenn man ernsthaft über die Vergänglichkeit menschlicher Dinge nachdenkt, wird man zur Überzeugung kommen, dass es sehr viel sicherer und weiser ist, uns gelassen und überlegt eine eigene Verfassung zu schaffen, solange wir noch die Möglichkeit dazu haben, als ihre Entstehung der Zeit und dem Zufall anzuvertrauen.

Thomas Paine, Common Sense, übersetzt und hrsg. von Lothar Meinzer, Stuttgart 1982, S. 37, 45 f. und 52 f.

1. *Erläutern Sie Paines Haltung zur Monarchie. Analysieren Sie Sprache und Ausdruck seiner Ausführungen.*
2. *Arbeiten Sie heraus, auf welche verfassungsrechtlichen Prinzipien das unabhängige Amerika gegründet werden soll.*
3. *Verfassen Sie aus Sicht der englischen Regierung eine Antwort auf die Forderungen Paines.*

[1] Common Sense: Der Ausdruck bedeutet zugleich gesunder Menschenverstand, Gemeinsinn, Nüchternheit und praktische Vernunft.

◂ **Unterzeichnung der Unabhängigkeitserklärung am 4. Juli 1776.**
Gemälde von John Trumbull, 1786-1797.
Thomas Jefferson überreicht dem Präsidenten des Zweiten Kontinentalkongresses die Unabhängigkeitserklärung. Links von ihm (im braunen Anzug) steht John Adams, rechts von Jefferson der Schriftsteller, Naturwissenschaftler und Politiker Benjamin Franklin. Im Hintergrund die Delegierten des in Philadelphia tagenden Kongresses.

M3 Declaration of Independence

Der Zweite Kontinentalkongress beschließt am 2. Juli 1776, dass die 13 Vereinigten Kolonien freie und unabhängige Staaten sind. In der am 4. Juli 1776 vom Kongress gebilligten Unabhängigkeitserklärung der „Vereinigten Staaten von Amerika" heißt es:

Wenn es im Laufe der Menschheitsgeschichte für ein Volk notwendig wird, die politischen Bande zu lösen, die es mit einem anderen Volke verbunden haben, und unter den Mächten der Erde den selbstständigen und gleichberechtigten Rang einzunehmen, zu dem natürliches[1] und göttliches Gesetz es berechtigen, so erfordert geziemende Achtung vor den Ansichten der Menschen, dass es die Gründe darlegt, die es zur Absonderung bewegen.
Folgende Wahrheiten bedürfen für uns keines Beweises: Dass alle Menschen gleich geschaffen sind; dass sie von ihrem Schöpfer mit gewissen unveräußerlichen Rechten ausgestattet sind, dass dazu Leben, Freiheit und das Streben nach Glück gehören, dass zur Sicherung dieser Rechte Regierungen unter den Menschen eingesetzt sind, die ihre rechtmäßige Autorität aus der Zustimmung der Regierten herleiten; dass, wenn immer irgendeine Regierungsform diesen Zielen abträglich wird, das Volk berechtigt ist, sie zu ändern oder abzuschaffen und eine neue Regierung einzusetzen und diese auf solchen Prinzipien zu errichten und ihre Gewalten solchermaßen zu organisieren, wie es ihm zur Gewährleistung seiner Sicherheit und seines Glücks am ratsamsten erscheint.
Die Vernunft gebietet freilich, dass seit Langem bestehende Regierungen nicht aus geringfügigen und flüchtigen Anlässen geändert werden sollten; und dementsprechend hat alle Erfahrung gezeigt, dass die Menschen eher geneigt sind zu leiden, solange die Missstände erduldbar sind, als sich durch Beseitigung altgewohnter Formen Recht zu verschaffen.
Aber wenn eine lange Reihe von Missbräuchen und Übergriffen, die ausnahmslos das gleiche Ziel verfolgen, die Absicht deutlich werden lässt, das Volk unumschränktem Despotismus zu unterwerfen, so ist es sein Recht wie auch seine Pflicht, eine solche Regierung zu beseitigen und durch neue schützende Einrichtungen für seine künftige Sicherheit Vorsorge zu treffen. […]
Die Regierungszeit des jetzigen Königs von Großbritannien ist voll wiederholt begangenen Unrechts und ständiger Übergriffe, die alle unmittelbar auf die Errichtung einer unumschränkten Tyrannei über unsere Staaten abzielen. […]
[Es folgt eine Auflistung von 18 Beschwerden, darunter:]
Er hat es abgelehnt, andere Gesetze zugunsten großer Bevölkerungskreise zu verabschieden, wenn diese Menschen nicht auf das Recht der Vertretung in der Legislative verzichten wollten, ein Recht, das ihnen unschätzbar wichtig ist und nur Tyrannen schrecken kann. […]
Er hat wiederholt Volksvertretungen aufgelöst, weil sie mit männlicher Festigkeit seinen Eingriffen in die Rechte des Volkes entgegengetreten sind. […]
Er hat Richter in Bezug auf ihre Amtsdauer, die Höhe und den Zahlungsmodus ihrer Gehälter von seinem Willen allein abhängig gemacht.
Er hat eine Unzahl neuer Behörden eingerichtet und Schwärme von Beamten hierhergeschickt, um unser Volk zu belästigen und seine Substanz aufzuzehren.
Er hat in Friedenszeiten bei uns ohne die Zustimmung der gesetzgebenden Körperschaften stehende Heere unterhalten. […]
Er hat sich mit anderen zusammengetan, um uns einer Form der Rechtsprechung zu unterwerfen, die unserer Verfassung

[1] Naturrecht: Lehre von einem Recht, das im Wesen des Menschen begründet ist – unabhängig von Zeit und Ort, in denen er lebt. Dagegen steht das geschichtlich gewordene, gesetzte und daher veränderliche („positive") Recht.

fremd und von unseren Gesetzen nicht anerkannt war; und er hat seine Zustimmung zu ihren angemaßten gesetzgeberischen Handlungen erteilt: [...]
Er hat seinen Herrschaftsanspruch hier aufgegeben, indem er uns als außerhalb seines Schutzes stehend erklärte und Krieg gegen uns führte. [...]
Er schafft zum gegenwärtigen Zeitpunkt große Heere fremder Söldner heran, um das Werk des Todes, der Verwüstung und der Tyrannei zu vollenden, das er bereits mit solcher Grausamkeit und Heimtücke begonnen hat, wie sie in den barbarischsten Zeiten kaum ihresgleichen finden, und die des Oberhauptes einer zivilisierten Nation gänzlich unwürdig sind. [...]
Er hat Erhebungen in unserer Mitte angeschürt und sich bemüht, auf die Bewohner unserer Grenze zur Wildnis hin die erbarmungslosen indianischen Wilden zu hetzen, deren Kriegführung bekanntlich darin besteht, alles ohne Rücksicht auf Alter, Geschlecht oder Zustand niederzumachen. [...]
Daher tun wir, die in gemeinsamem Kongress versammelten Vertreter der Vereinigten Staaten von Amerika, unter Anrufung des obersten Weltenrichters als Zeugen für die Rechtschaffenheit unserer Absichten, im Namen und Auftrag des wohlmeinenden Volkes unserer Kolonien feierlich kund zu wissen, dass diese Vereinigten Kolonien freie und unabhängige Staaten sind und rechtens sein sollen; dass sie von jeglicher Treuepflicht gegen die britische Krone entbunden sind, und dass jede politische Verbindung zwischen ihnen und dem Staate Großbritannien vollständig gelöst ist und sein soll; und dass sie als freie und unabhängige Staaten das uneingeschränkte Recht haben, Krieg zu führen, Frieden zu schließen, Bündnisse einzugehen, Handel zu treiben und alle sonstigen Handlungen vorzunehmen und Tätigkeiten auszuüben, zu denen unabhängige Staaten rechtens befugt sind.

Udo Sautter, Die Vereinigten Staaten. Daten, Fakten, Dokumente, Tübingen/Basel 2000, S. 148 und 150

1. *Analysieren Sie den Aufbau der Unabhängigkeitserklärung. Arbeiten Sie die Aussagen der einzelnen Abschnitte heraus.*
2. *Erläutern Sie die doppelte Funktion der Unabhängigkeitserklärung.*
3. *Beurteilen Sie Funktion und Stichhaltigkeit der gegen den englischen König vorgebrachten Anklagepunkte.*
4. *Erörtern Sie die Wirkung der Erklärung in der amerikanischen Bevölkerung und bei ausländischen Regierungen.*
5. *Überlegen Sie, welche politische Bedeutung die Erklärung über den aktuellen Anlass hinaus hatte.*
6. *Die Unabhängigkeitserklärung wurde von Überlegungen Thomas Paines (M2) beeinflusst. Arbeiten Sie die Einflüsse heraus.*

M4 „Mehr als ein Dutzend Verfassungsdokumente"

Der Historiker Horst Dippel schreibt 1985 zur Bedeutung der Amerikanischen Revolution:

Der von der Amerikanischen Revolution ausgehende moderne Konstitutionalismus mit seiner verfassungsrechtlichen Verankerung der Menschenrechte, dem Prinzip der Gewaltentrennung und der Festsetzung von Verfassung als höherrangigem Recht hat [...] zur Weiterwirkung der Amerikanischen Revolution erheblich beigetragen. In der außeramerikanischen Perspektive lag in diesen Bereichen ihre entscheidende Bedeutung [...]. Damit war, so schien es, erstmals ein moderner Staat konstituiert worden, dessen verfassungsmäßige Ordnung Vorbild sein konnte. Das neuartige und bis dahin beispiellose System des amerikanischen Föderalismus stellte in diesem Zusammenhang fraglos einen der originärsten Beiträge dar. [...]
Die Amerikanische Revolution war sicher mehr als lediglich ein Unabhängigkeitskampf, mehr als ein Dutzend Verfassungsdokumente. Den aufgeklärten Zeitgenossen in Europa galt sie als ein „Prinzip Hoffnung", als der Beweis, dass die Ideale der Aufklärung, Freiheit und Menschenrechte, keine irreale Theorie waren, sondern unmittelbar praktisch umgesetzt werden konnten. [...]
Die weltpolitische Bedeutung der Amerikanischen Revolution ergibt sich in besonderem Maße aus inneramerikanischer Sicht. Die Amerikanische Revolution ist die Geburtsstunde der Vereinigten Staaten von Amerika, eines staatlichen Gebildes, das bislang weder in dieser noch in anderer Form existiert hatte. [...]
Erst die Amerikanische Revolution hat [...] den Amerikaner geschaffen, der sich nicht mehr primär als Virginier oder New Yorker fühlte, sondern ein neues, provinzübergreifendes Zusammengehörigkeitsgefühl entwickelte, das nicht nur bislang bestehende politisch-geografische Grenzen übersprang, sondern sich auch anschickte, ethnische und religiöse Barrieren zu überwinden auf dem Weg zu einer neuen Identität als „Amerikaner".

Horst Dippel, Die Amerikanische Revolution 1763-1787, Frankfurt am Main 1985, S. 113-115

1. *Nennen Sie Gründe, warum es bei der Beurteilung der Amerikanischen Revolution sinnvoll sein kann, zwischen einer inner- und einer außeramerikanischen Sicht zu unterscheiden.*
2. *Erörtern Sie die Bedeutung des „amerikanischen Föderalismus". Beziehen Sie Stellung.*
3. *Beurteilen Sie die Aussagen aus der Sicht der Ureinwohner und der Afroamerikaner.*

Aufstieg zur Weltmacht

„Ein Skandal!" Aufgebracht hält Senator Albert Beveridge seiner Frau die Zeitung entgegen: „USS Maine im Hafen von Havanna explodiert – 260 tote Seemänner – Ursache unklar!", titelt die Frühausgabe des New York Independent an diesem Morgen des 16. Februar 1898. Wie für die meisten US-Bürger steht auch für Beveridge schnell fest: Ursache für den Untergang der „Maine" kann nur ein spanischer Terroranschlag gewesen sein! Drei Wochen zuvor hat Präsident William McKinley das Schlachtschiff zum Schutz der dortigen US-Bürger nach Kuba entsandt. Dies muss für die spanische Regierung einem Angriff auf ihre Souveränität als Kolonialmacht gleichgekommen sein. Schon am nächsten Tag sieht sich die amerikanische Öffentlichkeit durch die Presse bestätigt: „Spanische Mine oder Torpedo tötet 266 amerikanische Helden – Gibt es jetzt Krieg?"

Kuba, die größte und reichste Insel in der Karibik, ist der letzte Überrest des ehemals riesigen spanischen Imperiums auf dem amerikanischen Doppelkontinent. Seit Jahrzehnten kämpfen dort seine Einwohner um Unabhängigkeit.

In den USA wächst der Hass auf die spanischen Kolonialherren und die romantische Begeisterung für ein „Cuba libre". Der US-Regierung ist die spanische Herrschaft in Kuba schon lange ein Dorn im Auge. Was ihr jedoch größere Sorgen bereitet, ist die Aussicht auf ein unabhängiges und selbstbewusstes Kuba, das sich nicht mehr kontrollieren ließe. Vor allem die amerikanischen Geschäftsleute haben allen Grund, sich Sorgen zu machen. Was geschieht mit ihren mehr als fünfzig Millionen in Kuba investierten Dollar, wenn die Revolutionäre dort ihre angekündigten Sozial- und Wirtschaftsreformen wahrmachen und das Land umverteilen?

„Unser Präsident muss jetzt reagieren", wettert Beveridge einige Wochen später im Club, während er seine Zigarre anzündet. „Da hat Kollege Lodge mit seinen ständigen Drohungen ganz Recht: Wenn McKinley nicht in Kuba interveniert, werden wir Republikaner bei den nächsten Wahlen die größte Niederlage aller Zeiten erleben! Eine friedliche Lösung ist nun nicht mehr möglich." Dies ist dem Präsidenten klar. Am 11. April 1898 bittet er den Kongress, ihn zu einer „Intervention mit Waffengewalt" zu ermächtigen.

„Amerika den Amerikanern" Der erste US-Präsident George Washington hatte der jungen Nation am Ende seiner Amtszeit 1796 den Rat gegeben, sich außenpolitisch auf einen freien Handel zu konzentrieren und sich aus den nationalen Konflikten Europas herauszuhalten. Eine Generation später, 1823, stellte Präsident **James Monroe** mit dem Ruf „Amerika den Amerikanern" den außenpolitischen Grundsatz auf, dass der amerikanische Doppelkontinent nie mehr Ziel europäischer Kolonialexpansion werden dürfe. Im Gegenzug wollten sich die USA aus allen europäischen Angelegenheiten heraushalten (▸ M1). Den aktuellen Hintergrund der Monroe-Doktrin bildete die Sorge vor Interventionen der europäischen Mächte in den gerade unabhängig gewordenen süd- und mittelamerikanischen Staaten. Neben dieser defensiven Absicht enthielt das vermeintliche Bekenntnis zum **Isolationismus** auch eine offensive Komponente: Indem sie jeden fremden Einfluss auf dem Kontinent ausschlossen, erhoben die USA zugleich den Anspruch auf die alleinige Vormachtstellung in der „westlichen Hemisphäre". Insofern war die Monroe-Doktrin Ausdruck eines wachsenden nationalen Selbstbewusstseins, das mit deutlichen hegemonialen Ansprüchen einherging.

James Monroe (1758-1831): Plantagenbesitzer und Politiker, 1811-1817 Außenminister, zeitweilig auch Kriegsminister, 1817-1825 US-Präsident (Democrat-Republican).

Isolationismus: außenpolitische Haltung, die jedes Engagement, vor allem dauernde Verpflichtungen, außerhalb der eigenen Grenzen zu vermeiden sucht

▲ **Die Entwicklung der Vereinigten Staaten von Amerika bis 1853.**

„Westwärts!“ Nach der Unabhängigkeit setzte die Eroberung, Besiedlung und Erschließung der riesigen Territorien im Westen ein. Noch während der Verfassungsverhandlungen waren so viele Siedler dorthin geströmt, dass der Konföderationskongress 1787 eine „Northwest Ordinance“ verabschiedete. Danach konnten neu besiedelte Gebiete ab einer Bevölkerungszahl von 60 000 einen Aufnahmeantrag als neuer Bundesstaat stellen. Die Weichen für die Erweiterung des Staatenbundes waren gestellt.

Der von Thomas Jefferson initiierte Erwerb des Louisiana-Territoriums von Frankreich (Louisiana Purchase) 1803 verdoppelte das US-Staatsgebiet. Mit militärischem und diplomatischem Druck konnte 1819 Spanien zum Verkauf Floridas gezwungen werden. Als die USA 1845 die mexikanische Provinz Texas in die Union aufnahmen, führte dies zum Krieg gegen Mexiko (1846-1848), der den USA die Hälfte des mexikanischen Staatsgebietes einbrachte. 1846 wurde mit Großbritannien eine friedliche Regelung über die Aufteilung des Oregon-Territoriums erzielt.

Verantwortlich für den Drang nach Westen und die schnell fortschreitende Besiedlung war ein Bündel von Faktoren: Die hohen Geburtenraten sowie die beginnende Masseneinwanderung aus Europa erzeugten einen Bevölkerungsdruck an der Ostküste. Siedler zogen in großen Trecks in die unerschlossenen Territorien und ließen sich als Bauern oder Viehzüchter nieder. Ihnen folgten Handwerker und Kaufleute, kleine Siedlungen wuchsen zu Städten heran. Eine große Siedlungswelle löste der „Homestead Act“ von 1862 aus: Für zehn Dollar versprach er jedem 64 Hektar Land, der bereit war, es mindestens fünf Jahre zu bestellen. Goldfunde in Kalifornien und der Bau der Eisenbahn beschleunigten die Westwanderung. Die Volkszählung von 1890 erklärte die Erschließung des Westens offiziell für beendet, da keine „freien“ Landflächen mehr zur Verfügung standen.

◂ **„Buffalo Bill's Wild West Show."**
Werbeplakat von 1893.
Buffalo Bill, eigentlich William Frederick Cody, machte sich als Fährtensucher und Kundschafter in den Indianerkriegen einen Namen. 1883 gründete er seine eigene Show, in der er mit einem riesigen Aufgebot aus Cowboys, Indianern, Banditen, Soldaten, Pferden und Postkutschen den Wilden Westen darstellte, wie es ihn nie gab. Die Show machte Buffalo Bill in Amerika und Europa berühmt und zum Westernhelden schlechthin.

Amerikanisches Sendungsbewusstsein ... Seit der Kolonialzeit hatten sich Eigenschaften und Verhaltensweisen ausgebildet, die das US-amerikanische Nationalbewusstsein bis heute prägen. Großen Einfluss übten neben dem christlichen Sendungsglauben der Puritaner vor allem Selbstvertrauen und Fortschrittsoptimismus der Pioniergeneration aus. In den 1840er-Jahren erfuhr der amerikanische Pioniergeist mit der Vorstellung vom Manifest Destiny, der „offenkundigen" oder „schicksalhaften Bestimmung" des amerikanischen Volkes, eine ideologische Überhöhung (▸ M2). Danach seien die USA von Gott dazu bestimmt, das als herrenlos angesehene Land bis zum Pazifik zu besiedeln und ihre demokratische Gesellschaftsordnung über den Kontinent auszubreiten.

Die Besiedlung betrachten viele Amerikaner bis heute als große Leistung, die ihr Volk zu einer Nation zusammenwachsen und zur Weltmacht werden ließ. Unter den harten Lebensbedingungen an der Grenze zur Wildnis habe es gelernt, sich selbst zu vertrauen und Schwierigkeiten zu überwinden. Die permanent nach Westen verschobene Siedlungsgrenze entwickelte sich zum romantisierten Mythos der Frontier, die für Wagemut, Tatkraft und nahezu unbegrenztes Gewinn- und Erfolgsstreben stand (▸ M3). Die Überzeugung von einer besonderen Sendung wirkt bis heute in den USA nach.

... und seine Schattenseiten Allerdings beschränkte sich das amerikanische Sendungsbewusstsein lediglich auf die weißen, meist protestantischen Einwanderer. Die irischstämmigen Katholiken, die im 19. Jahrhundert zu Hunderttausenden in die USA einwanderten, wurden als Menschen zweiter Klasse angesehen. Erst recht galt dies für die Afroamerikaner. Während die Sklaverei im Norden seit 1804 abgeschafft worden war, pochten die Südstaaten auf deren Beibehaltung. Die Sklavenfrage spaltete die Nation und war einer der Gründe dafür, dass die Südstaaten 1861 aus der Union austraten. Als ihnen US-Präsident **Abraham Lincoln** das Recht auf Verlassen der Union (Sezession) bestritt, kam es 1861 zum Bürgerkrieg (Sezessionskrieg). Er endete 1865 mit der Niederlage des Südens, der Wiedervereinigung der Bundesstaaten und der Abschaffung der Sklaverei (13. Verfassungszusatz von 1865). Gleichberechtigt waren die Schwarzen dadurch nicht. Noch 1896 bestätigte das Oberste Bundesgericht die Praxis der Rassentrennung (Segregation) in öffentlichen Einrichtungen. „Seperate but equal", lautete das Urteil, das bis weit in das 20. Jahrhundert die US-Gesellschaft prägte. Nur scheinbar gleichgestellt, wurden die Farbigen auch weiterhin in allen Lebensbereichen diskriminiert.

Abraham Lincoln (1809-1865; ermordet): von 1861 bis 1865 US-Präsident (Republikaner). Er hielt im Bürgerkrieg (Sezessionskrieg) an der Unauflösbarkeit der USA fest und leitete das Ende der Sklaverei ein.

Der in den Augen der meisten Amerikaner notwendigen Zivilisierung der Welt sollten sich auch die Ureinwohner fügen. Die in der „Northwest Ordinance" eingegangene Selbstverpflichtung, ihnen friedlich und ehrlich zu begegnen und ihr Land und Eigentum „niemals ohne ihre Zustimmung" zu erwerben, blieb wirkungslos. Über 400 Verträge schloss die Bundesregierung bis 1868 mit verschiedenen Stämmen. Doch selbst die 1834 garantierte „ewige Grenze“ des Gebietes der Ureinwohner westlich der Staaten Missouri, Arkansas und Louisiana hielt nur so lange, bis Goldsucher und Siedler auch diese Linie in der zweiten Jahrhunderthälfte in Scharen überschritten und den Verdrängungskampf mithilfe der US-Armee in einen offenen Vernichtungskrieg überführten.

In den Prärien des Westens wurde der Hungertod der Ureinwohner systematisch herbeigeführt, indem Jäger den Bison, ihr Hauptnahrungsmittel, so gut wie ausrotteten. Das Massaker von Wounded Knee 1890, bei dem 350 Sioux von Regierungstruppen abgeschlachtet wurden, beendete die Vertreibung und fast vollständige Vernichtung der indigenen Kultur. Von den ursprünglich rund sieben Millionen Ureinwohnern überlebten nur etwa 250 000. Bemühungen, die Überlebenden in den Staatsverband der USA einzugliedern, gab es nicht. Stattdessen wurden sie in Reservate zusammengetrieben und blieben rechtlose Bürger zweiter Klasse.

▲ **Blick von der New Yorker Brooklyn Bridge nach Westen auf Manhattan.**
Foto von 1902.
Ein mit dem Wirtschaftswachstum einhergehender Bauboom veränderte das Bild der Städte: Die Wolkenkratzer wurden zum Symbol für das „Big Business“ und die zunehmende Machtstellung der USA in der Welt. Die New Yorker Skyline verbirgt die vielen Elendsviertel der Stadt. Rund 1,5 Millionen New Yorker lebten in düsteren, schmutzigen Mietskasernen in Lower Manhattan.

„Big Business“ im „Gilded age“: Aufstieg zur Industrienation

Ein enormes Bevölkerungswachstum und ein massiver Industrialisierungsschub ließen die Nation im ausgehenden 19. Jahrhundert zu einer wirtschaftlichen Großmacht werden. Möglich wurde dies durch die reichen Rohstoffvorkommen und den Ausbau des Verkehrsnetzes in einem großen, von Binnenzöllen unbehinderten Wirtschaftsraum. Der Zwang zur Kommunikation in dem riesigen Land sowie die europäische Konkurrenz trugen zu bahnbrechenden Erfindungen wie der Schreibmaschine, dem Telefon oder der Rechenmaschine bei. Große Innovationsbereitschaft, enorme Kapitalmengen und der Verzicht der Regierung, die Freiheit der Unternehmer zu beschränken, begünstigten die Entwicklung neuer Produktionsformen (Fließband), Vertriebsarten (Versandhandel, Warenhausketten) und Verkaufsstrategien (Werbung, Markenprodukte). Zwischen 1860 und 1900 steigerte sich das Bruttosozialprodukt um mehr als das Dreifache, die Industrieproduktion erreichte Jahr für Jahr neue Rekorde. Das lockte immer mehr Einwanderer aus Europa und Asien an, die ein unerschöpfliches Reservoir an jungen und billigen Arbeitskräften bildeten. Um die Jahrhundertwende übernahmen die Vereinigten Staaten in einigen Bereichen wie der Kohleförderung und der Stahlproduktion bereits die Weltführung (▸ M4).

Der „Selfmade-man“, verkörpert durch Industrielle wie Andrew Carnegie (Stahl und Bergbau), John D. Rockefeller (Erdöl) oder Franklin W. Woolworth (Warenhäuser), wurde zum Leitbild. Er stand für einen neuen „Pioniergeist“ und eine wirtschaftsliberale Grundhaltung, deren Überzeugung der Glaube an stetiges Wachstum, einen ungehemmten Wettbewerb und das Recht des Stärkeren war.

Der freie Wettbewerb drückte die Preise und verdrängte kleine Firmen. Die großen Unternehmen schlossen sich zu Trusts und Kartellen zusammen, um den Markt zu beherrschen. Dabei schreckten sie nicht vor Bestechung und illegalen Absprachen zurück. John D. Rockefeller bildete 1892 den ersten Trust, der über 90 Prozent der Ölproduktion kontrollierte. Immer größere Kapitalmengen in Aktiengesellschaften und Trusts wurden zum Kennzeichen des „Big Business“.

New Frontier Seit den 1850er-Jahren richtete sich die Vorstellung des Manifest Destiny auch auf die Karibik, den pazifischen Raum und Lateinamerika. Mit dem Begriff der „New Frontier" behaupteten die USA eine Sonderrolle („exceptionalism") gegenüber allen anderen Staaten und rechtfertigten die Durchsetzung ihrer Interessen über die eigenen Staatsgrenzen hinaus. In Mexiko, Kuba, Puerto Rico und in der Dominikanischen Republik investierten amerikanische Firmen große Summen. Um die politische und wirtschaftliche Stabilität dieser Länder und damit um ihre Kapitalanlagen besorgt, drängten sie die US-Regierung – vor den 1890er-Jahren noch vergeblich –, in der Karibik und in Mittelamerika militärische und politische Präsenz zu zeigen.
In Südamerika hatten es die USA mit souveränen, politisch stabilen Staaten zu tun, an denen zudem die europäischen Großmächte, allen voran Großbritannien, großes wirtschaftliches Interesse zeigten. Auf Dauer konnten sich jedoch auch die südamerikanischen Staaten dem Zugriff der USA nicht entziehen.

Während die Ausdehnung des eigenen Wirtschaftsraumes in der amerikanischen Öffentlichkeit als selbstverständlich galt, blieb der Erwerb von Kolonien umstritten. Schließlich waren die USA selbst einmal eine britische Kolonie gewesen und hatten ihre Freiheit in einem langen und blutigen Krieg erkämpfen müssen. Kolonien bedeuteten zudem eine erhebliche finanzielle und militärische Belastung. Angesichts solcher Widerstände konnte Außenminister William H. Seward 1867 im Kongress den Kauf Alaskas von Russland nur mit Mühe durchsetzen.

Statt der Erweiterung ihres Staatsgebietes strebten die Vereinigten Staaten die informelle Kontrolle ihrer Einflusssphäre an. War dies nicht möglich, so schreckten sie allerdings auch vor der direkten Anwendung militärischer Gewalt nicht zurück. Nach dem Krieg des Britischen Empire gegen China gelang es den USA und weiteren Staaten, das militärisch unterlegene Land durch den Abschluss von „ungleichen" Verträgen zur Öffnung für Handel und Mission zu zwingen. Ähnlich gingen die Vereinigten Staaten gegen das seit dem 17. Jahrhundert nach außen abgeschlossene Japan vor. 1853 entsandten sie ein Flottengeschwader an die japanische Küste und erreichten damit die Öffnung japanischer Häfen sowie den Abschluss von Handelsverträgen. Um den Seeweg zu ihren asiatischen Märkten zu erleichtern und zu sichern, annektierten die USA 1867 die Midwayinseln im Pazifik und richteten dort einen Marinestützpunkt ein.

Sozialdarwinismus: Die Herrschaft der weißen Völker über Menschen anderer Hautfarbe wurde um 1900 in den imperialistischen Staaten auch mit den Theorien des Sozialdarwinismus legitimiert, die später in radikalisierter Form auch in der nationalsozialistischen Rassenideologie wiederkehren sollten. Danach wurde die Evolutionstheorie des englischen Naturforschers Charles Darwin in stark vereinfachter Weise auf Völker, Nationen und Staaten übertragen, unter welchen sich im „Kampf ums Dasein" jeweils der weiter entwickelte und damit Überlegene durchsetzen werde.

▼ **Eine Gruppe verwundeter Filipinos.**
Foto um 1899.

Der Schritt zum Imperialismus Gegen Ende der 1880er-Jahre trat die amerikanische Außenpolitik in eine neue Phase ein. Die USA beteiligten sich nun offen am Wettlauf der Industrienationen um die Aufteilung der Welt. Mit dem wirtschaftlichen Erfolg waren Selbst- und Sendungsbewusstsein der Nation weiter gestiegen. Gestützt auf einen weitverbreiteten **Sozialdarwinismus** glaubten viele an einen Erziehungs- und Missionsauftrag der überlegenen „angelsächsischen Rasse", die allein Freiheit und Demokratie in die Welt tragen könne. Wie in Europa setzte sich zudem bei vielen Amerikanern die Überzeugung durch, Wirtschaftskrisen und soziale Konflikte nur durch neue Absatzmärkte und Rohstoffquellen vermeiden zu können (▸ M5). Beide Gedankengänge gaben Forderungen Auftrieb, die USA müssten eine große Flotte bauen und Seemacht werden (▸ M6).

Den entscheidenden Schritt zum offenen Imperialismus vollzogen die Vereinigten Staaten vor der eigenen Haustür. Als auf Kuba während eines Bürgerkrieges zwischen einheimischen Rebellen und der mit brutaler Härte gegen diese vorgehenden spanischen Kolonialmacht 1898 ein Schlachtschiff der USA neben humanitären Gesichtspunkten inbesondere auch explodierte, wurde dies als Terroranschlag gewertet und die USA erklärten Spanien den Krieg (▸ M7). In diesem Krieg ging es den USA neben humanitären Gesichtspunkten insbesondere auch um die Sicherung ihrer Wirtschaftsinteressen auf Kuba, aber ebenso um den Erwerb der Philippinen, die als pazifischer Marinestützpunkt den Handelsweg nach Asien sichern sollten.

Bereits während des Spanisch-Amerikanischen Krieges, der nach kaum vier Monaten zugunsten der überlegenen amerikanischen Streitkräfte entschieden war, sicherten sich die USA mit Hawaii das „Sprungbrett" nach Asien. Im Frieden von Paris (12. Dezember 1898) musste Spanien Kuba, Puerto Rico, Guam und die Philippinen abtreten. Formal wurde Kuba unabhängig, faktisch von den USA besetzt und wirtschaftlich ausgebeutet. Im Jahr 1901 erzwangen die USA dort ein uneingeschränktes Interventionsrecht und erhielten den Stützpunkt Guantanamo, den die US-Navy bis heute unterhält.

Besonders die Unterwerfung der Philippinen offenbarte den „unverhüllten Übergang zum Kolonialismus" (Wolfgang J. Mommsen). Hier hatten die Einheimischen zunächst auf der Seite der Vereinigten Staaten gegen die Spanier gekämpft. Als die Filipinos jedoch nach der spanischen Niederlage eine eigene unabhängige Republik gründen wollten, stand dies im Widerspruch zu den Interessen der USA. In einem bis 1902 andauernden **Guerillakrieg**, bei dem 20 000 philippinische Soldaten und Hunderttausende von Zivilisten ums Leben kamen, wurden die Aufstände brutal niedergeschlagen und die Philippinen unter direkte amerikanische Verwaltung gestellt.

Viele Amerikaner verurteilten die imperialistische Politik ihrer Regierung. Sie plädierten für das Selbstbestimmungsrecht der Völker und erklärten das Vorgehen als unvereinbar mit den nationalen Idealen und als Verstoß gegen die Monroe-Doktrin. Allerdings blieb dieser Protest weitgehend wirkungslos.

„Open Door Policy" und „Dollar Diplomacy" Trotz der Erfahrung des Philippinen-Krieges setzen die Vereinigten Staaten ihre Expansionspolitik fort. Um die Vormachtstellung auf dem amerikanischen Doppelkontinent gegenüber den Europäern zu unterstreichen, erweiterte Präsident **Theodore Roosevelt** 1904 die Monroe-Doktrin um einen Zusatz (Roosevelt Corollary) (▸ M8): Er erklärte die USA zu einer „internationalen Polizeimacht", die zur eigenen Sicherheit jederzeit das Recht habe, in die politischen und wirtschaftlichen Verhältnisse der süd- und mittelamerikanischen Staaten einzugreifen.

Wie die USA ihre Interessen durchsetzten, zeigte sich am Bau des Panamakanals. Der Kanal verkürzte den Seeweg zwischen beiden Ozeanen um 15 000 Kilometer und eröffnete damit nicht nur wirtschaftliche, sondern auch strategische Vorteile. Als sich die kolumbianische Regierung weigerte, die zu ihrem Territorium gehörende Kanalzone zu verpachten, sorgten die Vereinigten Staaten dafür, dass sich die kolumbianische Provinz Panama 1904 nach einer „Revolution" für unabhängig erklärte und ihnen eine 32 Kilometer breite Kanalzone überließ. In den folgenden Jahren wurde die als „Big Stick Policy" benannte Strategie Roosevelts in Mittelamerika und der Karibik zum festen Bestandteil der amerikanischen Außenpolitik.

Die Nachfolger Roosevelts setzten auch die indirekte Einflussnahme auf die für die USA wirtschaftlich und strategisch wichtigen Länder fort. Über hohe finanzielle Investitionen im Ausland gelang es der US-Regierung durch eine „Dollar Diplomacy", sich wirtschaftliche Vorzugsrechte und große Absatzmärkte zu sichern und ganze Staaten an den US-Markt zu binden. In einigen Ländern waren US-Konzerne so mächtig, dass sie sogar Einfluss auf die Regierungsentscheidungen der Staaten nehmen konnten. Daher

Guerillakrieg: Art der Kriegsführung, die oft gegen überlegene Armeen angewandt wird. Die Guerillakämpfer vermeiden dabei die offene militärische Konfrontation und setzen auf Überfälle, Anschläge etc.

Theodore Roosevelt (1858-1919): Politiker (Republikaner) und Verfasser historisch-politischer Werke wie „Die Eroberung des Westens", 1898-1900 Gouverneur des Staates New York, 1901-1909 US-Präsident, erhielt 1906 den Friedensnobelpreis für seine Vermittlung im Russisch-Japanischen Krieg von 1905

▲ **Verkürzung des Seeweges durch den Panamakanal.**

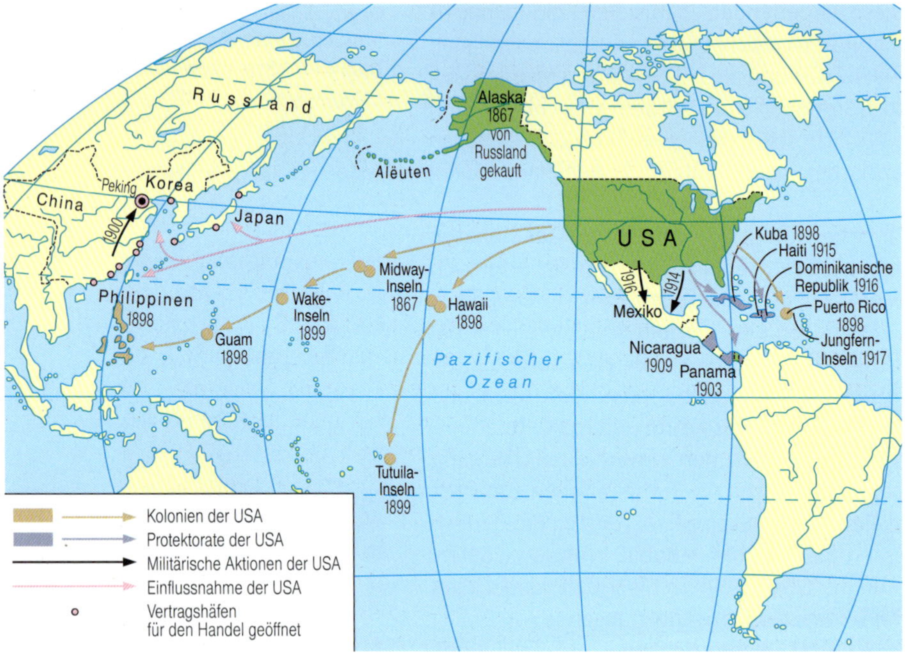

▲ **Das „amerikanische Empire" um 1900.**

▲ **Eingriffe der USA im karibischen Raum.**

sprachen Kritiker von einem „Dollarimperialismus".

Noch bevor sich die USA die Vorherrschaft in Mittelamerika und der Karibik gesichert hatten, richtete der Blick sich auf Ostasien. Da die europäischen Großmächte und Japan am Ende des Jahrhunderts begannen, China in koloniale Interessensphären aufzuteilen, befürchteten die USA, im Wettlauf um die asiatischen Absatzmärkte zu kurz zu kommen. Anders als in Lateinamerika und im karibischen Raum scheuten Regierung und amerikanische Öffentlichkeit dort jedoch internationale Auseinandersetzungen. Daher setzten sich die USA für eine informelle „Open Door Policy" mit gleichen und unbeschränkten Handelsmöglichkeiten für alle Nationen ein. Während die USA – ebenso wie andere imperiale Staaten dieser Zeit – den eigenen Markt durch hohe Zollbarrieren gegen die ausländische Konkurrenz abschirmten, beanspruchten sie für sich uneingeschränkte Handelsrechte in Übersee. Die amerikanische Regierung setzte dieses Prinzip durch diplomatischen, gelegentlich auch militärischen Druck durch und versuchte so wo immer möglich, Länder und Märkte für die amerikanische Industrie zu öffnen.

M1 Die Monroe-Doktrin

In einer Rede vor dem Kongress am 2. Dezember 1823, später „Monroe-Doktrin" genannt, formuliert der amerikanische Präsident James Monroe die Ziele der amerikanischen Außenpolitik:

Es ist ein Grundsatz, in welchem die Rechte und Interessen der Vereinigten Staaten inbegriffen sind: dass die amerikanischen Kontinente infolge des freien und unabhängigen Standes, den sie angenommen haben und behaupten, hinfort nicht als Gegenstände für die künftige Kolonisation durch irgendwelche europäischen Mächte zu betrachten sind [...]. Wir haben niemals an den Kriegen der europäischen Mächte teilgenommen, soweit sie diese allein angingen, und es verträgt sich nicht mit unserer Politik, daran teilzunehmen [...]. Wir sind deshalb den freundlichen Beziehungen, die zwischen den Vereinigten Staaten und jenen Mächten bestehen, die aufrichtige Erklärung schuldig, dass wir irgendwelchen Versuch von ihrer Seite, ihr System auf irgendeinen Teil dieser Halbkugel auszudehnen, als gefährlich für unseren Frieden und unsere Sicherheit betrachten würden. In die bestehenden Kolonien oder Dependenzen irgendwelcher europäischen Macht haben wir nicht eingegriffen und werden wir nicht eingreifen, aber bei den Regierungen, die ihre Unabhängigkeit erklärt und behauptet und deren Unabhängigkeit wir nach vieler Überlegung und aus gerechten Gründen anerkannt haben, könnten wir irgendwelche Dazwischenkunft, um sie zu unterdrücken oder irgendwie sonst ihr Schicksal zu bestimmen, vonseiten irgendeiner europäischen Macht in keinem anderen Licht sehen als in dem der Bekundung unfreundlicher Gesinnung gegen die Vereinigten Staaten.

Fritz Wagner, USA. Geburt und Aufstieg der neuen Welt. Geschichte in Zeitdokumenten 1607-1865, München 1947, S. 176

1. *Arbeiten Sie die „Rechte und Interessen" und das Verhältnis gegenüber den europäischen Mächten sowie den übrigen amerikanischen Staaten heraus. Erläutern Sie, welches Selbstverständnis deutlich wird.*
2. *Analysieren Sie, welche defensiven und offensiven Strategien mit der Monroe-Doktrin verbunden sind.*

M2 Expansion als Auftrag

Der Journalist John L. O'Sullivan publiziert 1839 einen Artikel über die Notwendigkeit weiterer Expansion, die er in einer späteren Veröffentlichung als „offenkundige Bestimmung" (Manifest Destiny) des amerikanischen Volkes bezeichnet:

Amerika ist ausgewählt für bessere Taten. Es ist unser unvergleichlicher Ruhm, dass wir keine Erinnerung an Schlachtfelder haben, sondern nur die Menschheit, die Unterdrückten aller Nationen, die Gewissensfreiheit und das Wahlrecht verteidigt haben. [...] Wir treten in diesen unberührten Raum ein, mit Gottes Wahrheit in unserem Verstand, wohltätigen Absichten in unseren Herzen und mit einem klaren Bewusstsein, das von der Vergangenheit unbefleckt ist. Wir sind die Nation des menschlichen Fortschritts, und wer wird, was kann uns Grenzen setzen auf unserem Marsch nach vorne? [...]

In ihrer wunderbaren Herrschaft über Raum und Zeit ist diese Nation aus vielen Nationen dazu bestimmt, der Menschheit die Herrlichkeit des göttlichen Prinzips zu offenbaren; auf der Erde den edelsten Tempel zu errichten, der jemals der Verehrung des Höchsten gewidmet worden ist – der Heiligkeit und der Wahrheit. Der Boden dieses Tempels wird eine Hemisphäre sein – das Dach das Firmament der sternenübersäten Himmel und seine Gemeinde eine Union von vielen Republiken, die Hunderte von glücklichen Millionen umfassen [...]. Wir müssen weiter, um unsere Mission zu erfüllen – zur vollständigen Entwicklung der Prinzipien unserer Organisation – Gewissensfreiheit, Freiheit der Person, Freiheit des Handels und Streben nach Geschäften, Universalität von Freiheit und Gleichheit. Dies ist unsere oberste Bestimmung, und in dem ewigen, unausweichlichen Naturgesetz von Ursache und Wirkung müssen wir es erreichen. All dies wird unsere zukünftige Geschichte sein: auf Erden die moralische Würde und das Heil der Menschheit zu etablieren – die unwandelbare Wahrheit und Wohltätigkeit Gottes. Amerika ist auserwählt für diese gesegnete Mission an den Nationen der Welt, die von dem lebensspendenden Licht der Wahrheit ausgeschlossen sind [...]. Wer kann daran zweifeln, dass unser Land dafür bestimmt ist, die große Nation der Zukunft zu werden.

The United States Democratic Review 6.23, 1839, S. 426-430 (übersetzt von Boris Barth)

1. *Nennen Sie die Punkte, aus denen O'Sullivan die „Bestimmung" des amerikanischen Volkes ableitet.*
2. *Erläutern Sie die Motive für die „Mission" und deren Konsequenzen.*

▲ **„American Progress."**
Gemälde von John Gast, 1872.
Das Bild zeigt ein perspektivisch gerafftes Amerika von der Ostküste bis zu den Rocky Mountains.
▪ *Interpretieren Sie die Symbolik des Bildes. Setzen Sie sich dabei mit dem Titel auseinander.*

M3 Die Bedeutung der Grenze

Auf einer Tagung in Chicago am 12. Juli 1893 setzt sich der Historiker Frederick J. Turner in seiner Rede mit den Auswirkungen der Kolonisation des Westens auf den Charakter und das Denken des amerikanischen Volkes auseinander:

Bei den meisten Nationen hat sich die Entwicklung in einem begrenzten Raum abgespielt; und wenn die Nation sich ausdehnte, ist sie auf andere wachsende Völker getroffen, die sie erobert hat. Aber im Fall der Vereinigten Staaten haben wir eine andersartige Erscheinung. [...] Die gesellschaftliche Entwicklung Amerikas hat an der Grenze ständig wieder von vorn angefangen. Diese beständige Wiedergeburt, dies Fließende des amerikanischen Lebens, diese Expansion westwärts mit ihren neuen Möglichkeiten, ihrer dauernden Berührung mit der Einfachheit primitiver Gesellschaft, stellen die Kräfte, die den amerikanischen Charakter beherrschen. Der wahre Gesichtspunkt in der amerikanischen Geschichte ist nicht die Atlantikküste, sondern der Große Westen. [...]
Von den Lebensbedingungen an der Grenze kamen intellektuelle Züge von profunder Wichtigkeit her [...] und diese Züge sind, sich abschwächend, als Überbleibsel an ihrem Ursprungsort bestehen geblieben, auch als eine höhere soziale Organisation nachfolgte. Das Ergebnis ist, dass der amerikanische Geist seine auffallenden Charakteristika der Grenze verdankt. Jene Rauheit und Kraft verbunden mit Scharfsinn und Wissbegier; jene praktische, erfinderische Denkungsart, rasch im Auffinden von Behelfen; jene meisternde Hand in materiellen Dingen, mangelhaft im Künstlerischen, aber machtvoll zur Erreichung großer Ziele; jene ruhlose, nervöse Tatkraft; jener dominante Individualismus, zum Guten und zum Bösen wirkend, und zu all dem die Spannkraft und Üppigkeit, die mit der Freiheit einhergehen – das sind Züge der Grenze [...].

Herbert Schambeck, Helmut Widder und Marcus Bergmann (Hrsg.), Dokumente zur Geschichte der Vereinigten Staaten von Amerika, Berlin ^{2}2007, S. 410 f.

1. *Analysieren Sie die Bedeutung, die der Grenze bei Turner zukommt.*
2. *Diskutieren Sie die Konsequenzen dieser Auffassung für das Verhältnis der USA zu Europa.*
3. *Charakterisieren Sie den von Turner beschriebenen „amerikanischen Geist".*
4. *Die moderne Wissenschaft hat Turners Frontier-These vielfach zurückgewiesen. Diese sei keine historische Deutung, sondern habe einen nationalistischen und rassistischen Mythos im Gewand objektiver Wissenschaft konstruiert. Nehmen Sie dazu Stellung.*

M4 Relative Anteile an der Weltindustrieproduktion, in Prozent*

	1750	1800	1830	1860	1880	1900
(Europa als Ganzes)	23,2	28,1	34,2	53,2	61,3	62,0
Großbritannien	1,9	4,3	9,5	19,9	22,9	18,5
Habsburger Reich	2,9	3,2	3,2	4,2	4,4	4,7
Frankreich	4,0	4,2	5,2	7,9	7,8	6,8
Deutsche Staaten/Deutschland	2,9	3,5	3,5	4,9	8,5	13,2
Italienische Staaten/Italien	2,4	2,5	2,3	2,5	2,5	2,5
Russland	5,0	5,6	5,6	7,0	7,6	8,8
USA	0,1	0,8	2,4	7,2	14,7	23,6
Japan	3,8	3,5	2,8	2,6	2,4	2,4
China	32,8	33,3	29,8	19,7	12,5	6,2
Indien/Pakistan	24,5	19,7	17,6	8,6	2,8	1,7

* Unter Industrieproduktion wird vor allem die gewerbliche Gewinnung sowie die Be- und Verarbeitung von Rohstoffen (Kohle, Erz, Baumwolle u.a.m.) verstanden.

Nach: Paul Kennedy, Aufstieg und Fall der großen Mächte. Ökonomischer Wandel und militärischer Konflikt von 1500 bis 2000, Frankfurt am Main [5]2005, S. 237

1. *Arbeiten Sie die Tendenzen der Entwicklung heraus. In welcher Zeit kommt es jeweils zu Umbrüchen? Suchen Sie Erklärungen.*
2. *Setzen Sie die Tabelle in zwei Diagrammformen um. Erläutern Sie Ihre methodische Entscheidung und legen Sie jeweils Vor- und Nachteile dar.*
3. *Vergleichen Sie die Entwicklung der Industrieproduktion der Vereinigten Staaten mit der Asiens und Europas.*

M5 Erschließung neuer Märkte

1885 klagt der amerikanische Kongressabgeordnete Solon O. Thacher in einer Rede vor dem Unterausschuss des Senats:

Die wirtschaftliche Zukunft unseres Landes ist nicht nur voller Sonnenschein. Es gibt mehr Arbeiter, als Arbeit vorhanden ist. Wird ein Arbeiter entlassen, so wartet in fast allen handwerklichen Berufen bereits ein anderer darauf, seine Stelle einzunehmen.
Für den Zustrom von Arbeitern aus anderen Ländern besteht kein großes Bedürfnis mehr. In allen Bereichen der Wirtschaft wird heute mehr produziert als konsumiert werden kann. [...] Mehr als jemals zuvor hängen unser zukünftiges Wachstum, der innere Frieden und die Stabilität unserer inneren Ordnung davon ab, dass wir neue Konsumenten für unsere Produkte finden. Ziel dieser Maßnahme ist der Versuch, unseren landwirtschaftlichen und industriellen Produzenten einen angemessenen Markt zu schaffen.
Vergeblich suchen wir in anderen Erdteilen nach einem Volk, das bereit ist, die Erzeugnisse, die wir auf unseren Farmen, Webstühlen, Hochöfen und Mineralölquellen über unseren eigenen Bedarf hinaus produzieren, abzunehmen. Die zentral- und südamerikanischen Nationen hingegen bieten nicht nur lockende und profitable Märkte, um unsere Überproduktion abzubauen, sondern sie sind auch die einzigen Absatzgebiete, die sich finden lassen.

Wolfgang J. Mommsen, Imperialismus. Seine geistigen, politischen und wirtschaftlichen Grundlagen, Hamburg 1977, S. 205

1. *Benennen Sie Thachers Forderungen und arbeiten Sie seine Argumente heraus. Ziehen Sie M4 hinzu und ergänzen Sie Thachers Argumentation.*
2. *Untersuchen Sie, welche Konsequenzen sich aus Thachers Forderungen ergeben.*
3. *Recherchieren Sie, welche Bedeutung heute den wirtschaftlichen Interessen für den Imperialismus der europäischen Mächte zugesprochen wird.*

M6 Seestrategische Überlegungen

Der amerikanische Admiral Alfred Thayer Mahan fordert in mehreren einflussreichen Schriften eine überseeische Expansion und die Schaffung einer starken Seemacht. In einem Aufsatz von 1893 heißt es:

Die Hawaii-Inseln[1] sind von größter Bedeutung für die handelspolitische und militärische Kontrolle des Pazifik, namentlich des nördlichen Pazifik, in dem die Vereinigten Staaten, geografisch gesehen, das größte Recht auf die politische Vorherrschaft besitzen. Diese brächte die folgenden, im Wesentlichen positiven Vorteile mit sich: Erhöhung der Sicherheit des Handels und Erleichterung der Kontrolle dieser Region durch die Marine […]. Dass die Vorzüge unserer Wirtschaftsordnung Andersdenkenden nicht aufgezwungen werden dürfen, sei zugegeben, aber dieses Zugeständnis bedeutet nicht, dass es nicht doch sinnvoll und vernünftig sei, jene zu integrieren, die selbst dazu bereit sind. […]
Die Interessen unserer drei großen Küstenregionen, der atlantischen, der am Golf von Mexiko gelegenen und der pazifischen […] erfordern unsere Ausdehnung mittels des Panamakanals[2] auf das weite Meer hinaus […]. Demgemäß ist der Panamakanal ein unverzichtbarer Bestandteil für die Zukunft der Vereinigten Staaten […]. Wir wollen von der grundsätzlichen, von der Geschichte immer wieder bestätigten Wahrheit ausgehen, dass die Kontrolle der Meere – besonders entlang der großen Linien, die durch nationales Eigeninteresse oder nationalen Handel gezogen werden – von den rein materiellen Elementen der Macht und des Wohlstands der Völker am bedeutsamsten ist. Der Grund dafür liegt in der Tatsache, dass das Meer das größte Medium der Zirkulation in der Welt ist. Daraus folgt mit Notwendigkeit das Prinzip, dass es zur Kontrolle der Seewege zwingend notwendig ist, wann immer es gerechtfertigt erscheint, Besitzungen zu erwerben, die zur Sicherung der Seeherrschaft beitragen.

Ulrich Janiesch, Imperiale Zeitalter. Imperium Romanum – Moderner Imperialismus, Stuttgart 1998, S. 50

1. *Nehmen Sie Stellung zu den Argumenten, mit denen Mahan eine Expansion der USA rechtfertigt.*

2. *Vergleichen Sie Mahans Ziele mit den Vorstellungen der Manifest Destiny (vgl. S. 184 f. und S. 189).*

[1] 1853 war ein Versuch, die wirtschaftlich und strategisch bedeutenden Hawaii-Inseln zu annektieren, am Widerstand der europäischen Mächte gescheitert. Über Handelsverträge hatten sich die USA jedoch 1875 bedeutende wirtschaftliche Vorrechte sowie 1887 die Marinebasis Pearl Harbor gesichert.

[2] Siehe dazu S. 187.

M7 Interventionspolitik: das Beispiel Kuba

a) Der amerikanische Präsident William McKinley fordert am 11. April 1898 vor dem Kongress ein militärisches Eingreifen in Kuba, wo die spanische Kolonialmacht mit harten Unterdrückungsmaßnahmen gegen die kubanische Unabhängigkeitsbewegung vorgeht und bürgerkriegsähnliche Zustände herrschen. Am 16. April 1898 beschließt der Senat die Intervention. In der Kriegsbotschaft des Präsidenten heißt es:

Die gewaltsame Intervention der Vereinigten Staaten als ein neutraler Staat zur Beendigung des Krieges ist in Übereinstimmung mit den großen Geboten der Humanität und in Analogie zu vielen historischen Präzedenzfällen, bei denen benachbarte Staaten jenseits ihrer Grenzen eingriffen, um die sinnlosen Opfer eines wechselseitigen Vernichtungskrieges zu beenden, aus rationalen Gründen zu rechtfertigen. […]
Die Gründe für eine solche Intervention können kurz folgendermaßen zusammengefasst werden:
Erstens. Aus Gründen der Humanität und um die Barbareien, das Blutvergießen, den Hungertod und das schreckliche Elend zu beenden, das dort jetzt herrscht und das die Parteien des Konflikts entweder nicht beenden oder lindern wollen. […] Zweitens. Wir sind es unseren Bürgern in Kuba schuldig, ihnen den Schutz und die Sicherheit für Leben und Eigentum zu gewähren, die keine Regierung drüben ihnen leisten kann oder leisten will, und zu diesem Zweck den Zustand zu beenden, der sie des gesetzlichen Schutzes beraubt. Drittens. Das Interventionsrecht kann durch die sehr ernsthafte Schädigung der Wirtschaft, Geschäfte und des Handels unserer Bevölkerung und durch die mutwillige Zerstörung von Eigentum und die Verwüstung der Insel gerechtfertigt werden. Der vierte Grund ist von größter Wichtigkeit. Der gegenwärtige Zustand der Angelegenheiten in Kuba ist eine ständige Bedrohung unseres Friedens und bürdet dieser Regierung enorme Kosten auf.

Ulrich Janiesch, a.a.O., S. 51

b) Nach dem Spanisch-Amerikanischen Krieg erhält Kuba die formale Unabhängigkeit, muss jedoch 1901 auf Druck der US-Regierung einen nach Senator Orville H. Platt benannten Zusatz („Platt Amendment") in seine Verfassung aufnehmen, der bis 1934 gültig bleibt:

Die kubanische Regierung stimmt zu, dass die Vereinigten Staaten das Interventionsrecht ausüben können, und zwar für die Bewahrung der Unabhängigkeit Kubas und die Aufrechterhaltung einer Regierung, die das Leben, das Eigentum und die individuelle Freiheit zu schützen in der Lage ist […]. Damit die Vereinigten Staaten die Unabhängigkeit Kubas sichern, die Bevölkerung schützen und sich selbst verteidigen können, verkauft oder leiht die kubanische Regierung den Vereinigten Staaten Land, das für die Kohleverladung und als Marinestützpunkt notwendig ist.

Zitiert nach: Praxis Geschichte, Heft Nr. 6 (2005), S. 25

1. *Erörtern Sie auf der Grundlage der Darstellung auf S. 186 f. die Hintergründe der Intervention der Vereinigten Staaten in Kuba.*
2. *Arbeiten Sie heraus, welche Rechte die kubanische Regierung den USA einräumt.*
3. *Erörtern Sie die Folgen des Platt Amendments für die Souveränität Kubas.*
4. *Recherchieren Sie im Internet zu „Guantanamo Bay Naval Base" und klären Sie den Zusammenhang mit dem Platt Amendment.*

▲ **„Theodore Roosevelt and his Big Stick in the Caribbean."**
Karikatur von William Allen Rogers, 1904.
In einer seiner frühen Reden griff Theodore Roosevelt ein altes Sprichwort auf: „Speak softly and carry a big stick, and you will go far."

- *Erläutern Sie, in welcher Weise dieses Sprichwort für die Außenpolitik Roosevelts steht, und übersetzen Sie es in politische Handlungen.*

M8 Roosevelt ergänzt die Monroe-Doktrin

Die innenpolitische und finanzielle Schwäche einzelner lateinamerikanischer Staaten veranlasst die europäischen Mächte, ausstehende Staatsschulden mit militärischem Druck einzutreiben. Vor diesem Hintergrund verkündet Präsident Theodore Roosevelt am 6. Dezember 1904 vor dem Kongress seine als „Big Stick Policy" benannte neue außenpolitische Zielrichtung:

Es ist nicht wahr, dass die Vereinigten Staaten Hunger auf Land haben und irgendetwas mit anderen Nationen der westlichen Hemisphäre vorhaben, es sei denn, es dient deren eigener Wohlfahrt. Dieses Land wünscht nur, seine Nachbarländer stabil, geordnet und blühend zu sehen. Jedes Land, dessen Bewohner sich gut betragen, kann unserer herzlichen Freundschaft sicher sein. Wenn eine Nation zeigt, dass sie weiß, wie man mit angemessener Tüchtigkeit und Anständigkeit soziale und politische Angelegenheiten anfasst, wenn sie für Ordnung sorgt und ihre Schulden bezahlt, braucht sie kein Eingreifen der Vereinigten Staaten zu befürchten. Chronisches Fehlverhalten oder Schwäche, die auf eine allgemeine Lockerung der Bindungen einer zivilisierten Gesellschaft hinauslaufen, kann in Amerika wie überall schließlich die Intervention einer zivilisierten Nation erfordern, und in der westlichen Hemisphäre kann die Bindung der Vereinigten Staaten an die Monroe-Doktrin die Vereinigten Staaten zwingen, in besonders schlimmen Fällen von Fehlverhalten oder Schwäche, wenn auch widerstrebend, eine internationale Polizeigewalt auszuüben. [...] Unsere Interessen und die unserer südlichen Nachbarn sind in Wirklichkeit identisch. Sie besitzen große Naturschätze, und wenn in ihren Grenzen Gesetz und Gerechtigkeit hergestellt werden, dann kommt bestimmt auch der Wohlstand zu ihnen. [...] Wir würden uns bei ihnen nur einmischen, wenn uns kein anderer Ausweg bleibt, und auch dann nur, wenn offenkundig geworden ist, dass sie unfähig oder nicht willens sind, Gerechtigkeit im Innern walten zu lassen, und wenn sie nach außen die Rechte der Vereinigten Staaten verletzen oder den Angriff eines anderen Landes zum Schaden der Gesamtheit der amerikanischen Nationen herausgefordert haben.

Herbert Schambeck, Helmut Widder und Marcus Bergmann (Hrsg.), a. a. O., S. 418

1. *Benennen Sie die Ziele, die Roosevelt mit seiner Botschaft verfolgt.*
2. *Roosevelts Rede wurde als „Corollary" (Zusatz) zur Monroe-Doktrin bekannt. Begründen Sie diese Aussage.*

US-Politik im Ersten und Zweiten Weltkrieg

„Wie bringt man uns Amerikaner dazu, in einen Krieg einzutreten, der nicht unserer ist? Indem man die in unserer Verfassung garantierten Rechte abschafft und jeden inhaftiert, der etwas gegen den Krieg sagt oder schreibt?" Fassungslos sieht Charles Schenck seinen Verteidiger an. Nach einem siebzehnmonatigen Gerichtsverfahren hat der Oberste Gerichtshof heute, am 10. Januar 1919, seinen Einspruch abgelehnt und ihn zu sechs Monaten Haft verurteilt – für den Protest gegen einen Krieg, der bereits vorüber ist. Was ist geschehen?

Seit dem 6. April 1917, dem Tag, als der US-Kongress dem Deutschen Reich den Krieg erklärt hat, ist Schenck wie viele andere sozialistische und reformerische Kriegsgegner auf die Straße gegangen, um gegen den Einberufungsbefehl und die „Kriegsgewinnlerei" zu protestieren. Im Juni reagiert der Kongress mit dem sogenannten Spionagegesetz. Dieses sieht für jeden, der den Kriegsdienst verweigert oder die Rekrutierungsmaßnahmen behindert, lange Gefängnisstrafen vor. Schenck setzt trotzdem den Protest fort. Er druckt und verteilt fünfzehntausend Flugblätter, auf denen er den Einberufungsbefehl als verfassungswidrige und „mörderische Handlung gegen die Menschheit" kritisiert. Er fordert die jungen Männer auf, sich der „Einschüchterung" zu widersetzen.

Am 28. August 1917 wird Schenck verhaftet, inhaftiert und am 20. Dezember wegen Verstoßes gegen das Spionagegesetz zu Gefängnis verurteilt. Er legt Berufung ein, denn das Gesetz verstoße gegen die im 1. Verfassungszusatz garantierte Rede- und Pressefreiheit des Volkes.

Er kann nicht ahnen, wie der Oberste Gerichtshof argumentiert: Schenck könne sich nicht auf die Verfassung berufen, so Richter Oliver Wendell Holmes. „Selbst das strikteste Gesetz für freie Rede würde den Mann nicht schützen, der in einem Theater fälschlicherweise Feuer schreit und eine Panik verursacht." Nicht nur Schenck ist empört.

Woodrow Wilson (1856-1924): Jurist, Historiker und Politiker; 1913-1921 Präsident der USA (Demokrat). Wilson verfolgte soziale Reformen, war im Ersten Weltkrieg um die Neutralität der USA bemüht und engagierte sich für die Errichtung des Völkerbundes. 1920 erhielt er den Friedensnobelpreis für das Jahr 1919.

Von der „parteiischen Neutralität" ... Als am 1. August 1914 in Europa der Erste Weltkrieg zwischen den Mächten der Entente (Großbritannien, Frankreich, Russland) und den Mittelmächten (Deutschland, Österreich-Ungarn) begann, sahen sich die USA – ganz im Sinne George Washingtons und ihrer bisherigen Politik – in der Rolle des neutralen Beobachters oder höchstens als Schiedsrichter für einen „Frieden ohne Sieg" (▸ M1). Durch eine Kriegsbeteiligung fürchtete Präsident **Woodrow Wilson**, das unter seinem Vorgänger Theodore Roosevelt begonnene Reformprogramm (Progressive Movement) zu gefährden, das den sozialen, gesellschaftlichen und wirtschaftlichen Missständen begegnen sollte. Nicht zuletzt wollte die US-Regierung mit ihrer neutralen Haltung innere Konflikte zwischen den Einwanderern aus den verschiedenen Nationen vermeiden. Die politischen und gesellschaftlichen Eliten, allen voran Wilson selbst, fühlten sich kulturell und ideologisch mit Großbritannien und Frankreich verbunden. Angehörige der deutsch- und irisch-stämmigen Bevölkerung und – wegen der Pogrome im russischen Zarenreich – auch der jüdischen Minderheit standen eher aufseiten des Deutschen Reiches und seiner Verbündeten. Auch die zahlreichen Pazifisten wollte Wilson mit Blick auf seine 1916 anstehende Wiederwahl nicht vor den Kopf stoßen.

Wirtschaftlich waren die USA jedoch längst in den Krieg verwickelt. Großbritannien war der wichtigste Handelspartner der Vereinigten Staaten. Nach Kriegsbeginn belieferte die US-Wirtschaft England und Frankreich mit immer größeren Mengen an Nahrungsmitteln und Waffen. Der Auftragsboom beendete die seit 1913 herrschende Rezession.

▶ **„America First."**
Plakat von 1918.
Auf der Glocke, der berühmten „Liberty Bell", steht die Inschrift: „Proclaim liberty throughout all the land, order of the assembly of the province of P(hiladelphia)."

- *Bestimmen Sie Personen und die Bedeutung der Bildelemente. Analysieren Sie, mit welchen Mitteln hier für den Kriegseinsatz „geworben" wird.*

Außerdem gewährten die USA den Entente-Mächten Kredite in Milliardenhöhe, deren Rückzahlung im Falle einer Niederlage auf dem Spiel stand. Im Mai 1915 löste die Versenkung des britischen Passagierdampfers „Lusitania" durch ein deutsches U-Boot große Empörung aus, da unter den 1198 Opfern auch 128 amerikanische Passagiere waren. Dennoch behielt die Wilson-Regierung ihre 1914 eingeschlagene „parteiische Neutralität" vorerst bei.

... zum Kriegseintritt 1917 Im Wahljahr 1916 war die Mehrheit der amerikanischen Bevölkerung deutlich gegen einen Krieg. Der Wahlkampfslogan „He kept us out of war" sicherte Wilson seine Wiederwahl. Während er weiterhin für einen „Frieden ohne Sieg" warb und eine auf Demokratie, Freiheit, Gleichheit und Selbstständigkeit der Nationen basierende Weltordnung propagierte (▶ M2), bereitete er die amerikanische Öffentlichkeit gleichzeitig mit einer Kampagne der „Preparedness" auf einen eventuellen Kriegseintritt vor. Bereits vor der Wahl hatte der Kongress mit einer Reihe von Gesetzen die Voraussetzungen für die Aufrüstung geschaffen.

Mehrere Gründe bewogen die USA schließlich dazu, die bisherige „parteiische Neutralität" aufzugeben: Mit der Wiederaufnahme des **uneingeschränkten U-Boot-Krieges** verletzte das Deutsche Reich Neutralitätsrechte und richtete sich damit auch gegen die USA. Für einen endgültigen Stimmungsumschwung sorgte die Veröffentlichung eines abgefangenen Telegramms, in dem die deutsche Reichsregierung dem mexikanischen Präsidenten ein gemeinsames Bündnis mit Japan gegen die USA vorschlug. Am 6. April 1917 erklärten die USA dem Deutschen Reich den Krieg, den sie im Sinne Präsident Wilsons als „Kreuzzug für die Demokratie" führten.

Uneingeschränkter U-Boot-Krieg: im Ersten Weltkrieg vom Deutschen Reich beschlossene völkerrechtswidrige Ausweitung des U-Boot-Krieges auf Handels- und Passagierschiffe Krieg führender und neutraler Staaten als strategisches Blockademittel, um Großbritannien vom Nachschub abzuschneiden

Die amerikanische Gesellschaft im Krieg Zum Zeitpunkt der Kriegserklärung im April 1917 waren die Vereinigten Staaten auf einen militärischen Eingriff kaum vorbereitet. Die Armee war klein und schlecht ausgerüstet, die Munition reichte kaum für zwei Tage. Bereits im Mai 1917 führte die Regierung die allgemeine Wehrpflicht ein. Eilig wurde die Industrie auf Kriegsproduktion umgestellt.

1918 standen über zwei Millionen Soldaten in Europa, darunter etwa 400 000 Afroamerikaner. Ihre Hoffnung auf gesellschaftliche Anerkennung und eine Lockerung der Rassentrennung blieb Illusion. Im Gegenteil: Diskriminierung und rassistisch motivierte Gewalt verschärften sich während der Kriegsjahre. Die von den Behörden organisierte Aufrüstung sorgte für ein kräftiges Wirtschaftswachstum. Bald produzierten die USA mehr Rüstungsgüter als die eigenen Truppen benötigten, sodass sie die Verbündeten mitversorgen konnten.

Die amtliche Propaganda des „Kreuzzuges für die Demokratie" fachte ein Klima der Hysterie in der Bevölkerung an. Organisationen deutschsprachiger Einwanderer wurden angefeindet, Gegner des Krieges scharf überwacht und mit Gefängnis bestraft. Gesetze schränkten die Grundrechte der Meinungs- und Pressefreiheit ein. Die mit Intoleranz, Unterdrückung und Verfolgung Andersdenkender sowie Rassismus und Fremdenhass einhergehende nationalistische Begeisterung offenbarte deutlich die Widersprüche der amerikanischen Demokratie, die in Krisenzeiten Gefahr lief, im Innern ihre nach außen verteidigten Grundwerte aufzugeben.

Das Eingreifen der Vereinigten Staaten entschied den Ersten Weltkrieg. Mithilfe der amerikanischen Truppen waren die Alliierten den Mittelmächten an Menschen und Material deutlich überlegen. Auch wenn die Zahl der amerikanischen Opfer weitaus geringer war als in den europäischen Staaten, zahlten die USA einen hohen Preis: Etwa 50 000 Soldaten starben, 200 000 wurden verwundet, weitere 60 000 fielen Krankheiten zum Opfer, vor allem einer verheerenden Grippeepidemie. Insgesamt hatten die USA mehr als 30 Milliarden Dollar für die Finanzierung des Krieges aufgebracht – zehnmal soviel wie während des amerikanischen Bürgerkrieges fünfzig Jahr zuvor.

Eine neue Weltordnung? Noch während des Krieges hatte Präsident Wilson seine idealistischen Friedensziele in einem Programm der 14 Punkte dargelegt (▸ M3). Im Zentrum der neuen Weltordnung stellte er sich einen Völkerbund vor, der die Zusammenarbeit aller Staaten fördern und einen dauerhaften Frieden sichern sollte. Bei den Verhandlungen zum Versailler Vertrag 1919 verhinderten die Machtinteressen der anderen Staaten aber die Durchsetzung eines „Friedens ohne Sieg". Immerhin konnte Wilson die Einrichtung des von ihm geforderten Völkerbundes festschreiben.

Auf den größten Widerstand stieß der Präsident im eigenen Land. Die Ergebnisse der Versailler Friedenskonferenzen hatten die amerikanische Öffentlichkeit enttäuscht. Viele US-Bürger befürchteten, durch einen Beitritt zum Völkerbund in künftige militärische Konflikte hineingezogen zu werden. Bald überwog der Ruf nach einer Rückkehr zum isolationistischen Kurs. Der US-Kongress lehnte schließlich eine Ratifizierung des Versailler Vertrages und einen Beitritt zum Völkerbund ab.

In der Folge zogen sich die Vereinigten Staaten politisch aus Europa und dem internationalen Weltgeschehen zurück. Dennoch konnte die US-Außenpolitik nach 1919 nicht mehr zum Isolationismus zurückkehren. Zu groß war das wirtschaftliche Engagement auf den anderen Kontinenten geworden. Zudem wuchs die Erkenntnis, dass die weltweiten amerikanischen Interessen nicht ohne politische Teilnahme durchzusetzen waren. Militärische Eingriffe galt es zwar zu vermeiden, mehr als zuvor wurden jedoch die Prinzipien der „Open Door Policy" und der „Dollar Diplomacy" bestimmend. So blieben die USA vor allem als Kreditgeber wirtschaftlich und finanziell eng mit Europa verbunden. Im ostasiatisch-pazifischen Raum weiteten sie ihre wirtschafts- und sicherheitspolitische Vormachtstellung aus und wirkten so vor allem den japanischen Herrschaftsansprüchen entgegen.

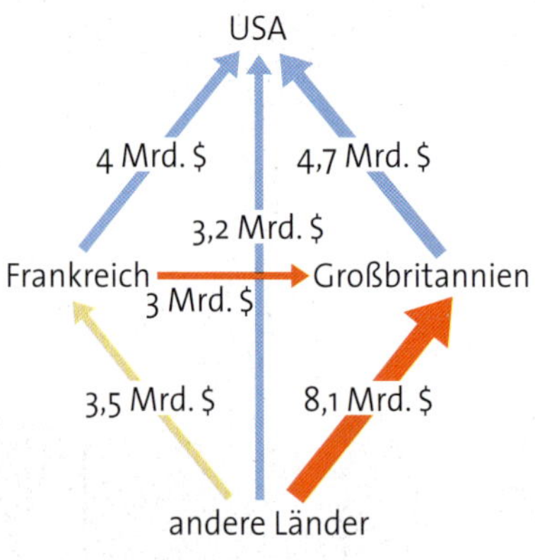

▲ Die Schulden der Alliierten am Ende des Ersten Weltkrieges.

Zwischenkriegszeit: „Prosperity" und „Crash" Nach Kriegsende war die politische und wirtschaftliche Weltmachtrolle der USA deutlicher denn je. Hatten die USA vor dem Ersten Weltkrieg noch Schulden in Europa gehabt, so war es jetzt umgekehrt: Kein Staat hatte so viele Kredite an die europäischen Staaten vergeben wie die USA. Bald setzte ein gewaltiger Aufschwung – eine Phase der „Prosperity" – ein. Technischer Fortschritt und gestiegene Kaufkraft breiter Bevölkerungsschichten ließen die USA zur ersten Massenkonsumgesellschaft und zum Vorreiter der Modernisierung werden. Auch kulturell strahlten die USA zum ersten Mal über ihre Grenzen hinaus. Amerikanische Filme, Musik und Tänze, vor allem Jazz, Schlager und Charleston, wurden weltweit populär. Der Amerikanismus, der vom Wolkenkratzer über die Fließbandproduktion, den Staubsauger bis hin zur Schallplatte in vielen Ländern Einzug hielt, wurde mit Modernität und Fortschritt gleichgesetzt, zog aber auch viel Kritik vornehmlich konservativer Kreise auf sich.

Als im Oktober 1929 die New Yorker Börse zusammenbrach, stürzten die Vereinigten Staaten unvorbereitet in ihre größte wirtschaftliche Krise, die globale Auswirkungen hatte. Tausende von Banken und über 100 000 Betriebe gingen in den folgenden Jahren in Konkurs. Auf dem Höhepunkt der „Great Depression" 1932/33 war etwa jeder vierte Amerikaner arbeitslos. Die sozialen Folgen waren katastrophal, weil es anders als in vielen europäischen Staaten so gut wie keine staatliche Fürsorge gab. Erst mit den von Präsident **Franklin D. Roosevelt** initiierten Reformprogrammen des **New Deal** gelang es, die Wirtschaftskrise bis 1941 weitgehend zu überwinden.

▸ **Geschichte In Clips:**
Zum Börsencrash siehe Clip-Code 32009-01
Zum New Deal siehe Clip-Code 32009-02

Franklin D. Roosevelt (1882-1945): Rechtsanwalt und Politiker, Neffe Theodore Roosevelts, 1933-1945 US-Präsident (Demokrat). Er setzte sich für soziale Reformen ein, führte die USA in den Zweiten Weltkrieg und engagierte sich für die Gründung der Vereinten Nationen.

New Deal: 1933 als „Neuanfang" propagierte Reformpolitik Franklin D. Roosevelts, mit der er die USA aus der Wirtschaftskrise führen wollte. Durch eine Eingrenzung des Wirtschaftsliberalismus und sozialpolitische Maßnahmen hielt er die demokratische Ordnung stabil.

Isolationisten gegen Internationalisten In der Zwischenkriegszeit hielten die US-Regierungen ihren Kurs eines „unabhängigen Internationalismus" bei. Gleichzeitig bemühten sie sich um Rüstungskontrollen und gute Beziehungen zu allen Großmächten. Um jedes Kriegsrisiko auszuschalten, verabschiedete der Kongress bis 1937 mehrere Neutralitätsgesetze, die der Regierung Waffenlieferungen an Krieg führende Staaten untersagten.

Der neutrale Kurs wurde auch nicht aufgegeben, als in den 1930er-Jahren die Außenpolitik des nationalsozialistischen Deutschland, des faschistischen Italien und des imperialistischen Japan immer aggressiver wurde. Als Präsident Roosevelt 1937 in einer Rede forderte, die aggressiven Mächte unter „Quarantäne" zu stellen (▸ M4), stieß er damit in der amerikanischen Öffentlichkeit auf große Kritik. Nach den Judenpogromen im November 1938 und dem deutschen Überfall auf die Tschechoslowakei im Frühjahr 1939 lenkte der Präsident die USA auf Konfrontationskurs. Seit 1938 kurbelte seine Regierung die Aufrüstung an. Mit dem Einmarsch deutscher und sowjetischer Truppen in Polen begann im September 1939 in Europa der Krieg. Ähnlich wie im Ersten Weltkrieg entzündete sich eine heftige Diskussion (▸ M5): Die „Isolationisten" wollten sich aus den Bündnissystemen und Konflikten heraushalten. Die „Internationalisten" mit Roosevelt an der Spitze drängten auf eine Unterstützung der europäischen Westmächte. In ihren Augen widersprach die nationalsozialistische

▸ **Demonstration in New York.**
Foto von November 1938.

▲ **Das US-Marinekorps erobert Iwo Jima.**
Foto (Ausschnitt) vom 23. Februar 1945.
Gegen Ende des Kampfes hissten die siegreichen Truppen ihre Bataillonsfahne auf der Bergspitze der Insel. Später tauschten sie sie gegen eine größere Fahne aus. Diesen Moment hielt der Fotograf Joe Rosenthal fest.
- *Das Kriegsfoto von Joe Rosenthal wurde zur nationalen Ikone. Recherchieren Sie die mediale Entwicklung des Motivs, seine Verwendung und Bedeutung von 1945 bis heute. Verfassen Sie dazu ein Referat.*

Weltanschauung den amerikanischen Vorstellungen von Selbstbestimmung, Freiheit und einem ungeteilten Weltmarkt für ihre Produkte. Die demokratischen Ideale der USA verpflichteten dazu, dafür notfalls mit eigenen Truppen einzustehen.

Der Weg in den Zweiten Weltkrieg Der Präsident wollte zunächst den europäischen Westmächten „mit allen Mitteln außer einem Krieg" zu Hilfe kommen. Die erforderliche Kongressmehrheit für eine Lockerung der Neutralitätsgesetze sicherte er sich durch die Betonung wirtschaftlicher Vorteile, die durch die Rüstungsexporte nach Großbritannien entstanden. Als Roosevelt 1940 für eine dritte Amtszeit kandidierte, versprach er im Wahlkampf noch, die USA nicht in den Krieg zu führen. Nach seiner haushohen Wiederwahl forderte er dann die Mobilmachung des Landes. Erstmals führte der Kongress in Friedenszeiten die Wehrpflicht ein.

Bei einem Treffen im Atlantik im August 1941 legten Roosevelt und der englische Premierminister Winston Churchill in der Atlantik-Charta die Ziele einer Nachkriegsordnung fest. Darin verpflichteten sie sich, für das Selbstbestimmungsrecht der Völker, Sicherheit, Abrüstung, internationale wirtschaftliche Zusammenarbeit und die Freiheit der Meere einzutreten. Die Atlantik-Charta war die Grundlage für die **Anti-Hitler-Koalition** und den gemeinsamen Kampf gegen die „Nazityrannei". Bereits zuvor hatte Roosevelt die amerikanische Öffentlichkeit wissen lassen, wie er sich die neue Weltordnung nach dem Sieg über Deutschland, Japan und Italien vorstellte: Die Prinzipien der amerikanischen Demokratie sollten zur Grundlage der Nachkriegsordnung und zur Maxime jeder Weltfriedensordnung werden (▸ M6).

Anti-Hitler-Koalition: die Gegner des nationalsozialistischen Deutschland mit den USA, Großbritannien und der Sowjetunion an der Spitze. Die „Großen Drei" legten gemeinsame Kriegsziele wie die bedingungslose Kapitulation Deutschlands, Japans und Italiens fest.

Im Pazifik hatte Japan 1937 damit begonnen, chinesische Küstengebiete zu besetzen, und drang nun in China weiter vor. Als Roosevelt den Verzicht auf weitere Eroberungen forderte, ließ die japanische Regierung am 7. Dezember 1941 die amerikanische Pazifikflotte im Hafen Pearl Harbor auf Hawaii bombardieren. Der Überfall führte zu einem Stimmungswandel in der schockierten US-Bevölkerung und beendete die jahrelange innenpolitische Debatte. Einen Tag später erklärten die Vereinigten Staaten Japan den Krieg. Die Entscheidung über einen amerikanischen Kriegseintritt in Europa trafen Deutschland und Italien selbst: Sie brachen am 11. Dezember 1941 die diplomatischen Beziehungen zu den USA ab. Am 11. Dezember erklärte Adolf Hitler den USA in einer Rede den Krieg.

Als einziges Land gingen die USA wirtschaftlich und politisch gestärkt aus dem Krieg hervor: Anders als ihre Verbündeten hatten sie nur auf Hawaii Kriegshandlungen im eigenen Land erlebt. Deshalb besaßen sie eine funktionierende Infrastruktur und eine leistungsstarke Wirtschaft. Diese wurde nach 1945 in allen Bereichen zum Weltmarktführer. Im Innern hatte der Krieg eine Welle des Patriotismus ausgelöst und den Zusammenhalt der Nation gestärkt. 7,5 Millionen US-Soldaten standen siegreich in allen Teilen der Welt. Die politischen Vertreter der Vereinigten Staaten bestimmten die notwendig gewordene Neuordnung Europas und Asiens maßgeblich mit.

M1 „Wir müssen unparteiisch sein“

Am 19. August 1914 wendet sich Präsident Woodrow Wilson mit folgendem Appell an den US-Senat:

Die Menschen der Vereinigten Staaten kommen von vielen Nationen, und hauptsächlich von den Nationen, die sich jetzt im Krieg befinden. Es ist natürlich und unvermeidlich, dass es die größte Vielfalt von Sympathien und Wünschen unter ihnen gibt im Hinblick auf die Anliegen und Umstände des Konfliktes. Einige werden wünschen, dass diese Nation, andere, dass jene Nation in dem momentanen Streit Erfolg haben wird. [...]

Solche Spaltungen unter uns würden fatal sein für unseren Seelenfrieden und würden ernsthaft den Vollzug unserer Pflicht als die einzige große Nation im Friedenszustand gefährden, als das einzige Volk, das sich selbst bereit hält, eine Rolle der unparteiischen Vermittlung zu übernehmen und Ratschläge zu geben, für Frieden und Entgegenkommen, und zwar nicht als jemand, der Partei ergreift, sondern als ein Freund.

[...] Die Vereinigten Staaten müssen ihrem Handeln nach wie auch dem Worte nach während dieser Tage, die eine Versuchung darstellen für die Seelen der Menschen, neutral bleiben. Wir müssen unparteiisch sein sowohl im Denken als auch im Handeln, wir müssen unsere Gefühle zügeln und auch jede unserer Handlungen im Zaume halten, die als eine Bevorzugung der einen Streitpartei gegenüber der anderen aufgefasst werden könnten.

Herbert Schambeck, Helmut Widder und Marcus Bergmann (Hrsg.), Dokumente zur Geschichte der Vereinigten Staaten von Amerika, Berlin ²2007, S. 431 f.

1. *Arbeiten Sie Wilsons Argumente heraus. Achten Sie auf die innenpolitischen Aspekte.*

2. *Erläutern Sie das Bild, das Wilson von seinem Land entwirft. Nehmen Sie dazu Stellung.*

M2 „Die Welt muss sicher gemacht werden für die Demokratie“

a) Am 2. April 1917 spricht sich Präsident Woodrow Wilson vor dem Kongress für eine Kriegserklärung an das Deutsche Reich aus:

Neutralität ist nicht länger durchführbar oder wünschenswert, wo es um den Frieden der Welt und die Freiheit ihrer Völker geht [...]. Wir stehen am Anfang eines Zeitalters, in dem man darauf beharren wird, dass die gleichen Maßstäbe für das Verhalten und für die Verantwortlichkeit für getanes Unrecht von den Nationen und ihren Regierungen beobachtet werden sollen, die von den einzelnen Bürgern zivilisierter Staaten befolgt werden.

Wir haben keinen Streit mit dem deutschen Volk. Wir haben keine andere Empfindung ihm gegenüber als eine der Sympathie und Freundschaft. Es war nicht auf seinen Impuls hin, dass seine Regierung handelte, als sie in diesen Krieg eintrat. Es geschah nicht mit seinem vorherigen Wissen oder Beifall. Es war ein Krieg, über den entschieden wurde, wie über Kriege entschieden zu werden pflegte in den alten, unglücklichen Zeiten, als die Völker nirgendwo von ihren Herrschern zurate gezogen und Kriege provoziert wurden im Interesse von Dynastien oder kleinen Gruppen ehrgeiziger Leute, die ihre Mitmenschen als Schachfiguren oder Werkzeuge zu benützen gewohnt waren. Sich selbst regierende Nationen füllen ihre Nachbarstaaten nicht mit Spionen an oder steuern den Kurs von Intrigen, um irgendeine kritische Lage der Dinge herbeizuführen, die ihnen eine Gelegenheit zum Zuschlagen und zur Eroberung gibt [...].

Wir sind froh, jetzt, da wir die Tatsachen ohne einen Schleier trügerischen Scheins sehen, dass wir so für den schließlichen Frieden der Welt und für die Befreiung ihrer Völker, die deutschen Völker eingeschlossen, kämpfen: für die Rechte der Nationen, groß und klein, und das Vorrecht der Menschen allüberall, sich ihre Weise des Lebens und des Gehorsams auszusuchen. Die Welt muss sicher gemacht werden für die Demokratie. Ihr Friede muss auf den erprobten Grundlagen politischer Freiheit errichtet werden. Wir haben keine selbstischen Ziele, denen wir dienen. Wir verlangen nach keiner Eroberung, keiner Herrschaft. Wir suchen keinen Schadenersatz für uns selbst, keine materielle Entschädigung für die Opfer, die wir bereitwillig bringen werden. Wir sind lediglich einer der Vorkämpfer für die Rechte der Menschheit. [...]

Es ist eine fürchterliche Sache, dieses große friedfertige Volk in den Krieg zu führen, in den schrecklichsten und verheerendsten aller Kriege, in dem die Zivilisation selbst auf dem Spiele zu stehen scheint. Aber das Recht ist wertvoller als der Friede, und wir werden für die Dinge kämpfen, die wir stets unserem Herzen zunächst getragen haben – für die Demokratie, für das Recht jener, die der Autokratie[1] unterworfen sind, auf ein Mitspracherecht bei ihrer Regierung, für die Rechte und Freiheiten kleiner Nationen, für eine allgemeine Herrschaft des Rechts durch ein Konzert der freien Völker, das allen Nationen Frieden und Sicherheit bringen und die Welt selbst endlich frei machen wird. Solch einer Aufgabe können wir unser Leben und unser Vermögen weihen, alles was wir

[1] Autokratie: unumschränkte Herrschaft

▲ **Plakat von 1917.**

▲ **Plakat für den Kauf von Kriegsanleihen von 1918.**

- *Deuten Sie die verwendeten Symbole und Stereotypen. Informieren Sie sich über die Figur des „Uncle Sam“ und die zeitgenössische Bedeutung des „Hunnen-Begriffes“.*
- *Analysieren Sie Absicht und Wirkung der Plakate. Mit welchen Mitteln wird die Aussage zu einem persönlichen Aufruf?*

sind und alles was wir haben, mit dem Stolz derer, die wissen, dass der Tag gekommen ist, da Amerika die Auszeichnung erfährt, sein Blut und seine Macht für die Prinzipien darzubringen, denen es seine Geburt und sein Glück und den Frieden verdankt, den es wertschätzte. Gott helfe ihm, es kann nicht anders.

Helmut Schambeck, Helmut Widder und Marcus Bergmann (Hrsg.), a.a.O., S. 434-436

b) Landwirtschaftsminister David F. Houston beschreibt 1926 in seinen Erinnerungen über die Wilson-Ära die Überlegungen im Kabinett vor der Kriegserklärung an Deutschland im Frühjahr 1917:

Wir konnten Deutschland nicht erlauben, uns zu beherrschen oder England abzuschneiden und dann Frankreich niederzuwerfen. Wir würden die nächsten auf seiner Liste sein. Wenn es England niederwarf, würden wir allein für Recht und Ordnung in der Welt stehen. Deutschland würde eine erniedrigende Kapitulation von England fordern. Es würde seine Flotte verlangen und seine Kolonien und riesige Entschädigungen beanspruchen. Es würde sich zur Herrin der Welt aufschwingen, und seine Arroganz und Grausamkeit würden keine Grenzen mehr kennen.

Peter Schäfer, Alltag in den Vereinigten Staaten. Von der Kolonialzeit bis zur Gegenwart, Graz / Wien / Köln 1998, S. 313 f.

1. *Arbeiten Sie die Gründe und Ziele heraus, die Wilson für den Kriegseintritt der USA angibt.*
2. *Erörtern Sie, inwiefern diese Rede einen Bruch mit dem traditionellen außenpolitischen Kurs der USA darstellt.*
3. *Analysieren Sie Wilsons Wortwahl.*
4. *Diskutieren Sie die Rolle der Moral bei der Kriegsentscheidung.*
5. *Vergleichen Sie Wilsons Rede mit Houstons Darstellung. Erklären Sie die Unterschiede.*

M3 Woodrow Wilsons 14-Punkte-Programm

Am 8. Januar 1918 skizziert US-Präsident Woodrow Wilson in 14 Punkten seine Vorstellungen einer neuen Weltordnung:

Gerechtigkeit und faires Handeln der anderen Völker der Welt müssen gegen Gewalt und selbstsüchtigen Angriffsgeist gesichert werden. Sämtliche Völker sind in Wahrheit Genossen in diesem Interesse, und wir unsererseits erkennen mit äußerster Klarheit, dass, wenn anderen keine Gerechtigkeit gewährt wird, sie auch uns nicht gewährt werden kann. Das Programm des Weltfriedens ist daher unser Programm, und dieses Programm, das einzig mögliche Programm, wie wir es sehen, lautet:

I. Öffentliche Friedensverträge, öffentlich beschlossen, nach denen es keine privaten internationalen Abmachungen irgendwelcher Art geben darf. Vielmehr soll die Diplomatie stets frei und vor aller Öffentlichkeit sich abspielen.

II. Absolute Freiheit der Schifffahrt auf der See außerhalb der territorialen Gewässer sowohl im Frieden wie im Kriege [...].

III. Soweit als möglich Aufhebung sämtlicher wirtschaftlicher Schranken und die Festsetzung gleichmäßiger Handelsbedingungen zwischen sämtlichen Nationen, die dem Frieden zustimmen und sich zu seiner Aufrechterhaltung vereinigen.

IV. Angemessene Garantien, gegeben und genommen, dass die nationalen Rüstungen auf den niedrigsten Grad, der mit der inneren Sicherheit vereinbar ist, herabgesetzt werden.

V. Eine freie, offenherzige und absolut unparteiische Ordnung aller kolonialen Ansprüche, gegründet auf strenge Betrachtung des Prinzips, dass bei Bestimmung aller derartiger Fragen der Souveränität das Interesse der betreffenden Bevölkerung gleiches Gewicht haben muss wie die billigen Ansprüche der Regierung, deren Rechtstitel festgesetzt werden soll.

VI. Die Räumung des gesamten russischen Gebietes und eine derartige Erledigung aller Russland berührenden Fragen, um die beste und freieste Zusammenarbeit der übrigen Nationen der Welt zu sichern [...].

VII. Belgien [...] muss geräumt und wiederhergestellt werden. [...]

VIII. Das gesamte französische Gebiet müsste befreit und die verwüsteten Teile wiederhergestellt werden. [...]

X. Den Völkern Österreich-Ungarns, deren Platz unter den Nationen wir gefestigt und gesichert zu sehen wünschen, sollte die freieste Möglichkeit autonomer Entwicklung gewährt werden.

XI. Rumänien, Serbien und Montenegro sollten geräumt werden [...].

XIII. Ein unabhängiger polnischer Staat sollte errichtet werden [...].

XIV. Eine allgemeine Gesellschaft der Nationen muss aufgrund eines besonderen Bundesvertrages gebildet werden zum Zweck der Gewährung gegenseitiger Garantien für politische Unabhängigkeit und territoriale Integrität in gleicher Weise für die großen und kleinen Staaten. In Bezug auf diese notwendige Berichtigung von Unrecht und Sicherung des Rechts betrachten wir uns als intime Genossen sämtlicher Regierungen und Völker, die sich gegen die Imperialisten zusammengeschlossen haben. Es gibt für uns keine Sonderinteressen oder andersartige Ziele. Bis zum Ende stehen wir zusammen.

Rüdiger vom Bruch und Björn Hofmeister (Hrsg.), Deutsche Geschichte in Quellen und Darstellung, Bd. 8: Kaiserreich und Erster Weltkrieg 1871-1918, Stuttgart 2006, S. 453-455

1. *Arbeiten Sie die wichtigsten Forderungen für das künftige Zusammenleben der Völker heraus.*

2. *Analysieren Sie den Begriff der Gerechtigkeit und bestimmen Sie seine Rolle für den Weltfrieden. Welchen Stellenwert besitzt das Selbstbestimmungsrecht der Völker?*

3. *Vergleichen Sie diese Forderung mit Wilsons Botschaft vom 19. August 1914 (M1).*

M4 „Krieg ist ansteckend“

Präsident Franklin D. Roosevelt nimmt am 5. Oktober 1937 in Chicago mit seiner „Quarantäne-Rede“ zu den europäischen Ereignissen um den Spanischen Bürgerkrieg (1936-1939) sowie den Überfall Japans auf China kurz zuvor Stellung:

Die politische Weltlage hat sich in der letzten Zeit immer mehr verschlimmert [...]. Es begann damit, dass man sich ohne Berechtigung in die inneren Angelegenheiten anderer Völker einmischte oder im Widerspruch zu geltenden Verträgen fremdes Gebiet anderer Völker besetzte, und nun ist ein Stadium erreicht, da die eigentlichen Grundlagen der Zivilisation ernstlich bedroht sind. [...]

Friede, Freiheit und Sicherheit für neunzig Prozent der Weltbevölkerung werden durch die restlichen zehn Prozent bedroht, die drauf und dran sind, die gesamte internationale Rechtsordnung zu zerschlagen. Die neunzig Prozent, die in Frieden leben wollen, im Einklang mit Gesetzen und moralischen Prinzipien, die im Laufe der Jahrhunderte fast allgemeine Geltung erlangt haben, können und müssen einen Weg finden, um ihren Willen durchzusetzen [...].

Es scheint leider zuzutreffen, dass die Epidemie der allgemeinen Gesetzlosigkeit immer mehr um sich greift.

Wenn eine ansteckende Krankheit sich zu verbreiten beginnt, verordnet die Gemeinschaft eine Isolierung der Patienten, um die eigene Gesundheit vor der Epidemie zu schützen. [...]

Krieg – ob mit oder ohne Kriegserklärung – ist ansteckend. Er kann Staaten und Völker erfassen, die von dem ursprünglichen Kriegsschauplatz weit entfernt sind. Wir sind entschlossen, uns nicht in einen Krieg verwickeln zu lassen, aber es gibt keine wirksame Versicherung gegen die verheerenden Auswirkungen eines Krieges und gegen die Gefahr, mit hineingezogen zu werden. Wir treffen alle Maßnahmen, die geeignet sind, unser Risiko auf ein Mindestmaß zu reduzieren, aber in einer verwirrten Welt, in der das Vertrauen und die Sicherheit zusammengebrochen sind, kann es keinen vollständigen Schutz geben. [...]

Das Allerwichtigste ist: Der Friedenswille der friedliebenden Völker muss sich so deutlich geltend machen, dass diejenigen Nationen, die in Versuchung geraten, ihre Verträge zu brechen und die Rechte anderer zu verletzen, von ihren Vorhaben abstehen.

Günter Schönbrunn (Bearb.), Weltkriege und Revolutionen 1914-1945 (Geschichte in Quellen), München [5]1995, S. 365 f.

1. *Erläutern Sie Roosevelts Motive und Ziel. Bestimmen Sie die Adressaten der Rede.*

2. *Arbeiten Sie heraus, wie der Präsident der Forderung nach einem „moralischen Verhalten" der Nationen Nachdruck verleihen will.*

3. *Ermitteln Sie, inwiefern Roosevelt hier ein mögliches militärisches Eingreifen der USA in Europa vorbereitet. Bewerten Sie den Stellenwert der „Quarantäne-Rede" für die amerikanische Außenpolitik der Zwischenkriegszeit.*

M5 Isolationismus oder Internationalismus?

Der Historiker Detlef Junker referiert die Argumente der außenpolitischen Diskussion in den USA zwischen 1937 und 1941:

Solange die USA selbst nicht angegriffen würden, war nach Ansicht der Isolationisten ein Kriegseintritt der USA nicht zu rechtfertigen, was auch immer in Europa und Asien geschehe. Die Übel, die für die USA daraus erwachsen würden, seien größer als die Konsequenzen eines Sieges der Achsenmächte. Der Erste Weltkrieg und seine Folgen waren für viele Isolationisten ein schlagendes Beispiel für die völlige Nutzlosigkeit, das Geschehen im alten, moralisch verrotteten und immer wieder von Kriegen erschütterten Europa mitbestimmen zu wollen. [...]

Die Sicherheit der USA sei, so die Isolationisten, durch Hitler nicht gefährdet, ein in defensiver Absicht bis an die Zähne bewaffnetes Amerika, eine „Festung Amerika" im Besitz einer Zwei-Ozean-Flotte, sei für jeden Angreifer uneinnehmbar. Durch die Reden des Präsidenten und durch die Sprecher der Regierung werde eine hysterische Furcht vor einer Invasion der Nazis geschürt. [...] Auch wirtschaftlich könnten die USA, so argumentierten die Isolationisten, den Verlust der Märkte in Europa und Asien verkraften. Selbst nach einem Sieg in Europa könne Hitler keineswegs die Handelsbedingungen diktieren. [...]

Die Internationalisten dagegen, an ihrer Spitze Roosevelt, reduzierten das nationale Interesse der USA nicht auf die westliche Hemisphäre, sondern bestimmten es im globalen Maßstab, und zwar wirtschaftlich, militärisch und ideell [...]. Ein Sieg Hitlers und Italiens in Europa und Japans im Fernen Osten würde beide Regionen in ein System fast autarker Planwirtschaften zwingen. Die USA würden ihre Investoren verlieren, das Handelsvolumen würde drastisch fallen und Außenhandel, wenn überhaupt, zu den Bedingungen der Achsenmächte stattfinden. Südamerika, der natürliche Lieferant Europas, würde zusehends unter den Einfluss von Hitlers Europa geraten. Durch das Schrumpfen der Import- und Exportindustrie der USA und die damit verbundenen sekundären Effekte auf die gesamte Volkswirtschaft würde sich das vom New Deal nicht gelöste Arbeitslosenproblem radikal zuspitzen und soziale Spannungen erzeugen. [...]

Im Selbstverständnis Roosevelts war die heraufziehende Auseinandersetzung mit den Achsenmächten nie nur ein Konflikt zwischen den „Habenden" und den „Habenichtsen". Er deutete ihn als einen epochalen Kampf um die künftige Gestaltung der Welt zwischen Aggressoren und friedlichen Nationen, zwischen liberaler Demokratie und Faschismus, zwischen westlicher, christlich-humanistischer Zivilisation und Barbarei, zwischen Bürgern und Verbrechern. Zum zweiten Mal in diesem Jahrhundert saß ein Deutschland, dieses Mal das nationalsozialistische Dritte Reich, in der [...] Falle des amerikanischen Sendungsbewusstseins.

Detlef Junker, Von der Weltmacht zur Supermacht, Mannheim u. a. 1995, S. 55-58

1. *Stellen Sie die Argumente der Isolationisten und der Internationalisten gegenüber.*

2. *Diskutieren Sie, welche Argumentation dem amerikanischen Sendungsbewusstsein eher entspricht.*

3. *Bei Umfragen in den USA wuchs die Zahl der Internationalisten in der Bevölkerung zwischen Herbst 1939 und Frühjahr 1941 von rund 15 auf 53 Prozent. Überlegen Sie, welche internationalen und nationalen Faktoren diesen Stimmungsumschwung bewirkt haben könnten.*

M6 Vier Freiheiten

Am 6. Januar 1941 hält Präsident Franklin D. Roosevelt vor dem Kongress seine „Vier-Freiheiten-Rede“:

Ich spreche zu Ihnen, meine Herren Mitglieder des siebenundsiebzigsten Kongresses, in einem Augenblick, der in der Geschichte der Union beispiellos ist. Ich sage „beispiellos“, weil noch nie die Sicherheit Amerikas von außen her so ernsthaft bedroht war wie jetzt. [...]

In der Zukunft, die wir jetzt zu sichern versuchen, hoffen wir eine Welt schaffen zu können, die sich auf vier wesentliche menschliche Freiheitsrechte gründet.

Erstens – Redefreiheit, und zwar in der ganzen Welt.

Zweitens – Freiheit für jeden einzelnen, Gott auf seine Weise zu verehren, und zwar überall in der Welt.

Drittens – Freiheit von aller Not – das bedeutet, international gesehen, wirtschaftliche Abkommen, die in jedem Lande den Einwohnern gesunde Friedensverhältnisse sichern –, und zwar überall in der Welt.

Viertens – Freiheit von aller Angst – das bedeutet, international gesehen, eine weltumfassende Abrüstung, so gründlich und bis zu einem solchen Grade, dass kein Land mehr in der Lage ist, irgendeines seiner Nachbarländer gewaltsam anzugreifen –, und zwar überall in der Welt.

Das sind nicht etwa Träume von einem fernen tausendjährigen Reiche. Das ist eine bestimmte Grundlage für eine Welt, wie wir sie in unserer Zeit und in unserer Generation schaffen können. Eine solche Welt ist der genaue Gegensatz zu der sogenannten Neuordnung der Tyrannei, die die Diktatoren mit dem Getöse ihrer Bomben zu schaffen versuchen.

Dieser Neuordnung stellen wir einen größeren Gedanken entgegen, die moralische Ordnung. Eine wohlgeordnete Gesellschaft wird ohne Furcht allen Weltherrschaftsplänen und fremden Revolutionen begegnen können.

Seit dem Beginn unserer Geschichte waren wir ständigen Veränderungen unterworfen, einer fortlaufenden friedlichen Revolution, einer Revolution, die stetig fortschreitet und sich ruhig den wechselnden Bedingungen anpasst – ohne Konzentrationslager und kalkgefüllte Gräber. Die Weltordnung, die wir anstreben, ist ein Verband freier Länder, die in einer freundschaftlichen und zivilisierten Gesellschaft zusammenarbeiten.

Unser Land hat sein Schicksal den Händen, Hirnen und Herzen seiner Millionen freier Männer und Frauen anvertraut. Unser Land glaubt an die Freiheit unter Gottes Leitung. Freiheit bedeutet, dass überall die Menschenrechte an erster Stelle kommen. Wir helfen all denen, die darum kämpfen, diese Rechte zu erobern und zu erhalten. Unsere Kraft liegt in unserem einigen Willen.

Dieser große Gedanke kann zu nichts anderem führen als zum Siege.

Helmut Schambeck, Helmut Widder und Marcus Bergmann (Hrsg.), a. a. O., S. 473 und 476 f.

▲ **Die „Anti-Hitler-Koalition“.**
Plakat (51 x 67 cm) von 1943.
- *Die Fotomontage entstand im Auftrag des amerikanischen Office of War Information. Analysieren Sie Aussage und Wirkungsabsicht des Plakates unter Berücksichtigung der verwendeten Bildelemente und Farben.*

1. *Arbeiten Sie Roosevelts Kernaussagen heraus.*
2. *Erläutern Sie, inwiefern er auf Wilsons „14-Punkte-Programm“ (M3) aufbaut.*
3. *Analysieren Sie die Rolle, die Roosevelt den USA beimisst. Wodurch sieht er diese gerechtfertigt? Nehmen Sie Stellung.*
4. *Vergleichen Sie Roosevelts „Vier-Freiheiten-Rede“ mit der „Quarantäne-Rede“ von 1937 (M4).*

Die USA im Kalten Krieg

Als an diesem Abend des 15. Oktober 1962 das Telefon läutet, sitzt McGeorge Bundy, der Sonderberater Präsident Kennedys, beim Abendessen in seinem Washingtoner Haus. Es ist der Deputy Director des CIA, Ray S. Cline. „Die Dinger, deretwegen wir uns Sorgen gemacht haben – es sieht so aus, als ob wir da tatsächlich etwas hätten." „O.K.", erwidert Bundy. „Ich werde auf meiner Seite das Notwendige veranlassen." Punkt 11:30 Uhr am nächsten Vormittag versammelt sich das eilig zusammengerufene Exekutivkomitee im Kabinettsaal des Weißen Hauses zu einer geheimen Sitzung. Arthur Lundahl, Leiter des National Photo Interpretation Centers, erläutert die Fotos auf der Leinwand. „Mr. President, diese Luftaufnahmen wurden vorgestern über Kuba gemacht. In der Nähe von San Cristóbal lassen sich drei Anlagen identifizieren, die auf Abschussrampen für sowjetische Mittelstreckenraketen hindeuten." Angestrengt starren die Männer auf die Leinwand. Für ein ungeschultes Auge ist außer gerodeten Flächen, Büschen oder Bäumen kaum etwas zu erkennen. Kennedy zögert. „Woher wissen Sie, dass das eine Mittelstreckenrakete ist?" „Die Länge, Sir." „Die was? Die Länge?" „Das nächste Bild wird es deutlicher machen", erwidert Lundahl. Kennedy: „Das?" „Ja, unser Raketenfachmann hat einige Bilder von der entsprechenden sowjetischen Ausrüstung, die man durch die Straßen von Moskau gefahren hat, die Ihnen einen Eindruck davon geben können." In den folgenden stundenlangen Beratungen des Komitees wird Kennedy immer deutlicher, was diese Fotos bedeuten: Sie sind Auslöser eines Kräftemessens, das die Welt für einige Tage im Oktober 1962 an den Rand eines Atomkrieges führt.

Die Zweiteilung der Welt Anders als nach dem Ersten Weltkrieg blieben die USA nach dem Zweiten Weltkrieg nicht mehr nur wirtschaftlich präsent, sondern wollten die Weltpolitik aktiv mitgestalten und ihre Ideale in einer künftigen, von den Großmächten gemeinsam kontrollierten „One World" verwirklicht sehen. Dafür wurden auf Präsident Roosevelts Initiative am 26. Juni 1945 die Vereinten Nationen (United Nations Organization: UNO) gegründet, denen auch die Sowjetunion beitrat.

Im Zweiten Weltkrieg war der Gegensatz zwischen „Ost" und „West" noch durch den Kampf gegen den gemeinsamen Kriegsgegner Deutschland überdeckt worden. Doch als die Sowjetunion nach Kriegsende in Ostmitteleuropa eine von ihr beherrschte „Sicherheitszone" aus kommunistischen Staaten errichtete, verschlechterte sich das Verhältnis zwischen den Siegermächten. Die sowjetische Diktatur stand in scharfem Widerspruch zu den demokratischen Prinzipien der freien Wahlen, dem Schutz individueller Freiheitsrechte und der kapitalistischen Marktwirtschaft, wie sie die USA in ihrem Verständnis als Garant der „westlichen" Werte behaupten und fördern wollten. In dieser Phase prägte Churchill den Begriff vom „Eisernen Vorhang", der von den Sowjets „quer durch den Kontinent" gezogen worden sei. Aus den ehemaligen Verbündeten des Zweiten Weltkrieges wurden Gegner (▸ M1).

Harry S. Truman (1884-1972): 1945-1952 US-amerikanischer Präsident (Demokrat)

Vom Ost-West-Konflikt zum Kalten Krieg 1947 beendete US-Präsident **Harry S. Truman** die auf Zusammenarbeit mit der UdSSR angelegte Außenpolitik Roosevelts und ging zu einer „Containment Policy" über, mit der er das sowjetische Machtstreben eindämmen wollte. Truman versprach im Marshall-Plan jeder Nation, die sich für die demokratische Lebensweise entscheide, politische und wirtschaftliche Unterstützung. Zudem gründeten zehn westeuropäische Staaten, die USA und Kanada im März 1949 den Nordatlantikpakt NATO, um sich gemeinsam gegen einen möglichen Angriff der Sowjetunion zu verteidigen. 1955, nachdem auch die Bundesrepublik Deutschland Mitglied der NATO geworden war, antwortete die Sowjetunion darauf mit dem Warschauer Pakt als eigenem, von Moskau angeführten militärischen Bündnissystem. Kennzeichen der Blockbildung war ein Kalter Krieg: ein von Misstrauen und Propaganda bestimmter Konkurrenzkampf zweier unterschiedlicher Systeme und Ideologien.

Nach 1945 setzte die Sowjetunion alles daran, die atomare Überlegenheit der USA auszugleichen. Ab 1949 verfügte sie ebenfalls über Atomwaffen. Zwar konnten die Amerikaner 1952 als erste eine Wasserstoffbombe entwickeln, doch auch die Sowjets schafften es binnen Jahresfrist, diese Waffe herzustellen. Als dann die Sowjetunion 1957 den USA mit dem Start des ersten Satelliten Sputnik ihre wissenschaftliche und militärische Ebenbürdigkeit demonstrierte, war die westliche Welt geschockt („Sputnik-Schock"). Das „Gleichgewicht des Schreckens" veränderte die Außenpolitik der Atommächte: Da beide Blocksysteme über Atomwaffen verfügten, die zur totalen Zerstörung des Gegners führen konnten, beschränkten sich die Supermächte auf die Androhung militärischer Gewalt und sogenannte „Stellvertreterkriege", in denen sie andere Staaten, vor allem Entwicklungsländer, für ihre Ziele kämpfen ließen.

▲ **„Peace Today."**
Cartoon in der New York Sun von Rube Goldberg, 1948.
- *Untersuchen Sie die Haltung des Karikaturisten zur Rolle der Atombombe im Kalten Krieg.*

„Stellvertreterkrieg" in Korea Ein erster Höhepunkte des Kalten Krieges war nach der Blockade West-Berlins 1948/49 der Korea-Krieg zwischen 1950 und 1953. Nach der Kapitulation Japans hatten die USA und die UdSSR die ostasiatische Halbinsel Korea entlang des 38. Breitengrades in einen nördlichen und einen südlichen Bereich geteilt und die spätere Wiedervereinigung beschlossen. Der sich verschärfende Ost-West-Gegensatz verhinderte dies jedoch. Nachdem Verhandlungen über eine gemeinsame Regierung in Korea gescheitert waren, setzte die Sowjetunion im Norden ein kommunistisches Regime ein. Im Süden installierten die Amerikaner eine zwar westlich orientierte, aber autoritär geführte Regierung.

Als im Juni 1950 nordkoreanische Truppen mit Billigung Stalins Südkorea überfielen, beschloss der UN-Sicherheitsrat den Einsatz von Truppen unter amerikanischer Führung. Damit standen sich in Korea die beiden Blöcke erstmals in einem „heißen Krieg" gegenüber. Durch das Eingreifen der mit der Sowjetunion verbündeten kommunistischen Volksrepublik China wuchs die Gefahr eines dritten Weltkrieges. Unter dem Druck der amerikanischen Öffentlichkeit entschied sich Truman schließlich zum Rückzug. Der Krieg endete 1953 mit der Wiederherstellung der Grenzen von 1945, einem zerstörten Land und Millionen von Kriegsopfern.

Der Korea-Krieg bildete den Auftakt einer Reihe von „Stellvertreterkriegen" und verschärfte den Ost-West-Konflikt. Die USA und die Sowjetunion erhöhten ihre Rüstungsausgaben. Zudem billigte die amerikanische Öffentlichkeit die dauerhafte Stationierung von US-Soldaten in Europa. Nach ihrem Rückzug aus Korea wollten die USA ihre Position im Westpazifik nicht aufgeben und entwickelten daher neue Konzepte. Die Strategie der Eindämmung wurde von einer aktiven Politik der „Zurückdrängung" („roll back") des Kommunismus abgelöst. Da den Vereinigten Staaten die Aufgabe zukomme, die freie Welt zu verteidigen, müsse sie sich in ständiger Militärbereitschaft für den Kriegsfall halten. Daher wollte man die Sowjetunion mit Militärstützpunkten umschließen, von denen aus ein atomarer Vergeltungsschlag möglich sei.

◂ **Nikita Chruschtschow (links) und Fidel Castro bei dessen Moskau-Besuch am 23. Mai 1963.**
Für Chruschtschow war Castro der Hoffnungsträger des Kommunismus der Zukunft. Castros Ziel war es, Kuba endgültig aus dem amerikanischen Machtkreis zu befreien. Er wurde zur weltweiten Symbolfigur des Antiamerikanismus und zum Feindbild für Washington, das nun befürchtete, Kuba könne zum Einfallstor für die Ausdehnung des Kommunismus in Süd- und Mittelamerika werden.
Ein US-Präsident nach dem anderen schwor, Castro zu stürzen; mehrfach versuchte der amerikanische Geheimdienst, ihn zu ermorden.

Die Kuba-Krise Die wohl gefährlichste Phase des Kalten Krieges war die Kuba-Krise. In den dreizehn Tagen vom 16. bis 28. Oktober 1962 stand die Welt am Rande eines neuen Weltkrieges. Auf der Karibikinsel Kuba hatte der Revolutionär **Fidel Castro** 1959 die korrupte Militärdiktatur gestürzt und die Macht übernommen. Da ihm die US-Regierung ihre Unterstützung verwehrte, suchte Castro die Nähe der Sowjetunion und leitete die Verstaatlichung des gesamten US-Besitzes ein (Zucker- und Erdöl-Raffinerien, Unternehmen, Banken). Die USA reagierten darauf mit einem Handelsembargo und dem Abbruch der diplomatischen Beziehungen. Im April 1961 scheiterte eine von US-Präsident **John F. Kennedy** gebilligte Invasion von Exilkubanern zur Entmachtung Castros. Der sowjetische Partei- und Regierungschef **Nikita Chruschtschow** wollte nun die Gelegenheit nutzen, um das militärische Gleichgewicht zugunsten der Sowjetunion zu verschieben und Kuba als Basis für die Ausbreitung des Kommunismus in Lateinamerika zu sichern. 1961 begann die UdSSR deshalb, heimlich Atomraketen auf Kuba zu stationieren (▸ M2).

In den Augen Präsident Kennedys und seines Krisenstabs konnten die USA die Stationierung der Raketen und Bomber auf Kuba nicht akzeptieren (▸ M3). Nach mehreren Krisensitzungen ordnete Kennedy die „Quarantäne“ Kubas – eine Seeblockade – an. Er verzichtete jedoch auf eine militärische Eskalation. Nach einem geheimen Briefwechsel zwischen Kennedy und Chruschtschow erklärte sich der sowjetische Parteichef am 28. Oktober öffentlich zum Abbau und Rücktransport der Raketen bereit (▸ M4). Kennedy seinerseits verzichtete auf alle Invasionspläne in Kuba und zog wenige Monate später in der Türkei stationierte US-Raketen ab. Dieser „Tausch“ fiel ihm umso leichter, als der Abzug dieser veralteten Raketen ohnehin bereits beschlossene Sache war. Beide Atommächte hatten Zugeständnisse gemacht, die der Gegenseite einen „ehrenvollen“ Rückzug ermöglichten.

Die Kuba-Krise markiert einen Wendepunkt im Kalten Krieg (▸ M5). Die beiden Supermächte setzten zwar das atomare Wettrüsten fort, jedoch war beiden bewusst geworden, wie schnell ein atomarer Krieg ausbrechen könnte und wie nötig eine Entspannungspolitik war. Um in Zukunft den Austausch zu verbessern, wurde im Juni 1963 eine direkte Fernschreiberverbindung zwischen Moskau und Washington eingerichtet, der „Heiße Draht“. Am 26. Juli 1963 einigten sich die USA, die UdSSR und Großbritannien über den Stopp von Atomwaffentests und lieferten damit einen ersten Beitrag zur Deeskalation des Kalten Krieges. Langfristig führte diese Politik zu einem Atomwaffensperrvertrag (1968) sowie zur Begrenzung der Zahl strategischer Waffen.

Fidel Castro (*1926): kubanischer Revolutionsführer und kommunistischer Diktator; von 1959 bis 2008 kubanischer Regierungs- und ab 1976 bis 2008 zudem Staatspräsident

John F. Kennedy (1917-1963): US-Präsident seit 1961 (Demokratische Partei). Er wurde bei einem Attentat in Dallas getötet.

Nikita S. Chruschtschow (1894-1971): 1953-1964 Erster Sekretär des Zentralkomitees der KPdSU, von 1958 bis 1964 Regierungschef. 1964 wurde er aller Ämter enthoben.

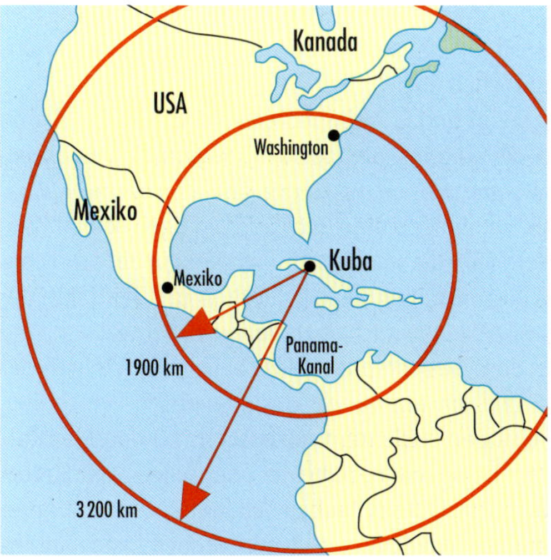

▲ Reichweite der sowjetischen Atomraketen auf Kuba und der amerikanischen Atomraketen in der Türkei.

Der Vietnam-Krieg Seit den 1960er-Jahren verlagerten die Atommächte ihr globales Ringen um Einflusszonen in die politisch zerbrechlichen und wirtschaftlich armen Staaten der „Dritten Welt". Dies entfachte in Vietnam einen Krieg, der zum Albtraum der Amerikaner werden sollte. Die ehemalige französische Kolonie Vietnam war 1954 „vorläufig" geteilt worden. Die UdSSR und die Volksrepublik China unterstützten Nordvietnam. Nach wie vor davon überzeugt, den „Vormarsch des Kommunismus" weltweit zurückdrängen zu müssen, übernahmen die USA den Schutz Südvietnams und unterstützten das dortige diktatorische Regime mit Geld und „Militärberatern". Sollte Südvietnam zum Kommunismus übergehen, so begründeten die USA ihr Vorgehen, würden auch andere Staaten in Südostasien wie Dominosteine fallen („Domino-Theorie"). Die USA verstrickten sich immer tiefer in den Konflikt, der rasch zu einem gesamtvietnamesischen Krieg wurde. Der amerikanische Kongress gab schließlich im August 1964 Präsident Lyndon B. Johnson unbeschränkte Vollmacht zur Kriegsführung in Vietnam. Obwohl die US-Regierung chemische Kampfstoffe, mehr Bomben als im Zweiten Weltkrieg und mit 543 000 Mann (1968) doppelt so viele Soldaten wie Nordvietnam und der Vietcong einsetzte, gelang es in elf Jahren nicht, den Dschungel- und Partisanenkrieg zu gewinnen.

Die Bilder und Berichte in den Medien steigerten die öffentliche Kritik und den Widerstand gegen den Krieg, vor allem in den USA und Westeuropa. Erst 1973 wurde ein Waffenstillstand zwischen den USA und Nordvietnam geschlossen und die letzten US-Truppen abgezogen. 1975 wurde das Land als sozialistische Republik Vietnam wiedervereinigt. Auch in den Nachbarstaaten Laos und Kambodscha ergriffen 1975 kommunistische Regime die Macht. Der Krieg hatte also die kommunistische Expansion nicht aufgehalten, nur verzögert. Weltpolitisch bemerkenswert war, dass sich die Sowjetunion nur politisch, aber nicht mit Waffen oder Geld in den Konflikt einschaltete. Denn zum einen hatte für sie die Entspannungspolitik Vorrang, zum anderen schadeten sich die USA in Vietnam selbst.

▲ Vietnamesische Kinder fliehen nach einem amerikanischen Angriff mit Napalm, einem militärischen Brandmittel.
Foto vom 8. Juni 1972.
Flächenbombardements und Napalmbomben verwüsteten weite Landstriche, die chemischen Kampfstoffe entlaubten riesige Waldgebiete. Etwa drei Millionen Vietnamesen kamen um, darunter eine Million Soldaten.

- *Von dem Foto wird oft nur ein Ausschnitt abgebildet, bei dem das nackte Mädchen, Kim Phúc, in den Mittelpunkt rückt. Erläutern Sie, wie sich dadurch die Wirkung des Bildes verändert.*

◂ **Demonstration gegen das wegen sowjetischer Atomspionage angeklagte Ehepaar Rosenberg im März 1951.**
Die USA bekämpften die „rote Gefahr“ auch im eigenen Land. 1951 befand ein Gericht den Elektroingenieur Julius Rosenberg und seine Frau Ethel für schuldig, im Krieg Atomgeheimnisse an die Sowjetunion weitergegeben zu haben. Beide wurden zum Tode verurteilt und am 19. Juni 1953 hingerichtet. Die Hysterie wurde Anfang der 1950er-Jahre noch durch die „Hexenjagd“ des republikanischen Senators Joseph McCarthy gegen vermeintliche Kommunisten in Politik und Öffentlichkeit geschürt („McCarthyismus“).

M1 Feindbilder

Am 22. Februar 1946 schickt der Berater des US-Botschafters in Moskau, George F. Kennan, ein Telegramm nach Washington, das wesentliche Grundsätze der späteren amerikanischen Außenpolitik enthält:

Die UdSSR lebt immer noch inmitten feindseliger „kapitalistischer Einkreisung“, mit des es auf die Dauer keine friedliche Koexistenz geben kann. [...] Die Erfordernisse ihrer eigenen vergangenen und gegenwärtigen Position sind es, die die sowjetische Führung dazu zwingen, ein Dogma zu verkünden, nach dem die Außenwelt böse, feindselig und drohend, aber zugleich von einer schleichenden Krankheit befallen und dazu verurteilt ist, von immer stärker werdenden inneren Kämpfen zerrissen zu werden, bis sie schließlich von einer erstarkenden Macht des Sozialismus den Gnadenstoß erhält und einer neuen und besseren Welt weicht. Diese These liefert den Vorwand für das Anwachsen von Militär und Polizei im russischen Staat, für die Isolierung der russischen Bevölkerung von der Außenwelt und für die ständigen Versuche, die russischen Polizeigewalt noch weiter auszuweiten, alles Dinge, die seit je den natürlichen Instinkten russischer Herrscher entsprechen. [...]
Wo es angezeigt und Erfolg versprechend scheint, wird man versuchen, die äußeren Grenzen der Sowjetmacht zu erweitern. [...]
Gegenüber Kolonialgebieten und rückständigen oder abhängigen Völkern wird die sowjetische Politik sogar auf amtlicher Ebene das Ziel verfolgen, Macht, Einfluss und Kontakte der hoch entwickelten westlichen Nationen zu schwächen, und zwar unter dem Gesichtspunkt, dass bei einem Erfolg dieser Politik ein Vakuum entstünde, das sowjetisch-kommunistisches Eindringen erleichtern müsste [...].
Alles in allem haben wir es mit einer politischen Kraft zu tun, die sich fanatisch zu dem Glauben bekennt, dass es mit Amerika keinen dauernden Modus Vivendi[1] geben kann, dass es wünschenswert und notwendig ist, die innere Harmonie unserer Gesellschaft, unsere traditionellen Lebensgewohnheiten und das internationale Ansehen unseres Staates zu zerstören, um der Sowjetmacht Sicherheit zu verschaffen [...].
Sie [die Sowjetunion] arbeitet nicht nach festgelegten Plänen. Sie geht keine unnötigen Risiken ein. Der Logik der Vernunft unzugänglich, ist sie der Logik der Macht in hohem Maße zugänglich. Daher kann sie sich ohne Weiteres zurückziehen – und tut das im Allgemeinen –, wenn sie irgendwo auf starken Widerstand stößt. Wenn also dem Gegner genügend Hilfsmittel zur Verfügung stehen und er die Bereitschaft zu erkennen gibt, sie auch einzusetzen, wird er das selten tun müssen. Wenn die Situation richtig gehandhabt wird, braucht es zu keiner das Prestige verletzenden Kraftprobe kommen. [...]
Ich bin überzeugt, dass es in unserem Lande heute viel weniger antisowjetische Hysterie gäbe, wenn unser Volk mit der Situation besser vertraut wäre. Nichts ist so gefährlich oder so schrecklich wie das Unbekannte [...].
Viel hängt von der Gesundheit und Kraft unserer eigenen Gesellschaft ab. Der Weltkommunismus ist wie ein bösartiger Parasit, der sich nur von erkranktem Gewebe nährt. Das ist der Punkt, in dem Innen- und Außenpolitik einander begegnen.

George F. Kennan, Memoiren eines Diplomaten, Bd. 1, Stuttgart 1968, S. 553 ff.

1. *Vergleichen Sie das Bild, das die UdSSR und die USA voneinander haben.*
2. *Diskutieren Sie die Parallelen der beiden Bilder.*
3. *Überlegen Sie, welche außenpolitischen Konsequenzen sich aus Kennans Analyse ergeben. Ziehen Sie die Darstellung hinzu.*

[1] Modus Vivendi (lat.): Zustand erträglichen Zusammenlebens

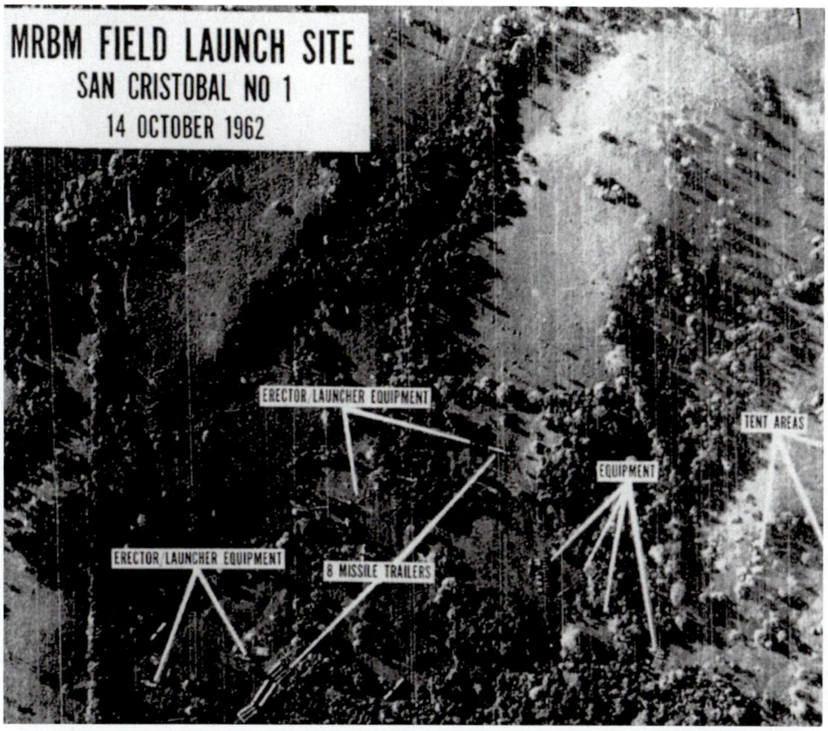

▸ Luftaufnahme (Ausschnitt) der Raketenstellung aus einem US-Spionageflugzeug vom 14. Oktober 1962.
Amerikanische Spezialisten identifizierten auf den Bildern Abschussrampen und Transporter für sowjetische Mittelstreckenraketen, deren Fertigstellung kurz bevorstand. Mit einer Reichweite von 1700 Kilometern waren die Atomraketen in der Lage, die meisten amerikanischen Städte in fünf Minuten zu vernichten, ohne dass es Abwehrmöglichkeiten gegeben hätte.

M2 Sowjetische Interessen auf Kuba

Die Historikerin Daniela Spenser fasst die Gründe zusammen, die den sowjetischen Regierungschef Nikita Chruschtschow dazu bewogen haben, ab 1961 Nuklearwaffen auf Kuba zu stationieren:

Als Chruschtschow die Entscheidung traf, Nuklearwaffen auf Kuba zu stationieren, hatte er nicht die Absicht einen Weltkrieg zu entfesseln. In seinen Memoiren schreibt er: „Wir wollten, dass Kuba revolutionär und sozialistisch bleibt, und wir wussten, dass es dazu Hilfe benötigte [...]. Um den Kubanern gegen die Bedrohung durch die US-Amerikaner beizustehen, hatten wir keine andere Möglichkeit, als unsere Raketen auf der Insel zu stationieren, die aggressiven Kräfte der Vereinigten Staaten vor ein Dilemma zu stellen: Wenn ihr in Kuba einmarschiert, müsst ihr mit einem atomaren Angriff auf eure Städte rechnen." [...]
Chruschtschow glaubte fest an die Überlegenheit der UdSSR über den Westen und den unaufhaltsamen Vormarsch des Kommunismus. Entspannungspolitik zur Stabilisierung der Ost-West-Beziehungen hielt er zwar für ebenso notwendig wie Aufrüstung, doch vor allem meinte er, dass der Sozialismus auf dem Weg sei, die USA militärisch, politisch und ökonomisch zu überholen [...].
Darüber hinaus handelte Chruschtschow in dem Bewusstsein, dass die UdSSR zu einer nuklearen Supermacht geworden war und damit die USA auf militärischer Ebene offenbar eingeholt hätte. Diese veränderte Realität veranlasste ihn, Revolution, Sozialismus und internationale Beziehungen neu zu durchdenken. Wenn die Drohung mit Nuklearwaffen den USA zur Eindämmung des Kommunismus diente, warum sollte sie dann nicht umgekehrt der Sowjetunion dazu dienen, den US-Imperialismus einzudämmen, befreundete Staaten in der kolonialen Welt vor der Bedrohung mit einem Atomkrieg zu schützen und den Kapitalismus zum Rückzug zu zwingen? Mittels atomarer Aufrüstung wollte Chruschtschow erreichen, dass die USA die UdSSR als ebenbürtigen weltpolitischen Gegenspieler anerkannten; der nukleare Gleichstand sollte die Sowjetunion in den Stand versetzen, nationale Befreiungsbewegungen vor Interventionen der USA und der europäischen Kolonialmächte zu schützen.

Daniela Spenser, Die Kubakrise 1962 und ihre Folgen für das kubanisch-sowjetische Verhältnis, in: Bernd Greiner, Christian Th. Müller und Dierk Walter (Hrsg.), Krisen im Kalten Krieg. Studien zum Kalten Krieg, Bd. 2, Bonn 2009, S. 298 f.

1. *Fassen Sie Chruschtschows Motive zusammen.*
2. *Bewerten Sie Chruschtschows Aussage im Gesamtkontext. Berücksichtigen Sie, dass es sich um persönliche Erinnerungen handelt.*

◂ John F. Kennedy verkündet in einer Fernsehansprache die Blockade Kubas.
Foto vom 22. Oktober 1962.

M3 Luftangriff oder nicht?

US-Verteidigungsminister Robert S. McNamara verfasst ein streng geheimes Protokoll über ein Treffen mit Präsident John F. Kennedy am 21. Oktober 1962:

5. General Sweeney legte folgenden Plan für einen Luftangriff dar, dessen Zielsetzung die Zerstörung des bekannten kubanischen Raketenpotenzials wäre. [...]
6. General Sweeney erklärte, er sei sicher, dass der Luftangriff „erfolgreich" sein würde; doch wäre es selbst unter optimalen Bedingungen unwahrscheinlich, dass alle bekannten Raketen zerstört würden.
(Wie in Punkt 4 erwähnt, bilden die bekannten Raketen vermutlich nur 60 Prozent aller Raketen auf der Insel.) General Taylor erklärte: „Das höchste, was wir ihnen anbieten können, ist, 90 Prozent der bekannten Raketen zu zerstören." Sowohl General Taylor als auch General Sweeney und der Verteidigungsminister betonten nachdrücklich, dass dem ersten Luftangriff ihrer Meinung nach Angriffe an den darauf folgenden Tagen folgen müssten und dass diese zwangsläufig zu einer Invasion führen würden. [...]
7. [...] Wie oben erwähnt, empfahl General Sweeney dringend, dass ein Luftangriff auch Angriffe auf die MiG-Maschinen und außerdem auf die IL-28-Flugzeuge umfassen sollte. Um die Zerstörung dieser Luftflotte vollständig durchzuführen, sollte man die Zahl der Einsätze auf insgesamt 500 erhöhen. Der Präsident stimmte zu, dass ein Luftangriff, sofern man den Befehl dazu gab, wahrscheinlich auch die Zerstörung der MiG- und der IL-28-Flugzeuge beinhalten sollte. [...]
9. Der Präsident ordnete an, wir sollten darauf vorbereitet sein, den Luftangriff am Montagmorgen oder jederzeit danach im Laufe der Woche durchzuführen. Der Präsident nahm zur Kenntnis, dass der Verteidigungsminister gegen einen Luftangriff am Montagmorgen war, während General Sweeney sich dafür aussprach. Er fragte den Justizminister und Mr. McCone nach ihrer Meinung:
a) Der Justizminister erklärte, er sei gegen einen solchen Angriff, weil:
(1) „Es ein Angriff in der Art von Pearl Harbor wäre."
(2) Er zu nicht vorhersehbaren militärischen Gegenmaßnahmen der Sowjetunion führen würde, die so ernster Natur sein könnten, dass sie zu einem umfassenden Atomkrieg führen könnten. Er erklärte, wir sollten mit der Einleitung einer Blockade beginnen und es anschließend „auf deren Verletzung ankommen lassen".
b) Mr. McCone schloss sich dem Justizminister an, betonte jedoch, er glaube, wir sollten auf einen Luftangriff und eine anschließende Invasion vorbereitet sein.

Zitiert nach: Bernd Greiner, Kuba-Krise. 13 Tage im Oktober. Analysen, Dokumente, Zeitzeugen, Nördlingen 1988, S. 291f.

1. *Erläutern Sie die Pläne des amerikanischen Regierungsstabes in Bezug auf die Sowjetunion und ihre auf Kuba stationierten Raketen. Nennen Sie die Gründe, die gegen einen Luftangriff sprachen.*

2. *Beurteilen Sie die Überlegungen der Militärs und die schließlich von Präsident Kennedy getroffene Entscheidung.*

M4 Die Lösung der Kuba-Krise

Während der Krise kommt es zu einem Briefwechsel zwischen Washington und Moskau. Am 26. Oktober 1962 schreibt Nikita Chruschtschow an John F. Kennedy:

Wie können Sie [...] diese völlig falsche Interpretation geben, die Sie jetzt verbreiten, dass einige Waffen in Kuba Offensivwaffen sind, wie Sie sagen? Alle Waffen dort – das versichere ich Ihnen – sind defensiver Art; sie sind ausschließlich zu Verteidigungszwecken in Kuba gedacht, und wir haben sie auf Bitten der kubanischen Regierung nach Kuba entsandt. Und Sie behaupten, es seien Offensivwaffen. [...]
Sie haben nun piratenhafte Maßnahmen der Art angekündigt, die man im Mittelalter praktiziert hat, als man Schiffe überfiel, die internationale Gewässer befuhren; und Sie haben das eine „Quarantäne" um Kuba genannt. Unsere Schiffe werden wahrscheinlich bald die Zone erreichen, in der Ihre Kriegsmarine patrouilliert. Ich versichere Ihnen, dass die Schiffe, die gegenwärtig nach Kuba unterwegs sind, die harmlosesten, friedlichsten Ladungen an Bord haben. [...]
Lassen Sie uns deshalb vernünftig sein, Herr Präsident. Ich versichere Ihnen, dass die Schiffe, die nach Kuba unterwegs sind, keinerlei Rüstungsgüter an Bord haben. Die Waffen, die zur Verteidigung Kubas notwendig sind, sind bereits dort. Ich will nicht behaupten, dass es überhaupt keine Waffenlieferungen gegeben hat. Nein, es hat solche Lieferungen gegeben. Aber nun hat Kuba die notwendigen Verteidigungswaffen bereits erhalten. [...]
Wenn der Präsident und die Regierung der Vereinigten Staaten zusichern würden, dass die Vereinigten Staaten sich selbst nicht an einem Angriff auf Kuba beteiligen werden und andere von einem solchen Vorgehen abhalten; wenn Sie Ihre Kriegsmarine zurückrufen würden – das würde sofort alles ändern. [...] Das würde auch das Herangehen an die Frage ändern, nicht nur die Waffen zu vernichten, die Sie Offensivwaffen nennen, sondern auch alle anderen Arten von Waffen. [...]
Lassen Sie uns deshalb staatsmännische Klugheit beweisen. Ich schlage vor: Wir erklären unsererseits, dass unsere Schiffe mit Kurs auf Kuba keine Waffen an Bord haben. Sie erklären, dass die Vereinigten Staaten weder mit eigenen Truppen eine Invasion in Kuba durchführen werden noch andere Truppen unterstützen werden, die eine Invasion in Kuba planen könnten. Damit hätte sich die Präsenz unserer Militärexperten in Kuba erübrigt.

Kennedys Antwort vom 27. Oktober 1962:

Sehr geehrter Herr Vorsitzender,
ich [...] begrüße Ihre Absichtserklärung, eine sofortige Lösung des Problems anzustreben. Was jedoch als Erstes getan werden muss, ist, die Arbeit an den offensiven Raketenstützpunkten in Kuba einzustellen und alle Waffensysteme in Kuba, die sich offensiv einsetzen lassen, zu entschärfen, und dies unter angemessenen Vorkehrungen der Vereinten Nationen. [...] Wie ich Ihren Brief verstanden habe, enthalten Ihre Vorschläge [...] folgende Schlüsselelemente:
1) Sie würden sich bereit erklären, diese Waffensysteme unter angemessener Beobachtung und Überwachung der Vereinten Nationen abzuziehen, und sich verpflichten, geeignete Sicherheitsvorkehrungen vorausgesetzt, die weitere Einfuhr solcher Waffensysteme nach Kuba zu unterbinden.
2) Wir unsererseits würden uns bereit erklären – nachdem die Vereinten Nationen geeignete Vorkehrungen getroffen haben, die Erfüllung und Einhaltung dieser Verpflichtungen sicherzustellen –, a) die Quarantäne-Anordnungen, die derzeit gelten, umgehend aufzuheben; und b) Garantien gegen eine Invasion Kubas zu geben. Ich bin zuversichtlich, dass andere Länder der westlichen Hemisphäre bereit wären, das Gleiche zu tun.
Wenn Sie Ihren Vertretern entsprechende Anweisungen erteilen, gibt es keinen Grund, weshalb wir nicht in der Lage sein sollten, diese Vereinbarungen innerhalb einiger Tage zustande zu bringen und sie der Welt bekannt zu geben. Die Wirkung, die eine solche Klärung für den Abbau der Spannungen in der Welt hätte, würde es uns ermöglichen, auf eine umfassendere Vereinbarung über „andere Rüstungen" hinzuarbeiten, wie Sie es in Ihrem zweiten Brief vorschlagen, den Sie veröffentlicht haben. Ich möchte noch einmal erklären, dass die Vereinigten Staaten sehr daran interessiert sind, die Spannungen abzubauen und den Rüstungswettlauf zu beenden; und sollte Ihr Brief signalisieren, dass Sie bereit sind, Gespräche über eine Entspannung bezüglich der NATO und des Warschauer Paktes zu führen, sind wir gerne bereit, mit unseren Verbündeten über jeden sachdienlichen Vorschlag nachzudenken. Doch der erste wesentliche Schritt – lassen Sie mich dies betonen – ist die Einstellung der Arbeiten an den Raketenstützpunkten in Kuba und das Einleiten von Maßnahmen, diese Waffen zu entschärfen, und zwar unter wirksamen internationalen Garantien.

Zitiert nach: Bernd Greiner, a. a. O., S. 319-322 und 381 f.

1. *Arbeiten Sie Chruschtschows Argumente heraus.*
2. *Nennen Sie die Formulierungen, mit denen die sowjetische Seite ein Nachgeben andeutet.*
3. *Analysieren Sie Kennedys Strategien, um die Situation zu entschärfen.*

M5 Die Mär vom „Krisenmanagement“

Das Bild des kühl berechnenden und kontrollierten Exekutivkomitees um Präsident Kennedy, kurz „ExComm.“ genannt, geht auf zahlreiche Veröffentlichungen der ehemaligen Mitglieder zurück. Mitte der 1970er-Jahre tauchen Tonbandaufnahmen der geheimen Sitzungen des Krisenstabs auf. Kennedy hat sie aufzeichnen lassen. Weitere Hintergründe bringt eine große Konferenz im Jahr 1987 ans Tageslicht, auf der die ehemaligen amerikanischen und sowjetischen Entscheidungsträger offen über den Ablauf der Krise diskutieren. Auf dieser Grundlage kommt der Historiker Bernd Greiner zu folgender Einschätzung:

Die Kuba-Krise freilich war kein Ausrutscher oder Zufall. [...] Anfang der 60er-Jahre wurde in den USA sehr lebhaft über den Begriff „forcierte Krise“ (precipitated crisis) diskutiert. Die Debatte konzentrierte sich auf die These, dass unter bestimmten historischen Bedingungen Zurückhaltung und Kompromiss nicht infrage kommen könnten. [...]
Eines Tages, so hatte der Präsident schon im Sommer 1961 zu verstehen gegeben, könnte der Zeitpunkt kommen, wo er das größtmögliche Risiko würde eingehen müssen, um Chruschtschows Politik gegenüber den Entwicklungsländern „einzudämmen“. „Er muss uns in Aktion sehen.“ So gesehen, wurde in Kuba über Erfolg oder Misserfolg der gesamten Dritte-Welt-Politik der USA entschieden. [...]
Aus amerikanischer Sicht konnte der Ausgang der Kuba-Krise trotz allem nicht befriedigen. Der entscheidende „Schönheitsfehler“: Castro war noch immer an der Regierung. Nach wie vor war man weit davon entfernt, in der Dritten Welt das selbstgesteckte Ziel des „Zurückrollens“ des Sozialismus zu erreichen. [...]
Auch kann keine Rede von einer stets kontrollierten und risikoarmen Politik des ExComm. sein. Im Gegenteil: Am 27. Oktober war die Geduld der Gruppe eindeutig erschöpft. Amerikanische Herrschaftsinteressen wurden der Erhaltung des Friedens übergeordnet. Man war nicht einmal zu einer Kursänderung fähig, als der Abschuss der U-2 eine eigendynamische Eskalation signalisierte. Die Grenzen einer politisch „rückversicherten Diplomatie“ waren eindeutig überschritten. Würde man noch einmal davonkommen? Der Krisenstab hoffte es, aber – wie Robert Kennedy[1] schrieb – „es war eine Hoffnung, keine Erwartung. Wir erwarteten eine militärische Konfrontation am Dienstag und möglicherweise schon morgen.“ [...]
Es bleibt die Frage, warum eine Eskalation trotzdem vermieden werden konnte. [...] Offenkundig liegt eine Verkettung glücklicher Zufälle vor. Zufall war es, dass ein sowjetisches U-Boot, als man es zum Auftauchen zwang, nur beschädigt, nicht aber versenkt wurde. Zufall auch, dass die U-2 am 27. Oktober rechtzeitig den sowjetischen Luftraum verlassen konnte. Nur zufällig wurden zwischen dem 22. und 27. Oktober gravierende Mängel in der politisch-militärischen Kommunikationsstruktur rechtzeitig entdeckt. [...]
Ausschlaggebend war wohl, dass die UdSSR die militärischen Vorbereitungen der USA nicht spiegelbildlich kopierte. Weder mobilisierte sie in großem Umfang Truppen noch machte sie ihre Atomraketen startklar. Wie hätten wohl die Vereinigten Stabschefs in Washington reagiert, wenn „ernsthafte Anzeichen eines bevorstehenden Angriffs“ – und nichts anderes ist eine Mobilmachung – gemeldet worden wären? [...]
Der Oktober 1962 ist ein typisches Beispiel dafür, wie Kriege entstehen können. Von einem ungewollten „Hineinschlittern“ in die Gefahr kann keine Rede sein. Im vollen Bewusstsein der möglichen Konsequenzen ließ man sich auf eine Politik des „brinkmanship“, des Wandelns am atomaren Abgrund, ein. Die gefährliche Dynamik dieser Entscheidung war offenkundig, aber auf amerikanischer Seite war kaum jemand willens oder fähig, dieser Dynamik Einhalt zu gebieten. Auf sowjetischer Seite dauerte es ziemlich lange, bis die Notbremse gezogen wurde. Nachdem die USA mehrere informelle Angebote abgelehnt hatten, entschloss sich Chruschtschow mit dem Brief vom 27. Oktober zu einer politischen Eskalation. [...]
Ohne die amerikanische Reaktion prognostizieren und abschätzen zu können, ließ er es auf den Test ankommen. Wahrscheinlich erkannte man in Moskau erst im Nachhinein, auf welches Risiko man sich eingelassen hatte. [...]
Robert McNamara[2] gesteht im historischen Rückblick ein, dass sehr viel Glück im Spiel war.

Bernd Greiner, a. a. O., S. 164 f. und 169 - 171

1. *Arbeiten Sie die Gründe heraus, die aus Greiners Sicht den Atomkrieg verhindert haben.*
2. *Erläutern Sie die Bewertung der US-Politik.*
3. *Diskutieren Sie die Konsequenzen, die aus Greiners Analyse deutlich werden.*

[1] Robert Kennedy (1925 - 1968): Bruder und enger Vertrauter John F. Kennedys. Er gehörte dem ExComm. an.

[2] Robert McNamara (1916 - 2009): US-Verteidigungsminister von 1961 bis 1968

Reden sind rhetorische Texte, die auf eine bestimmte Situation eingehen, welche der Redner im eigenen Sinne beeinflussen will. Dabei steht der Appell an die Zuhörer im Vordergrund. Bei der Beschäftigung mit historischen Themen begegnet uns hauptsächlich die politische Rede, die ein Politiker hält, um für sich, sein Programm oder ein Vorhaben zu werben, Gegner zu kritisieren oder um Ereignisse und Personen zu würdigen.

Reden als gesprochene Geschichte

Politische Reden analysieren

Reden sind für uns in Zeitung, Rundfunk, Fernsehen und digitalen Medien, aber auch in Geschichtsbüchern etwas Alltägliches. Wenn wir sie im Druckbild vor uns haben, vergessen wir leicht, dass es sich hierbei nicht um „normale" schriftliche, sondern mündlich vorgetragene Quellen handelt. Nicht umsonst heißt es bei im Vorabdruck veröffentlichten Reden ausdrücklich: „Es gilt das gesprochene Wort", denn: „Rede ist nicht Schreibe!"
Anders als alle anderen schriftlich fixierten Texte wurden und werden politische Reden für einen bestimmten Anlass, Ort und Adressatenkreis mit einer bestimmten Wirkungsabsicht verfasst und gehalten. Neben Inhalt und rhetorischen Stilmitteln beeinflussen Mimik und Gestik des Redners, die Redesituation und die Atmosphäre die Wirkung auf die Zuhörer. Auch wenn diese Faktoren nur in Ton- oder Bilddokumenten nachvollzogen werden können, darf ihre Wirkung für die Gesamtbewertung aber auch in nur schriftlich vorliegenden Reden nicht außer Acht gelassen werden. Bei der Analyse und Interpretation einer (politischen) Rede sind deshalb mehrere Ebenen zu berücksichtigen:

Formale Kennzeichen
- Wer ist der Redner und welche Funktion hat er?
- Was ist über seine politische Haltung oder seine Weltanschauung bekannt?
- Wann, wo und aus welchem Anlass wurde die Rede gehalten?

Inhalt
- Was ist Thema und Inhalt der Rede?
- Wie ist die Rede aufgebaut? Welche Merkmale kennzeichnen sie (Länge, Argumentation, Sprach- und Wortwahl, Stil, Umgangs- oder Hochsprache)?
- Wie wird der Vortrag gehalten (freier Vortrag oder abgelesen, Stimme, Tonfall, Tempo, Lautstärke, Körpersprache)?

Historischer Kontext
- Welchen Zeitraum, welches Ereignis oder welche Person behandelt die Rede?
- In welchem Bezug steht der Redner zum Thema?
- Wie ist die Redesituation und Atmosphäre (Art und Anlass der Veranstaltung, besonderer Redeort, Publikum, Rundfunk- oder Fernsehaufzeichnung)?

Intention und Wirkung
- An wen wendet sich der Redner?
- Welche Absichten verfolgt er?
- Welche Wirkung hatte die Rede auf Zuhörer, Zeitgenossen und spätere Leser/Zuhörer?

Einordnung und Bewertung
- Wie lässt sich die Rede in den historischen Kontext einordnen und bewerten?
- Welchen Einfluss hatte die Rede auf die Situation oder Entwicklung?

Lösungsvorschlag für die Analyse

John F. Kennedy: Amtsantrittsrede vom 20. Januar 1961 (Ausschnitte)

Anrede in Tradition früherer Amtsantrittsreden

Meine Mitbürger,

Überhöhung des Redeanlasses; Signalwort „wir“

wir feiern heute nicht den Sieg einer Partei, sondern wir begehen eine Feier der Freiheit – die sowohl ein Ende als auch einen Anfang symbolisiert, die sowohl eine Erneuerung als auch eine Veränderung bedeutet, denn ich habe vor Ihnen und dem allmächtigen Gott den gleichen feierlichen Eid geschworen, den unsere Vorväter vor beinahe eindreiviertel Jahrhunderten vorgeschrieben haben. [...]

Anspielung auf atomares Wettrüsten; Appell/Dialogangebot an Sowjetunion

Und schließlich möchten wir an all jene Nationen, die sich selbst zu unserem Gegner erklären wollen, nicht ein Versprechen, sondern ein dringendes Ersuchen richten: dass beide Seiten erneut mit der Suche nach dem Frieden beginnen mögen, bevor die dunklen Mächte der Zerstörung, die von der Wissenschaft entfesselt worden sind, die ganze Menschheit in geplanter oder zufälliger Selbstvernichtung verschlingen.

Politisches Ziel: Überwindung des „Missile Gap“ durch atomaren Patt

Wir werden sie nicht durch Schwäche in Versuchung führen. Denn nur, wenn die Stärke unserer Waffen über jeden Zweifel erhaben ist, können wir ganz sicher ausschließen, dass sie jemals angewandt werden. [...]

Anapher „Lasst uns“ als Appell an Solidarität und gemeinsame Verantwortung

Lasst uns auf beiden Seiten zum ersten Mal ernsthafte und präzise Vorschläge für die Inspektion und Kontrolle der Rüstungen formulieren – und die absolute Macht, andere Nationen zu vernichten, unter die absolute Kontrolle anderer Nationen bringen.

Aufbruch in Weltraum („New Frontier“) als Reaktion auf „Sputnik-Schock“

Lasst uns von beiden Seiten zusammenkommen, um die Wunder der Wissenschaft anstatt ihre Schrecken zu erwecken. Lasst uns gemeinsam die Sterne erforschen, die Wüsten erobern, die Krankheiten ausrotten, die Tiefen des Ozeans ausmessen und die Künste und den Handel fördern. [...]

Vision einer neuen Weltordnung

Und wenn in dem Dschungel des Argwohns ein Brückenkopf der Zusammenarbeit errichtet werden kann, dann lasst uns von beiden Seiten zu der nächsten Aufgabe zusammenkommen: der Schaffung nicht eines neuen Gleichgewichts der Kräfte, sondern einer neuen Welt des Rechtes und des Gesetzes, in der die Starken gerecht und die Schwachen sicher sind und der Friede für immer erhalten bleibt. [...]

Traditioneller, mit Pathos verbundener Appell an die Nation und ihre Geschichte

In Ihren Händen, meine Mitbürger, wird noch viel mehr als in den meinigen der letztliche Erfolg oder Fehlschlag unseres Kurses liegen. Seit dieser Staat gegründet wurde, ist jede Generation aufgerufen gewesen, Zeugnis ihrer nationalen Loyalität abzulegen. Die Gräber junger Amerikaner, die diesem Ruf nachgekommen sind, sind auf dem ganzen Erdball verstreut. [...]

Anspielung auf Roosevelts „Vier-Freiheiten-Rede“

In der langen Geschichte dieser Welt ist es nur wenigen Generationen vergönnt gewesen, die Rolle der Verteidigung der Freiheit in der Stunde ihrer höchsten Gefahr zu spielen. Ich schrecke vor dieser Aufgabe nicht zurück – ich begrüße sie. [...]

Historischer, viel zitierter Satz: Aufruf zur Übernahme persönlicher Verantwortung für Bestehen der globalen Herausforderungen; Adressaten nicht nur Nation, sondern Weltöffentlichkeit

Und so, meine amerikanischen Mitbürger: Fragt nicht, was euer Land für euch tun wird – fragt, was ihr für euer Land tun könnt.

Meine Mitbürger in der Welt: Fragt nicht, was Amerika für euch tun wird, sondern fragt, was wir zusammen für die Freiheit des Menschen tun können.

Abschließender Appell für den Erfolg der amerikanischen „Mission“ (Sendungsbewusstsein)

Und schließlich, ob ihr Bürger Amerikas oder der Welt seid, verlangt von uns das gleiche hohe Maß an Stärke und Opferbereitschaft, das wir von euch verlangen werden. Mit einem guten Gewissen als einzigen sicheren Lohn, mit der Geschichte als dem letztlichen Richter unserer Taten lasst uns die Aufgabe in Angriff nehmen, das Land zu führen, das wir lieben, um seinen Segen und um seine Hilfe bitten – in dem Wissen aber, dass hier auf der Erde unser Werk wahrhaft Gottes Werk sein muss.

Herbert Schambeck, Helmut Widder und Marcus Bergmann (Hrsg.), Dokumente zur Geschichte der Vereinigten Staaten von Amerika, Berlin 22007, S. 547-551

Formale Kennzeichen In den Präsidentschaftswahlen von 1960 konnte sich der demokratische Senator aus Massachusetts John F. Kennedy knapp gegen den langjährigen republikanischen Vizepräsidenten Richard Nixon durchsetzen. Am 20. Januar 1961 wurde Kennedy als jüngster gewählter US-Präsident vor dem Kongressgebäude in Washington feierlich in sein Amt eingeführt. Im Anschluss an seine Vereidigung hielt er wie jeder neue Präsident eine Amtsantrittsrede, die er mit seinem Redenschreiber Theodore C. Sorensen formuliert hatte.

Inhalt Kennedys Antrittsrede ist eindeutig auf die Außenpolitik zugeschnitten. Der Präsident warnt vor der drohenden Gefahr einer Vernichtung durch Nuklearwaffen. Seinen ersten Appell richtet er an die Sowjetunion und ihre Verbündeten, gemeinsam mit der „Suche nach dem Frieden" zu beginnen. Sicherheit vor einem gegnerischen Atomschlag garantiere jedoch nur ein atomares Patt, das Kennedy durch weitere Aufrüstung erreichen will. Er vermittelt ein Bild der USA, die in einem – durch seinen Amtsantritt eingeläuteten – neuen Abschnitt der Weltgeschichte aus einer Position der Stärke heraus dem Gegner die Hand zu Verhandlungen ausstrecken und für die Vision einer von Frieden, Freiheit und Fortschritt erfüllten Weltordnung eintreten.
Die Rede ist mit etwa 14 Minuten relativ kurz. Kennedy spricht pointiert und in knappen, verständlichen Sätzen, die er durch kurze Pausen zusätzlich unterteilt. Die Rede zeichnet sich nicht durch Argumente oder konkrete Vorschläge, sondern durch plakative Bilder, pathetische Aussagen, Signalwörter und emotionale Aufrufe aus. Wiederholt appelliert Kennedy nicht nur an die Opferbereitschaft und Verantwortung der eigenen Nation, sondern an die „Mitbürger der Welt", was den Anspruch der USA auf ihre Rolle als Weltordnungsmacht unterstreicht.

Historischer Kontext Bei Kennedys Amtsantritt wurde die Außenpolitik besonders vom Rüstungswettlauf zwischen Ost und West geprägt. Im Mai 1961 umkreiste der sowjetische Kosmonaut Juri Gagarin als erster Mensch die Erde. Die Sowjetunion eröffnete damit nicht nur das Zeitalter der bemannten Raumfahrt, sondern auch die Weltraumrüstung. Erstmals war eine atomare Bedrohung der USA aus dem All durch sowjetische Raketen denkbar. Schon im Wahlkampf bemühte Kennedy den Mythos der „New Frontier", die er nun auf den Weltraum richtete. Kennedys Amtsantrittsrede war Teil einer vierstündigen Zeremonie, an der mehrere tausend Zuschauer teilnahmen. Die Rede wurde in Rundfunk und Fernsehen weltweit direkt übertragen.

Intention und Wirkung Die Rede hat auf die Zeitgenossen der westlichen Welt, besonders die junge Generation, einen großen Eindruck gemacht und bei vielen ihr Ziel erreicht, die Hoffnung auf eine bessere, friedlichere Zukunft zu bestärken und die Nation auf ihren Zusammenhalt einzuschwören. Jedoch mag Kennedys mitunter apokalyptischer Unterton sowie die eingeforderten weitreichenden Verpflichtungen gegenüber Volk und Verbündeten manche Zuhörer verschreckt haben.

Einordnung und Bewertung Kennedys Amtsantrittsrede gehört zu den berühmtesten politischen Reden. Besonders die Worte „Fragt nicht, was euer Land für euch tun wird – fragt, was ihr für euer Land tun könnt" sind bis heute populär. Sie leiteten eine neue Phase des politischen Aktivismus in den USA ein. Ein Beitrag zur Entspannung oder gar Lösung des Kalten Krieges war die Rede jedoch nicht. Kennedys Dialogangebot wurde von der Sowjetunion nicht als Zeichen der Stärke, sondern als Schwäche aufgefasst. Es kam zu keiner Annäherung. Im Gegenteil: Im August 1961 wurde unter sowjetischer Aufsicht die Berliner Mauer errichtet, im November desselben Jahres ordnete Kennedy eine Verstärkung des amerikanischen Engagements in Südvietnam an, und 1962 drohte der Kalte Krieg in der Kuba-Krise zu eskalieren.

Möglichkeiten und Grenzen der letzten Supermacht

Es ist 8:20 Uhr an diesem Morgen des 11. September 2001, als das Diensttelefon von Michael Woodward, Flugservice-Manager von American Airlines, klingelt. Flüsternd gibt eine Frauenstimme ihren Namen und ihre Personalnummer durch. Es ist die Stewardess Madeline Sweeney. Sie befinde sich an Bord des Boston/Los Angeles-Fluges AA 11. „Unsere Maschine wird entführt! Vier Männer aus dem nahen oder mittleren Osten haben mit Gewalt die Kontrolle an Bord übernommen. Sie haben zwei Kollegen niedergestochen. Und einer hat einem Passagier die Kehle durchgeschnitten." Ein oder zwei Entführer seien jetzt im Cockpit. „Können Sie draußen erkennen, wo Ihre Maschine jetzt ist?", fragt Woodward. „Vorhin sind wir eine scharfe Kurve geflogen ... Jetzt gehen wir steil runter ... Ich sehe Wasser und Gebäude! Oh mein Gott! Oh mein Gott ...!" Mit einer Geschwindigkeit von über 800 Stundenkilometern rast die Maschine über die Südspitze Manhattans in den Nordturm des World Trade Centers. Ein fürchterliches Krachen und ein gigantischer Feuerball aus dem 419 Meter hohen Gebäude lassen die Menschen auf der Straße erstarren.

Wenige Minuten später sind bereits Dutzende von Kameras auf das World Trade Center gerichtet. Die ganze Welt kann zusehen, wie um 9:03 Uhr ein weiteres Passagierflugzeug in den zweiten Turm des Gebäudes hineinfliegt. Nun ist klar: Das ist kein Unglück, sondern der furchtbarste Terroranschlag, den es bisher auf der Welt gegeben hat.

Präsident George W. Bush besucht gerade eine Grundschule in Sarasota an der Küste Floridas, als er von den Anschlägen erfährt. In einer Ecke des Lehrerzimmers erarbeitet er mit seinen Beratern eine erste Stellungnahme, die er gleich darauf den Anwesenden mit steinerner Miene vorträgt: „Wir haben heute eine nationale Tragödie ... es handelt sich um einen terroristischen Anschlag auf unser Land ... Ich habe befohlen, die Leute zu jagen, die diesen verbrecherischen Akt begangen haben. Terrorismus wird gegen unsere Nation keine Chance haben."

George H.W. (Herbert Walker) Bush (*1924): 1989-1994 US-Präsident (Republikaner)

Bill Clinton (*1946): 1993-2001 US-Präsident (Demokrat). Er betrieb eine erfolgreiche Wirtschaftspolitik, seine Amtszeit wurde jedoch von der Affäre mit einer Praktikantin überschattet, die in einem erfolglosen Amtsenthebungsverfahren gipfelte.

Imperium: Der Begriff „Imperium" (von lat. imperare: herrschen, befehlen) bezeichnete im antiken Römischen Reich zunächst die Befehlsgewalt der höchsten römischen Beamten, später das gesamte römische Herrschaftsgebiet (Imperium Romanum).

Die USA als letzte Supermacht Nach dem Zerfall der Sowjetunion und dem Ende des Kalten Krieges 1990/91 blieben die Vereinigten Staaten als einzige Supermacht zurück. Nun stellte sich die Frage, wie und wozu die Weltmacht USA ihre wirtschaftliche, militärische und technologische Überlegenheit nutzen und welches ihre Ziele sein sollten. Die Regierungen unter George H.W. Bush und seinem Nachfolger Bill Clinton zeigten sich entschlossen, mit UNO und NATO weltweit Demokratie und Menschenrechte durchzusetzen und dabei eigene Interessen zu wahren. Die Auflösung des Ostblocks hatte die USA in ihrer Überzeugung bestärkt, das beste aller möglichen Gesellschafts- und Wirtschaftssysteme zu besitzen, das es in der Welt zu verbreiten und zu verteidigen galt.

Von Historikern, Politik- und Sozialwissenschaftlern werden die USA in ihrem Verständnis als alleinige Weltordnungsmacht, mitunter auch als Imperium oder Imperialmacht bezeichnet. Vor diesem Hintergrund wird die Frage diskutiert, welche Rolle ein Imperium mit einer demokratischen Gesellschaftsordnung in einer globalisierten Staatenwelt einnehmen kann und sollte. Durch ihren unangefochtenen Führungsanspruch stehen die Vereinigten Staaten auch in der Kritik: Ihr weltweites Engagement ziele darauf, die Dominanz des „Westens" und die Freiheit wirtschaftlichen Handels für die Aufrechterhaltung der eigenen Vormachtstellung auszubauen und Staaten, die sich diesem Anspruch entgegenstellen, zu unterdrücken.

Neue Konflikte Das Ende des Ost-West-Konflikts hatte die Welt zwar sicherer gemacht, jedoch nicht alle Konflikte beendet. Im Zeitalter der Globalisierung sahen sich die USA mehr denn je als „Weltordnungsmacht“ herausgefordert. Der Zerfall des Vielvölkerstaates Jugoslawien, der zur Zeit des Kalten Krieges als Puffer zwischen den Blöcken gedient hatte, führte 1991 zu einem von allen kämpfenden Parteien grausam geführten Bürgerkrieg. Da die internationale Gemeinschaft die Kriegsparteien nicht mit diplomatischen Mitteln und Handelsbeschränkungen zu einem Einlenken bewegen konnte, erteilte der UN-Sicherheitsrat 1994 ein Mandat für Kampfeinsätze. In der Absicht, den Konflikt durch einen begrenzten Militäreinsatz zu lösen, beteiligten sich auch die USA. 1995 konnten sie zwar einen Friedenskompromiss durchsetzen, der jedoch nicht von Dauer war. Als es ab 1998 zu Kämpfen in der serbischen Provinz Kosovo kam, griff im März 1999 erneut eine von den Vereinigten Staaten angeführte NATO-Koalition ein. Erstmals führte die NATO hier ohne UN-Mandat Krieg gegen einen anderen Staat, begründet als Reaktion auf die Menschenrechtsverletzungen der Serben gegen die Kosovo-Albaner.

▲ Anti-NATO-Demonstration in Washington, D.C.
Foto vom 23. April 1999. Der Protest fiel mit der Eröffnungsfeier des 50. Jahrestages der NATO zusammen. Einen Monat zuvor war der von den USA angeführte NATO-Einsatz im Kosovo gestartet.

Die Entscheidung der NATO, ohne UN-Mandat im Kosovo militärisch einzugreifen, ist völkerrechtlich umstritten. Verleiht der von der westlichen Welt beanspruchte höhere moralische Standard automatisch das Recht zur Intervention? Welche Lösungen kann es für den Widerspruch zwischen dem Nichteinmischungsgebot des Völkerrechts und dem Schutz der Menschenrechte geben? Vor diese und ähnliche Fragen waren und sind die USA und ihre NATO-Bündnispartner gestellt. Nicht nur im ehemaligen Jugoslawien, auch in anderen Regionen wie Somalia oder Haiti wurde deutlich, dass militärische Mittel nur bedingt dazu taugen, nachhaltige Lösungen für die Weltprobleme zu finden.

Erster Krieg im Golf Ein besonderes Interessengebiet der USA war seit Langem der Nahe Osten, mit seinen reichen Ölvorkommen eine Schlüsselregion der Weltenergieversorgung. Jedoch verursachen nicht nur das große Wohlstandsgefälle zwischen ölreichen und -armen Ländern sowie der Kampf um die Vormacht im Nahen Osten, sondern auch die religiösen Konflikte innerhalb der islamischen Welt immer wieder Spannungen und Kriege in der Region.

Nachhaltig wirkt sich auch das Erbe des imperialen Zeitalters aus. Die Kolonialmächte hatten die Region in mehrere neue Staaten mit willkürlichen Grenzen aufgeteilt. Um ein Gegengewicht zur antiwestlichen und amerikafeindlichen Islamischen Republik Iran zu schaffen, unterstützten die USA den Diktator **Saddam Hussein** im Nachbarstaat Irak. Dieser wollte sein Land zur führenden Macht am persischen Golf machen und die Erdölvorkommen kontrollieren. Er begann im Jahr 1980 den Ersten Golfkrieg gegen den Iran, der bis 1988 dauerte. Der Krieg endete mit einem Patt und führte zu einer weiteren Radikalisierung des iranischen Regimes, dessen Rückhalt in der Bevölkerung noch gestiegen war. Saddam Hussein war gegen den Iran mit der Parole angetreten, die „islamische Expansion“ aufzuhalten. Dies erzeugte bei vielen Moslems in aller Welt ein Gefühl der Solidarität und zugleich eine wachsende Abneigung gegen die westlichen Staaten, vor allem gegen die USA. Mit zunehmender Sorge betrachtete die westliche Welt aber auch die Entwicklung der Diktatur Saddam Husseins, der über kriegserprobte und hochgerüstete Streitkräfte verfügte.

Saddam Hussein (1937-2006): 1979 bis 2003 Staatspräsident und von 1979 bis 1991 sowie 1994 bis 2003 Premierminister des Irak. Nach Ende des Irak-Krieges 2003 wurde er von amerikanischen Truppen festgenommen, an die irakische Übergangsregierung übergeben, zum Tode verurteilt und hingerichtet.

Im August 1990 besetzten die Truppen Saddam Husseins das kleine Nachbarland Kuwait. Der Militärschlag schnitt die westlichen Industriestaaten von einer ihrer wichtigsten Erdölquellen ab. Zudem bedrohte der Irak mit Saudi-Arabien und Israel zwei weitere Länder, die unter dem Schutz der USA standen. Präsident Bush sah in der Krise

al-Qaida (dt. die Basis): Aus einer – indirekt durch die USA unterstützten – arabischen Partisanengruppe gegen die sowjetische Besatzung Afghanistans hervorgegangen, richtete sich das islamistische Terrornetzwerk spätestens seit dem Golfkrieg 1991 gegen die USA und verübt weltweit Anschläge im Namen eines „Heiligen Krieges“ gegen das Abendland.

Osama bin Laden (1957 oder 1958 - 2011): islamistischer Terrorist, Gründer des Netzwerks al-Qaida; 2011 von einer US-Spezialeinheit in Pakistan aufgespürt und getötet

George W. (Walker) Bush (*1946): 2001 - 2009 US-Präsident (Republikaner); Sohn von US-Präsident George Bush. Er geriet bereits bei seinem Amtsantritt durch die umstrittene Auszählung der Wahlergebnisse, vor allem jedoch durch den Irak-Krieg in die Kritik.

die Chance, mithilfe der internationalen Staatengemeinschaft eine „neue Weltordnung“ zu etablieren, die Freiheit und Schutz der Menschenrechte garantieren sollte. Dabei setzte er vor allem auf die Vereinten Nationen.

Der nicht mehr durch den Kalten Krieg blockierte UN-Sicherheitsrat verurteilte die irakische Aggression und setzte Saddam Hussein ein Ultimatum zum Rückzug seiner Truppen. Unter der Führung der USA wurde eine internationale Streitkraft aus insgesamt 27 Staaten formiert. Weitere Länder wie das gerade wiedervereinigte Deutschland beteiligten sich an den Kosten. Als Saddam Hussein das Ultimatum der UN verstreichen ließ, befreiten die überwiegend amerikanischen Einheiten Kuwait im Januar 1991 mit Gewalt. Dieser Zweite Golfkrieg endete nach wenigen Wochen mit einer Niederlage des Irak. Es gelang der Supermacht USA jedoch nicht, den Nahen Osten im Sinne der „neuen Weltordnung“ zu befrieden. Saddam Hussein blieb an der Macht und wurde weiterhin als potenzielle Gefahr angesehen. Das Regime in Bagdad konnte weder durch langjährige Handelsboykotte der Vereinten Nationen noch durch UN-Beschlüsse dazu gezwungen werden, seine Massenvernichtungswaffen abzurüsten.

Beginn des Terrors Nachdem bereits 1993 ein Bombenattentat auf das World Trade Center verübt worden war, folgten 1998 verheerende Bombenanschläge auf die US-Botschaften in Kenia und Tansania. Verantwortlich dafür war das islamistische Terrornetzwerk **al-Qaida** um den saudi-arabischen Millionärserben **Osama bin Laden**, der sich in Afghanistan versteckt hielt. Präsident Clinton reagierte auf die Anschläge, indem er mutmaßliche Ausbildungslager von al-Qaida bombardieren ließ. Gegen die meist als Selbstmordattentate verübten Angriffe vermochten die USA damit jedoch nichts auszurichten. Die Terroristen operierten verdeckt, sie waren dezentral organisiert, ihre Anführer kaum zu fassen und die Attentäter nahmen von vornherein ihren eigenen Tod in Kauf. Der Kampf gegen den Terror ließ sich militärisch nicht gewinnen.

Dies machten die Anschläge vom 11. September 2001 deutlich. An diesem Tag hatten radikal-islamistische Selbstmordattentäter in den USA vier voll besetzte Passagierflugzeuge entführt, zwei davon in die beiden Türme des World Trade Centers in New York und das dritte in das Pentagon, das amerikanische Verteidigungsministerium in Washington, gelenkt. Über zweieinhalbtausend Menschen kamen dabei ums Leben. Das vierte Flugzeug wurde von mutigen Passagieren zum Absturz gebracht, bevor es sein Anschlagsziel, vermutlich das Weiße Haus, erreichen konnte.

Die Anschläge erschütterten die amerikanische Nation tief. Zum ersten Mal waren die USA im eigenen Land angegriffen worden. Als Drahtzieher wurden Osama bin Laden und al-Qaida verantwortlich gemacht. Präsident **George W. Bush** fasste das Attentat nicht als terroristischen, sondern als kriegerischen Akt auf und kündigte einen „Kreuzzug“ gegen den Terrorismus an, den er als „monumentalen Kampf zwischen Gut und Böse“ bezeichnete (▸ M1). Der Terrorismus war zur neuen zentralen Bedrohung der westlichen Welt ausgerufen worden, an deren Spitze sich – wie schon im Kalten Krieg – die USA stellten.

◂ **Standbild des Fernsehsenders CNN am 11. September 2001.**
Mit solchen Einblendungen unterbrachen an diesem Tag um 9:03 Uhr New Yorker Zeit die Fernsehstationen in aller Welt ihre laufenden Programme. CNN meldete, dass zwei Flugzeuge in die Türme des World Trade Centers gestürzt seien. Bilder wie diese machten „Nine eleven“ zum globalen Medienereignis in Echtzeit-Dimensionen.

▶ **Kampf gegen den Terror im Irak.**
Zwei amerikanische Soldaten bergen im April 2003 in Bagdad einen Zivilisten, dessen Wagen bei einem Schusswechsel Feuer gefangen hat.

„Antiterrorkriege" … Die Anschläge vom 11. September markieren den Beginn eines neuen Kapitels in der Weltpolitik. Gestützt auf den Patriotismus der Amerikaner und ihre Angst vor weiteren Anschlägen, aber auch die vielen internationalen Solidaritätsbekundungen nahm Präsident Bush den „Krieg gegen den Terrorismus" auf. Erstmals in ihrer Geschichte rief die NATO den Bündnisfall aus. Die Mitgliedstaaten wurden aufgefordert, sich am Krieg zu beteiligen. Die UNO unterstützte dieses Vorgehen. Bereits am 12. September 2001 verabschiedete sie eine Resolution, die die Anschläge als internationale Bedrohung beurteilte und die USA zur Selbstverteidigung berechtigte. Gemeinsam mit anderen Staaten bildeten die USA eine Antiterrorkoalition, die am 7. Oktober 2001 unter dem Namen „Operation Enduring Freedom" mit Angriffen in Afghanistan begann. Innerhalb von fünf Wochen konnte das radikal-islamische Regime der Taliban, das Osama bin Laden unterstützt hatte, gestürzt und eine neue Regierung eingesetzt werden. Allerdings flüchteten viele Taliban-Krieger und al-Qaida-Kämpfer, darunter auch die Anführer unter Osama bin Laden, in die Berge Afghanistans und Pakistans, von wo aus sie bis heute weitere Terroranschläge verüben.

Von Anfang an beschränkte die US-Regierung den Antiterrorkampf nicht auf Osama bin Laden und al-Qaida. Bereits 2002 erklärte Präsident Bush den Irak zum „Schurkenstaat" und Teil einer die Welt bedrohenden „Achse des Bösen" (▶ M2). Saddam Hussein sollte gestürzt und ein demokratischer Staat errichtet werden. Die US-Regierung begründete dies damit, dass Saddam Hussein al-Qaida unterstütze und im Besitz von Massenvernichtungswaffen sei, womit er gegen die UN-Resolutionen verstoße. Beides konnte jedoch weder durch UN-Waffeninspekteure noch durch den Geheimdienstausschuss des US-Senats bewiesen werden.

Anders als beim Krieg gegen Afghanistan erhielten die USA für ihre „Operation Iraqi Freedom" nicht die für einen Militärschlag notwendige UN-Resolution. Dennoch griffen sie den Irak 2003 mit einer „Koalition der Willigen", einer internationalen Gemeinschaft aus 30 Staaten, an.

Irak				
Jahr	USA	UK*	Andere	Gesamt
2003	486	53	41	580
2004	849	22	35	906
2005	846	23	28	897
2006	822	29	21	872
2007	904	47	10	961
2008	314	4	4	322
2009	149	1	0	150
2010	60	0	0	60
2011	54	0	0	54
2012	1	0	0	1
Total	4486	179	139	4804

Afghanistan				
Jahr	USA	UK*	Andere	Gesamt
2001	12	0	0	12
2002	49	3	17	69
2003	48	0	9	57
2004	52	1	7	60
2005	99	1	31	131
2006	98	39	54	191
2007	117	42	73	232
2008	155	51	89	295
2009	316	108	95	519
2010	499	103	109	711
2011	418	46	102	566
2012	310	44	48	402
Total	2174	438	637	3249

▶ **Anzahl der im Irak und in Afghanistan getöteten Soldaten.**
Nach: www.icasualties.org [27.03.2013]
* United Kingdom = Vereinigtes Königreich Großbritannien und Nordirland

Der Irak-Krieg, auch Dritter Golfkrieg genannt, dauerte bis zum 1. Mai und endete mit der Einnahme Bagdads. Saddam Hussein konnte zunächst entkommen, wurde jedoch im Dezember 2003 von US-Soldaten gefasst und 2006 von einem irakischen Gericht zum Tode verurteilt und hingerichtet.

... und ihre Folgen Die von den USA geführte Koalition beendete 2003 zwar die Diktatur Saddam Husseins, nicht jedoch die Kampfhandlungen im Land. Anders als erwartet erwies sich die politische Neuordnung des Irak als schwierig. Die alliierten Streitkräfte wurden zwar als „Befreier" begrüßt, als „Besatzer" aber abgelehnt. In vielen Teilen des Landes brachen bürgerkriegsähnliche Zustände aus. Es kam wiederholt zu Bombenattentaten auf US-Soldaten, auf UN-Einrichtungen und Mitglieder der irakischen Übergangsregierung. Zwar wurde mit Unterstützung der UNO eine neue Verfassung verabschiedet und es wurden Wahlen durchgeführt, jedoch gelang es auch nach Jahren nicht, das Land zu stabilisieren. Zu den Anschlägen gegen US-Soldaten und ihre Verbündeten kamen vermehrt Terrorakte zwischen sunnitischen und schiitischen Muslimen. Extremisten beider Gruppen ließen das Land nicht zur Ruhe kommen.

▲ **Barack Obama während einer Wahlkampfveranstaltung in Pennsylvania.**
Foto vom April 2008.
Mit seiner erfolgreichen Kampagne „Change – we can believe in" konnte sich der Senator aus Illinois bei der Präsidentschaftswahl durchsetzen.

Barack (Hussein) Obama (*1961): US-amerikanischer Politiker (Demokratische Partei), seit 2009 Präsident der USA. 2009 erhielt er den Friedensnobelpreis.

Die von Washington geführten Antiterrorkriege haben die Welt nicht der Vision Präsident Bushs von einer „Herrschaft der Freiheit und der Menschenrechte" näher gebracht, sondern zwei schwelende Krisenherde hinterlassen. Vor allem der ohne UN-Mandat begonnene Irak-Krieg löste nationale und internationale Kritik aus und beschädigte das Ansehen der Vereinigten Staaten in der Welt massiv. Die Versuche der USA, mit ihrem Vorgehen in Afghanistan und im Irak ihre Position als alleinige Weltmacht zu festigen, brachte ihnen den Vorwurf ein, die Rolle der UNO als „Weltpolizist" zu ignorieren und Entscheidungen ohne Rücksicht auf die Staatengemeinschaft zu treffen. Nachdem die systematische Misshandlung vornehmlich islamischer Gefangener bekannt geworden war (▸ M3), verloren die Amerikaner darüber hinaus in ihrem Kampf für Freiheit und Demokratie an Glaubwürdigkeit und zogen den Hass der islamischen Welt auf sich. Vor allem die Kritiker und Gegner George W. Bushs im In- und Ausland setzen ihre Hoffnung auf seinen Nachfolger **Barack Obama**, der sich 2008 mit seinen gegenteiligen Positionen zur bisherigen Politik und dem Ruf nach Veränderungen bei der Präsidentschaftswahl durchsetzen konnte. Damit trat er nicht nur das Amt des mächtigsten Mannes der Welt, sondern die schwierige Aufgabe an, der Supermacht Amerika die verlorene moralische und politische Autorität zurückzuerobern (▸ M4).

M1 Angriff auf die Freiheit

Nach den Anschlägen vom 11. September wendet sich Präsident George W. Bush am Abend des 18. September 2001 (Ortszeit) in einer Fernsehansprache an die amerikanische Bevölkerung:

Heute sind unsere Bürger, unsere Lebensweise, ja, unsere Freiheit mit einer Serie von mutwilligen und tödlichen Terroranschlägen attackiert worden. Es gab Opfer in Flugzeugen und in Büros: Sekretärinnen und Geschäftsleute, Mitarbeiter des Militärs und der Bundesbehörden, Mütter und Väter, Freunde und Nachbarn. [...]

Dieser Massenmord sollte dazu dienen, unsere Nation einzuschüchtern und in Chaos und Resignation zu treiben. Dies ist nicht gelungen. Unser Land ist stark. Ein großes Volk ist dazu angespornt worden, eine große Nation zu verteidigen. Terroristische Anschläge können zwar die Fundamente unserer größten Gebäude erschüttern, aber nicht das Fundament Amerikas. Sie können Eisen und Stahl zerbersten lassen, aber sie können der eisernen Entschlossenheit Amerikas nichts anhaben.

Amerika wurde zum Angriffsziel, weil wir in der Welt die strahlendste Fackel der Freiheit und der Selbstverwirklichung sind. Und niemand wird den Glanz dieses Lichtes auslöschen. Heute hat unsere Nation das Böse gesehen, die schlimmste Seite der menschlichen Natur, und wir haben geantwortet mit der besten Seite Amerikas, mit der Risikobereitschaft unserer Rettungskräfte, mit der Hilfsbereitschaft für Fremde und Nachbarn aufseiten derjenigen, die freiwillig Blut gespendet und in jeder anderen Weise geholfen haben, die ihnen möglich war. [...]

Die Suche nach den Hintermännern dieser Übeltaten läuft. Ich habe sämtliche Ressourcen mobilisiert, damit unsere Geheimdienste und Strafverfolgungsbehörden die Verantwortlichen ausfindig machen und vor Gericht bringen können. Wir werden keinen Unterschied machen zwischen den Terroristen, die diese Taten begangen haben, und denjenigen, die sie unterstützen. Ich weiß es sehr zu schätzen, dass Kongressabgeordnete mir darin gefolgt sind, diese Angriffe aufs Schärfste zu verurteilen. Und im Namen des amerikanischen Volkes danke ich den vielen Staats- und Regierungschefs in aller Welt, die uns ihr Mitgefühl bekundet und ihre Hilfe angeboten haben. Amerika und seine Freunde und Verbündeten schließen sich mit all denen zusammen, die Frieden und Sicherheit in der Welt verteidigen wollen, und wir stehen zusammen, um den Kampf gegen den Terrorismus zu gewinnen.

Heute Abend bitte ich Sie darum, zu beten für alle, die trauern, für die Kinder, deren Welt erschüttert wurde, für alle, die sich jetzt in ihrer Sicherheit und Geborgenheit bedroht fühlen. Und ich bete darum, dass sie Trost finden in einer Macht, die größer ist als wir alle, wie es von alters her zum Ausdruck kommt in Psalm 23 („Der Herr ist mein Hirte"): „Und ob ich schon wanderte im finstern Tal, fürchte ich kein Unheil: Denn du bist bei mir." Dies ist der Tag, an dem alle Amerikaner aus allen Lebensbereichen zusammenstehen in ihrer Entschlossenheit, für Gerechtigkeit und Frieden einzutreten. Amerika hat schon in der Vergangenheit über Feinde obsiegt und wird es auch diesmal wieder tun.

Niemand von uns wird diesen Tag jemals vergessen, dennoch schreiten wir voran, um unsere Freiheit zu verteidigen und alles, was in unserer Welt gut und gerecht ist. Danke. Gute Nacht und Gott segne Amerika.

Zitiert nach: www.lpb-bw.de/9_11_fernsehansprache_busho.html [27.03.2013]

▲ **„Eine unteilbare Nation."**
Titel des Time Magazine vom 24. September 2001 mit Präsident George W. Bush auf den Trümmern des World Trade Centers.
▪ *Erläutern Sie die Wirkung des Fotos und seine Absicht.*

1. *Arbeiten Sie die „Botschaft" des Präsidenten heraus.*
2. *Analysieren Sie die Sprache der Rede. Welches Ziel verfolgt Bush damit?*

M2 „Achse des Bösen“

Am 29. Januar 2002 begründet Präsident Georg W. Bush in seinem „Bericht an die Nation“ seine Kriegspläne gegenüber dem Irak:

Ich hoffe, dass alle Nationen unserem Ruf folgen und die terroristischen Parasiten eliminieren, die ihre Länder und unser eigenes bedrohen. Viele Länder handeln entschlossen. [...]
Aber einige Regierungen werden angesichts des Terrors zögerlich. Täuschen Sie sich nicht. Wenn sie nicht handeln – Amerika wird es tun.
Unser zweites Ziel ist es, den Terror unterstützende Regime daran zu hindern, Amerika oder seine Freunde und Bündnispartner mit Massenvernichtungswaffen zu bedrohen. Einige dieser Regime haben sich seit dem 11. September ziemlich ruhig verhalten. Aber wir kennen ihr wahres Gesicht. Nordkorea ist ein Regime, das sich mit Raketen und Massenvernichtungswaffen ausrüstet und gleichzeitig seine Bürger verhungern lässt.
Der Iran strebt aggressiv den Besitz dieser Waffen an und exportiert den Terror, während einige wenige Ungewählte die Hoffnung des iranischen Volks auf Freiheit unterdrücken.
Der Irak stellt weiterhin seine Feindseligkeit gegenüber Amerika zur Schau und unterstützt den Terror. Das irakische Regime plant insgeheim seit über zehn Jahren die Herstellung von Milzbranderregern, Nervengas und von Nuklearwaffen. Dies ist ein Regime, das bereits Giftgas zur Ermordung von tausenden der eigenen Bürger einsetzte – die Körper der Mütter wurden über den toten Kindern liegen gelassen. Dies ist ein Regime, das internationalen Inspektionen zustimmte – und dann die Inspektoren hinausschmiss. Dies ist ein Regime, dass etwas vor der zivilisierten Welt zu verstecken hat.
Staaten wie diese und ihre terroristischen Verbündeten stellen eine Achse des Bösen dar, die sich bewaffnet, um den Frieden auf der Welt zu bedrohen. Diese Regime sind eine ernste und wachsende Gefahr, da sie den Besitz von Massenvernichtungswaffen anstreben. Sie könnten Terroristen ihre Waffen zur Verfügung stellen und ihnen damit die Mittel geben, ihren Hass zu verwirklichen. Sie könnten unsere Bündnispartner angreifen und versuchen, die Vereinigten Staaten zu erpressen. Auf jeden Fall wäre der Preis der Gleichgültigkeit katastrophal.

Zitiert nach: http://usa.usembassy.de/etexts/docs/bush290102d.htm [27.03.2013]

1. *Vergleichen Sie die Rede mit M1. Arbeiten Sie heraus, welche Entwicklung sich feststellen lässt.*

2. *Diskutieren Sie deren Ursachen und Folgen.*

M3 „System Guantánamo“

Manfred Nowak, UN-Sonderberichterstatter für Folter, beschreibt 2006 die amerikanischen Maßnahmen zur Bekämpfung des Terrorismus:

Auf der Basis dieser völkerrechtlich unhaltbaren und von verschiedenen internationalen Organen immer wieder kritisierten Argumentation hat die Bush-Regierung ein ganzes System von Maßnahmen zur Bekämpfung des Terrorismus entwickelt, das außerhalb des Rechtsstaats angesiedelt ist und mögliche demokratische oder rechtsstaatliche Kontrollen durch amerikanische oder internationale Instanzen bewusst einschränkt oder gar auszuschalten versucht. Diese häufig als „System Guantánamo“ bezeichnete Strategie zielt darauf, ausländische Staatsbürger, die des Terrorismus verdächtigt werden, außerhalb der Rechtsordnung zu stellen, also quasi für vogelfrei zu erklären.
Die Inhaftierung von Menschen ohne gerichtliche Anordnung oder gerichtliche Anklage auf unbestimmte Zeit („Bis der Krieg gegen den Terror vorbei ist“) zum Zweck der durch brutale Verhörmethoden erpressten Erlangung geheimdienstlich interessanter Informationen in einem Militärlager in der Guantánamo-Bucht auf Kuba ist nur der bekannteste Anwendungsfall dieses Systems. Die Ansiedlung dieses Gefangenenlagers außerhalb des Territoriums der USA wurde bewusst gewählt, um die Anwendung der US-Verfassung und internationaler Menschenrechtsstandards zu umgehen. [...]
Eine weitere Form der „Auslagerung“ der Folter zum Zweck der Umgehung internationaler Menschenrechtsstandards ist die Einbeziehung von privaten Sicherheitsfirmen bei Verhören, wie dies z. B. im berüchtigten US-Lager von Abu Ghraib im Irak nachweislich der Fall war. Auch hier gilt natürlich aus rechtlicher Sicht, dass sich kein Staat durch die Privatisierung von Gefängnissen, Geheimdienst- oder sonstigen Sicherheitskräften seiner völkerrechtlichen Verpflichtung entziehen kann, Häftlinge in menschenwürdiger Weise zu behandeln.
Schließlich gehört zum „System Guantánamo“ auch die Existenz geheimer Gefangenenlager der USA. Dass es solche Lager gibt, ist schon durch die bloße Tatsache bewiesen, dass die USA zugeben, gewisse hochrangige al-Qaida-Funktionäre in ihrem Gewahrsam zu haben, deren Aufenthaltsort aber aus Sicherheitsgründen nicht bekannt geben wollen. Wo diese geheimen Lager sind, konnte bisher nicht eindeutig nachgewiesen werden, aber es gab und gibt viele diesbezügliche Vermutungen, die in der Regel auf gut informierten

[1] Der Schweizer Politiker Dick Marty (*1945) ist Mitglied der OSZE-Kommission für Menschenrechte und Abgeordneter des Europarates, in dessen Auftrag er ab 2005 Ermittlungen zu illegalen Aktivitäten des US-Geheimdienstes CIA in Europa leitete.

Quellen beruhen. Dass es solche Lager auch in Europa, insbesondere in Polen und Rumänien gab, gilt als wahrscheinlich, wie der Bericht von Dick Marty[1] belegt.

Manfred Nowak, Das System Guantánamo, in: Aus Politik und Zeitgeschichte (36/2006), S. 23-30

1. *Analysieren Sie die Formen des amerikanischen Antiterrorkampfes und setzen Sie diese in Bezug zu den Reden Bushs in M1 und M2.*

2. *Diskutieren Sie die Folgen dieser Maßnahmen.*

M4 Politik nach George W. Bush

Der Amerikaexperte Peter Rudolf wird von der Süddeutschen Zeitung (SZ) zur Politik von Präsident Obama interviewt:

SZ: Sich von anderen Präsidenten abzugrenzen war Obama ein großes Anliegen – vor allem von seinem Vorgänger George W. Bush. Ist ihm das gelungen?

Rudolf: Nur zum Teil. Er spricht nicht vom „Krieg gegen den Terror", wie es Bush getan hat, sondern vom „Krieg gegen al-Qaida". Also gegen eine bestimmte extremistische Gruppe.

SZ: Am Begriff „Krieg" hält der Friedensnobelpreisträger in diesem Zusammenhang weiter fest. Warum?

Rudolf: Würde er das nicht tun, wären bestimmte Praktiken rechtlich nicht begründbar, zum Beispiel die gezielten Tötungen von Terroristen [...].

SZ: Woran lässt sich dann der Wandel festmachen?

Rudolf: Zum Beispiel an der Abrüstungspolitik. Unter anderem hat er auch das Ziel einer „atomwaffenfreien Welt" ausgerufen. Außerdem hat der US-Präsident sämtlichen Folterpraktiken eine klare Absage erteilt. [...]

SZ: Damit er in der Afghanistan-Politik nicht scheitert, [...] schickt er 30 000 weitere Soldaten an den Hindukusch. Wie bewerten Sie sein Vorgehen auf diesem wichtigen außenpolitischen Feld?

Rudolf: Obama hat im Wahlkampf betont, dass Afghanistan ein notwendiger Krieg ist, der nicht verloren werden dürfe. Jetzt ist es für Obama wichtig, dass rasch Fortschritte erkennbar werden. Die erneute Truppenaufstockung [...] soll die Dynamik der Aufstandsbewegung brechen. [...]

SZ: Nicht militärische Stärke, sondern Signale der Versöhnung dominierten Obamas Rhetorik – vor allem Richtung muslimische Welt. [...] Konnte Obama bei den Muslimen Vertrauen zurückgewinnen?

Rudolf: Meinungsumfragen zeigen, dass sich die Wahrnehmung der USA in der muslimischen Welt kaum verbessert hat. [...]

▲ **„Wartime Peace Prize."**
Karikatur von Adam Zyglis in „The Buffalo News", New York, 9. Oktober 2009.
„Nur zum Wechsel der Stoßstangen-Aufkleber ..."
Am 9. Oktober 2009, kaum neun Monate nach seinem Amtsantritt, verlieh das Norwegische Nobelpreiskomitee Barack Obama für seine Bemühungen zur Stärkung der internationalen Zusammenarbeit und eine Welt ohne Atomwaffen den Friedensnobelpreis.

■ *Erläutern Sie, welche Einstellung des Karikaturisten zu Obama und dessen Haltung zum Krieg deutlich wird.*

SZ: Auch in der Iran-Politik hat er nicht viel erreicht. Er ging auf Teheran zu, Erfolg hatte er aber bisher nicht. Mancher Kritiker warf ihm deshalb außenpolitische Naivität vor.

Rudolf: Obama hielt es von Beginn an für unwahrscheinlich, dass Iran auf das amerikanische Entgegenkommen reagieren würde. Dennoch entschlossen sich die USA zu dem Schritt – in der Hoffnung, dass [...] das iranische Regime innenpolitisch in die Defensive gerät.

SZ: Welche Grundorientierung lässt sich aus Obamas Außenpolitik herauslesen?

Rudolf: Es geht um die Erneuerung der amerikanischen Führungsrolle, aber in einem neuen Sinne: als Führungsmacht, die eng mit anderen wichtigen Staaten kooperiert. Dahinter steht die Überzeugung, dass es nach wie vor eines Staates bedarf, der in vielen Bereichen vorangeht. Dieser Staat kann aus Obamas Sicht in zahlreichen Fällen nur die USA sein.

Zitiert nach: süddeutsche.de, 17. Mai 2010, Interview: Peter Lindner [10.04.2013]

1. *Arbeiten Sie die neuen Elemente der Außenpolitik Barack Obamas heraus. Wobei handelt es sich um politische Maßnahmen, wobei um Ankündigungen?*

2. *Diskutieren Sie alternative Möglichkeiten der Vereinigten Staaten gegenüber der vorherigen Politik, als letzte verbleibende Supermacht auf den internationalen Terrorismus zu regieren.*

Überschrift als Kernthese mit provokanter Frage

Vorreiter der Moderne

Warum sind die Vereinigten Staaten vielen Menschen so suspekt? (Auszüge)

Ein Essay von Dan Diner

Anschaulicher Einstieg mit aussagekräftigem Zitat zeigt historische Dimension der Kernthese auf

Im Anfang war alle Welt Amerika. Diese kategorische Aussage über die Bedeutung des neuen Kontinents traf John Locke in seinem 1690 erschienenen Werk „Zwei Abhandlungen über die Regierung". […]

Zugespitzte These/Stellungnahme

Die Vereinigten Staaten von Amerika sind ein paradoxes Produkt der Aufklärung. Paradox insofern, als sie als Inkarnation der Neuen Welt zugleich das älteste Gemeinwesen der Moderne sind. In ihnen bildeten sich die universellen, dem Prinzip der Freiheit und der Gleichheit verpflichteten Institutionen zuerst aus. Und von Amerika aus traten sie ihren Siegeszug an. Das mochte John Locke gemeint haben, als er davon sprach, im Anfang sei alle Welt Amerika.

Hintergrundinformationen (demokratisches und republikanisches Selbstverständnis)

Demokratische Institutionen sind in der Tat das Herzstück der Vereinigten Staaten von Amerika. Während sich in der Alten Welt Völker und Nationen in langwierigen Kämpfen ihrer Anciens Régimes zu entledigen hatten, erfanden in der Neuen Welt die im Prinzip der Freiheit verankerten demokratischen und republikanischen Institutionen das amerikanische Volk. Ihm konnte sich jeder anschließen. […]

Erläuterung/Argumentation (Kernbegriff Verfassungspatriotismus)

Was die Fremden zu Amerikanern macht, ist ihr Verfassungspatriotismus. Er ist zentrales Merkmal der Zugehörigkeit zum amerikanischen Volk. Bekenntnisse und Rituale zur Regulierung des Zusammenlebens in der Gegenwart sind wichtiger als alle Erinnerungen an die Vergangenheit. Dieser Verfassungspatriotismus und die Neutralisierung von Herkunft zugunsten von Zukunft bewirken, dass sich das Land ständig neu erfindet. […]

These/Stellungnahme (Motto „Vielheit in der Einheit der Republik")

E pluribus unum – aus vielen eins, nicht von ungefähr ist dieses Motto auf dem amerikanischen Wappen und vielen Münzen zu finden. Die Vereinigten Staaten sind das Land sichtbarer Vielheit in der Einheit der Republik. Da ist zuerst die Akzeptanz der religiösen Vielfalt, später auch die der ethnischen und kulturellen Mannigfaltigkeit.

Erläuterung/Argumentation (konfessioneller Pluralismus)

Seinen Ursprung hat das Prinzip der Vielheit in der englischen Tradition des konfessionellen Pluralismus. Seine Träger waren die protestantischen Sekten, die es schon früh über den Atlantik trieb. Ein solcher Pluralismus relativiert jeden Absolutheitsanspruch von Religion. […]

Zitat als Argumentationsgrundlage bzw. Beleg für Kernthese (bürgerliche Gesellschaft ohne Staat als Charakteristikum des Vorreiters)

Hegel hat einmal gesagt, Nordamerika sei „bürgerliche Gesellschaft ohne Staat". Das war scharf beobachtet. Denn die bürgerliche Gesellschaft – oder in leichter Verschiebung in Zeit und Sinn: die Zivilgesellschaft – bedarf zu ihrer selbstbestimmten Regulierung der Tugenden gemeinsamen Handelns. Der Staat als eine die Gesellschaft regulierende Institution ist hingegen eher ein europäisches, genauer: ein kontinentaleuropäisches Phänomen. Der „civil society" steht er fremd gegenüber. […]

Zugespitzte These untermauert eigene Position; Verknüpfung der Kernaspekte Staat und Religion

Den Amerikanern ist Staat an sich suspekt. Umso gewichtiger ist jene höhere Instanz, die der Einzelne in sich trägt. Die zivile Bedeutung der Religion in Amerika sorgt für den Zusammenhalt des Gemeinwesens – und sie lehrt, gleichsam intuitiv zwischen Richtig und Falsch, zwischen Gut und Böse zu unterscheiden. So beruft sich Amerika leichthin auf Gott – aber nicht auf einen bestimmten. […]

These als Teilantwort der Eingangsfrage (Gottgefälligkeit und Konservativismus als Grund für Skepsis)

Die Gottgefälligkeit der Amerikaner, aber auch andere von ihnen in Ehren gehaltene Tugenden wie Familiensinn und Patriotismus haben ihnen so manche Schelte eingetragen – vornehmlich die stets wiederkehrende Vorhaltung, sie seien stockkonservativ. Tatsächlich vermochten etwa sozialistische Ideen in Amerika keine Wurzeln zu schlagen. […]

Deutsche Emigranten forderten die Vereinigten Staaten 1853 in einem aufsehenerregenden Manifest auf, in Europa die Bekämpfung der Tyrannei zu unterstützen und dabei zu helfen, dass eine Weltdemokratie mit allgemeinem Stimmrecht und Volksbewaffnung etabliert werde.

An diese Haltung schließt die Tradition an, Kriege um Werte und Bürgerrechte für selbstverständlich zu halten. Der amerikanische Unabhängigkeitskrieg machte den Anfang. Die Aufständischen rebellierten gegen den englischen König. Ihr Ziel war die Verfassungsforderung: „No taxation without representation", keine Besteuerung ohne politische Vertretung.

Historische Beispiele als Argumentationsgrundlage bzw. Beleg für Kernthese

Der amerikanische Bürgerkrieg Mitte des 19. Jahrhunderts wiederum steht wie kaum ein anderer für das Ringen der Nation um gleiches Recht für alle. Und der Eintritt der Vereinigten Staaten in den Ersten Weltkrieg sollte nach den Worten von Woodrow Wilson „die Welt für die Demokratie sicher machen". Als „Kreuzzug für die Freiheit" galt den Amerikanern dann der Zweite Weltkrieg.

Der amerikanischen Politik ist so etwas wie ein Missionsgedanke eingeschrieben. Es gilt, die Menschheit mit den Werten von Demokratie und Freiheit zu beglücken – eine Tradition, die andere als Ansinnen empfinden. So sind die Amerikaner schnell dabei, ihnen als unbotmäßig erachtete Regierungen zu stürzen, und dies meist nicht zum Schaden eigener Wirtschaftsinteressen. Vor allem die, wenn auch schon etwas weiter zurückliegenden Interventionen im „Hinterhof" ihres Halbkontinents, besonders in Mittelamerika, sind ihrem Ruf nicht gut bekommen. Dazu kam, dass Washington in der Zeit des Kalten Krieges geflissentlich ignorierte, ob ein Regime den Maßgaben von Demokratie und Menschenrechten folgte. Wichtig war allein, ob es sich auf der richtigen Seite der neuen Front einfand.

Fakten und Thesen erläutern und untermauern Argumentation im historischen Kontext

Die Vereinigten Staaten von Amerika sind wenig gelitten. Ob die ihnen inständig entgegengebrachte Abneigung Folge ihres Handelns oder Ausdruck ihres Seins ist, lässt sich nur schwer ausmachen. Vieles spricht dafür, dass ihre bloße Existenz Antipathien hervorruft. Ob es sich – wie im 19. Jahrhundert gang und gäbe – um einen tief im bürgerlichen Milieu verankerten aristokratischen Widerwillen gegenüber den „Gleichheitsflegeln" (Heinrich Heine) handelte oder um die Identifizierung Amerikas als Ursprungsland von Geldherrschaft und Kapitalismus – alles weist darauf hin, dass das Land für die dunkle Seite der Moderne haftet. [...]

Synthese der Argumentation (USA ist vielen suspekt, weil sie für „dunkle Seite der Moderne" stehen)

Heute, nach dem Ende des ideologischen Gegensatzes zwischen westlichem Liberalismus und östlichem Kommunismus, zwischen Freiheit und wortwörtlich verstandener Gleichheit, zeigen sich innerhalb der westlichen Demokratien – zwischen Europa und Amerika – zunehmend markante Unterschiede: bei der Bereitschaft zur Gewaltanwendung nach außen, im wirtschaftlichen Gebaren, bei der politischen Partizipation. Vor allem aber in Fragen der sozialen Sicherung und in dem Verständnis von Arbeit und Arbeitsbedingungen. Während in Europa die Verknüpfung von Nationalstaat und Sozialstaat über lange Dauer gewachsene Anwartschaften verbürgte, kennt Amerika als ein sich beständig neu erfindendes Einwanderungsland solch weitreichende Garantien nicht. [...] In Gemeinwesen vornehmlich kontinentaler Tradition ist die Gesellschaft dem sie voraussetzenden Staat erwachsen. Amerika hingegen ist – wie Hegel beobachtete – im Prinzip eine bürgerliche Gesellschaft ohne Staat. Selbstredend nicht gänzlich ohne Staat, aber mit bei Weitem weniger Staat als in Europa. [...]

Erläuterung der Synthese (Gegensätze zwischen Europa und Amerika als Grund für Skepsis)

All dies lässt sich als zivilisatorischer Ausläufer der „Atlantischen Revolution" verstehen: des historischen Prozesses der Individualisierung und der gesellschaftlichen Beschleunigung, der das Antlitz der Welt rapide verwandelt. Amerika mit dieser Entwicklung in eins zu setzen – so, als sei es sein Verursacher und nicht sein erstes und deshalb auch am weitesten fortgeschrittenes Produkt –, ist ein weitverbreiteter Irrtum.

Zugespitzte Synthese der Argumentation

Dass Amerika „im Anfang" (Locke) dieser Entwicklung war, ist jener ungewöhnlichen kolonialen Konstellation geschuldet, aus der es erwachsen ist. Es konnte als eine Kopfgeburt der Aufklärung gleichsam aus sich heraus die Menschheit erfinden. Damit ist nicht angezeigt, Amerika sei die Menschheit [...]. Aber die Vereinigten Staaten von Amerika kommen dem Konzept der Menschheit näher als jedes andere real existierende Gemeinwesen.

Abschließende Stellungnahme/Fazit spannt Bogen zur Ausgangsthese

Dan Diner, Vorreiter der Moderne. Warum sind die Vereinigten Staaten vielen Menschen so suspekt?, in: Spiegel Special Geschichte 4/2008, S. 141-143

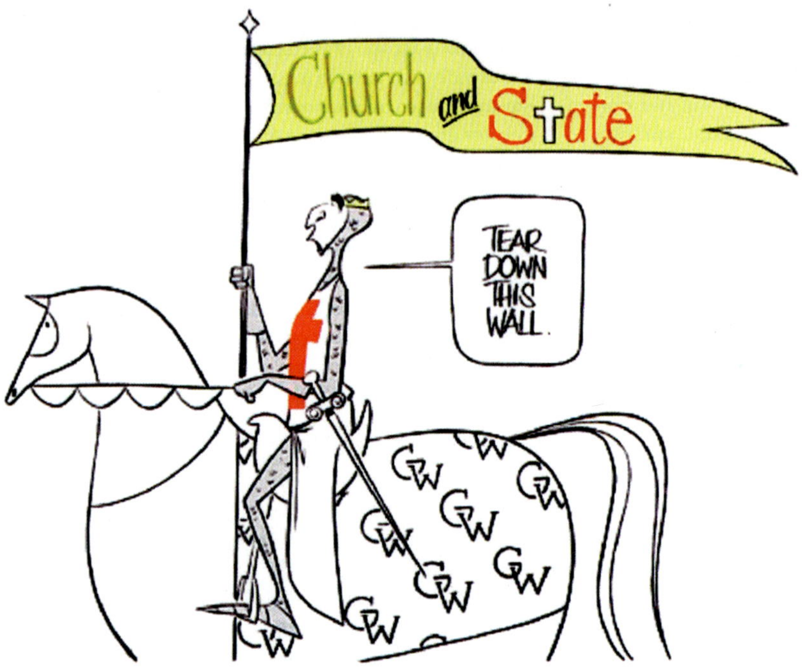

◂ **George Walker Bush auf Kreuzzug für die Religion.**
Karikatur von Ann Telnaes in der New York Times vom 5. Juni 2004. US-Präsident George W. Bush erscheint hier als Kreuzritter. Der ihm in den Mund gelegte Appell „Reiße(n Sie) diese Mauer ein!" spielt auf ein berühmtes Zitat Ronald Reagans, US-Präsident von 1981 bis 1989, an. Bei einem Besuch West-Berlins wandte er sich am 12. Juni 1987 in einer Rede vor dem Brandenburger Tor und der damals noch existierenden Berliner Mauer an den sowjetischen Parteichef Michail Gorbatschow mit der Forderung: „Mr. Gorbachev, open this gate! Mr. Gorbachev, tear down this wall!"

- *Analysieren Sie die Aussage der Karikatur. An wen wendet sich Bush? Worauf spielt die Karikatur an?*
- *Beurteilen Sie die Haltung zur US-amerikanischen Politik, die in der Karikatur zum Ausdruck kommt.*

1. *Skizzieren Sie die historischen Wurzeln und Dimensionen des Nahost-Konflikts von der Antike bis zur Gegenwart.*
2. *Erläutern Sie die Rolle von Diplomatie und militärischer Auseinandersetzung für die zwischenstaatlichen Beziehungen im Nahost-Konflikt seit 1947.*
3. *Zeigen Sie die Stellung Israels und seiner Nachbarn im Spannungsfeld des Kalten Krieges auf.*
4. *Untersuchen Sie die Wechselbeziehungen zwischen dem israelisch-palästinensischen Konflikt und dem Krisenherd Irak.*
5. *Nehmen Sie Stellung: Der Nahost-Konflikt als Beispiel für die Globalisierung von Konflikten?*
6. *Arbeiten Sie am Beispiel des Nahost-Konflikts Voraussetzungen und Möglichkeiten der dauerhaften Beilegung von weltpolitischen Konflikten heraus. Berücksichtigen Sie dabei jeweils religiöse und kulturelle Konfliktpotenziale in den verschiedenen Epochen.*
7. *Analysieren Sie, inwiefern Leitbilder und Werte aus der Kolonialzeit und der Epoche des Unabhängigkeitskampfes bis heute die Politik der USA beeinflussen.*
8. *Skizzieren Sie die Grundlinien der US-Außenpolitik im 19. uns 20. Jahrhundert.*
9. *Vergleichen Sie die Motive und Hintergründe des Eingreifens der USA in den Ersten und Zweiten Weltkrieg.*
10. *Bestimmen und bewerten Sie die Bedeutung innenpolitischer, ideologisch-religiöser und wirtschaftlicher Faktoren für das außenpolitische Handeln der USA.*
11. *Zeigen Sie am Beispiel einer Region, welche Mittel die USA im Kalten Krieg im Kampf gegen den ideologischen Gegner einsetzten.*
12. *Analysieren Sie, ob die Politik von George W. Bush in der Kontinuität amerikanischer Außenpolitik seit dem 19. Jahrhundert steht oder eher einen Bruch markiert.*
13. *Stellen Sie Möglichkeiten und Grenzen der Supermacht USA dar, den eigenen Werten weltweit Geltung zu verschaffen.*
14. *Untersuchen Sie die Rolle von Nation und Nationalismus für die Entwicklung des Nahen Ostens sowie der USA.*

Perspektive Sozialkunde

1. *Skizzieren Sie das Wirken von UNO und NATO zur kollektiven Friedenssicherung seit dem 20. Jahrhundert.*
2. *Frieden und Sicherheit als Aufgabe der internationalen Politik: Nehmen Sie Stellung zu dieser These. Erläutern Sie Chancen und Probleme der internationalen Zusammenarbeit in der Sicherheitspolitik am Beispiel des Nahost-Konflikts.*

Literaturtipps

Jörn Böhme, Tobias Kriener und Christian Sterzing, Kleine Geschichte des israelisch-palästinensischen Konfliktes, Schwalbach/Ts. 2005

Volker Depkat, Geschichte Nordamerikas, Köln u.a. 2008

Alexander Emmerich, Geschichte der USA, Stuttgart 2008

Heinz Gaube, Bernd Schneidmüller und Stefan Weinfurter (Hrsg.), Konfrontation der Kulturen? Saladin und die Kreuzfahrer, Mainz 2005

Jürgen Heideking und Christof Mauch, Geschichte der USA, Tübingen u.a. ^{5}2007

Margret Johannsen, Der Nahost-Konflikt, Wiesbaden ^{2}2009

Steffen Kinzer, Putsch! Zur Geschichte des amerikanischen Imperialismus, Frankfurt am Main 2007

Gudrun Krämer, Geschichte Palästinas. Von der osmanischen Eroberung bis zur Gründung Israels, München 2002

Elmar Krautkrämer, Krieg ohne Ende? Israel und die Palästinenser. Geschichte eines Konflikts, Darmstadt 2003

Ariel Lewin (Hrsg.), Palästina in der Antike, Darmstadt 2004

Bernard Lewis, Stern, Kreuz und Halbmond. 2000 Jahre Geschichte des Nahen Ostens, München 1997

Christoph Mauch, Die 101 wichtigsten Fragen. Amerikanische Geschichte, München 2008

Herfried Münkler, Imperien. Die Logik der Weltherrschaft – vom Alten Rom bis zu den Vereinigten Staaten, Berlin 2005

Martin Schäuble und Noah Flug, Die Geschichte der Israelis und Palästinenser, München 2009

Klaus Schwabe, Weltmacht und Weltordnung. Amerikanische Außenpolitik von 1898 bis zur Gegenwart, Eine Jahrhundertgeschichte, München u.a. ^{2}2006

Tom Segev, Die ersten Israelis. Die Anfänge des jüdischen Staates, aus dem Englischen von H. Dierlamm und H. Freundl, München 2008

Rolf Steininger, Der Nahostkonflikt, Frankfurt am Main ^{4}2003

▲ Kostümierte in der Lobby des National Museum of American History in Washington, D.C., bei der Wiedereröffnung 2009.

▲ Israel-Museum, Jerusalem.

Schriftliche Quellen als erzählte Geschichte

Schriftliche Quellen sind Texte, die in einem bestimmten geschichtlichen Zusammenhang geschrieben wurden und im Original oder als Abschrift überliefert worden sind. Dazu gehören ganz unterschiedliche Quellengattungen wie Urkunden, Gesetze, Protokolle, Flugblätter, Briefe, Reden, Lebenserinnerungen und Tagebücher sowie Akten, Zeitungsartikel, Chroniken und Annalen – kurz: alle Textquellen, aus denen Kenntnisse über die Vergangenheit gewonnen werden können.

Schriftliche Quellen analysieren

Geschichtsschreibung ist der Versuch, die Vergangenheit zu rekonstruieren und zu interpretieren. Dabei sind wir besonders auf schriftliche Quellen angewiesen. Unterschieden werden kann bei Textquellen zwischen „Traditionsquellen“ und „Überrestquellen“: Als Tradition werden in der Geschichtswissenschaft Quellen bezeichnet, die nicht nur für Zeitgenossen, sondern bewusst für die Nachwelt geschrieben worden sind, wie vor allem Chroniken, Annalen oder (Auto-)Biografien. Zum Überrest zählen demgegenüber Quellen, die wie Urkunden, Gesetzestexte, Rechnungen, Protokolle oder Briefe für die jeweilige Gegenwart verfasst wurden.

Keine Quelle „spricht für sich“. Der Historiker muss die Vergangenheit aus den Quellen rückblickend erschließen, formale Merkmale klären, den Inhalt kritisch prüfen und in den historischen Kontext einordnen. Schriftliche Quellen können unvollständig oder gefälscht sein, Fehler oder Unwahrheiten enthalten. Darüber hinaus sind sie immer durch die Sichtweise und die Intention des Verfassers geprägt. Zu berücksichtigen ist daher immer auch der zeitliche Abstand zwischen dem dargestellten Geschehen und dem Zeitpunkt der Abfassung.

Die Schlüsse, die wir aus Quellen ziehen, hängen aber immer auch von unserem Vorwissen und unseren sozialen, politischen und religiösen Einstellungen ab.

Formale Kennzeichen

- Wer ist der Verfasser oder Auftraggeber?
- Welche Funktion, welchen Beruf oder welche Stellung hat er?
- Um welche Quellengattung handelt es sich (Tradition oder Überrest)?
- Wann, wo und aus welchem Anlass wurde der Text verfasst?

Textinhalt

- Was ist Gegenstand des Textes? Was wird thematisiert?
- Wie ist der Text aufgebaut? Welche Merkmale kennzeichnen ihn (Sprache, Stil)?

Historischer Kontext

- Welchen Zeitraum, welche Ereignisse oder welche Personen behandelt die Quelle?
- In welchem Bezug steht der Verfasser zu dem, was er berichtet (Handelnder, Zeitzeuge oder Geschichtsschreiber)?

Intention und Wirkung

- An wen wendet sich der Text?
- Welche Absichten verfolgen Verfasser oder Auftraggeber mit dem Text?
- Welche Wirkung sollte mit der Quelle erzielt werden?

Einordnung und Bewertung

- Wie lässt sich die Quelle in die Überlieferung einordnen und bewerten?
- Gibt es alternative oder ergänzende Quellen?

Statistiken präsentieren Daten und Informationen, um gegenwärtige und vergangene Verhältnisse und Zusammenhänge zu verstehen und Veränderungen zu erkennen: Sie fassen Wahlergebnisse zusammen, zeigen die Lohn- und Preisentwicklung auf, liefern Daten über das Klima, die Bevölkerung, aus Umfragen ermittelte Meinungen und vieles mehr, um aus diesen Befunden Aussagen über die Geschichte abzuleiten. Um statistische Daten zu veranschaulichen, werden sie als (Zahlen-)Tabellen oder als Diagramme dargestellt.

Geschichte in Zahlen

Statistiken und Diagramme auswerten

Bis ins 20. Jahrhundert wurden Daten noch nicht systematisch und flächendeckend gesammelt. Zudem erschweren unterschiedliche Bezugsgrößen wie z.B. Gewichte, Maße, Währungen und Räume (Grenzen) die Vergleichbarkeit. Gültige Aussagen können jedoch nur auf der Grundlage untereinander vergleichbarer und möglichst lückenloser Angaben gemacht werden. Deshalb werden die Daten der Statistiken meist bearbeitet, d.h. nach bestimmten Gesichtspunkten ausgewählt, vereinheitlicht und sortiert.
Die in Statistiken aufgelisteten Größen können absolute Größenangaben sein, also exakte Werte einer Messeinheit, z.B. Tonnen, Euro, Stück. Ebenso häufig finden sich relative Werte, also Prozentanteile oder Indizes, d.h. Verhältniszahlen, die sich auf einen Ausgangswert beziehen. Hierbei werden die Verhältnisse eines Stichjahres mit der Indexzahl 100 angesetzt, die Werte der anderen Jahre entsprechend ihrer Abweichung von jenen des Stichjahres angegeben (z.B. ein Jahr mit dem Index 80 liegt demnach 20 Prozent unter dem Stichjahr).
Für die Darstellung von Entwicklungen (z.B. Bevölkerungszahlen) eignen sich Linien- oder Kurvendiagramme; um Anteile innerhalb einer Gesamteinheit (z.B. Stimmenanteile bei Wahlen) zu veranschaulichen, werden oft Kreisdiagramme („Tortendiagramme“) verwendet; Säulen- oder Balkendiagramme erleichtern den Vergleich von Mengen oder verschiedenen Bezugsgrößen.

Formale Kennzeichen

- Um welche Art von Statistik handelt es sich?
- Wer hat sie erstellt oder in Auftrag gegeben?
- Wann und wo ist sie entstanden bzw. veröffentlicht worden?

Inhalt

- Worüber informiert die Statistik (Thema/Inhalt, Zeit, Raum, Messgrößen)?
- Welche Zahlenwerte (absolute Werte, Prozentangaben, Indizes) werden verwendet?
- Woher stammen die Zahlen? Sind die Angaben verlässlich und vollständig?
- Wird ein Zustand oder eine Entwicklung (Stagnation, Anstieg, Rückgang) dargestellt?

Historischer Kontext

- Auf welche Epoche, welches Ereignis oder welchen Sachverhalt bezieht sich die Statistik?
- Ist die Statistik in der betreffenden Zeit entstanden oder das Ergebnis einer Forschungsarbeit?

Intention und Wirkung

- Welche Aussageabsicht hat die Statistik?
- Für welche Zielgruppe wurde die Statistik erstellt?

Bewertung und Fazit

- Welche Gesamtaussage bzw. welche Thesen lassen sich formulieren?
- Müssen die Angaben durch andere Informationen ergänzt oder korrigiert werden?

Plakate als historisches Massenmedium

Plakate sind öffentliche Aushänge oder Anschläge, die informieren, werben oder zu Aktionen aufrufen. Um möglichst viele Menschen anzusprechen, werden sie überwiegend an stark frequentierten Standorten platziert. Ihr Ziel ist es, durch „plakative", also auffällige gestalterische Mittel und Schlagworte (Slogans), auf den ersten Blick zu wirken und durch eine meist suggestive, an das Unterbewusstsein gerichtete Botschaft in Erinnerung zu bleiben.

Politische Plakate analysieren

Politische Plakate gibt es – ob als Bekanntmachung der Regierung, als Protest gegen soziale Missstände oder zur Verteufelung des Kriegsgegners – in Deutschland seit Anfang des 19. Jahrhunderts. Ihre Bedeutung als Massenmedium erreichten sie jedoch erst in der Weimarer Republik. Da es nun zwar Pressefreiheit, aber noch kein Fernsehen oder Radio gab, nutzten die Parteien Plakate als schlagkräftige Agitations- und Propagandamittel im Kampf um Wählerstimmen.

In dem Maße, wie sich die politischen Auseinandersetzungen in der Anfangs- und Endphase der Republik zuspitzten, wurden auch die Texte und Bilder der Parteien radikaler. Die politischen Gegner wurden diffamiert, Feindbilder aufgebaut und Bedrohungsszenarien beschworen. Obwohl durch die unterschiedlichen künstlerischen Stilrichtungen der Epoche beeinflusst, bedienten sich die Parteien für ihre Plakate häufig derselben Motive und Gestaltungsmittel: überdimensionale Figuren, etwa der politische Gegner als „Untermensch" oder der unbeugsame Arbeiter als Ideal des „Kämpfers", Symbole wie der stolze Adler, die giftige Schlange, die Fahne oder Fackel in der Hand des Arbeiters.

Wahlplakate geben keine Auskunft über das Wählerverhalten. Sie spiegeln jedoch in Wort und Bild die politischen Auseinandersetzungen und Ziele der Parteien sowie den Alltag, die Probleme und Grundhaltungen der Zeit.

Formale Kennzeichen

- Um welche Art von Plakat handelt es sich?
- Wer hat das Plakat geschaffen oder in Auftrag gegeben?
- Wann und wo ist es entstanden bzw. veröffentlicht worden?

Plakatinhalt

- Wen oder was zeigt das Plakat auf welche Weise?
- Was wird thematisiert?
- Wie ist das Plakat aufgebaut? Welche Gestaltungsmittel werden verwendet (Verhältnis von Text und Bild, Perspektive, Haltung der Figuren, Schriftgröße und -art, Farben, Symbole, Übertreibungen, Verwendung bestimmter Stilmittel)?
- Was bedeuten die Gestaltungsmittel?

Historischer Kontext

- Auf welches Ereignis, welchen Sachverhalt oder welche Person bezieht sich das Plakat?
- Was ist der Anlass für die Veröffentlichung?

Intention und Wirkung

- An wen wendet sich das Plakat?
- Ist es gegen jemanden gerichtet? Werden Feindbilder dargestellt?
- Welche Aussageabsicht verfolgt der Künstler bzw. Auftraggeber?
- Welche Wirkung soll das Plakat beim zeitgenössischen Betrachter erzielen?

Sekundärliteratur als interpretierte Vergangenheit

Sekundär- oder Fachliteratur ist der Sammelbegriff für jede Form der wissenschaftlichen Auseinandersetzung mit historischen Quellen oder Themen. Der Begriff umfasst Textsorten wie wissenschaftliche Bücher (Monografien), Aufsätze in (Fach-)Zeitschriften, gedruckte Vorträge, Lexikonartikel und Rezensionen (Buchbesprechungen).

Umgang mit Sekundärliteratur

Die Fachliteratur über den Nationalsozialismus, das „Dritte Reich" und den Holocaust ist unüberschaubar. Eine Bibliografie aus dem Jahr 2000 nennt 17609 Monografien, 11857 Beiträge aus Sammelwerken und 7557 Zeitungs- und Zeitschriftenaufsätze aus dem Zeitraum von 1945 bis 2000. Seitdem sind zahlreiche weitere Veröffentlichungen hinzugekommen. Zu vielen Monografien sind Rezensionen erschienen, die die Veröffentlichung in die Forschung einordnen, bewerten und oft gegensätzliche Auffassungen vertreten.

Es gibt keine objektive, ein für alle Mal gültige oder richtige und verbindliche Geschichtsschreibung. Sie ist immer abhängig von der Person, die ein Thema mit einem bestimmten Erkenntnisinteresse subjektiv bearbeitet, von der Zeit, in der geforscht wird, von den ausgewählten oder zur Verfügung stehenden Quellen und der verwendeten Fachliteratur. Für das Verständnis eines Textes, seine Einordnung und Bewertung ist es daher notwendig, ihn mit anderen Darstellungen zu vergleichen und ihn nach bestimmten Kriterien zu untersuchen.

Formale Kennzeichen

- Wer ist der Autor oder Rezensent?
- Welche Funktion, welchen Beruf oder welche Stellung hat er?
- Um welche Textsorte handelt es sich (z. B. Lexikonartikel, Fachbuch oder Rezension)?
- Wann, wo und aus welchem Anlass ist der Text veröffentlicht worden?

Textinhalt

- Was wird thematisiert?
- Welche Behauptungen oder Thesen werden aufgestellt?
- Mit welchen Argumenten bzw. Belegen (Quellen, Sekundärliteratur) begründet der Autor seine Aussagen?
- Wie ist der Text aufgebaut? Welche besonderen Merkmale gibt es (Sprache, Stil)?

Historischer Kontext

- Welchen Zeitraum, welches Ereignis oder welche Person behandelt der Text?
- Auf welche wissenschaftliche oder politische Diskussion geht er ein?
- In welchem Bezug steht der Autor/Rezensent zum behandelten Thema?

Intention

- An welche Adressaten wendet sich der Text?
- Welche Aussageabsicht hat er?
- Welchen Standpunkt nimmt der Autor/Rezensent ein?

Bewertung

- Wie lässt sich der Text bzw. die Publikation insgesamt einordnen und bewerten?
- Wurde das Thema schlüssig und überzeugend bearbeitet oder ist die Argumentation lückenhaft? Wurden mehrere Perspektiven berücksichtigt?
- Nimmt der Autor/Rezensent Wertungen vor oder stellt er Vermutungen auf?

Karikaturen als gezeichnete Geschichte

Karikaturen (von ital. caricare für „überladen", „übertreiben") sind gezeichnete historische Quellen: Sie nehmen zu aktuellen politischen oder gesellschaftlichen Ereignissen, Entwicklungen, Zuständen oder Personen kritisch Stellung. Mit den Mitteln der Parodie, der Ironie, der Komik und des Witzes heben sie zentrale Aspekte bewusst hervor, vereinfachen sie oder stellen sie verzerrt dar. Die Öffentlichkeit soll auf politische oder soziale Missstände und Fehlentwicklungen aufmerksam gemacht, zum Nachdenken und Diskutieren angeregt werden.

Karikaturen analysieren

Worüber die Zeitgenossen lachten oder sich ärgerten, was ihnen gefiel oder was sie ablehnten, erfassen wir nicht auf Anhieb. Um die Aussage einer Karikatur zu entschlüsseln, bedarf es daher der genauen Interpretation und Analyse. In der Regel legen kurze Texte den gezeichneten Figuren Worte in den Mund oder bieten als plakative Unterschriften Hilfen für Deutung und Reflexion. Neben dem Text sind auch Daten wichtige Erschließungshilfen. Generell setzen die Zeichner nicht nur die Kenntnis des dargestellten Sachverhaltes voraus, sondern auch die für Karikaturen typische Symbol- und Bildersprache:

- Symbole und Metaphern (Krone und Zepter für Monarchie, Waage für Gerechtigkeit)
- Personifikation und Allegorie („Uncle Sam" für die USA, „Germania" oder der „Deutsche Michel" mit Zipfelmütze für die Deutschen, Engel oder Taube als Friedensbringer)
- Tiervergleiche (der „russische Bär", der „gallische Hahn")
- visualisierte Redensarten („alle sitzen in einem Boot", „den Gürtel enger schnallen")
- historische Bildzitate („Der Lotse geht von Bord", „Die Freiheit führt das Volk")

Formale Kennzeichen

- Wer hat die Karikatur geschaffen oder in Auftrag gegeben?
- Wann und wo ist sie entstanden bzw. veröffentlicht worden?

Bildinhalt

- Wen oder was zeigt die Karikatur?
- Was wird thematisiert?
- Welche Darstellungsmittel werden verwendet und was bedeuten sie?

Historischer Kontext

- Auf welches Ereignis, welchen Sachverhalt oder welche Person bezieht sich die Karikatur?
- Auf welche politische Diskussion spielt sie an?
- Wozu nimmt der Karikaturist konkret Stellung?

Intention und Wirkung

- An welche Adressaten wendet sich die Karikatur?
- Welchen Standpunkt nimmt der Karikaturist ein?
- Welche Aussageabsicht verfolgt er?
- Inwiefern unterstützt ein eventueller Text die Wirkung der Zeichnung?
- Welche Wirkung wollte der Karikaturist beim zeitgenössischen Betrachter erzielen?

Bewertung und Fazit

- Wie lässt sich die Aussage der Karikatur insgesamt einordnen und bewerten?
- Wurde das Thema aus heutiger Sicht sinnvoll und überzeugend gestaltet?
- Welche Auffassung vertreten Sie zu der Karikatur?

Fotografien als historische Momentaufnahmen

Fotografien prägen unser Bild von der jüngeren Geschichte mehr als jedes andere Medium. Sie halten politische und gesellschaftliche Ereignisse für die Nachwelt fest und geben uns eine Fülle alltagsgeschichtlicher Informationen: Sie zeigen, wie die Menschen früher aussahen, wie sie gekleidet waren, wie sie lebten oder wie sie arbeiteten. In der ersten Hälfte des 20. Jahrhunderts wurde Fotografieren für breite Bevölkerungskreise erschwinglich. Seitdem wuchs die Zahl der oft spontan gemachten Bilder aus dem bislang wenig beachteten Alltag der Menschen aus allen Schichten der Gesellschaft. Fotos wurden zu einer immer wichtigeren Quelle.

Fotografien interpretieren

Fotografien scheinen die Welt wiederzugeben, „wie sie ist". Mit dem Druck auf den Auslöser wird jedoch kein „objektives" Abbild der Wirklichkeit hergestellt. Fotos sind Momentaufnahmen und zeigen immer nur einen ausgewählten und bearbeiteten Ausschnitt der Realität. Bereits durch die Wahl des Motivs, des Bildausschnitts und der Perspektive stellt der Fotograf ein subjektives, „komponiertes" Bild der Wirklichkeit her. Retuschen, Montagen und andere Manipulationen, etwa das Wegschneiden oder Vergrößern bestimmter Bildteile, machen die Fotografie zu einer schwer zu beurteilenden Quelle. Durch die digitale Bildbearbeitung ist das Problem noch gewachsen.
Um Fotos als historische Quelle nutzen zu können, müssen sie unter bestimmten Fragestellungen interpretiert und in den historischen Gesamtzusammenhang eingeordnet werden. Da der Betrachter in der Regel nicht weiß, wen oder was das Foto zeigt, von wem, wann und aus welchem Anlass es aufgenommen wurde, bedarf es einer Bildlegende, die den Inhalt des Fotos erläutert und es in die „Geschichte" einbettet.

Formale Kennzeichen

- Wer hat das Foto gemacht, in Auftrag gegeben oder veröffentlicht?
- Wann, wo und aus welchem Anlass ist das Foto gemacht bzw. veröffentlicht worden?

Bildinhalt

- Wer oder was ist auf dem Foto abgebildet? Was wird thematisiert?
- Welche Darstellungsmittel werden verwendet (Schwarzweiß- oder Farbbild, Kameraperspektive, Aufbau, Schnappschuss oder gestellte Szene, Profi- oder Amateuraufnahme)?
- Sind Hinweise auf Bildbearbeitung oder nachträgliche Veränderungen erkennbar (Retusche, Montage, Beschnitte bzw. Ausschnittvergrößerungen)?
- Welche Informationen lassen sich der Bildlegende entnehmen?

Historischer Kontext

- Auf welches Ereignis oder welche Person bezieht sich das Foto?
- Wie lässt sich das Foto in den historischen Kontext einordnen?

Intention und Wirkung

- Für wen und in welcher Absicht wurde das Foto gemacht bzw. veröffentlicht?
- Welche Botschaft, welche Deutung vermittelt das Foto beabsichtigt oder unbeabsichtigt?
- Welche Wirkung soll beim Betrachter erzielt werden?

Bewertung und Fazit

- Wie lässt sich das Foto insgesamt einordnen und bewerten?
- Welche Informationen fehlen? Enthält die Legende Falschinformationen oder Wertungen?
- Welche Auffassung vertreten Sie zu dem Bild?

Die hervorgehobenen Seitenzahlen verweisen auf das Grundwissen und die Begriffserläuterungen.

Die hervorgehobenen Seitenzahlen verweisen auf das Grundwissen und die Begriffserläuterungen.

Titel: Archiv für Kunst und Geschichte / Stenvert, Berlin; dpa Picture-Alliance / Bildagentur Huber, R. Schmid, Frankfurt
© Adam Zyglis / CagleCartoons 2009 – S. 223; Agentur Focus / Magnum Photos, Elliot Erwitt, Hamburg – S. 208; Agentur Laif / Polaris, Köln – S. 115 (l.); Aleppo Khaldoun, Fausa – S. 124; Anne Marie Guignon-Moretti, Paris – S. 101; Archiv der sozialen Demokratie der Friedrich-Ebert-Stiftung, Bonn – S. 82 (r.); Archiv für Kunst und Geschichte, Berlin – S. 19, 26, 28, 31, 42, 48, 73, 127, 138, 176, 185, 194, 217 (u.); Archiv für Kunst und Geschichte / AP, Berlin – S. 161, 206 (o.), 207; Archiv für Kunst und Geschichte / Archiv Pisarek, Berlin – S. 127 (u.); Archiv für Kunst und Geschichte / Bildarchiv Monheim, Berlin – S. 55; Archiv für Kunst und Geschichte / De Agostini Pict.Li, Berlin – S. 198; Archiv für Kunst und Geschichte / Hedda Eid, Berlin – S. 125; Archiv für Kunst und Geschichte / Israelimages, Berlin – S. 114; Archiv für Kunst und Geschichte / Jean-Pierre Verny, Berlin – S. 195; Archiv für Kunst und Geschichte / Peter Connolly, Berlin – S. 115 (r.); Archiv für Kunst und Geschichte / Rabatti Domingie, Berlin – S. 12; Archiv für Kunst und Geschichte / Werner Forman, Berlin – S. 173; Bayerische Staatsbibliothek, München – S. 24; Bibliothèque Nationale de France, Paris – S. 72, 121; Bildarchiv Preußischer Kulturbesitz / M. P. Rice, Berlin – S. 184 (u.); Bildarchiv Preußischer Kulturbesitz, Staatsbibliothek, Berlin – S. 56; Bischöfliches Dom- und Diözesanmuseum, Mainz (r.) – S. 21; Bundesarchiv, Sig. B 145 Bild-F013405-0028 / Presse- und Informationsamt der Bundesregierung – Bildbestand / Foto: Egon Steiner, Koblenz – S. 98; Central Zionist Archives, Jerusalem – S. 131; Collection Raymond Bachollet, Paris – S. 79; Corbis GmbH / Dennis van Tine, Düsseldorf – S. 220; Corbis GmbH / Foto Joseph Sohm, Düsseldorf – S. 107, 170; Corbis GmbH / Reuters, Düsseldorf – S. 106/107, 108; CNN, Atlanta – S. 218 (u.); Der Spiegel, Hamburg – S. 104; Deutsch-französisches Geschichtsbuch, S. 230 – S. 88 (r.); Deutsches Historisches Museum, Berlin – S. 41, 68, 71, 80, 87, 90, 96 (o.), 101, 105 (l.); DIZ – Süddeutscher Verlag, Bilderdienst / Foto: Scherl, München – S. 197; dpa Picture-Alliance / Abed Al Hashlamoun, Frankfurt – S. 149; dpa Picture-Alliance / AFP / EPA / Mario Tama – S. 217 (o.); dpa Picture-Alliance / AFP, Joseph Barrak, Frankfurt – S. 167; dpa Picture-Alliance / akg-images-Erich Lessing, Frankfurt – S. 112; dpa Picture-Alliance / AP, Cheryl Diaz Meyer, Frankfurt – S. 219; dpa Picture-Alliance / AP, Frankfurt – S. 120 (r.), 221; dpa Picture-Alliance / B2163 Consolidated, Frankfurt – S. 150; dpa Picture-Alliance / CSU Archives / Everett Collection, Frankfurt – S. 94; dpa Picture-Alliance / Elmar Hartmann, Frankfurt – S. 23; dpa Picture-Alliance / empics PA, Frankfurt– S. 96 (u.); dpa Picture-Alliance / EPA, Jim Hollander, Frankfurt – S. 163; dpa Picture-Alliance / Erwin Elsner, Frankfurt – S. 126; dpa Picture-Alliance, Frankfurt – S. 147, 154; dpa Picture-Alliance / Keystone, Archives Heritage, Frankfurt – S. 204; Eli Barnavi (Hrsg.), Universalgeschichte der Juden. Von den Ursprüngen bis zur Gegenwart. Ein historischer Atlas, München 2004, S. XII/I – S. 116/117; ebd., S. 290 – S. 151; Germanisches Nationalmuseum, Nürnberg – S. 7 (o.), 34, 52, 69 (o.l.), 105 (r.); Getty Images / David Silvermann, München – S. 162; Getty Images / Gamma Keystone, München – S. 210; Getty Images / Hulton Archives, München – S. 135; Getty Images / Hulton Royals Collection, München – S. 128; Getty Images / National Geographic, B. Anthony Stewart, München – S. 178; Haus der Geschichte der Bundesrepublik Deutschland, Bonn – S. 97; Historisches Museum der Stadt Frankfurt – S. 69; http://www.bundesfinanzministerium.de – S. 102; http://www.wikimedia – S. 14; http://www.wikimedia.de / Thomas Wolf – S. 81 (o.); http://www.wikipedia.de – S. 180; http://www.wikipedia.de / Pach Brothers – S. 187; http://www.wikipedia.de / The White House Historical Association – S. 177 (o.); Imperial War Museum, London – S. 82 (l.); Interfoto, München– S. 200 (l.); Israel Museum, Jerusalem – S. 111, 227 (r.); John F. Kennedy-Library, Boston – S. 209; Kladderadatsch, 15.08.1875 – S. 61; Klassik Stiftung, Weimar – S. 18; Klaus Pielert (Künstler) / Haus der Geschichte der Bundesrepublik Deutschland, Bonn – S. 99; Königliche Bibliothek, Kopenhagen – S. 15; Koninklijke Bibliotheek, Den Haag – S. 122; Kunsthalle, Karlsruhe – S. 57; Kunsthistorisches Museum, Wien – S. 6/7, 8 (r.), 16; LeMonde diplomatique (Hrsg.), Atlas der Globalisierung, Berlin 2007, S. 153 – S. 158; Library of Congress, Washington D.C. – S. 190; Lippische Landesbibliothek, Detmold – S. 60; Lippische Landesbibliothek / Sammlung Wilfried Mellies Detmold – S. 62 (u.l.); Lippisches Landesmuseum, Detmold – S. 62 (u.r.); Lippisches Landesmuseum / J. Ihle, Detmold – S. 62 (o. 2x); Musée Carnavalet, Paris – S. 46, 67; Musée des Beaux-Arts, Clermont-Ferrand – S. 58; Musée National du Louvre, Paris – S. 86; Museum für Kunst und Gewerbe, Hamburg – S. 203; National Archives and Records Administration, College Park/USA – S. 186; Nationalmuseum, Beirut – S. 10; National Museum of American History, Washington D.C. – S. 227 (l.); New York Times / Ann Telmes – S. 226; Preußischer Kulturbesitz, Berlin / Nationalgalerie, SMB, Jörg P. Anders, Berlin – S. 7 (u.), 8 (l.), 84; Preußischer Kulturbesitz / Staatsbibliothek, Berlin – S. 88 (l.); R. Dazy – S. 81 (u.r.); S. Nuseibeh / O. Grabar – S. 120 (l.); Schiller Nationalmuseum, Marbach – S. 43; Staatliche Graphische Sammlung, München – S. 40; State Library of North Carolina– S. 200 (r.); Stiftung Maximilianeum, München – S. 22; Stiftung Stadtmuseum, Berlin – S. 92; St. Servatius, Siegburg (l.) – S. 21; The Bridgeman Art Library, Berlin – S. 39; The Bridgeman Art Library / Archives Charmet, Berlin – S. 81 (u.l.); The Bridgeman Art Library / British Library, Berlin – S. 118; Ullstein-Bild / AP, Berlin – S. 165; Ullstein-Bild / Reuters, Berlin – S. 137, 148; Ullstein-Bild / The Granger Collection, Berlin – S. 177 (u.), 184 (o.), 193, 205; Ullstein-Bild / TopFoto, Berlin – S. 175; White House Photo / Foto: Eric Draper, Washington – S. 218 (o.); Zeugnisse des Holocaust. Gedenken in Yad Vashem, Göttingen 2006, S. 23 und 33 – S. 142

Fachliteratur finden und nachweisen

Recherchieren und Ausleihen in der Bibliothek

- ☑ Um sich für ein Referat einen Überblick über ein Thema zu verschaffen oder es einzugrenzen, eignen sich Lexika und Nachschlagewerke als erste Informationsquellen. Für die gründliche Erarbeitung eines Themas benötigen Sie Fachliteratur.
- ☑ Angaben zu Fachbüchern spezieller Themen finden sich im Literaturverzeichnis von Handbüchern und Überblicksdarstellungen, im Internet und im Katalog der Bibliothek.
- ☑ In der Bibliothek sind Bücher alphabetisch in einem Verfasser- und in einem Sachkatalog aufgelistet und über eine Signatur, eine Folge von Zahlen und Buchstaben, im Karteikarten- oder Computersystem der Bibliothek für ein leichtes Auffinden genau verzeichnet.
- ☑ Bücher, die nicht in der örtlichen Bibliothek vorrätig sind, können über die Fernleihe aus anderen Bibliotheken entliehen werden. Über die Online-Kataloge können Titel nach Schlagworten oder dem Namen des Autors gesucht und direkt an die Ausgabestelle der Bibliothek bestellt werden.

Literatur auswerten und belegen

- ☑ Finden Sie zu einem Thema mehr Bücher, als Sie auswerten können, müssen Sie eine Auswahl treffen. Prüfen Sie anhand des Inhaltsverzeichnisses, der Einführung und/oder der Zusammenfassung sowie des Registers, ob das Buch ergiebig sein könnte. Benutzen Sie im Zweifel das Neueste.
- ☑ Weisen Sie jedes Buch, das Sie für Ihr Referat benutzt haben, am Schluss des Textes nach. Notieren Sie sich daher bei der Vorarbeit die Titel der Bücher. Aussagen, die Sie wörtlich oder indirekt zitieren, belegen Sie zusätzlich mit Seitenangaben. So kann jeder Leser nachlesen und überprüfen, woher und von wem die Aussagen stammen.
  Beispiel für eine korrekte Literaturangabe:

Vorname und Name des Autors — Titel — Verlagsort und Jahr der Veröffentlichung — bei Zitat zusätzlich Seitenangabe

Edgar Wolfrum, Die 101 wichtigsten Fragen: Bundesrepublik Deutschland, München 2009, S. 16

Vorname und Name des Autors — Titel — Vorname und Name der Herausgeber des Sammelbandes

Andreas Wirsching, Die Mauer fällt, in: Udo Wengst und Hermann Wentker (Hrsg.), Das doppelte Deutschland. 40 Jahre Systemkonkurrenz, Berlin 2008, S. 357-374, hier S. 365

Titel des Sammelbandes — Verlagsort und Jahr der Veröffentlichung — Seitenangabe des Beitrages — bei Zitat genaue Seitenangabe

Quellenarbeit in Archiven

Vorbereitung und Recherche

- ☑ Für die Recherche zu regional- und lokalgeschichtlichen Themen bieten sich Archive an. Dort werden Urkunden, Pläne, Karten, Zeitungen, Briefe, Tagebücher, Fotos sowie Akten mit anderen Unterlagen von Behörden, Firmen, Vereinen und Privatleuten aufbewahrt.
- ☑ Vor der Arbeit im Archiv sollten Sie sich genau über das Thema informieren, die zu erarbeitenden Aspekte festlegen und Fragen formulieren.
- ☑ Inzwischen werden viele Archivstücke elektronisch erfasst und in Datenbanken archiviert. Auf den Internetseiten der Archive können Sie sich über den Bestand informieren, digital vorliegende Dokumente einsehen oder die Signatur der Akten heraussuchen.

Material erfassen, ordnen und auswerten

- ☑ Haben Sie geeignetes Material gefunden, notieren Sie sich die genaue Fundstelle. Eine Ausleihe ist nicht üblich. Erfassen Sie das Material sicherheitshalber vor Ort (handschriftlich, per Laptop oder Scanner).
- ☑ Nach der Rückkehr aus dem Archiv müssen Sie das gesammelte Material sichten und ordnen, bevor Sie es zu einer Darstellung verarbeiten können.